# 알기 쉬운
# 재무행정론

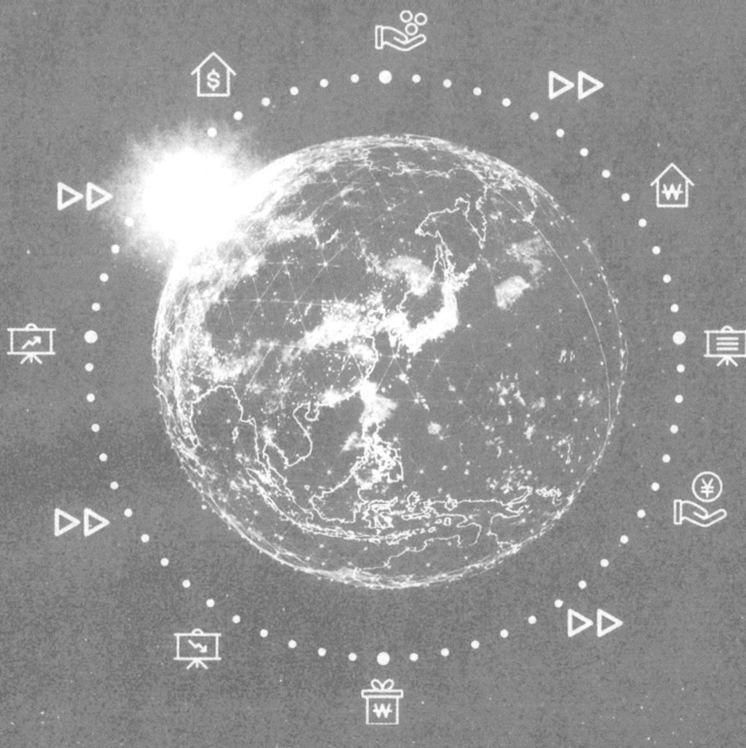

윤광재

기획재정부, 국회예산정책처, 감사원 등의 보고서 및 백서에 기반하여 구체적인 재정 및 예산수치를 제시하여 이해의 폭을 넓히고자 하였다. 그리고 가급적 연도를 정확하게 표시하여 시계열적 측면에서 전개양상을 제시하였다.

도서출판 대영문화사

# 머리말

행정학에 있어 재무행정은 국가의 재정 및 예산과 관련된 학문이고 행정목적을 달성하는 데 있어서 필요한 재원을 담당하는 핵심적인 분야이다. 한 국가에 있어 재정 및 예산을 어떻게 관리하느냐가 한 사회의 발전과도 긴밀하게 연계되어 있다.

행정학의 모든 각론이 다 의미 있는 학문적 영역을 구축하고 있지만, 특히 재무행정은 사회·경제환경의 변화와 이로 인해 발생하는 문제를 재정이나 예산을 통해 적절하게 해결할 수 있어 그 중요성이 강조되고 있다.

다시 말해, 재무행정의 핵심적 기능이라 하는 자원배분 조정, 소득분배, 경제 성장·유지를 위해 국가 및 사회적 요구가 점차적으로 증대하고 있다. 정부는 재무행정 기능을 통해 문제해결에 적극적으로 나서고 있으며, 특히 경제가 어려울수록 예산규모 증가와 역할증대에 대한 논의가 이루어지고 있다.

이와 같은 환경으로 인해서 재무행정에 대한 관심과 연구가 그 어느 때보다 높으며 재무행정을 학습하여 상황개선 및 문제해결 능력을 제고할 필요성도 존재하고 있다. 또한, 한 국가의 정책이나 사업이 대부분 재정이나 예산과 관계를 가지고 있어 수행해야 할 재원이 충분치 않거나 부족하면 어떠한 정책이나 사업도 적절하게 집행할 수가 없다. 그러므로 재무행정은 정책이나 사업의 목적을 적절하게 집행하기 위해서도 필요한 학문이다.

반면에 재무행정의 역할과 기능에 비해 교육현장이나 행정현장에서는 그 중요성이 충분히 나타나지 않고 있는데, 교육현장에서는 예산수치와 연관되어 이해하기 어려운 과목이고, 행정현상에서는 수입에 맞추어 지출하는 행정적 행태가 반복되고 있기 때문이다. 이제, 재무행정의 중요성에 비추어 교육과 행정상에서 반드시 이해해야 하는 분야로 그 위치를 재정립 할 필요가 있다.

재무행정은 그 기원이나 역사가 다르지만 국가가 존재하는 한 재정이나 예산도 함께 존재하여 왔다. 많은 국가의 흥망성쇠가 재정과도 연관되어 있으며 한 정부의 지속성도 예산과 관련성을 가지고 있다. 예산을 둘러싸고 많은 이해관계자가 존재하는 정치적 측면도 보여주고 있다. 이들은 자신들의 이념이나 가치, 대표성, 입장 등을 주장하고 이를 적극적으로 반영하기 위해 노력하고 있으며 경우에 따라서는 심각한 대립과 갈등을 표출하기도 한다.

학문적인 측면의 경우, 서구 유럽이나 미국에서 그 논의가 활발하게 이루어져 왔다. 다만, 국가에 따라 그 전개방식이 약간은 차이가 나고 있는데, 일부국가에서 재정현상을 법·제도적 측면에서 접근하고 있는 데 반해, 영국과 미국 등에서는 이론적 논의에도 많은 관심과 연구를 수행하여 오고 있다.

특히, 예산개념, 예산원칙 및 기능, 예산관련 이론 및 절차, 재정성과 및 효율성, 통합재정, 회계기법 활용 등에 대한 관심이 교육과 행정에 영향을 주고 있다. 또한, 행정개혁에서 주창된 많은 사항들이 재정 및 예산 분야에도 도입되어 활용되고 있으며, 단순한 수치의 조합이 아닌 한 국가의 경제·사회발전을 위한 핵심적인 수단으로 각광받고 있다.

우리나라에서도 재정계획, 예산이론, 예산과정, 재정성과평가, 정부회계, 조달, 공기업재정 등을 포함한 많은 재무행정 개론서 등이 발간되어 학문적 위상을 높이고 있다. 물론, 이와 같은 개론서를 학습하더라도 상당한 재정과 예산에 대한 지식을 함양할 수 있다.

본 개론서는 국내·외 많은 저서를 참고하여 가급적 재정 및 예산과 관련된 사항에 관심을 두고 연구를 진행하고 서술하였다. 따라서 상대적으로 수월하게 재정 및 예산현상을 이해하여 현실상의 안목을 키울 수 있도록 한다. 이를 위해 기획재정부, 국회예산정책처, 감사원 등의 보고서 및 백서에 기반하여 구체적인 재정 및 예산수치를 제시하여 이해의 폭을 넓히고자 하였다. 그리고 가급적 연도를 정확하게 표시하여 시계열적 측면에서 전개양상을 제시하였다.

# 머리말

재무행정은 국가・정부의 재원과 관련된 업무를 담당하는 행정임에도 불구하고 재무보다는 재정이나 예산이라는 단어나 내용을 더 많이 차용하고 있으며, 특히 정부예산이 핵심주제를 구성하고 있기에 본 개론서에서도 이에 중점을 둔다.

그렇기에 대부분 재무행정 개론서에서도 재무, 재정보다는 예산을 중심으로 한 이론 및 내용이 더 다양하다. 여기에는 재정흐름이 예산을 통해 나타나고 있으며, 한 회계연도 예산서를 분석하면 국가전체적인 재정현상을 파악할 수 있다. 그리고 다년간의 재정도 매년 예산서를 분석해야 가능한 데이터를 얻게 된다. 결국, 국가재정 및 정부재정에 있어 예산은 그 목적을 실현하는 하나의 도구로서 역할을 수행하고 있다.

정부예산은 한 회계연도의 재정계획이지만 예산서에는 정부가 수행하는 기능, 중앙부처 주요 사업, 그리고 이와 관련된 예산항목이 일목요연하게 제시되어 있어 한 회계연도의 정부살림을 체계적으로 분석할 수 있다. 중앙부처 주요 정책이나 사업도 예산이 배정되어야 본격적으로 진행할 수 있으며, 국가목적 달성이나 대국민 서비스도 제공할 수 있게 된다.

국민 입장에서도 자신들이 납부하는 세목별 납부총액을 파악하는 중요한 자료가 되며, 이를 통해 한 회계연도 동안 정부수입이 얼마 정도 되는지도 알 수 있게 된다. 그리고 조세수입이 정부수입에서 차지하는 비중과 위상에 대한 파악도 가능하며 수입이 부족한 경우에 있어 정부가 어느 정도의 채무에 의지하고 있는지도 제시되어 있다.

국가재정운영에 있어 예산은 핵심적인 역할을 수행하게 되며 다른 국가와의 재정비교에 있어서도 이를 활용하게 된다. 각 국가의 정부예산 규모가 큰 정부를 지향하는지 작은 정부를 지향하는지에 대한 파악도 가능하며, 정부예산의 기능별 금액을 비교하여 각 국가에서 중점을 두고 추진하는 기능과 분야에 대해서도 인지할 수도 있다.

본 개론서에서는 이와 같은 상황을 반영하여 차례를 제시하고 있으며, 총 5편으로 구성한다. 각 편에서는 다시 여러 장으로 구분하여 관련된 내용을 이해할 수 있도록 한다.

제1편은 재무행정에 대한 서설로 재무행정의 기본용어 및 개념, 주요 법적 근거, 재

정계획에 대해 설명한다.

제2편에서는 본격적으로 정부예산에 대한 내용으로 예산과 관련된 다양한 개념, 기능, 원칙을 살펴보고 예산이론의 모색과 탐색을 시도하였다. 이어서 예산의 종류와 분류에 있어 현실적으로 활용되고 있는 내용을 중점적으로 제시한다.

제3편의 예산과정론에서 기본적으로 세입예산과 세출예산의 구성을 검토한다. 그리고 한 국가 정부예산이 어떻게 편성에서부터 심의 · 의결을 거쳐 집행되고 결산이라는 마무리 단계를 거치면서 회계검사 역할에 대해서도 살펴본다.

제4편에서는 예산개혁론으로 내용을 구성하고 구체적으로 해외와 우리나라 예산개혁에 대한 전반적인 사항을 제시한다. 그리고 이에 영향을 받은 재성성과관리제도와 정부회계의 특성을 제시한다.

제5편은 우리나라의 정부예산 실체를 구체적으로 공부하고 통합재정의 도입, 공기업과 예산회계와의 관계를 알아본다.

다른 개론서와의 차별성을 도모하였으나 크게 그 범주를 벗어나지 못한 것 같아 아쉬움이 남는다. 이는 재무행정관련 저서의 구성이나 내용이 유사하다는 것을 반증하는 것이기도 하다.

향후에는 가급적 시대적 변화를 반영한 재정 및 예산상의 내용을 주기적으로 업데이트할 것이며, 교육과 행정현장에서 이해제고를 위하여 우리나라 예산관련 현황을 지속적으로 반영하고자 한다.

본 개론서가 출판되는 데 있어 많은 도움을 준분들께, 그리고 집필에만 신경써줄 수 있게 배려해준 가족에게 감사를 표한다. 특히, 옆에서 많은 응원을 해준 딸 서정에게 무한한 애정을 보낸다.

2023년 11월

윤광재

# 차례



## 제1편
## 재무행정의 서설

# 제2편

# 정부예산론

# 차례

## 제3편
## 예산과정론

# 차례

# 제4편 예산개혁론

# 차례

## 제5편
## 정부예산 실체와 공기업

제1편

# 재무행정의 서설

제 1 장 재무행정의 기본용어 및 개념
제 2 장 재무행정의 주요 법적 근거와 재정계획

# 알기쉬운 재무행정론

*financial administration*

# 제1장

# 재무행정의 기본용어 및 개념

# 제1절 재무행정 및 예산관련 용어

## 1 재무행정관련 용어

다른 학문 분야의 과목과 유사하게 재무행정론에 대해서도 학자마다 다양하게 개념 정의를 내리고 있지만 기본적으로 중앙정부를 비롯한 공공부문의 재정관련 활동을 분석하고 탐구하는 학문이다. 재무행정은 한자로 財務行政이고 이 밖에 영어로는 Financial Administration, Public Finance, 불어로는 Finance Publique이다.1)

일반적으로 재무행정은 행정 분야에 있어 재원, 돈, 자원에 대한 관리를 전담하고 있으며, 거시적으로 국가재정 및 정부예산을 운영할 뿐만 아니라 조세부담과 관련한 수입, 국채발행, 공무원에 대한 인건비, 물건비, 이전지출, 전출금 등을 지급하고 필요한 서비스를 구입하고 있다.

국가재정 및 정부예산은 그 규모가 점차적으로 증가하고 있으며 그 중요성도 지속적으로 확대되고 있다. 국가재정이나 정부예산의 금액은 여러 가지로 항목화되어 수입 · 지출되고 있으며, 최종적으로 정부부처를 비롯한 공공기관, 수많은 단체 등과 연계되어 있다.

재무행정이 공공부문의 탐구 영역이라면 민간부문에서는 재무관리(財務管理, Financial Management, Management Financier)가 존재하고 있다. 재무관리는 기업의 원활한 경영활동을 위한 자원을 조달하고 효율적으로 관리하는 학문의 영역으로 민간 사기업에서 매우 중시되고 있는 영역이다.

재무행정에 있어 재정계획은 필수불가결한 요소이며, 이는 곧 향후 정부역할을 수행하는 데 있어서 필요한 재정의 수입과 지출에 대한 계획을 의미한다. 재무행정이 반드시 계획에 기반을 둔 운영이 되어야 보다 체계적으로 수행될 수 있고, 그에 따른 성과를 제고할 수 있다.

또한, 중앙정부나 지방자치단체가 국민이나 지역주민으로부터 조세를 징수할 때에

1) 재무행정의 영어나 불어식 표현을 보면 public finance, finance publique로 공공재정(公共財政)의 용어에 더 근접한다.

는 반드시 조세법률주의에 기초하여야 한다. 즉, 조세법률주의는 정부의 조세(세금)징수에 있어 반드시 법률에 의해서만 수행될 수 있다는 것을 의미하고 있다. 세계의 많은 국가에서 특히 조세와 관련해서 이에 기반하고 있으며 우리나라의 경우도 동일하다.

재무행정은 다양한 법률 하에 운영되고 있으며 가장 핵심적인 국가재정법이 제정되어 있다. 우리나라에 있어 국가재정에 대한 기본법이고 예산 · 기금 · 결산 · 성과관리 및 국가채무 등 재정에 관한 여러 가지 사항을 규정하고 있다. 다시 말해, 우리나라 국가재정에 관한 기본법일 뿐만 아니라 총칙법이라 할 수 있다.

국가 및 정부재정과 관련해서 통합재정이라는 중요한 개념이 존재하고 있다. 한 국가의 살림을 한눈에 살펴볼 수 있도록 정부의 모든 수입(세입)과 지출(세출)을 통틀어 파악하여 계산하는 방식이다.[2] 즉, 한 국가의 예산은 보통 일반회계 · 특별회계 · 기금으로 구성되어 있는데, 이를 따로 분리하지 않고 하나로 합쳐 파악하는 회계방식으로, 이를 통해 계산되는 수지(수입과 지출의 차이)를 통합재정수지라고 한다.

재무행정이 공공부문 특히 국가전체의 재정에 대한 논의라면 미시적으로는 예산을 중심으로 구체적으로 운영되고 있기에 예산의 역할이 중요하고, 이와 관련한 용어와 내용이 더 다양하다.

재무행정이라는 영역임에도 불구하고 예산과 관련된 용어뿐만 아니라 다양한 예산제도가 제시되어 있어 이에 대한 사항을 더 많이 탐구하게 된다. 학자마다 다르기는 하지만 재무행정에 비해 예산관련 파트가 훨씬 중요하고 그 분량도 상당히 많은 것으로 나타나고 있다.

## 2 예산관련 용어

재무행정에 있어서 국가나 정부 차원의 경우 한 회계연도 정부업무 및 활동과 관련된 재정계획을 예산을 통해 제시하고 있다. 예산은 한자로 豫算이라 쓰고 영어와 불어로는 Budget이라 한다.

전체적인 예산은 일반회계예산, 특별회계예산, 기금으로 구성되어 있는데, 일반회계예산은 국가나 정부의 일상적이고 일반적인 업무수행을 위해 필요한 예산이고, 특별회

2) https://terms.naver.com/entry.nhn?docId=

계예산은 일반회계예산과 달리 정부의 특정한 목적을 달성하기 위해 사용되는 예산이다. 그리고 기금은 일반회계예산, 특별회계예산과 달리 특정한 사업에 대해 지속적이고 안정적으로 자금을 운영·보유할 필요가 있을 때 활용되고 있다.

예산의 운영은 한 회계연도(會計年度, fiscal year)에 기반하고 있으며 일정기간 동안 예산이 집행되고 관리되는 기간을 의미하고, 우리나라의 경우에는 통상 1년으로 한다. 예산에 있어 시기적으로 본예산, 추가경정예산이 운영되고 있는데, 전자는 정부가 편성한 예산안에 대한 입법부(국회)에서 의결한 최초의 예산형태를 말한다. 후자는 약칭으로 추경예산이라고도 하며 한 회계연도에 있어 국가나 정부에 의해 본예산이 집행되고 있다가 다양한 사회·경제적 환경변화로 인해 불가피하게 수정을 할 필요가 있을 때 활용하는 예산이다. 한 국가에 있어 사회 및 경제적 환경이 안정적이면 추경횟수가 감소하고 불안정하면 추경횟수가 증가할 수밖에 없다.

예산은 구성요소에 따라 다시 세입예산 및 세출예산으로 구분되고 있으며 수입이나 지출과 관련된 예산을 말한다. 이와 같은 예산은 단기간 내에 성립되어 운영되는 것이 아니라 대략 3년에 걸쳐 편성, 심의·의결, 집행, 결산 및 회계검사라는 절차를 거치게 되는데, 이를 예산과정(budget process)이라고 한다.

예산과정에서 예산안이 입법부(국회)의 승인·의결을 받지 못하는 경우 일시적으로 활용할 수 있는 예산제도가 존재하고 있는데, 준예산제도이다. 우리나라에 있어 예산이 국회를 통과하지 못하는 경우에 사용할 수 있는 예산이고 전년도의 수준에 기초해서 집행하라는 의미를 가지고 있다.

예산금액 합산에 있어서는 총계(總計)개념과 순계(純計)개념이 존재하고 있다. 전자는 예산상의 중복되는 수치를 합산하는 것이고, 후자는 중복된 수치를 제외하는 것을 말한다. 예를 들어, 정부의 재정지출을 통해 다른 기관의 수입으로 이전되었다면 국가나 정부전체적으로 보면 수입으로 이전된 부분은 중복계상에 해당되고 이것을 합산하면 총계에 해당된다. 반면에 수입으로 이전된 중복부분은 배제를 시키고 산정하는 것이 순계이다. 당연히, 총계개념에 기반한 예산합산 금액이 순계개념에 기반한 예산산정 금액보다 크며 여기에는 중복된 부분이 계산되기 때문이다.

많은 국가에서 재무행정이나 정부예산을 전담하는 중앙예산기관을 설치하여 운영하고 있는데, 한 국가에 있어 예산을 수립하고 관리하는 기관을 의미하고 재정 및 예산 관련 부처를 지칭한다. 현재, 우리나라에서는 기획재정부(企劃財政部, Ministry of Economic and Finance)가 그 역할을 수행하고 있으며 경제나 재정, 금융부문까지도 포함하고 있어 상대적으로 부처의 위상이 높다.

그리고 한 회계연도 동안 행정부가 예산을 집행하고 나면 결산을 수행하는데, 결산검사 및 회계검사를 담당하는 기관이 설치되어 있다. 회계검사기관은 국가나 정부의 예산집행에 대해 정부(正否)의 검증절차를 수행하는 기관으로 우리나라에서는 감사원(監査院, Board of Audit and Inspection)이다. 감사원은 행정수반 하에 소속되어 있지만 직무에 관하여는 독립의 지위를 가진다고 규정되어 있다.

## 3 예산과 가계부의 비교

한 국가에는 국가재정, 정부재정이 존재하고 개별가정에는 가정재정이 존재하고 있다. 각각의 재정을 제시하는 방식에는 여러 가지가 존재하고 있으나 가장 대표적인 것이 예산과 가계부의 형태이다. 전자는 그 규모나 중요성이 높으며, 후자는 관련 금액이나 중요성이 전자에 비해서 미약할 수밖에 없다.

재무행정에 있어 예산은 주로 국가나 정부의 역할수행을 위해 매우 필요하고 우리의 일상생활에서도 의미는 다르지만 그 형태를 가계부에서 찾아볼 수 있다. 물론, 예산이나 가계부라는 것이 그 규모나 중요성, 구성항목 등에 있어 객관적으로 정확하게 비교할 수는 없어도 예산의 특성을 보다 쉽게 파악할 수 있다.

예산과 가계부의 유사점으로는 수입과 지출이 존재하고 있으며 통상 1년이라는 일정기간에 집행되고 운영된다. 또한, 수입과 지출을 구성하는 항목이 있으며 항목에 적합한 수치를 표시하며 최종적으로 수입・지출에 대한 결산이나 계산이라는 절차를 거친다.

차이점으로는 예산에 있어 주체는 국가, 정부단위가 되지만 가계부는 개인, 가족단위가 된다. 그리고 예산과 가계부의 규모 차이는 매우 크고 수입과 지출의 항목명에서 많은 차이가 발생한다. 예산은 그 규모와 금액이 크기 때문에 계획이 정교하게 전제되어야 하지만 가계부는 대략적인 계획이 전제될 수도 있고 그렇지 않을 수도 있다. 전자는 국민의 세금으로 운영되기에 성과가 중시되지만, 후자는 근로자의 급여에 기초하고 있기에 절약이 중시될 수 있다.

결국, 정부예산은 국민경제에 미치는 파급효과가 매우 높고 중요하기에, 예산 없이 한 국가의 경제를 논하기는 어렵고 수많은 이해관계자가 존재한다. 반면에 가계부는 가정의 경제활동을 주별·월별로 나열한 정도에 불과하며 가정 내 하나의 참고자료가 될 수 있다.

국가 및 정부재정이 자세히 나타나는 것은 예산서이고 가정재정에서는 가계부의 형태로 제시된다. 예산서는 수많은 이해관계자의 관심 하에 놓여 있지만 가계부는 가정단위로 국한되어 있다. 그러므로 예산의 경우에는 시대별로 다양한 관리기술도 도입되어 적용되고 있지만 가계부는 큰 변화 없이 존속하여 오고 있다.

표 1-1 예산서와 가계부의 비교

| 구분 | 예산서 | 가계부 |
|---|---|---|
| 운영주체 | (행)정부 | 가정 및 개인 |
| 금액규모 | 수백조 원 | 수천만 원 |
| 주요 수입 | 국민세금 | 급여 |
| 항목 | 매우 다양함 | 다양하지 않음 |
| 특징 | 계획전제 필요 | 계획전제 가능 |

## 제 2 절 재무행정이란?

### 1 행정학과 재무행정학 간의 관계

행정학관련 개론서를 분석하게 되면 행정학의 발달에서부터 행정학 연구접근, 현대행정의 의미와 특징 이외에 조직관리, 인적자원관리, 예산관리, 지방행정 등으로 구성되어 있다(김시영 외, 2005). 다른 개론서에는 행정국가와 현대정부, 행정의 개념과 가치, 행정학의 발달과 접근방법, 행정수요의 관리, 현대관료제와 행정문화, 공공정책과 정책과정, 조직이론과 조직관리, 인사행정: 정부인적자원의 관리, 재무행정: 예산과 재정의 관리, 지방자치와 정부혁신 등으로 구성되어 있다(박연호 외, 2018). 이와 같은 구성은 개론서를 저술한 저자들에 따라 다르지만 전반적인 내용은 크게 상이하지 않고 유사하다.

행정학 개론서에 제시되고 있는 예산관리나 예산과 재정의 관리 등으로 표현되는 재무행정은 조직이나 인사행정과 같이 행정학의 한 분과에 속하고 있다. 다시 말해, 재무행정론은 행정학의 주요 각론을 구성하고 있으며 각론 중의 하나에 해당되고 있다. 행정학 내에서 다른 분야의 중요성도 존재하지만, 특히 인사행정, 조직, 재무행정은 핵심이기 때문에 그 특징을 도출하면 다음과 같다.

우선, 인사행정론은 인사행정의 의의, 인사행정의 외부환경요소, 인사행정의 이념, 인사행정의 내부환경요소, 실적주의제와 직업공무원제, 공직의 분류제도: 계급제와 직위분류제, 인사기관, 직무의 이해, 개인특성의 이해, 인적자원의 충원, 모집, 선발, 교육훈련, 인사이동, 동기부여, 공무원의 행동: 가치기준과 행동규범, 공무원의 권리: 제한과 보호 등으로 구성되어 있다(유민봉 · 임도빈, 2019). 공공부문 내에서의 인사행정에 대한 의의, 외부환경요소, 이념, 내부환경요소, 계급제와 직위분류제와 같은 공직의 분류제도, 인사기관, 인적자원 관리, 공무원의 행동과 권리 등에 대해 분석하고 있다.

조직론은 조직의 의의와 특징, 조직의 유형, 조직목표, 조직효과성의 의의와 특징, 조직효과성의 접근방법, 이론과 조직이론, 고전적 조직이론의 의의와 특징, 테일러(F. W. Taylor)의 과학적 관리론, 행정원리학파, 베버(M. Weber)의 관료제, 신고전적 조직이론, 시스템이론, 이해관계자이론, 카오스이론, 후기행태론적 접근법, 상황적합이론의 의의와 기반, 조직환경과 조직문화, 조직과정, 조직변화와 조직발전 등으로 구성되어 있다(이영균, 2019). 이를 통해 분석하면 조직을 둘러싼 의의에서부터 시작하여 조직목표, 조직효과성, 관련이론분석, 조직환경, 조직문화, 조직발전 등을 제시하고 있다.

재무행정론은 정부예산의 본질, 정부예산의 규범과 기능, 정부예산의 법률체계 및 조직, 정부예산의 과정, 정부예산의 이론, 정부예산의 분석, 정부예산의 제도, 정부예산의 개혁, 정부예산정책과 재정지원, 정부예산의 합리적 · 민주적 운영, 정부의 회계, 정부예산과 조달 등으로 구성되어 있다(원구환, 2019). 여기서는 재무행정이라는 용어보다는 오히려 예산관련 내용과 분석이 대부분을 이루고 있다. 특히, 예산관련 이론, 예산제도, 예산의 합리적 운영, 조달까지도 제시하고 있다.

행정학 개론서에는 각론의 일부내용을 개괄적으로 다루는 방식이지만 각론의 경우에는 그 분야에 대해 체계적이고 분석적으로 접근하고 있어 학습해야 하는 분량이 상대적으로 많고 심도 있는 내용을 포함하고 있다.

## 2 재무행정학과 재정학 및 재무관리론 간의 차이

재무행정론이 행정학과에 개설되는 과목이라면 재정론은 경제학과에 재무관리론은 경영학과에 개설되는 과목이다. 각 학과의 특성이 상이하듯 재무행정론, 재정학, 재무관리론은 다루고 있는 중요한 초점이 상이할 수밖에 없다.

재정론은 재정학: 의의와 성격, 우리나라의 재정, 후생경제학, 공공재의 문제, 공공선택의 이론, 외부성의 문제, 환경정책, 소득분배이론, 재분배정책, 사회보험제도, 정부지출의 분석, 비용편익분석, 조세의 기본원리, 조세와 소득분배, 조세와 효율성, 바람직한 조세제도의 탐색, 소득세와 부가가치세, 법인세, 조세제도의 개혁, 조세와 경제행위: 개인의 선택, 조세와 경제행위: 기업의 선택, 재정적자와 국채, 공공요금의 이론, 지방재정으로 구성되어 있다(이준구 · 조명환, 2021). 재정학에 대한 의의에서부터 재정, 후생경제학, 공공재, 소득분배, 재분배정책, 정부지출, 조세 기본원리, 소득세, 부가가치세, 조세와 경제행위, 재정적자, 지방재정까지 다양한 주제를 다루고 있다.

재무관리론은 재무관리의 개요, 화폐의 시간가치, 자본예산, 개별자산의 투자결정, 포트폴리오 투자결정, 자본자산가격 결정모형, 자본조달, 자본비용, 자본구조, 배당정책, 운전자본관리, 재무제표 및 재무분석, 손익분기점 및 레버리지분석으로 구성되어 있다(김진수 외, 2017). 재무관리에서는 그 개요부터 화폐, 자본예산, 포트폴리오 투자, 자본조달 및 비용, 배당, 재무제표, 손익분기점에 대해 분석하고 있다. 이와 같은 학습내용은 주로 사기업을 대상으로 하고 있다.

재무행정론, 재정론, 재무관리론은 각각의 분야에 있어 재정이나 재무와 같은 돈(money)과 관련된 사항을 탐구하는 학문으로써 재무행정이 국가나 중앙정부 차원 하에서 예산을 중심으로 구성되어 있다면, 재정은 국가의 경제관련 재정의 효율적 운영을 연구하고 있다. 반면에 재무관리는 민간부문 내 개별기업을 대상으로 효율적인 재무운영을 위한 내용에 초점을 맞추고 있다.

# 제3절 재무행정의 의의 및 개념

## 1 재무행정의 의의

재무행정은 국가의 전체적인 운영과 정부의 정책, 사업 등의 목적달성을 위해 필요한 재원을 조달하고 지출하는 동시에 재원운영에 대한 관련시스템을 체계적으로 담당·관리하고 있다.

구체적으로 재무행정에 있어 사회·경제적 측면을 고려하여 적절한 수입이 조달되도록 하고 있으며, 재정수요에 비해서 한정된 재원을 어떻게 효율적으로 활용할 것인지에 대해서도 검토하고 있다. 그렇기 때문에 재원을 지출하게 되는 경우에도 정책이나 사업적 목적에 적합하게 사용되도록 관리하고 있다. 이와 같은 관리적 측면을 위해서는 여러 가지 분석기법이나 시스템을 도입하여 적용시키기도 한다.

예산과 관련해서도 중·장기적 시각 하에서 예산의 역할, 기능, 원칙이 충실히 수행될 수 있도록 제도적으로 관리·운영하고 있다. 예산도 사회적 환경변화에 적응하면서 지속적으로 유지·발전될 수 있도록 보완해야 하며, 다른 시스템과의 연계성을 고려하여 성과를 도모하여야 한다.

특히, 공공부문 내의 예산제도를 발전시키기 위해 다양한 민간부문의 관리기술을 도입하여 적용시키고자 하는 노력도 수행되고 있다. 이와 같은 과정은 자연적으로 이루어지는 것이 아니라 법과 제도적 차원 하에서 정부의 노력으로 구축되어야 하며, 계속적으로 발생되는 문제점 등을 보완하고 있다. 그리하여 하나의 법률이나 제도 하에 단독적으로 운영하는 것보다는 효율성을 도모할 수 있기 때문이다.

한 국가 내에서 재무행정의 역할은 매우 중요하고 예산을 전담하여 관리하고 있기에 국민경제에 미치는 세부적인 영향까지도 분석하여야 한다. 예를 들어, 사회적으로 경기침체가 지속되면 재정지출을 증가시키기도 하고, 반대의 경우에는 재정지출을 감소시킨다. 또한, 사회·경제적 어려움으로 인해 경제적 약자가 많아지면 이들에 대한 재정적 지원이나 다양한 종류의 바우처를 지급하게 된다.

국가전체적인 경제발전을 위해 필요불가결한 공공재(公共財, public goods)를 공급하거나 지역경제를 활성화하기 위해서 산업단지 등을 조성하고 있다. 또한, 과학기술발전, 문화예술을 진흥시키거나 홍보하기 위한 재정지출뿐만 아니라 복지수준을 향상시키기 위한 예산도 지원되고 있다. 여기에다 교육, 국방, 체육, 대외원조까지도 재무행정의 범주에서 체계적으로 관리・운영되고 있다.

그러므로 국가 및 사회경제적 발전을 위해 최선의 정책이 수립되어야 하고 설정된 정책목표를 달성하기 위해 재무행정이 어떠한 역할을 수행하느냐에 따라 발전 정도가 다르게 나타날 수 있다. 행정을 구성하는 모든 요소들이 다 중요하지만 재무행정에서 관리하는 재원이 결부됨으로써 그 성과도출이 보다 구체적이고 가능한 것이 된다.

## 2 재무행정의 개념

재무행정에 대해서는 여러 가지 개념정립이 수없이 시도되었지만 그 개념에 대한 합의는 이루어지고 있지 못하다. 그럼에도 불구하고 학자나 전문가가 주장하는 내용을 분석하게 되면 시간의 흐름에 따라 그 유사성을 찾아볼 수 있다.

유훈 외(2012: 10)는 미국의 행정학자 디목(M. Dimock)의 주장과 같이 재무행정을 넓게 규정하여 경제, 공채, 수입, 지출, 운영, 회계를 포함하고 있다. 유훈 외는 그만큼 재무행정의 범위를 넓게 해석하여 경제뿐만 아니라 세부적으로 회계까지를 다루고 있다.

이영조・문인수(2015: 15)는 일반적으로 재정이라 함은 정부가 국가의 존립과 대중의 욕구를 충족시키기 위해 수행하는 모든 재정적 활동이라 한다. 재무행정보다는 재정을 통해 국가존립 등을 위한 활동을 하는 것으로 고찰하고 있다.

하연섭(2018: 4)에 의하면 재무행정은 정부와 공공기관 조직의 목적을 달성하는 데 필요한 재원을 조달, 배분하며, 이를 관리, 운용하는 것과 연관된 일련의 활동이라 한다. 정부와 공공기관의 조직을 위한 필요한 재원관리로 고려하고 있다.

나중식(2015: 17)은 재무행정은 주로 정부의 돈(재정 또는 예산)을 다루는 행정활동이다. 여기서의 돈은 개인의 돈이 아니라 공공의 돈을 말하고 재정활동 또는 예산활동을 의미한다.

박영희・김종희(2017: 5)는 재무행정은 국가가 공공수요를 충족시키기 위하여 필요한 재원을 조달·배분하고, 이를 효율적으로 관리·사용하는 과정을 말한다. 박영희·김종희에 의하면 국민이 필요로 하는 행정수요를 위한 재원조달과 관리를 중시하고 있다.

황윤원·김성철(2005: 3)에 의하면 재무행정은 돈을 관리하는 행정이라 정의하고 있으며, 곧 재무행정은 행정 중에서도 주로 재정문제를 다루는 활동이라고 한다. 이는 곧바로 재무행정은 행정 중에서도 돈에 관한 행정이요, 정부의 돈에 관한 행정이라는 뜻이 된다. 말하자면 정부가 어떻게 돈을 벌며 어떻게 돈을 쓰느냐에 관한 문제를 다루는 넓은 의미로 재무행정을 고려하고 있다.

**표 1-2 재무행정의 다양한 개념**

| 학자 | 주요 개념 |
|---|---|
| 유훈 외 | 경제, 공채, 수입, 지출, 운영, 회계를 포함하고 있어 재무행정을 넓게 규정함 |
| 이영조·문인수 | 정부가 국가의 존립과 대중의 욕구를 충족시키기 위해 수행하는 모든 재정적 활동을 재정으로 규정함 |
| 하연섭 | 재무행정은 정부와 공공기관 조직의 목적을 달성하는 데 필요한 재원을 조달, 배분하며, 이를 관리, 운용하는 것과 연관된 일련의 활동이라 규정함 |
| 나중식 | 주로 정부의 돈(재정 또는 예산)을 다루는 행정활동을 재무행정이라 함 |
| 박영희·김종희 | 재무행정은 국가가 공공수요를 충족시키기 위하여 필요한 재원을 조달·배분하고 이를 효율적으로 관리·사용하는 과정이라 함 |
| 황윤원·김성철 | 재무행정은 행정 중에서도 주로 재정문제를 다루는 활동으로 규정하면서 곧 돈을 관리하는 행정이라 함 |

위의 개념규정을 종합하면 재무행정은 중앙정부를 비롯한 공공부문의 다양한 재정관련 활동이라 정의할 수 있다. 재정관련 활동은 일정한 목적을 위해 재원을 조달하고 재원을 배분하는 모든 과정을 포함하는 것이다.

다시 말해, 조세징수, 수익사업, 국채발행 등을 통해 국가운영, 경제개발, 사회복지, 교육 및 훈련, 외교, 국방, 기술혁신, 대외원조 등을 위한 재원지출을 한다. 이러한 과정에서 예산은 중요한 역할을 하며 예산을 통해 수행하는 계획의 구체성을 가지게 된다.

국가나 정부가 얼마만큼의 세금을 거두는지 이와 같이 조성된 재원이 어디에 얼마만큼 지출되는지가 예산을 통해서 제시된다. 이와 같은 이유로 재무행정에 있어 예산은 매우 중요한 위치를 차지하고 있으며, 예산에 대한 체계적인 관리 또한 필요할 수밖에 없다.

기본적으로 국가운영에는 수많은 정책을 중심으로 전략추진 및 집행 등이 이루어지며, 이를 위해서 공무원의 인건비, 경상적 경비 등이 지출된다. 국가 또는 지역의 경제개발을 위해서는 사업 및 투자적 경비가 필요하며, 사회복지에는 복지관련 보조금, 연금 및 보험보조, 복지시설설치 등을 위한 재정지출이 수반된다.

외교에는 외교활동, 의전, 해외순방, 해외공관 운영 등을 위한 지출이 필요하며, 국방과 관련해서는 군시설유지 및 신설, 군인월급, 무기구입 및 개발 등이 필요하다. 기술혁신은 국가·사회발전을 위해 중요하며 기술개발이나 기술수입과 관련하여 수많은 금액이 투자되기도 한다. 국제적인 협력이나 공조가 강조되면서 각 국가가 부담하는 분담금의 총액도 점차적으로 커지고 있다.

그리고 이와 같은 재원의 조달 및 지출과 관련해서는 예산이라는 도구를 사용하게 되며, 예산은 편성, 심의·의결, 집행과정을 거치고 재정 및 예산지출을 하면서 정책 및 사업계획 등을 비로소 구체화하게 된다.

## 3 국민계정체계상의 공공부문 범위

국민계정체계(國民計定體系, System of National Accounts: SNA)에서 공공부문이란 공공당국에 의해 통제를 받거나 주로 재정지원을 받는 각 기관들의 시장적 또는 비시장적 모든 활동으로 정의된다. 국민계정체계에서는 두 가지 기준(시장/비시장, 통제/재정지원)으로 정부단위와 공공부문을 정의하고 있다(김렬 외, 2007: 16-17). 국민계정체계는 곧 국민경제계정(national economic accounts)이라 한다.

재무행정은 공공부문 내에서 주로 일반정부부문을 주 대상으로 하고 있으며, 그렇다고 해서 공기업무문과 무관한 것은 아니다. 일반정부부문에 있어 재무행정은 예산을 통해 대부분 정부살림을 위한 재정수입과 재정지출 활동을 담당하며 재정지출의 일부가 사회보장기금이나 비영리 및 비시장기관에도 지원되고 있다.

정부가 국민의 후생복지적 차원에서 사회보장기금에 재정을 투입하는 재정적 활동을 수행하며, 비영리 및 비시장적 기관에 대해서는 자체수입이 부족하기에 이를 보충해 주는 활동을 수행하게 된다. 또한, 공기업부문에 대해서도 대부분의 사업이 공익적 성

그림 1-1 공공부문의 범위

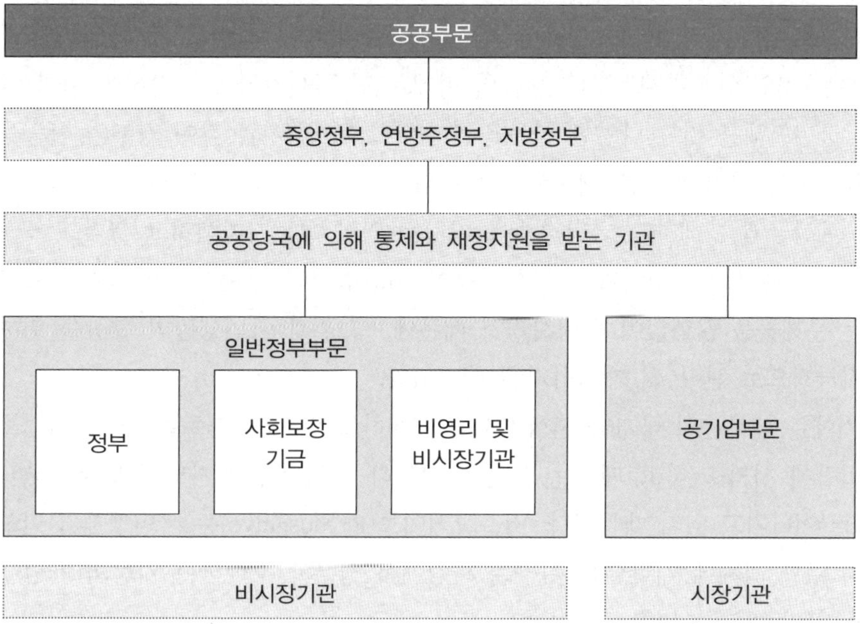


자료: IMF(2014: 20).

격을 가지고 있기에, 수익에 비해 적자규모가 지속적으로 발생하게 되면 재정수입을 통해 이를 보전해주는 활동을 수행하고 있다.

# 제4절 재무행정의 기능

## 1 재무행정의 기능: 재정의 기능

1945년의 제2차 세계대전 이후, 각국은 정치 및 경제체제의 확립과 함께 복지사회를 지향하고 있으며, 이와 같은 추세로 정부가 국민생활에 미치는 영향력이 점차적으로 높아지게 되었다. 그 결과 국민경제에서 재정이 차지하는 위치는 말할 수 없이 중요하게 되었으며, 한 국가의 경제는 정부의 재정활동을 제외하고는 논할 수 없게 되었다. 이는 역으로 정부재정이 국가경제에 미치는 영향이 매우 크다는 것을 의미하고 있다.

정부는 기업이나 가계로부터 세금의 형태로 필요한 자금을 조달하여 이와 같은 세입으로 국민전체를 위한 다양한 활동을 수행하고 있다. 이와 같이 정부의 활동을 금액으로 표시하여 정리한 것을 예산이라고 한다. 어느 국가를 막론하고 정부의 경제활동 지표인 예산금액은 해마다 국민경제에 미치는 영향력이 지대해지고 있다.

경제발전과 복잡화되어가는 사회기능이 시장경제의 단순한 원리적용으로 해결할 수 없는 문제들을 끊임없이 발생시키기 때문에, 그 결과 국민생활의 향상을 위하여 정부가 적극적으로 관여 및 개입하기에 이르렀다.

여기에는 대부분의 국가가 혼합경제를 채택하고 있으며, 때로는 가계, 기업들과 동등한 입장에 서기도 하고 때로는 이들을 감독하는 입장에 서기도 하면서 국민경제를 함께 이끌어나가고 있기 때문이다. 머스그레이브(R. Musgrave)는 국민경제가 안고 있는 세 가지 주요 과제에 대한 대응이라는 관점에서 정부가 수행하는 기능의 개념을 정립한바 있다(이준구 · 조명환, 2021: 12).

이것을 곧 정부가 수행하는 재정(재무행정)기능으로 볼 수 있으며, 주요 기능을 분류해 보면 다음과 같다. 첫째, 자원배분의 조정기능(allocation), 둘째, 소득의 분배기능(distribution), 셋째, 경기의 조정을 통한 경제의 안정적 성장 및 유지기능(stabilization)을 들 수 있다.

## 2 자원배분의 조정기능

일반적으로 시장경제체제는 경쟁적이며 자유로운 시장경제의 작동으로 인하여 각종 국가자원의 적절한 배분이 실현되는 데 기초하고 있다. 정부는 이와 같은 시장의 자동기능에 가능한 제재를 가하지 않으면 그것이 시민을 위한 정부라고 여겨져 왔다.

그러나 국민생활에 필수적인 재화나 서비스는 원칙적으로 충분한 공급이 이루어지지 않는다. 예를 들면, 경제활동을 위한 불가결한 도로, 항만 등의 공공서비스 부문, 시민 등의 휴식처가 되어주는 공원은 시장기능으로서 해결하기 어려운 것이다. 그러므로 투자를 통하여 수익을 기대할 수 없는 공적인 재화와 서비스는 시장에서 조달이 곤란하므로 정부는 사회에서 필요한 공급량을 확보할 것을 요구받고 있다.

또한, 공공재 이외에 경찰, 교육 등은 시장기능에 의존할 수도 있으나 사회전체의 관점에서 본다면 오히려 공공재로 공급된다면 사회형평과 사회정의의 실현을 위해 바람직하다. 이 밖에도 기술적인 이유에서 정부가 독점적으로 공급하는 것이 있는데, 원자력 개발이나 대규모 국토종합개발 등은 민간부문으로서는 매우 방대한 투자 및 자금을 요할 뿐만 아니라 투자의 위험부담 등이 높아서 이들에 대한 정부의 역할은 대단히 크다.

이와 같이 일반적으로 기대하는 시장기능으로는 공급이 되지 않고 있다든가 사회발전적 측면에서 공급이 불충분하다든가 또는 공공재로 공급되는 것이 바람직한 재화나 서비스의 공급을 해줌으로서 사회적 형평을 실현하는 것이 곧 재무행정이 지니는 기능의 하나이다.

## 3 소득의 분배기능

시장경제체제 하에서 개개인이 이윤추구를 목적으로 자유로운 경제활동을 영위하고, 이와 같은 활동이 곧 경제사회 발전을 위한 원동력이 된다는 것이다. 자기 사업의 이윤을 극대화시키겠다는 목적은 인간의 근로나 사업에 대한 의지를 높이며 궁극적으로 사회전체적으로 경제의 눈부신 발전을 불러왔다.

그러나 이 원칙이 항상 성공한 사람만을 배출하는 것은 아니다. 심지어는 동일한 여건 속에서도 개인의 능력이나 방법에 따라서 많은 차이가 나며 다른 사회적 환경에서는 당연히 많은 격차를 가져오게 된다. 개인의 능력 차이와 사회적 환경 차이에 기인하여 국민의 각 계층 사이에서 소득분배의 불균형이 나타나게 되는데, 사회정의의 구현을 위해서도 바람직한 것이 되지 못한다.

정부는 소득분배의 기능에 개입하여 격차를 줄여야 한다. 재정에 의한 소득분배는 세입측면에서 조세제도 등에 의하는 경우가 많으며, 세출측면에서는 이전적 지출과 저소득층에 대한 재정지출 등을 통하여 이루어진다.

세입면을 본다면 소득세 등에 누진세율을 적용시킴으로써 고소득자에게는 무겁게 세금을 부과하고, 저소득자에게는 낮은 세금을 부과하고 있다. 또한, 세출면에서는 사회경제적 약자에 대한 생활보조비, 연금 등 이전지출이나 사회복지관계, 교육비 등의 지출로 저소득층을 위한 경비를 감당하고 있다.

## 4 경제의 안정적 성장 및 유지기능

한 국가의 경제상황은 사회적으로 항상 안정성을 유지하고 있는 것은 아니다. 경우에 따라 경제는 변동하며 경기는 변화를 겪으며 불황기와 호황기는 교체되기도 한다. 불황기에는 경제활동의 침체를 가져오며 실업자가 증가하고 도산하는 업체가 늘어 사회전체가 침체되고 어려움을 가져온다.

그러나 호황기는 긍정적인 측면이 존재하지만 반면에 항상 좋은 것만은 아니다. 어느 정도 이상으로 경기가 과열되면 물가의 상승과 국제수지의 악화 등 역효과가 표면화되어 경제운영에 곤란을 일으킨다.

경기의 변동은 경제가 피할 수 없는 숙명이라 할 수 있겠으나 경기변동은 경제의 원활한 발전을 저해하며 국민생활의 안정을 위협하기 때문에, 그 영향을 최소한도로 억제하여 경제를 양호한 상태로 이끄는 것이 재정이 지니는 중요한 역할이라 할 수 있다. 다시 말해, 현재로서는 완전고용을 유지하면서 물가를 안정시키고 국제수지의 균형을 달성하는 것이 정부 경제운영의 기본과제로서 중요시되고 있다.

재정이 지니는 경제의 안정화 기능에는 두 가지 측면을 생각할 수 있다. 그 하나는 제도적으로 구조화되어 있는 경기의 자동조절기능(built-in-stability)이다. 예를 들어, 호황기에는 소득세나 법인세 등의 세수입이 자연적으로 증가하여 새로 흡수된 양만큼 수요가 감소하여 경기과열을 억제하게 된다.

불황기에는 세수가 자연적으로 감소되므로 구매력의 저하를 방지하는 것이다. 이와 같이 정부가 그때 별도로 어떤 정책을 강구하지 않아도 일정한 경제안정 조정효과는 재정제도 그 자체에서 발생하게 된다.

다른 하나는 정부가 재량적으로 재정정책을 실행하고 있다. 즉, 국가경제가 불황기에 접어들어 민간경제 활동에 침체가 나타나면 정부는 세출규모를 확대한다든지 또는 공공부문의 주요 사업의 집행을 선행적으로 수행한다든지 하여 경기회복을 촉진하고,

세입면에서는 수요의 확대를 위하여 감세를 하는 것이다. 또한, 호황기에서 재정규모를 억제한다든지 세출을 지연시킴으로서 경기의 과열화를 방지한다.

다시 한번, 조세수입은 정부가 세율을 변화시키지 않더라도 경제상태에 의존한다. 경기후퇴에 들어서면 세율이 변하지 않더라도 조세수입이 감소할 것이고, 경제가 회복되면 조세수입이 증가할 것이다. 다른 것들이 동일할 때 재정적자는 경기확장기에 감소하고 경기후퇴기에 증가한다.

정부예산의 일부지출 항목은 경제가 변화함에 따라 자동적으로 변화한다. 경제가 나빠지면 실업이 증가하고 실업급여가 증가하면서 일반적인 빈곤층 지원 등의 이전지출도 경기후퇴기에 증가하고 경기확장기에 감소한다.

이와 같은 정부의 수입과 지출의 자동적 변화를 다른 말로 자동안정장치(automatic stabilizer)라고 한다. 자동안정장치는 경제를 안정시키는 데 도움을 준다. 경기후퇴기에는 세금이 감소하고 지출이 증가하며 경기확장기에는 이와 반대되는 현상이 발생하며 경제에 긍정적인 영향을 미친다(박원규 · 이상규, 2022: 533).

**표 1-3** 경기변동과 재정의 기능

| 구분 | 호황기 | 불황기 |
|---|---|---|
| 자동<br>조절기능 | 조세수입의 자연증대<br>–수요의 감소<br>–경기과열의 방지 | 조세수입의 자연감소<br>–구매력의 저하방지<br>–경기감퇴 제동 |
| 재량적<br>재정정책 | 세출규모의 억제 및 지출의 연기<br>–경기과열방지 | 세출규모의 확대, 공공사업집행의 촉진, 감세정책<br>–경기촉진<br>공공정책의 도입<br>–유효수요의 창출 |

그러나 경제의 자동안정장치가 더 이상의 기능을 수행하지 못함으로써 한 국가에 있어 정부의 재량적 재정정책이 점차적으로 중요성을 가지고 있다. 2020년 상반기 코로나바이러스(Corona Virus) 확산에 따라 세계의 많은 국가에서 확장적 재정정책을 활용함으로써 정부가 많은 재정을 민간부문에 지출하여 경기가 하강하는 것을 방지하는 노력들을 보였다는 것이 한 사례에 해당한다.

이와 같은 배경에는 서구권을 중심으로 발전된 이론적 내용들이 시간이 흐르고 재정에 영향을 미치는 다양한 요인이 증가하면서 이론적 한계를 나타낸다고 할 수 있으며, 이를 보완하기 위한 여러 가지 시스템이 접목되고 있다.

따라서 재무행정에서는 재정·경제정책과 관련된 정부의 역할이 포함되어야 하고, 재정정책의 형성, 집행, 평가과정이 중요하다고 하였다(Nigro & Nigro, 1984).

# 제2장

# 재무행정의 주요 법적 근거와 재정계획



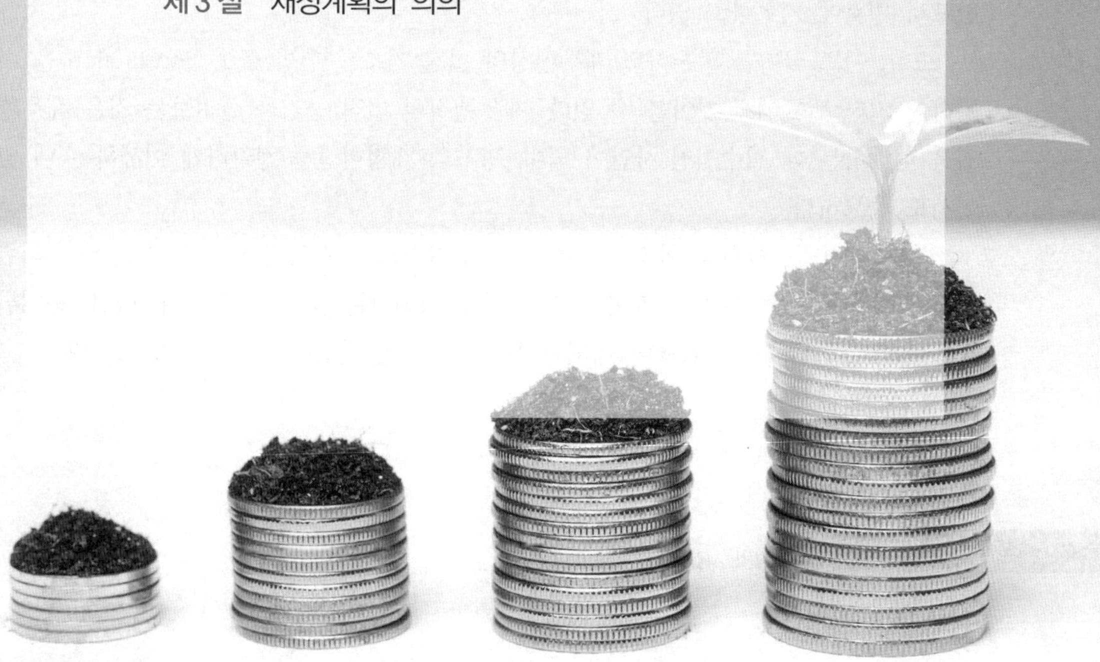

# 제1절 재무행정과 법률 간의 연계

## 1 법적 근거의 의의

우리나라를 비롯한 세계의 많은 국가에서 국가재정 및 정부예산의 운용절차를 비롯해서 예산의 편성, 심의·의결, 집행, 결산의 여러 단계를 헌법 또는 법률에 의해서 엄격히 규정하고 있다.

이와 같이 재정 및 예산절차가 엄격한 규정화를 도모하게 된 것은 역사적 산물인 근대민주주의가 재정입헌제도(財政立憲制度, fiscal constitutional system)를 근간으로 하고 있기 때문이다. 역사적으로 서구 유럽에 있어 시민사회가 발달하면서 시민들의 권리인식이 확산되고 이들이 강력한 왕권에 대항하는 세력으로 성장하게 되면서이다. 시민사회는 더 이상 왕의 권한이 남용되거나 자신들의 권리를 침해하는 행위에 대해 제한을 가하게 된 것이었다.

그리고 시간이 지나면서 국민들을 대표하는 의회제도가 발달하면서 왕의 재정권에 대해서 일정한 제재를 가하게 되었다. 다시 말해, 국민들에 대한 왕의 재정권이 지나치게 남용되어 국민의 세금부담이 가중되는 것을 사전에 방지하기 위해 의회와의 협의를 통해서만 행사하게 된 것이다. 그러므로 오래전부터 국민에게 세금을 부과하는 규정은 반드시 법률에 기초하고 있다.

또한, 어느 국가를 막론하고 재무행정의 법적 기초를 헌법(憲法, constitution)을 비롯하여 기타 법률에서 찾아볼 수 있다. 재무행정의 법적 근거를 살펴보는 것은 재무행정을 이해하는 데 필수적인 사안이 되며, 당시의 재정현상을 정확하게 이해하는 데 있어서도 중요하다.

법률은 경제·사회적 환경변화에 따라 주기적으로 개정되고 있기 때문에 이러한 변화의 추이를 잘 지켜보는 것이 법적 근거를 이해하는 데 도움이 된다. 다만, 중대한 상황변화의 경우에는 법률명이 대체되거나 대폭적인 개정이 이루어지기도 한다.

## 2 헌법규정

### 1) 미국의 경우

미국연방헌법은 법률제정과 연방의회 권한에 관한 규정에서 세입징수법안의 하원 선제안 및 심의, 연방의회의 조세부과권한 등에 대하여 규정하고 있다. 구체적으로 살펴보면 다음과 같다.

미국연방헌법은 법률의 제정에 있어 세입징수에 관한 모든 법률안은 상원보다는 하원이 우선적으로 제안하여야 함을 규정하고 있다. 그러나 상원은 이에 대해 다른 법안에서와 동일하게 수정안을 발의하거나 수정을 가하여 동의할 수 있다.

그리고 연방의회의 권한에 있어 미국의 채무를 지불하고 공동방위와 일반복지를 위하여 조세, 관세, 공과금 및 소비세를 부과·징수할 수 있다. 다만, 관세, 공과금 및 소비세는 미국 전역을 통하여 획일적이어야 한다는 조건을 달고 있다.

이에 기초하여 다수의 법률이 연방의회의 재정권한을 규정하고 있다. 예를 들어, 미국의 연방법전 제31편 중에서 제11절은 예산안과 예산과정 등에 관한 사항을 결정하고 있다. 여기에는 대통령의 예산안 작성권한 및 관련업무에 관한 권한, 예산안의 내용 및 의회제출에 관한 절차, 동법률에 의해 대통령의 예산안제출 이후 추가요약서(supplemental summary) 제출 및 의회에 대한 추가적인 정보지원 제공의무 등을 제시하고 있다.

특히, 예산회계법(Budget and Accounting Act)은 국가재정에 관한 총칙법으로 예산안의 편성과 집행과정 및 회계감사에 대한 사항을 규정하고 있다. 관련된 규정을 살펴보면 대통령 및 관리예산처(Office of Management and Budget: OMB)가 부처들의 요구를 조정하여 종합적인 예산안을 의회에 제출할 수 있다.

대통령은 매년 1월 첫째 주 월요일 이후에 다음 회계연도 예산안을 의회에 송부하며 그 시기는 2월 첫째 주 월요일을 경과해서는 안 된다. 예산안은 예산교서와 예산요약, 산출근거가 되는 자료와 같이 첨부되어야 하고 각 연방부처는 대통령이 요구하는 자료를 제공하여야 하며, 대통령은 자료를 얻기 위해 부처의 기록을 이용하거나 검열할 수 있다.

예산회계절차법(Budget and Accounting Procedures Act)은 예산서의 서식, 회계절차, 검사절차 등에 관하여 규정하고 있다. 또한, 성과에 기초하여 예산을 편성하여야 하고 조직의 활동과 기능에 대한 재무정보를 포함하도록 한다.

의회의 정부예산처(Government Accountability Office: GAO)는 행정부가 준수해야 할 회계원칙, 기준, 기타 관련된 필수사항을 공표하고, 각 조직의 장은 정부예산처가 제정한 기준에 맞추어 회계와 내부통제시스템을 수립・유지하여야 한다. 각 연방부처는 정부예산처와 함께 회계시스템을 개발하여야 하며, 동 시스템은 정부예산처의 검토와 승인을 거치도록 하고 있다(국회예산정책처, 2015: 26-27).

### 2) 영국의 경우

영국의 경우에는 성문헌법이 없으며 관습법에 의하기 때문에 헌법상의 재정관련 규정은 존재하고 있지 않다. 그럼에도 불구하고 오랫동안 축적된 경험을 기반으로 예산과정 등을 포함한 재정체계에 대한 다수의 법령들은 구성되어 있다.

다시 말해, 법령이 구체적인 사항을 적시하기보다는 일반적인 원칙을 명문화하는 경우가 많고, 구체적인 사항은 행정명령(statutory instruments) 등의 보조입법을 통해 규정하고 있는 것이 일반적이다.

영국에서 제정된 주요 법령으로는 1998년 재정법(Finance Act 1998), 회계감사법(National Audit Act 1983)과 통합국고자금법(Consolidated Fund Act), 2000년 정부자원 및 회계법(Government Resources and Accounts Act 2000), 2010년 재정책임법(Fiscal Responsibility Act 2010), 2011년 예산책임 및 감사법(Budget Responsibility and National Audit Act 2011) 등이 있다.

영국의 재정법은 주로 세입내용의 변화를 규정한 일종의 세입예산법으로 매년 제정되며 기타 조항으로 재정관련 내용을 포함하고 있으며, 회계감사법은 예산과 회계에 관한 기본법으로 예산편성・집행・감사에 관해 규정하고 있다.

통합국고자금법은 우리나라 일반회계에 해당하는 통합국고자금에 대한 법령으로 국가의 모든 수입과 지출규정을 포함하도록 하고 있으며 연간 세입변동 사항은 예산안(budget)에서 발표하고, 세입예산결의안(budget resolution)을 하원에 제출하면 재정법안(finance bill)으로 채택되어 다른 법안과 유사한 과정으로 의회의 의결을 거치게 된다.

정부자원 및 회계법은 발생주의 예산 및 회계시스템의 근간이 되는 법률로 과거 현금주의 방식의 예산회계제도를 규정한 법률을 대체하여 운영되고 있다. 즉, 정부자금(funds) 및 계정의 지급에 관한 사항, 부처별 계정의 준비 및 작성과 감사원장의 권한 및 책무, 정부전체 계정(Whole of Government Accounts: WGA)의 작성에 관한 규정을 포함하고 있다.

재정책임법은 영국에서 입법을 통한 최초의 재정건전화 계획으로 정부의 재정건전화 의지에 신뢰성을 부여하고 의회에 중기재정계획의 설정 및 모니터링에 대한 역할을 규정하고 있다. 그리고 예산책임 및 감사법은 영국정부의 경제와 재정정책의 투명성과 공개성을 제고하기 위한 획기적인 재정개혁에 기반을 두어 재무성은 예산책임헌장(Charter for Budget Responsibility)의 제정의무, 예산책임청(Office for Budget Responsibility: OBR)의 설치에 대한 법적 근거를 마련하고 있다.

또한, 재정정책 및 국가채무관리정책에 대한 재무성의 목표와 재정권한(fiscal mandate)을 통해 이행할 재정건전화 방법, 연간예산서류(재정보고서와 예산안)에 포함될 내용을 명시하고 있다. 감사원장(Comptroller & Audit General)의 임명절차・보수・임기 결정과 감사원을 독립적 법인으로 규정한다는 내용 등도 포함하고 있다(국회예산정책처, 2015: 83-87).

### 3) 프랑스의 경우

프랑스의 헌법에서도 법률이 모든 종류의 과세관련 과목, 세율, 징수방법을 규정하여 조세법률주의를 규정하고 있다.[1] 헌법 제34조에서 모든 세금의 과세기준, 세율 및 징수방법 등을 규정하고 있으며, 의회가 매년 예산에 해당하는 재정법(lois de finances)을 제정할 수 있다.

사회보장재정법(lois de financement de la sécurité sociale)은 사회보장관련 재정균형의 일반조건을 규정하고 구성법(loi organique)에서 규정하고 있는 조건과 사항 하에서 수입예측을 고려하여 지출의 목적을 정하고 있다.

또한, 3년을 최소단위로 하고 단・중기적으로 제정하고 있는 프로그램법(lois de programmation)은 국가활동의 목적을 결정하게 된다. 공공재정 장기재정방향(orien-

---

1) La loi fixe les règles concernant l'assiette, le taux et les modalités de recouvrement des impositions de toutes natures.

tations pluriannuelles des finances publiques)은 위의 프로그램법에 의해 결정되고 있으며, 재정방향은 공공행정 회계의 균형목적에 포함된다. 이와 같은 규정은 구성법에 의해서 정확하게 규정되거나 보완되도록 하고 있다.

그리고 프랑스에서는 2001년 신재정구축 하에 성과주의예산에 대한 도입이 추진되었다. 이를 위해 2001년 8월 1일 재정법구성법(loi organique relative aux lois de finances)이 법률로 공포되었다. 이제, 재정법구성법은 공공정책을 달성하기 위한 미션과 예산액의 연계로 더 이상 투입에 초점을 맞추는 것이 아닌 안전, 고용, 국방 등과 같은 직접적인 지출목적에 초점을 맞추고 있다. 이러한 연계는 최상의 지출통제와 최상의 국가정책의 효율성을 지향하고 있다(Luther, 2011: 2; 윤광재, 2014: 76).

### 4) 우리나라의 경우

우리나라 헌법에서는 재정에 대해서는 총강, 국민의 권리와 의무, 국회, 정부, 법원 등과 같은 별도의 장(章, chapter)은 없으나 납세의 의무와 조세법률주의를 비롯하여 국무회의의 심의사항 중 예산안 · 결산, 국유재산처분의 기본계획, 국가의 부담이 될 계약, 기타 재정에 관한 중요사항 등에 대한 규정이 존재하고 있다.

특히, 헌법 제54조 제1항은 국회는 국가의 예산안을 심의 · 확정한다고 규정하고 있다. 제2항에 의하면, 정부는 회계연도마다 예산안을 편성하여 회계연도 개시 90일 전까지 국회에 제출하고 국회는 회계연도 개시 30일 전까지 이를 의결하여야 한다. 제3항은 새로운 회계연도가 개시될 때까지 예산안이 의결되지 못한 때에는 정부는 국회에서 예산안이 의결될 때까지 다음의 목적을 위한 경비는 전년도 예산에 준하여 집행할 수 있다.

첫째, 헌법이나 법률에 의하여 설치된 기관 또는 시설의 유지 · 운영, 둘째, 법률상 지출의무의 이행, 셋째, 이미 예산으로 승인된 사업의 계속이라고 규정하고 있다. 이 밖에 다른 예산 및 재정관련 사항에 대해서도 규정하고 있다.

예를 들어, 계속비(계속비는 공사, 제조 및 연구개발 사업에 있어서 그 완성까지 수년도가 걸리는 것에 대해서 그 경비총액과 연부액을 미리 일괄하여 국회의 의결을 얻어 수년도에 걸쳐 지출하는 제도 또는 그 경비를 말한다), 예비비(예산에 전혀 계상하지 않은 새로운 경비가 필요한 경우 쓰이는 돈), 추가경정예산(본예산에 대해 추가적으로 수정하여 국회에 제출하고 심의 · 의결하여 처리), 세출예산 각 항의 증액과 새 비목(비용을 지출하는 명목)의 설치금지, 그리고 국채모집이나 예산 외에 국가의 부담이 될 계약을 체결하려 할 때 등에 대한 국회의결권, 감사원의 세입 및 세출의 결산, 회계검사권 및 결산보고를 규정하고 있다.

## 제2절 헌법 및 기타 법률규정

### 1 헌법의 규정

#### 1) 조세법률주의

위에서 설명한 바와 같이 조세는 국가 및 정부가 그 운영을 위한 경비를 충당하려 수입을 획득하기 위한 것으로 일부 논의가 존재하고는 있지만, 국민들에게 일방적으로 부과시키는 무상의 금전급부이다. 법률적으로는 재정권력 작용 중의 하나이고, 행정작용 중에서 조세의 부담과 징수는 정부의 가장 중요한 재정권력 작용에 해당되고 있다.

국민과 기업 등은 싫든 좋든 정부의 어떠한 조세부과에도 피할 수 없고 권력에 의해 강제 당하게 된다. 이러한 조세부과는 그 종목과 세율이 반드시 법률에 의해서만 가능하도록 함으로써 국민을 정부의 재정권력 남용으로부터 보호하는 것이다. 즉, 국민에 의해 선출된 입법부 의원들이 국민을 대신하여 정부의 재정권력에 일정한 제한을 가할 수 있다.

조세법률주의는 크게 일년세주의와 영구세주의가 있으며 우리나라는 영구세주의를 채택하고 있다. 따라서 일단 조세관련 법률이 제정된 이후에는 개정이나 폐지가 있을 때까지 매년 그에 기초하여 정부는 국민에게 조세를 일정하게 부과 · 징수하게 된다.

### 2) 국무회의의 재정관련 정책심의권

국무회의는 실질적으로 정부의 최고 및 최종 정책결정기구이다. 국무회의에서는 여러 가지 중요사항을 심의·의결하고 있으며, 예를 들어 국정의 기본계획과 정부의 일반정책, 선전·강화 기타 중요한 대외정책, 헌법개정안·국민투표안·조약안·법률안 및 대통령령안, 대통령의 긴급명령·긴급재정경제처분 및 명령 또는 계엄과 그 해제, 군사에 관한 중요사항, 국회의 임시회 집회의 요구 등이다.

이 중에서 예산안을 비롯한 결산, 기타 재정에 관한 중요사항 등에 대한 심의를 담당하도록 헌법이 규정하고 있다.

### 3) 국회 예산심의·확정권

다른 국가와 유사하게 우리나라에서도 행정부에서 제출한 예산안을 심의하고 확정하는 권한은 입법부인 국회에 있다. 재정민주주의의 실천방법으로서 오랜 역사를 지닌 관습적 전통에 해당되고 있으며, 행정부에서는 예산안을 작성하고 입법부에서는 예산안을 심의하는 것이다.

이를 위해서 정부는 매 회계연도마다 예산안을 편성하여 국회에 제출하고 국회는 이를 심의·의결한다. 그러나 회계연도 개시 전까지 국회의결이 불가능한 때에는 준예산을 집행할 수 있게 하여 예산운영의 예외적 사항을 인정해 주고 있다.

### 4) 계속비

한 회계연도에 얽매이지 않고 여러 연도에 거쳐 지출해야 할 필요가 있을 때에는 이를 국회에서 의결해야 하며, 이와 같은 의결에 의해 계속적으로 지출이 가능한 경비를 계속비라 한다.

또한, 구체적으로 지출항목을 제시할 수 없는 성격의 경비는 총액으로서 사후승인을 받을 수 있게 하는 예산집행상의 신축성 유지도 헌법에서 보장하고 있다. 엄격한 예산운영상의 유연성을 발휘하여 투자사업의 연속성을 도모하기 위한 사항이 되고 있다.

다년간 걸쳐 진행되는 사업비를 매년 국회에서 심의·의결하는 경우에 있어서는 사안에 따라 정치적 갈등으로 인해 확정되지 않거나 삭감되면 사업의 연속성을 보장할 수 없게 되어 예산의 낭비를 초래할 수 있다.

### 5) 추가경정예산

이미 승인된 예산으로는 감당할 수 없는 추가적인 예산수요 발생 시에 본예산에 변경 및 수정을 가해 추가로 편성하는 예산이며, 이와 같은 내용을 헌법에서 보장하고 있다. 일반적으로 추경예산이라고 하며 사회 · 경제적 환경이 변하여 이에 대응하기 위한 재정적 목적을 수행하고 있다.

또한, 경제가 급격하게 침체되거나 침체된 경제적 상황이 개선되지 않을 때 추가경정예산을 편성하는 경우가 자주 발생한다. 정부의지나 사회 · 경제적 환경변화에 따라 횟수는 다르지만 통상적으로 몇 차례 편성되어 국회에 제출되고 승인되는 패턴을 보이고 있다.

### 6) 국회의 예산안 수정권: 증액 및 신비목 설치금지

우리나라의 입법부인 국회는 정부가 제출한 예산안에 대하여 심의하게 된다. 이와 같은 과정에서 정부가 제출한 예산안의 지출 각 항에 대해 금액을 증가시키거나 새로운 비목(비용항목)을 설치할 수 없다.

재정민주주의의 실천을 위해 주어진 입법부의 권한이 예산안의 의도와 관계없이 남용되는 것을 사전에 방지하기 위한 것이다. 결국, 입법부의 예산관련 권한남용이 이루어질 수 없도록 헌법에서 규정하고 있다.

### 7) 국고채무부담행위 동의권

국채의 발행이나 예산 외에 국가의 부담이 되는 재정계약의 체결은 향후 국민에게 부담을 주지만 예산에 반영되지 않았기 때문에 자칫 정부가 남용할 소지가 많다. 이를 방지하고자 헌법에서는 정부의 어떠한 국가재정 부담행위도 국회의 승인을 받도록 하고 있다.

이와 같은 규정이 존재하지 않는다면 정부는 상대적으로 손쉽게 채무부담행위를 할 수 있어 국가채무의 증가를 예상할 수밖에 없다. 그러나 현실적으로 우리나라의 경우에 있어서는 대통령과 국회의 다수가 동일한 정당이라면 정부가 원하는 대로 국채를 발행할 수 있는 가능성이 높아진다.

### 8) 세입세출 결산 · 회계검사기구

재정민주주의의 원리에 의하면 세입세출에 대한 결산검사는 궁극적으로 국회가 담당하게 된다. 그러나 의원들은 정치인들로 구성되는 경우가 많기 때문에, 오늘날 예산업무의 복잡성 및 전문성을 담당하기에는 한계가 있다. 그러므로 결산검사에 대한 전문적인 전담기구를 필요로 하게 되는 것이 일반적이다.

헌법에는 국가의 세입세출 결산이나 국가 및 법률이 정하는 단체의 회계검사를 담당하는 기구를 규정하고 있다. 이와 같은 역할을 수행하기 위하여 우리나라에서는 감사원이 설치되어 있으며 국가 차원의 유일한 회계검사기구이다. 그리고 감사원의 결과는

표 2-1 헌법상의 주요 재정 · 예산관련 조항

| 헌법조항 | 주요 내용 |
|---|---|
| 조세법률주의<br>(제38조) | 모든 국민은 법률이 정하는 바에 의하여 납세의 의무를 진다. |
| 국무회의의 재정관련 정책심의권<br>(제89조) | 다음 사항은 국무회의의 심의를 거쳐야 한다. 예산안 · 결산 · 국유재산처분의 기본계획 · 국가의 부담이 될 계약 기타 재정에 관한 중요사항이다. |
| 국회 예산심의 · 확정권<br>(제54조) | 국회는 국가의 예산안을 심의 · 확정한다. |
| 계속비<br>(제55조) | 한 회계연도를 넘어 계속하여 지출할 필요가 있을 때에는 정부는 연한을 정하여 국회의 의결을 받는다. |
| 추가경정예산<br>(제56조) | 정부는 예산에 변경을 가할 필요가 있을 때에는 추가경정예산안을 편성하여 국회에 제출할 수 있다. |
| 국회의 예산안 수정권<br>(제57조) | 국회는 정부의 동의 없이 정부가 제출한 지출예산 각항의 금액을 증가하거나 새 비목을 설치할 수 없다. |
| 국고채무부담행위 동의권<br>(제58조) | 국채를 모집하거나 예산 외에 국가의 부담이 될 계약을 체결하려 할 때에는 정부는 미리 국회의 의결을 얻어야 한다. |
| 세입세출 결산 · 회계검사기구<br>(제97조) | 국가의 세입 · 세출의 결산, 국가 및 법률이 정한 단체의 회계검사와 행정기관 및 공무원의 직무에 관한 감찰을 하기 위하여 대통령 소속 하에 감사원을 둔다. |

반드시 대통령과 국회에 보고하도록 하고 있어 결산의 중요성을 강조하고 있다. 그러나 예산에 비해 결산은 그 중요도나 관심도가 상대적으로 낮은 것이 현실이다.

## 2 국가재정 관계법

### 1) 국가재정법의 제정

우리나라에 있어 1948년 8월 15일, 정부출범 후 국가재정활동에 관한 기본법이 지연되어 오다가 1951년 9월 24일의 법률 제3/호로 재정법이 제정・공포되었다. 당시의 재정법은 예산집행의 신축성 결함, 형식적인 회계통제, 예산집행의 성과에 대한 평가곤란 등 여러 가지 결함을 노출하고 있었다.

위의 재정법이 가지고 있었던 결함의 수정목적과 경제개발추진을 위한 재정체계의 확립 및 발전이 요구되던 중 1961년 재무부 내에 재정회계제도개혁위원회가 설치되었다. 이어서 당시 재무부의 개정안을 중심으로 재정법의 전면적 수정을 가했으며, 명칭을 재정법에서 예산회계법으로 바꾸고 의결을 거쳐 1961년 12월 19일 법률 제849호로 공포되었고, 1962년 1월 1일부터 시행되었다(유훈 외, 2012: 39).

이와 같이 제정된 예산회계법도 수년 간 활용 후에 국가재정법으로 대체되었고, 국가재정법은 2007년 1월 1일부터 시행되어 수십 차례의 개정을 거쳐 오늘날에 이르고 있다.

### 2) 국가재정법의 운용범위

국가재정법은 우리나라의 국가재정에 관한 기본법이고, 헌법상의 규정을 보완하는 헌법 시행법적인 성격을 가지고 있으며 국가재정에 관한 총칙법이라 할 수 있다. 또한, 기존의 예산회계법은 1921년에 제정된 미국의 예산회계법에 비교할 수 있는 획기적인 것이었다. 당시의 예산회계법 및 기금관리기본법을 통합하여 국가재정운용의 기본법인 국가재정법을 제정함으로써 새로운 재정운용의 틀을 마련하였다.

또한, 당시에 새로이 재정관련 틀을 구성하는 차원 하에서 국가재정운용계획의 수립, 성과관리제도・예산총액배분 및 자율편성제도의 도입 등을 통하여 재정의 효율성을 도모하였다. 재정정보의 공표확대 및 조세지출예산제도의 도입 등으로 재정의 투명성을 제고하고, 추가경정예산 편성요건의 강화 및 국가채무관리계획의 수립 등을 통하여 재정의 건전성을 확보하려는 것이었다.

국가재정법은 국가의 예산, 기금, 결산 등 이에 관련되는 사항의 기본에 관한 법으로, 물품과 국유재산에 관해서는 물품관리법[2](국가물품(物品)의 취득·보관·사용 및 처분에 관한 기본적인 사항을 정하여 국가물품을 효율적이고 적정하게 관리하는 것을 목적으로 한다)과 공유재산 및 물품관리법[3](공유재산 및 물품을 보호하고 그 취득·유지·보존 및 운용과 처분의 적정을 도모함을 목적으로 한다)의 적용을 받되 특별한 규정이 없는 사항에 대해서는 국가재정법이 정하는 바에 의하게 되어 있다.

### 3) 국가재정법의 주요 내용

국가재정법은 전반적으로 예산, 결산, 기금의 운용 등에 대해 규정하고 있다. 구체적으로 재정운영의 효율성 및 성과지향성 제고, 재정운영의 건전성 강화, 재정의 투명성 제고와 국민참여, 성인지 예산서 및 결산서와 조세지출예산서의 작성 및 제출, 예산·결산과정의 순기변경 등이다.

특히, 성인지 예산서는 예산이 여성과 남성에게 미치는 효과를 평가하고 그 결과를 정부 예산편성에 반영하는 것으로 정부예산이 균형적으로 사용되게끔 하기 위한 것이다. 또한, 조세지출예산서는 조세감면, 비과세, 소득공제, 세액공제, 우대세율 적용 또는 과세이연 등 조세특례에 따른 재정지원의 직전 회계연도 실적과 당해 회계연도 및 다음 회계연도의 추정금액을 기능별, 세목별로 분석한 보고서를 의미한다.

성인지 및 조세지출예산서는 남성과 여성에 대한 영향분석, 조세감면 등을 별도의 예산서에 작성하게끔 하여 해당 부분에 대한 예산이 효율적으로 운영되기 위한 것으로 이해할 수 있다.

---

2) 물품은 국가가 소유하는 동산(動產)과 국가가 사용하기 위하여 보관하는 동산(국유재산법에 따라 관리하고 있는 국유재산에서 개별적으로 분리된 동산을 포함한다)을 말한다.

3) 여기서 공유재산이란 지방자치단체의 부담, 기부채납(寄附採納)이나 법령에 따라 지방자치단체 소유로 된 재산을 말하고, 물품이란 지방자치단체가 소유하는 동산과 지방자치단체가 사용하기 위하여 보관하는 동산을 의미한다.

## 3 정부기업예산법과 공공기관의 운영에 관한 법률

### 1) 공기업의 분류

우리나라에 있어 공기업을 형태별로 분류할 때, 정부부처 형태, 공사 형태, 주식회사 형태로 구분한다. 예를 들어, 정부부처 형태의 공기업은 정부기업이라 부르며, 정부기업의 예산 및 회계는 2009년 1월 1일 시행된 정부기업예산법의 적용을 받는다.

이전에는 1962년 1월 1일 시행된 예산회계법 제13조(기업회계의 원칙)가 특별회계에 의하여 정부가 유영하는 사업은 따로 법률의 징하는 바에 의하여 기업회계의 원칙에 의하여 계리할 수 있다고 규정하였다. 따라서 정부사업은 1961년 12월 31일 시행된 기업예산회계법의 적용을 받고 있었다.

당시에는 정부부처 형태의 공기업으로 교통사업, 통신사업, 전매사업, 양곡관리사업 및 조달사업을 의미하였다. 현재는 정부기업예산법 하에서 우편사업, 우체국예금사업, 양곡관리사업, 그리고 조달사업이 해당된다.

공사 및 주식회사 형태의 공기업은 2007년 4월 1일부터 시행된 공공기관의 운영에 관한 법률의 적용을 받는다. 공공기관운영법이라는 약칭으로 불리고 있으며, 정부투자기관관리기본법과 정부산하기관관리기본법을 통합하여 중앙정부 산하 공공기관의 운영에 관해 규정한 법률이다. 여기에 해당하는 공공기관들은 〈표 2-2〉와 같이 구분하고 있다.

**표 2-2 공공기관의 구분 및 종류**

| 구분 | 종류 | 기준 |
|---|---|---|
| 공기업 | 시장형 공기업 | 자산규모와 총수입액 중 자체수입액이 대통령령으로 정하는 기준 이상인 공기업 |
| | 준시장형 공기업 | 시장형 공기업이 아닌 공기업 |
| 준정부기관 | 기금관리형 준정부기관 | 국가재정법에 따라 기금을 관리하거나 기금의 관리를 위탁받은 준정부기관 |
| | 위탁집행형 준정부기관 | 기금관리형 준정부기관이 아닌 준정부기관 |
| 기타 공공기관 | 위에 해당하는 기관 이외의 기관 | |

### 2) 정부기업예산법

1961년 12월, 기업예산회계법은 당시의 예산회계법에 근거해서 제정되었고, 상황변화에 맞추어 2009년 1월 정부기업예산법으로 대체되었다. 이 법은 기업형태로 운영되는 정부사업(정부기업)의 합리적 경영을 위하여 그 예산과 회계를 통일적으로 규제함으로써 건전한 발전에 기여함을 목적으로 하고 있다.

현재, 정부기업으로는 우편사업, 우체국예금사업, 양곡관리사업, 조달사업의 4개 사업이 포함되고 있으며, 정부기업의 예산은 일반회계가 아닌 특별회계로 운영되며 기업특별회계로 부르고 있다.

정부기업예산법에는 기본순자산의 증감(제10조)으로 정부는 필요하다고 인정하는 경우에 특별회계의 기본순자산을 증감시킬 수 있다. 다른 회계 및 기금으로부터의 전입 또는 전출(제14조)에서는 특별회계가 다른 회계 및 기금으로부터 자금을 전입하거나 다른 회계 및 기금으로 자금을 전출하는 경우에는 예산총칙에 반영하여야 한다. 세입세출예산의 구분(제15조)에서는 특별회계의 세입세출예산은 손익계정, 자본계정, 그 밖에 필요한 계정으로 구분할 수 있다.

예산요구서의 제출(제17조)에서 관계 중앙관서의 장이 특별회계의 예산을 요구할 때에는 다음과 같은 서류를 추가로 첨부하도록 하도록 규정하고 있다. 첫째, 해당 연도의 사업계획 및 자금계획서, 둘째, 전년도 및 해당 연도의 추정재정운영표 및 추정재정상태표, 셋째, 전전년도 재정운영표·재정상태표 및 그 부속서류, 넷째, 재고의 증감명세서이다.

수입금 마련지출(제19조)에서 특별회계는 그 사업을 합리적으로 운영하기 위하여 수요의 증가로 인한 예산초과수입 또는 초과할 것이 예측되는 수입(초과수입)을 그 초과수입에 직접적으로 관련되는 비용에 사용할 수 있다. 예산의 전용(제20조)에서 관계 중앙관서의 장은 예산집행을 위하여 특히 필요한 경우에는 대통령령으로 정하는 바에 따라 세출예산의 각 세항 또는 목의 비용을 전용할 수 있다.

이익 및 손실의 처분(제21조)에서 특별회계는 매 회계연도의 결산결과 이익이 생겼을 경우에는 이를 적립금 및 잉여금으로 적립하고 결손이 생겼을 경우에는 적립금 및 잉여금 중에서 결손을 정리한다고 규정되어 있다.

위의 여러 규정과 관련해서 정부사업의 운영성과와 자산상태를 명확히 파악하고 기업성을 촉진하려는 데 목적을 두고 있는 것으로, 전체적인 정부의 일반회계예산과 별도로 구분하고 있다.

### 3) 공공기관의 운영에 관한 법률

공공기관의 운영에 관한 법률은 공공기관의 전반적 운영에 대해 규정하고 있는데, 그 목적은 공공기관의 운영에 관한 기본적인 사항과 자율경영 및 책임경영체제의 확립에 관하여 필요한 사항을 정하여 경영을 합리화하고 운영의 투명성을 제고함으로써 공공기관의 대국민 서비스 증진에 기여함을 목적으로 하고 있다.

공공기관운영법은 제1장 총칙, 제2장 공공기관운영위원회, 제3장 공공기관의 경영공시 등, 제4장 공기업·준정부기관의 운영으로 구성되어 있다. 특히, 제4장(공기업·준정부기관의 운영) 하에서 제4절 예산회계관련 규정을 포함하고 있다.

제38조(회계연도)에 따라 공기업·준정부기관의 회계연도는 정부의 회계연도에 따르도록 하고 있으며, 제39조(회계원칙 등)에서 공기업·준정부기관의 회계는 경영성과와 재산의 증감 및 변동상태를 명백히 표시하기 위하여 그 발생사실에 따라 처리한다고 하여 발생주의 회계원칙을 적용하고 있다.[4)]

그리고 제39조의2(중장기재무관리계획의 수립 등)는 기관의 장은 매년 해당 연도를 포함한 5회계연도 이상의 중장기재무관리계획을 수립하고, 이사회의 의결을 거쳐 확정한 후 6월 30일까지 기획재정부장관과 주무기관의 장에게 제출하고 있다.

제40조(예산의 편성)에 의해 공기업·준정부기관의 예산은 예산총칙, 추정손익계산서, 추정대차대조표와 자금계획서로 구분하여 편성하고 있다. 다음 회계연도의 예산안을 편성하고, 다음 회계연도 개시 전까지 그 공기업·준정부기관의 이사회에 제출하도록 하고 있다.

제41조(준예산)에 따르면 공기업·준정부기관은 천재지변 그 밖의 부득이한 사유로 회계연도 개시 전까지 그 공기업·준정부기관의 예산이 확정되지 아니한 경우에는 전 회계연도의 예산에 준하여 예산을 편성하여 운용할 수 있다고 한다.

제42조(운영계획의 수립)에서 공기업·준정부기관은 예산이 확정되는 경우 지체

---

4) 발생주의(發生主義)는 현금주의(現金主義)와 대비되는 개념으로 현금의 수수와는 관계없이 수익은 실현되었을 때 인식되고 비용은 발생되었을 때 인식되는 개념이다.

없이 이사회의 의결을 거쳐 그 회계연도의 예산에 따른 운영계획을 수립하도록 하고 있다.

제43조(결산서의 제출)에 의하면 공기업·준정부기관은 회계연도가 종료된 때에는 지체 없이 그 회계연도의 결산서를 작성하고, 감사원규칙으로 정하는 바에 따라 선임한 회계감사인의 회계감사를 받아야 한다. 이 경우 공기업·준정부기관은 매년 회계연도 종료 후 감사원규칙으로 정하는 기간 내에 회계감사인에게 결산서를 제출하여야 한다.

## 4 국가회계법

현재, 국가회계법은 2007년 10월 17일 제정되었고, 2009년 1월 1일부터 시행되어 오고 있다. 국가회계법 시행 이전에는 예산회계법에 정부회계에 관한 몇 개의 근거를 두고 정부의 예산과 회계를 운영하였다. 예를 들어, 당시 예산회계법의 목적도 국가의 예산과 회계 및 이에 관련되는 사항의 기본에 관하여 법이 정하는 바에 의한다고 규정하고 있었다.

당시에는 회계운영방식이 단식부기[5]에 의한 현금주의 회계원칙을 따랐기 때문에, 운영에 있어서도 별도의 문제가 발생하지 않았다. 그러나 과거에 있어 현금주의 회계방식으로는 정부재산, 부채의 변동을 투명하게 나타낼 수 없을 뿐만 아니라 자산의 잔존가치를 정확하게 나타낼 수 없었다.

즉, 국가의 회계를 투명하게 처리하기 위해 한계가 존재하고 있었다. 회계정보는 채권자, 조세부담자, 기업, 이익집단 등이 의사결정을 할 때 중요한 자료가 되지만, 기존의 회계방식으로는 이들이 필요로 하는 회계정보를 정확하게 제공하지 못하였다.

이러한 문제점을 극복하기 위하여 정부의 모든 거래를 복식부기로 기장하고 회계는 발생주의 원칙을 채택하였다. 결국, 국가회계법의 목적은 국가회계에 관한 유용하고 적정한 정보를 제공하는 데 있다(이영조·문인수, 2015: 33-34).

국가회계의 원칙으로는 첫째, 국가회계는 신뢰할 수 있도록 객관적인 자료와 증빙에 의하여 공정하게 처리되어야 한다. 둘째, 국가회계는 재정활동의 내용과 그 성과를

5) 복식부기가 기록대상을 항상 관련항목과의 유기적 관계에서 파악하여 동시에 병행하면서 기록해 나가는 데 비해, 단식부기는 기록대상에 관한 것만 기록한다.

쉽게 파악할 수 있도록 충분한 정보를 제공하고 간단・명료하게 처리되어야 함을 제시하고 있다.

그리고 기획재정부장관은 국가회계에 관한 사무를 총괄하고 중앙관서의 장과 기금관리주체는 그 소관의 회계에 관여하도록 하고 있다. 이 밖에 국가의 재정활동에서 발생하는 경제적 거래 등을 발생사실에 따라 복식부기 방식으로 회계처리하는 데 필요한 기준은 기획재정부령으로 정하도록 한다. 국가회계기준은 회계업무 처리의 적정을 도모하고 재정상태 및 재정운영의 내용을 명백히 하기 위하여 객관성과 통일성이 확보될 수 있도록 하여야 한다.

중앙관서의 장은 회계연도마다 그 소관에 속하는 일반회계, 특별회계 및 기금을 통합한 결산보고서(중앙관서결산보고서)를 작성하여야 한다. 중앙관서의 장이 아닌 기금관리주체는 회계연도마다 기금에 관한 결산보고서(기금결산보고서)를 작성하여 소관 중앙관서의 장에게 제출하도록 하고 있다.

이와 같은 경우에 있어 기금운용규모 등을 고려하여 대통령령으로 정하는 기준에 해당하는 기금은 기금결산보고서에 공인회계사법 제23조(설립)에 따른 회계법인의 감사보고서를 첨부하여야 한다.

기획재정부장관은 회계연도마다 중앙관서결산보고서를 통합하여 국가의 결산보고서(국가결산보고서)를 작성한 후 국무회의의 심의를 거쳐 대통령의 승인을 받아야 한다. 그리고 회계감사의 방법・절차 등에 관하여 필요한 사항은 대통령령으로 정하도록

**표 2-3 국가재정관련 법률의 목적**

| 법률명 | 목적 |
| --- | --- |
| 국가재정법 | 국가의 예산・기금・결산・성과관리 및 국가채무 등 재정에 관한 사항을 정함으로써 효율적이고 성과지향적이며 투명한 재정운용과 건전재정의 기틀을 확립하고 재정운용의 공공성을 증진하는 것임 |
| 정부기업 예산법 | 정부기업별로 특별회계를 설치하고 그 예산 등의 운용에 관한 사항을 규정함으로써 정부기업의 경영을 합리화하고 운영의 투명성을 제고함 |
| 공공기관의 운영에 관한 법률 | 공공기관의 운영에 관한 기본적인 사항과 자율경영 및 책임경영체제의 확립에 관하여 필요한 사항을 정하여 경영을 합리화하고 운영의 투명성을 제고함으로써 공공기관의 대국민 서비스 증진에 기여함 |
| 국가회계법 | 국가회계와 이와 관계되는 기본적인 사항을 정하여 국가회계를 투명하게 처리하고 재정에 관한 유용하고 적정한 정보를 생산・제공하는 것임 |

하고 있다.

그리고 결산보고서는 다음과 같은 서류로 구성되어야 하며 여기에는 결산개요, 세입세출결산(중앙관서결산보고서 및 국가결산보고서의 경우에는 기금의 수입지출결산을 포함하고, 기금결산보고서의 경우에는 기금의 수입지출결산을 의미), 재무제표(재정상태표, 재정운영표, 순자산변동표), 성과보고서가 포함되고 있다.

# 제3절 재정계획의 의의

## 1 재정계획의 개념 및 특징

일반적인 생활에 있어서도 계획은 중요성을 가지고 있는데, 국가재정이나 정부예산은 그 규모가 매우 큰 상황 하에서 계획의 필요성이 더욱 중요할 수밖에 없다. 계획은 향후 사안을 단순하게 나열하는 것이 아니기 때문에 재정이나 예산과 관련해서 체계적이고 분석적으로 작성하기 위한 많은 노력들이 진행되어 왔다. 결국, 국가 차원 하에서도 계획의 효율적인 시행을 위한 계획과 예산의 연계성을 강조하고 있다(Thirlwall, 1977).

오늘날에 이르러서는 그 연계체계를 갖추고 있으며 정부예산에 있어서도 이를 적극적으로 활용하고 있다. 정부재정 및 예산과 관련해서 계획은 단기나 장기에 비해서는 중기에 바탕을 두고 수입과 지출에 초점을 맞추어 설계되고 있다. 각 국가에서 재정계획을 칭하는 용어는 다르지만 우리나라에서 중앙정부단위를 중심으로 기존의 중기재정계획을 대체하여 국가재정운용계획(國家財政運用計劃)으로 부르고 있다.

국가재정운용계획은 회계연도단위로 편성하여 국회의 심의・의결을 얻어 확정하는 예산과는 별도로 5년 정도를 대상기간으로 하여 수립하는 수입・지출계획을 의미한다. 그러나 아직도 지방 차원에서는 중기지방재정계획이라는 용어를 사용하고 있다. 중기지방재정계획은 행정안전부가 계획수립에 대한 기준을 마련하지만 국가재정운용계획은 기획재정부가 관련기준을 마련하고 있다.

정부예산은 재정계획에 해당하는 국가재정운용계획에 기초해 편성되게 된다. 국가재정운용계획은 5개 연도의 계획에 해당되기 때문에 매년 정부예산은 운용계획을 참고하여 작성된다. 계획에 기초해 예산을 편성하게 되면 그렇지 않았을 때보다 합리적이 될 수 있다.

각 국가에 따라서 재정계획은 그 성격을 다소 달리하지만 우리나라의 국가재정운용계획을 중심으로 그 특징을 살펴보면 다음과 같다.

첫째, 수입・지출계획이다. 국가재정운용계획은 5년 정도를 대상으로 하는 수입・지출에 관한 계획이기 때문에, 대부분의 경우 지출뿐만 아니라 수입에 관한 계획도 수립하고 있다. 매년 지출이 어느 정도 될 것이라 분석하며 수입도 다양한 자료를 토대로 제시하고 있다.

둘째, 대상기간이다. 국가재정운용계획의 대상기간은 대부분의 경우 5년(예산연도 N년~N+4년)이다. 현재 예산이 집행되는 회계연도를 포함하여 향후 4년 간의 기간을 더하고 있는 방식이다.

셋째, 다년간의 연동적 계획이다. 재정계획은 고정성여부에 따라 고정식 계획과 연동식 계획으로 구분할 수 있는데, 국가재정운용계획은 연동재정계획(rolling financial plan)이다. 따라서 매년 1년을 추가하고 1년을 삭제하는 작업을 하게 되면서 5년이라는 기간을 유지하고 있다.

넷째, 법적 효력이다. 기존의 우리나라 경제사회발전 5개년 계획의 경우와 같이 국가재정운용계획도 법적 효력을 지니지 않는다. 각 부처는 국가재정운용계획에 포함된 사업이라 해서 예산에 계상되어야 한다고 주장할 수는 없는 것이다. 그러나 현실적으로 많은 계획이 예산에 담겨지게 된다.

## 2 국가재정운용계획의 운영

### 1) 국가재정운용계획의 도입

우리나라에 있어 1982년부터 재정건전성 관리를 위해 중기재정계획(中期財政計劃, medium term fiscal plan)을 작성하기 시작하였다. 즉, 정부는 재원배분에 있어 중기적 시각의 필요성이 대두됨에 따라 1982년부터 중기재정계획을 작성하였다. 초기의 중기

재정계획은 재정적자 전망이나 적자축소 계획을 위한 재정정책 방향을 제시하였고, 예산편성 시 재정당국의 내부 참고자료로만 활용되었다.

2004년에 4대 재정개혁을 추진하여 중기적 시계에서의 전략적 재정운용을 위해 국가재정운용계획을 구축하게 되었다. 2006년 국가재정법 제정과 2007년 시행을 통해 국가재정운용계획 수립과 동 계획의 국회제출을 의무화하였다. 2013년까지 국가재정운용계획을 90일 전까지 국회에 제출하였으나, 2016년 회계연도부터 2013년의 국가재정법 개정으로 인해 120일 전까지 국회에 제출하게 되었다.

정부는 경제 및 재정여건을 전망하여 재정수지 및 국가채무 등 재정총량에 대한 계획기간 중의 관리목표를 설정하고, 12대 분야별 중점 투자계획 및 재정건전성 관리방안을 제시하고 있다. 여기서 12대 분야별 범주에는 보건 · 복지 · 고용, 교육, 문화 · 체육 · 관광, 환경, R&D, 산업 · 중소기업 · 에너지, SOC, 농림 · 수산 · 식품, 국방, 외교 · 통일, 공공질서 · 안전, 일반 · 지방행정이 포함되고 있다.

이제, 국가재정운용계획은 중기적인 시계에서 국가전체의 재정운용 방향성을 제시하고 있다. 특히, 2005년부터 일반회계 등 예산중심에서 예산과 기금을 망라하는 총지출 기준으로 계획을 작성하고 있다.

또한, 중기재원배분 우선순위와 그에 따른 재정소요를 분석하고 제시함으로써 단년도 예산편성의 한계를 보완하였다. 계획수립 과정에서 공개토론회 등을 개최하여 민간전문가, 정책고객, 관계부처, 지방자치단체 등 각계각층의 의견을 폭넓게 수렴함으로써 계획의 실효성과 투명성을 제고하고 있다(대한민국정부, 2020: 6).

### 2) 국가재정운용계획의 구성 및 절차

국가재정운용계획은 재정운용의 효율성과 건전성을 제고하기 위하여 당해 회계연도를 포함한 5회계연도에 대한 재정운용목표와 방향을 제시하는 재정운용계획을 말한다. 국가전체의 재정에 대한 운용계획인 만큼 국가재정법에 의해 그 체계는 상세하게 규정되어 있다.

특히, 국가재정운용계획에는 다음의 각 사항을 포함하여야 한다. 첫째, 재정운용의 기본방향과 목표, 둘째, 중기 재정전망 및 근거, 셋째, 분야별 재원배분계획 및 투자방향, 넷째, 재정규모증가율 및 그 근거, 다섯째, 조세부담률 및 국민부담률 전망, 여섯째,

통합재정수지(일반회계, 특별회계 및 기금을 통합한 재정통계로서 순수입에서 순지출을 뺀 금액을 의미함) 전망과 관리계획, 일곱째, 그 밖에 대통령령으로 정하는 사항 등이다.

그리고 국회에 제출하는 국가재정운용계획에는 여러 가지 서류를 첨부하도록 하고 있다. 첫째, 전년도에 수립한 국가재정운용계획 대비 변동사항, 변동요인 및 관리계획 등에 대한 평가·분석보고서, 둘째, 중장기 기금재정관리계획, 셋째, 국가채무관리계획, 넷째, 국세기본법에 따른 중장기 조세정책운용계획, 다섯째, 장기 재정전망 결과이다.

그리고 2014년부터 중장기 조세정책운용계획을, 2020년부터 5년마다 40회계연도 이상의 기간을 대상으로 실시하는 장기재정전망 결과도 첨부서류로 국회에 제출하게 되었다.

국가재정운용계획과 관련해서 주무장관은 기획재정부장관이기 때문에 계획수립을 위한 총괄적인 책임을 담당하고 있다. 기획재정부장관은 국가재정운용계획을 수립하기 위하여 필요한 때에는 관계 국가기관 또는 공공단체의 장에게 중·장기 대내·외 거시경제전망 및 재정전망 등에 관하여 자료의 제출을 요청하거나 관계 국가기관 또는 공공단체의 장과 이에 관하여 협의할 수 있다.

기획재정부장관은 국가재정운용계획을 수립하는 때에는 관계 중앙관서의 장과 협의하여야 하며, 수정예산안 및 추가경정예산안이 제출될 때에는 재정수지, 국가채무 등 국가재정운용계획의 재정총량에 미치는 효과 및 그 관리방안에 대하여 국회에 보고하여야 한다.

또한, 기획재정부장관은 국가재정운용계획을 국회에 제출하기 30일 전에 재정규모, 재정수지, 재원배분 등 수립방향을 국회 소관 상임위원회에 보고하여야 하고, 각 중앙관서의 장은 재정지출을 수반하는 중·장기계획을 수립하는 때에는 미리 기획재정부장관과 협의하여야 한다.

지방자치단체의 장의 경우에도 국가의 재정지원에 따라 수행되는 사업으로서 대통령령으로 정하는 규모 이상인 사업의 계획을 수립하는 때에는 미리 관계 중앙관서의 장과 협의하여야 하고, 이 경우 중앙관서의 장은 기획재정부장관과 협의하여야 한다.

이와 같이 한 국가의 재정계획수립은 책임을 담당하는 주무부처와 장이 존재하고 국가전체 차원의 재정계획이니 만큼 협의를 강조하고 있다. 우리나라에서도 이를 엄격하게 집행하기 위한 법·제도적 장치를 구축해 놓고 있다.

다음은 2022년를 기준으로 2022년부터 2026년까지의 국가재정운용계획수립을 위한 절차를 나타내고 있으며, 전체적으로 유사한 과정을 거치고 있다. 결국, 국가재정운영계획은 N년에 N년~N+4년을 중심으로 작성하게 된다.

표 2-4 국가재정운용계획의 수립절차

| 구분 | 절차 |
|---|---|
| 내용 | 국가재정운용계획 수립지침 통보(기획재정부→각 부처, 2021년 12월)<br>- 각 부처는 중기사업계획을 기획재정부에 제출(2022년 1월 말)<br>재정운용전략위원회 운영, 주요 정책과제에 대한 부처·민간전문가 의견수렴(2022년 1월~)<br>국가재정운용계획 수립을 위한 지원단 구성 운영(2022년 5월~)<br>2022년 국가재정전략회의 개최(2022년 7월 7일)<br>분야별·지역별 예산협의회 개최(2022년 6~8월)<br>국가재정운용계획 수립방향을 기획재정위원회에 보고(2022년 8월 3일)<br>재정정책자문회의 통해 관계부처 지방자치단체 전문가 의견수렴(2022년 8월)<br>국가재정운용계획 국회제출(2022년 9월 2일) |

자료: 기획재정부(2022a: 1).

### 3) 중기 재정전망 및 재정운용 목표

우리나라에 있어 2022년에서 2026년까지의 국가재정운용계획상의 중기 재정전망 및 재정운용 목표를 분석하면 다음과 같다.

재정수입(총수입)은 2022~2026년 기간 중 연평균 6.6% 증가할 전망이고, 이 중에서 국세수입은 2022~2026년 기간 중 연평균 7.6% 증가할 전망이다. 경기회복 등으로 세수가 크게 증가한 2021~2022년에 비해 증가폭은 다소 둔화되나 경제성장에 따른 증가세 유지가 예상되고 있다.

세외수입은 2022~2026년 기간 중 연평균 1.9% 증가할 전망이고, 기금수입은 2022~2026년 기간 중 연평균 5.4% 증가할 전망이다. 조세부담률은 경기회복 등에 따른 세수 증가로 2021~2022년 큰 폭으로 상승한 이후 2023년에 소폭 감소하지만 이후 완만한 상승이 예상되고 있다.

재정지출(총지출)은 2022~2026년 기간 중 연평균 4.6% 수준으로 관리하고 코로나 극복 과정에서 급격히 확대된 국가채무 등을 고려할 예정이다. 또한, 재정준칙 도입 등 재정 건전성을 엄격하게 관리하여 건전재정을 확립한다.

2022년부터 총지출 증가율을 하향조정하여 관리하지만 강력한 재정지출 재구조화를 통해 필수소요를 최대한 반영한다. 이를 위해 의무지출은 2022~2026년 기간 중 연평균 7.5%씩 증가한다. 우리나라의 고령화 · 저출산 등 구조적 문제대응을 위한 필수소요 확대와 함께 복지 전달체계 개편 등을 통해 지출의 효율화를 추진한다.

반면에 재량지출은 2022~2026년 기간 중 연평균 1.5%씩 증가할 예정이고 코로나19 백신도입, 코로나19 극복 소상공인 융자 등 확대된 한시소요는 축소 · 폐지하고 실소요 점검, 투자중점 전환 등을 통해 불요불급한 소요는 과감히 축소한다. 이와 같이 절감된 재원은 취약계층을 지원하고 미래를 대비하면서 중추국가 도약 등에 재투자된다.

재정수지와 관련해서는 세수여건 개선과 함께 지출 증가속도의 억제 등을 통해 2023년 이후 재정수지가 대폭 개선되도록 관리할 계획이다. 통합재정수지는 2022년 GDP 대비 −3%대(2차 추경)에서 2023~2026년에는 GDP 대비 −0%대 중반으로 관리할 계획이다.

또한, 관리재정수지를 2022년에는 GDP 대비 −5%대(2차 추경)에서 2023~2026년에는 −2%대 중반으로 적지폭을 대폭적으로 개선한다. 2021~2025년 관리계획보다 적자폭을 2.2% 수준으로 개선하는데, 2023~2025년 평균에 해당된다.

마지막으로 2025년 국가채무비율을 2021~2025년 계획에 비해 7.4% 축소하여 GDP 대비 51.4% 수준으로 책정한다(기획재정부, 2022a: 7-9).

이와 같은 중기 재정전망 및 재정운용 목표에 따라 분야별 재원배분의 전체적인 방향이 결정되어 각 정부의 국정운영방향에 부합하는 재정의 핵심역할을 수행하게 된다. 거시적인 방향 하에서 매 회계연도의 정부예산안에 반영하게 된다.

## 3 중기재정계획의 장점

### 1) 계획과 예산의 연계성 제고

계획과 예산은 괴리하기 쉬운데 국가재정운용계획은 5개년 계획과 예산의 연계성을 높이는 데 이바지할 수 있다. 1982년에 제5차 5개년 계획을 수립하는 과정에 있어서 계획사업 중 재정과 관련되는 사업계획은 예산당국과 기획당국이 공동으로 작성하여 5개년 계획과 중기재정계획으로 확장시켰기 때문에 두 계획은 일관성을 가지게 되었다.

즉, 기존의 5개년 계획수립에 있어서 재정과 관련된 사업계획도 기획당국이 거의 단독으로 작성하다시피 했으나 제5차 5개년 계획의 경우에는 중기재정계획의 작성 때문에 기획당국과 예산당국이 공동으로 참여했던 것이다. 제5차 5개년 계획의 재정관련 사업은 실현가능성이 높았으며, 예산의 뒷받침을 제대로 받을 가능성이 높았던 것이다.

여기서 한 번 더 강조할 것은 중기재정계획 자체가 당연히 계획과 예산의 연계성을 높이는 것이 아니라 국가재정운용계획을 작성할 필요성 때문에, 국가재정운용계획의 책임을 맡고 있는 예산당국이 경제사회발전계획의 재정관련 사업을 기획당국과 공동으로 검토할 수 있었으므로 계획과 예산의 연계성이 제고될 수 있었다는 것이다.

### 2) 예산편성의 합리화

다음 회계연도를 위해 예산을 요구하게 되는 각 중앙행정기관은 국가재정운용계획을 통하여 재정운용의 기본정책 방향을 파악할 수 있다. 예산당국자나 정책결정자들은 중・장기적인 종합적 시야를 지닐 수 있으므로, 예산의 요구・사정이나 예산안의 확정 과정이 합리화될 수 있다.

국가재정운용계획을 신뢰하고 예산요구를 포함한 예산편성의 여러 과정에 있어서 국가재정운용계획을 의사결정의 기초로 삼는다는 것을 전제로 한다는 사실에 유의할 필요가 있다.

그러므로 예산작성과 관련해서는 국가재정운용계획에 기초할 수 있도록 함으로써 재정계획의 많은 부분이 예산에 포함될 수 있도록 한다. 그렇다고 재정계획에 포함되지

**표 2-5 국가재정운용계획의 주요 내용**

| 구분 | 주요 내용 |
|---|---|
| 차례 구성 | 국가재정운용계획의 의의 |
| | 2022~2026년 경제여건 및 전망 |
| | 2022~2026년 재정운용 방향 |
| | 분야별 재원배분 방향 |
| | 재정혁신 추진 방향 |
| | [참고] 12대 분야별 재원배분 방향 |

자료: 기획재정부(2022a).

않은 부분이 예산에 포함되지 않는다는 의미는 아니며, 결국 사회변화의 시급성이나 당시 중요한 사항은 예산에 반영될 수 있는 유연성도 확보되고 있다.

이와 같은 부분이 무분별적으로 수행된다면 계획과 예산의 연계도 저하될 수 있기에 합리적으로 반영되는 것이 필요하다.

제2편

# 정부예산론

알기쉬운

# 재무행정론

*financial administration*

# 제3장

# 예산의 개념 · 기능 및 원칙

제 1 절 예산의 개념과 변천
제 2 절 예산의 기능
제 3 절 예산원칙의 의의
제 4 절 현대적 예산원칙

# 제1절 예산의 개념과 변천

## 1 예산의 개념

우리나라에 있어 예산은 헌법과 국가재정법 등에 기초하고 있으며 행정부(기획재정부가 중심)가 편성하여 입법부(국회)의 심의 및 의결을 거친다. 실질적 측면에서 예산은 수입과 지출의 예정적 수치이고 형식적 측면에서는 1회계연도의 재정계획이라 할 수 있다.

여러 과정을 거쳐 성립한 예산에 의하여 정부는 비로소 국가운영, 사회 및 경제개발, 복지수요 대응 등을 위한 지출을 할 수 있다. 국가재정운용계획과 같은 중기재정계획은 보통 5개 연도에 걸쳐 수립되지만 예산은 N년이라는 당해 연도를 중심으로 한 재정계획을 의미한다.

여기에는 예산과 관련된 과정이 다년에 걸쳐 이루어지기 때문인데, 예를 들어 N년에 집행되고 있는 예산은 N−1년에 편성된 것이며, N−1년이라는 시점에서 보게 되면 N년의 예산집행은 계획적 성격이 강하다. N−1년 상반기에 시작하는 예산편성과 N년 후반기에 집행되는 예산과는 1년 이상의 시간적 차이가 존재한다.

결국, 예산은 중기재정계획에 따라 조달된 국가재정 및 재원을 세입예산의 형식으로 표현하고, 이를 통해 지출되는 사항은 세출예산에 반영하게 된다. 한 회계연도에 있어서 당해 연도의 재정이나 재원을 예산에 반영하여 어떻게 조달되고 어떻게 지출되는지를 구체적으로 나타낼 수 있다.

다시 한번, 예산은 수백조 원에 달하는 수입과 지출을 일목요연하게 제시하고 있

그림 3-1 예산의 성립시기

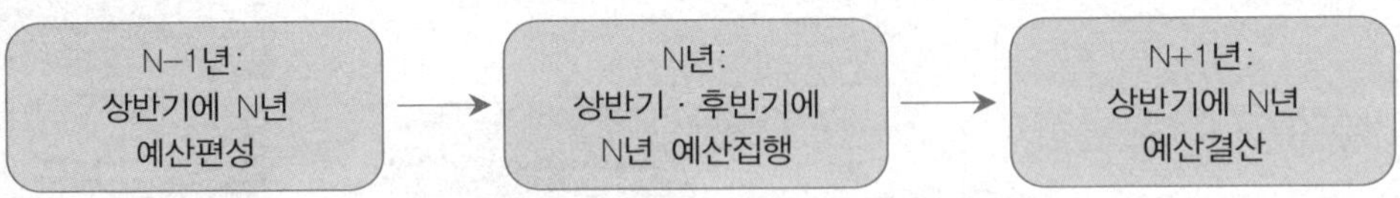

는 재정계획으로서의 특징을 가지고 있다.

## 2 예산개념의 변천

예산에 해당하는 영어 budget의 어원은 다소 이론이 있으나 주머니 또는 돈주머니를 뜻하는 영어고어 bouget에서 유래한 말이다.[1] 영국의 재무장관이 의회에서 재정연설을 하기 위해 서류(예산서)를 가방에 넣어 가지고 다녔다. 그래서 bouget라는 단어가 가방→가방 속에 들어 있는 서류→예산으로 전환되었다고 한다(유훈 외, 2012: 24).

그러나 예산을 한자로 풀어보면 豫(미리 예), 算(셈 산)으로 앞서 계산한다는 의미로 영어의 돈주머니라는 유래보다는 더 의미가 적절하다고 볼 수 있다.

예산의 개념은 예산기능의 변화에 따라 지난 한 세기 이상 지속적으로 변화·발전되어 왔다. 다시 말해, 예산의 기능이 통제중심에서 관리중심을 거쳐 계획중심으로 변화됨에 따라 예산의 개념도 그 강조하는 사항이 달라져 왔다.

우선적으로 19세기 말에 정의된 개념의 경우 와그너(A. Wagner)는 예산은 숫자적인 개관으로 정의하였다. 이러한 개념정의는 예산규모가 크지 않고 근대적인 예산제도가 확립되지 않았던 시기에 통제개념만을 고려한 것이다. 당시의 예산서를 보게 되면 단순하게 여러 가지 수입과 지출의 항목이 나열되고 종합되어 있다.

1920년대 말의 예산개념은 예산의 관리적 기능을 중심으로 하고 있다. 미국의 재무행정학자인 벅(A. E. Buck)은 1929년 예산은 국가의 재정정책이 수립되고 채택되며, 그리고 집행되는 과정으로 정의하였다. 예산은 단순한 숫자가 아닌 정책이 수립되고 집행되는 관리적 측면을 중시한 것이다.

쉬크(A. Schick)는 예산이란 계획된 목표를 성취할 수 있도록 자금지출을 체계적으로 연관시키는 과정으로 정의하였다. 이러한 개념은 계획적 자금지출을 강조한 반면, 자금수입에 대하여 언급하지 않았다는 한계가 있다. 그 이후, 세입과 세출을 동시에 강조하는 개념이 등장하게 되었다.

---

1) 프랑스에서 예산은 불어의 고어이며 작은 주머니의 뜻을 가지는 bouge, bougette라는 단어가 영국으로 건너가 국왕의 주머니이며, 왕족의 금고를 지칭하는 재정적인 의미를 지닌 채 다시 프랑스로 돌아왔다고 한다(Trotabas & Cotteret, 1995: 16; 윤광재, 2004: 278).

디목(M. Dimock)은 예산이란 다음 1년 동안에 정부가 어떤 사업에 얼마나 지출할 것인가를 나타내는 문서이며, 수입과 지출의 균형을 어떻게 이룩할 것인가를 예견하는 문서로 정의하였다. 이때부터 수입에 대해서도 관심을 보이기 시작하였으며 예산의 균형에 대해서도 관심을 가지게 되었다.

린치(T. D. Lynch)는 예산이란 일정기간 내에 있어서 국가의 목표를 성취하는 데 필요한 여러 사업(program)을 수행하기 위한 자금계획으로서 전후연도의 수요를 감안하면서 소요자원과 가용자원의 추계를 포함하는 것이어야 한다고 하였다. 이러한 개념은 예산이 1년 단위로 편성되지만 한 해의 예산은 자원의 효과적 활용을 위하여 중장기계획에 입각하여 편성되는 것임을 강조하고 있다. 그러므로 예산과 계획간의 연계를 중시하고 있다.

그러나 미국의 정치과학자(political scientist)인 윌다브스키(A. Wildavsky)는 예산은 정책을 돈으로 환산한 것으로 표현하였다. 그는 정치적으로 승리한 자나 집단이 예산에 많은 영향을 미칠 수 있다고 보았으며, 이를 예산이 가지고 있는 정치적 성격 및 특징으로 연구하였다.

이 밖에도 예산결정은 곧 정책에 대한 결정이기 때문에 예산의 우선순위를 정하는

**표 3-1 예산개념의 시대별 변천**

| 학자 | 개념규정 |
|---|---|
| 와그너 (A. Wagner) | 예산은 숫자적인 개관이다. |
| 벅 (A. E. Buck) | 예산은 국가의 재정정책이 수립되고 채택되며, 그리고 집행되는 과정이다. |
| 쉬크 (A. Schick) | 예산이란 계획된 목표를 성취할 수 있도록 자금지출을 체계적으로 연관시키는 과정이다. |
| 디목 (M. Dimock) | 예산이란 다음 1년 동안에 정부가 어떤 사업에 얼마나 지출할 것인가를 나타내는 문서이며, 수입과 지출의 균형을 어떻게 이룩할 것인가를 예견하는 문서이다. |
| 린치 (T. D. Lynch) | 예산이란 일정기간 내에 있어서 국가의 목표를 성취하는 데 필요한 여러 사업을 수행하기 위한 자금계획으로서 전후연도의 수요를 감안하면서 소요자원과 가용자원의 추계를 포함하는 것이다. |
| 윌다브스키 (A. Wildavsky) | 예산은 정책을 돈으로 환산한 것이다. |

것은 정책의 우선순위를 결정하는 것과 같다. 그렇기 때문에 특정 예산항목을 채택할 것인가의 여부는 어떤 정책을 채택할 것인가의 여부와 유사하다(Rubin, 1990).

예산개념의 변천과정을 보면 초기에는 공공자금으로 무엇을 구입하는가(things to be bought), 그 다음에는 무엇을 해야 하는가(things to be done), 그리고 현대에 와서 어떤 목표를 달성하는가(goals to be achieved)에 초점을 두고 있다.

예산은 정부의 수입·지출에 관한 예정적 계획이며, 그 실질적 내용은 해당 연도에 있어 정부의 정책이념과 사업계획을 구체화하는 일련의 과정이라 할 수 있다(박영희·김종희, 2017: 15-17).

예산은 초기에는 단순한 속성을 가지고 있었으나 시간이 지나면서 여러 가지 속성을 가지게 되어 그 성격이나 기능도 다양하게 발전하여 왔으며, 오늘날에는 예산의 개념이 매우 폭넓어지고 있다.

## 3 예산의 정치적 성격

윌다브스키(Wildavsky, 1979: 4)가 예산은 정치적 산물이며 예산과정은 정치과정이라 정의하면서 예산과 정치와의 불가분성을 강조하였다. 그는 예산을 정치적인 것(political things)으로 고려하면서 전체로서 보면 연방예산은 정부활동의 금전적 측면으로 대표되는 것으로 인식하였다.

만약, 사람이 정부가 지출하는 것을 누가 획득하느냐고 질문한다면 이에 대한 답은 예산에 기록되어 있다는 것이다. 그리고 사람이 정치를 정부가 긴급한 문제를 해결하기 위해 자원을 동원하는 과정이라 한다면 예산이야말로 이와 같은 노력의 초점이다(심정근, 1982: 19; 윤광재, 2015). 이와 같은 예산의 정치적 성격 하에서 편성과 심의과정을 둘러싼 측면을 이해할 수 있다.

즉, 예산의 편성과정은 중앙예산기관에 의하여 각 부처에 예산편성지침과 같은 기준이 송부됨으로써 본격적으로 시작된다. 각 부처는 예산편성지침 또는 이와 유사한 것을 송부받은 다음 예산요구서를 작성하여 중앙예산기관에 제출한다. 예산요구서의 작성과정에 있어 각 실·국이나 산하기관 간에 예산확보를 위한 정치적 투쟁이 벌어지기도 한다. 장·차관의 정책선호나 핵심적인 실·국이나 기관에서는 더 많은 예산을 확보할 수도 있다.

각 부처에서 작성된 예산요구서는 중앙예산기관에 제출되어 사정을 받게 되는데, 이 과정에서 정치적 성격이 더욱 강하게 나타난다. 각 부처와 관련이익단체는 모든 수단과 방법을 동원하여 중앙예산기관에 압력을 가하게 되며, 이를 통해 상대적으로 많은 예산을 배정받고자 한다.

예산의 심의과정이 예산편성과정에 비하여 정치적 성격이 더욱 짙은 것으로 인식되는 것은 예산의 심의를 담당하는 입법부의 정치적 성격에 비추어 당연하다. 우리나라처럼 입법부인 국회가 정부의 예산안에 대해서 크게 수정을 가하지 못하는 상황 하에서 예산심의의 정치적 성격이 크게 부각되지 못하나 미국과 같이 비교적 의회가 정부의 예산안에 대해서 많은 수정을 가하는 국가에서는 예산심의의 정치적 성격이 더욱 뚜렷하게 나타나고 있다.

예를 들어, 유력한 정치인들이 그들의 지역에 상대적으로 많은 예산을 확보하기 위하여 노력을 하고 있는 것이 심의상에 있어 예산이 가지는 정치적 성격에 기인한다고 볼 수 있다. 그리고 많은 의원들이 이와 같은 활동을 하려고 한다.

예산은 경제적 합리성 위주로 편성되고 예산심의 과정에서도 경제적 합리성에 기반하고 있다는 것이 정설이다. 그러나 예산의 정치적 성격으로 인하여 예산의 편성이나 심의과정에 있어서 경제적 합리성이 자주 무시되고 있다는 견해도 분명히 존재하고 있으며 그와 같은 사례도 찾아볼 수 있다(유훈 외, 2012: 26-28).

즉, 국민 대부분은 예산이라는 것이 체계적·분석적으로 편성되고 합리적으로 심의될 것이라 생각하지만 예산이 가지고 있는 정치적 성격으로 인해 그 견해가 자주 무너질 수밖에 없다. 그럼에도 불구하고 예산의 많은 부문은 경제적 합리성에 의존하며 정치적 상황이 적용될 수 있는 부분도 분명히 존재하고 있음으로 해서 양자의 특성을 다 가지고 있다고 보아야 할 것이다.

# 제2절 예산의 기능

## 1 예산기능의 다양성

많은 학자들이 예산의 기능을 다양하게 분류하고 있다. 예를 들어, 노이말크(F. Neumark)는 가계적 균형의 표시인 재정정책적 기능, 입법부의 행정부에 대한 통제적 기능, 강제력을 지닌 제도로시의 법직 기능, 낭비나 불합리를 억제하는 재무통제적 기능으로 분류하고 있다. 그리고 쉬크(A. Schick)는 예산제도의 발달과 관련하여 통제적 기능(품목별예산제도), 관리적 기능(성과주의예산제도), 계획적 기능(계획예산제도)으로 구분하고 있다.

이 밖에도 예산의 기능으로서 국민이 그 대표기관인 입법부를 통하여 정부의 행동을 규제·감독하는 입헌적 기능(재정의 민주적 통제기능), 정부 각 기관에 소정의 활동을 할 수 있는 권한을 부여하는 행정적 기능, 절약과 능률을 도모하기 위한 도구로서의 행정관리적 기능, 재정의 경기정책적 운영과 관련이 있는 경제정책적 기능 등으로 구분하기도 한다.

또한, 예산의 기술적 기능, 정치적 기능, 법적 기능, 국민경제적 기능을 제시하고 있는 학자도 존재하고 있다(유훈 외, 2012: 29-30).

## 2 예산의 정치적 기능

### 1) 통제적 기능

예산이란 국민이 그 대표기관인 입법부를 통하여 행정부를 통제하는 수단인데, 행정부가 예산을 편성하고 집행하기 때문이다. 예산제도는 의회제도와 병행하여 발달한 제도이며, 어떤 의미에 있어서 의회제도 자체가 재정에 대한 민주적 통제를 위하여 발달한 것이라 할 수 있다.

### 2) 이해관계의 조정

스미스(H. D. Smith)는 예산을 입법부나 행정부를 통하여 그들의 주장을 내세우는 정치적, 경제적, 사회적 여러 세력의 산물이라 하였다. 윌다브스키(A. Wildavsky)는 예산을 둘러싸고 다양한 이해관계자가 자신들의 주장과 선호를 예산에 반영시키기를 원하며, 그들 주장의 승리, 패배, 타협, 협상 및 합의 등이 예산에 나타난다고 한다.

예를 들어, 예산편성 전에 예산을 둘러싼 심각한 갈등이 생겨도 일단 반영되면 갈등은 수면 밑으로 가라앉기 때문이다. 물론, 다음 연도에 지속적으로 비슷한 갈등이 발생해도 유사한 방식으로 해결되면 일단 예산은 여러 가지 이해관계를 조정하는 기능을 수행하고 있다.

### 3) 정책수단

벅(A. E. Buck)은 예산을 정치적 프로그램(political program)이라 규정하였다. 즉, 예산은 정권을 잡은 정당들이 그들의 정책을 실현하기 위한 궁극적인 수단이라는 것이다. 아무리 좋은 정책이라 할지라도 예산이 마련되지 않거나 뒷받침이 없다면 실현되기 어려우며, 이와 같은 측면에서 예산의 뒷받침이 없는 공약(公約)은 그야말로 공약(空約)에 그칠 수 있다.

### 4) 정책형성의 보완

예산은 정책실현의 수단일 뿐만 아니라 정책형성을 보완하는 기능도 수행한다. 정책에 예산을 투입해 실현시키는 경우가 대부분이며, 긍정적인 사항이나 부정적인 사항을 분석하여 그 정책자체나 다음 정책형성을 보완하게 된다. 예산이 없어 정책이 집행되지 못하면 실현할 수 없거나 보완할 수 없음을 의미한다.

예산을 염두에 두지 않은 정책은 실용성이 적은 학문적 놀음에 지나지 않으며, 정책과의 관련성을 무시한 예산편성은 국가재원의 낭비를 초래하고 국가목표의 달성을 위한 하나의 방해요인이 될 수 있다.

### 5) 예산과 정부의 수명

내각책임제 국가에 있어서 예산의 정치적 기능으로 인하여 내각의 수명이 예산의 의결여부에 의하여 좌우되는 경우가 존재한다. 다시 말해, 의회에서 행정부의 정책이나 사업을 뒷받침하는 예산을 의결해 주지 않는 경우는 정부에 대한 불신임을 의미하므로 그 내각은 해산하게 된다.

그리고 많은 국가의 헌법에 정기국회를 규정하고 있는데, 정기국회는 주로 예산심의를 위한 기간이며 정기국회를 예산국회로 부르기도 한다.

## 3 예산의 법적 기능

### 1) 재정권 부여의 형식

우리나라에서 예산은 법률이 아니지만(미국, 프랑스 등에서는 법률), 예산은 입법부의 행정부에 대한 재정권 부여의 형식이다. 예산이 입법부를 통과한 것은 본격적으로 행정부가 예산을 집행할 수 있는 권리가 확보된 것을 의미한다.

행정부는 예산을 입법부의 심의·의결을 얻은 후 집행할 수 있는 것을 의미하며, 입법부가 부여한 재정에 관한 권한을 본격적으로 행사할 수 있음을 말한다. 수입과 지출에 대한 징수와 집행을 하게 된다.

### 2) 세출예산의 효력

세출예산의 경우, 정부는 예산금액을 초과하여 단 일원(一元)도 지출할 수 없다. 그 금액이란 구체적으로 각 항의 금액인데 이 항의 금액을 초과하는 것은 물론, 항 이외의 새로운 금액을 지출할 수도 없다.

세출예산의 효력은 각 항의 금액까지는 지출을 허용하는 것을 의미하는데, 이것은 그 금액까지 반드시 지출하라고 강제하는 것은 아니고 그 금액 안에서 지출할 수 있다.

### 3) 세입예산의 효력

세입예산은 세출예산과는 달리 세입의 추계에 지나지 않는다. 즉, 세입이 예산을 초과해도 무방하고 세입에 미달해도 무관하지만 그렇다고 해서 예상한 수입수치와 큰 차이가 발생하는 것은 바람직스럽지 않고, 추계가 분석적이지 않다는 것을 의미하기도 한다. 예산에 있어 세출만이 아니라 세입에 있어서도 정확한 추계가 중요하고 안정된 사회일수록 추계가 정확할 수 있다.

세입예산이 제한을 받지 않으면 왜 세입도 입법부의 의결을 거치도록 하고 있는가의 문제가 제기되고 있다. 그럼에도 불구하고 세입예산은 세출예산과 함께 예산을 구성하기에 동시에 심의·의결되고 집행되고 있다.

### 4) 세입세출총예산

위에서 설명한 것처럼 예산을 재정권 부여의 형식이라고 하는 경우 그 중요성이 세출예산에 있음은 당연하지만 세출예산을 충당하기에 적합한 재원이 있음을 전제로 한다. 대부분의 정부예산은 세출예산만이 아니라 세입예산과 함께 구성되어 있다.

그러므로 우리나라의 국가재정법도 세입은 세출과 함께 예산에 계상할 것을 요구하고 있다.

## 4 예산의 경제적 기능

### 1) 경제안정기능

예산의 중요한 기능 중의 하나는 그것이 국민경제의 균형인자 역할을 하는 데 있다. 정부의 세입은 민간경제 활동이나 소득에 대하여 많은 영향을 주게 되며, 정부의 세출은 민간경제 활동, 그의 수준 등에 대해서도 영향을 미치고 있다.

가급적 예산을 통해 한 국가의 경제를 안정화시키는 기능은 매우 중요할 수밖에 없으며 지속적으로 그 중요성이 높아지고 있다. 예산은 한 국가의 경제를 안정화시키는 역할을 할 수 있는 것으로 고려되고 있다.

### 2) 경제성장촉진기능

어떠한 국가이든 경제발전을 위해서 정부가 적극적인 노력을 담당하는 등이 강화되고, 여기에 예산의 직접적인 역할이 필요하다. 각 중앙부처가 예산을 통해 바람직하고 적절한 투자가 이루어지도록 하고, 그에 따르는 성과가 도출된다면 국가전체의 경제성장에 이바지할 수 있다.

이처럼 예산은 경제와 관련해서 안정적 기능도 수행해야 하지만 동시에 경제발전이나 경기의 침체기에는 예산의 적절한 활용을 통해 경제를 촉진시키는 기능도 수행하고 있다.

### 3) 소득분배기능

예산의 중요한 기능 중의 하나가 소득분배기능이다. 누진소득세, 상속세 등과 이전지출이나 재정지원 등이 소득의 분배에 기여하고 있다. 이와 같은 예산의 기능은 사회 전체의 후생복지를 위해서도 매우 필요하고 그 중요성이 강조되고 있다.

한 사회에 있어 어쩔 수 없이 사회경제적 약자는 존재할 수밖에 없기 때문에 소득의 불평등을 해소하기 위한 예산활용이 높아지고 있다.

### 4) 자원배분기능

일반적으로 소비의 비경합성(non rival consumption)과 비배제성(non exclusion)을 지니는 도로, 항만, 국방, 교육, 공원 등과 같은 공공재(public goods)의 수요공급은 시장에서 모든 것을 담당할 수 없기 때문에 정부가 시장에 개입할 수밖에 없다.

정부가 예산이라는 메커니즘을 통하여 주로 조세(세금)를 징수하여 사회에 필요한 공공재를 공급하게 된다. 국가발전을 위한 공공재공급은 물론 지역 간 불균형 시정을 위한 자원배분기능이 여기에 해당되고 있다.

## 5 예산의 행정적 기능

### 1) 통제적 기능

오늘날 예산의 통제적 기능이 약화된 측면이 존재하나 국민이 입법부를 통하여 행정부를 통제하는 수단으로 오랫동안 사용되어 왔다. 결국, 통제적 기능은 행정적 기능과 정치적 기능이 중복되는 영역이라 할 수 있으며, 예산의 올바른 운영을 위해서도 여전히 간과될 수 없는 기능이다.

예산이 행정부의 정책이나 사업 등을 나타내므로 국민을 대표하는 입법부가 그 예산집행에 대해 올바른지 그렇지 않은지를 회계연도 동안 통제하게 된다.

### 2) 관리적 기능

행정부의 예산에 대한 총괄적 역할을 대표하는 중앙예산기관은 매년 각 정부부처의 예산요구에 대해 검토할 권한을 가지고 있다. 국가나 정부는 중앙예산기관에 각 부처의 업무와 소요되는 경비를 검토할 권한을 부여하고 있다.

결국, 이와 같은 과정에서 각 중앙부처의 모든 사업계획, 행정계획, 관리방법 등에 대한 적절성을 관리적 차원에서 검토하게 된다. 중앙예산기관은 예산을 통해 각 부처의 활동에 대해 관리적 차원 하에서 대응하게 된다.

### 3) 계획적 기능

예산은 당해 연도뿐만 아니라 매 회계연도의 재정계획이다. 그러므로 모든 예산제도 하에서 예산은 계획적 요소를 지니며 계획기능을 수행한다고 할 수 있다. 예산은 그 자체가 계획적 요소를 지니며 국가계획과 밀접한 관련성을 지니고 있다(유훈 외, 2012: 30-35).

예산은 단기적으로 한 회계연도를 대상으로 하는 계획의 기능도 수행하고, 장기적으로 매년 지속되는 예산의 성격으로 인해 중기적인 계획의 기능도 수행하게 된다.

## 제3절 예산원칙의 의의

### 1 예산원칙의 개념 및 수정 필요성

예산원칙이란 예산과정에 있는 예산의 편성, 심의·의결, 집행을 담당하는 예산담당자들이 반드시 준수해야 할 규범이라 할 수 있다. 우리나라에서도 예산과 관련된 원칙 중에는 국가재정법 등에 규정되어 있는 것이 있는가 하면 예산에 대한 명료성 및 투명성 등의 원칙과 같이 당연히 준수해야 하는 성격을 지니는 것도 있다.

즉, 예산담당자들은 국민의 세금으로 조성된 재원을 기반으로 하는 예산에 대해 가급적 국민의 시각 하에서 여러 가지 원칙들을 준수하여 예산의 가치를 구현하는 것이 요구된다. 과거나 현재에도 동일하게 적용되는 기준일 수 있지만 시대의 상황이나 관리·계획상의 변하에 따라서도 예산원칙은 준수되어야 하며, 엄격한 원칙적용의 예외를 인정하는 조항도 제도적으로 마련되어 있다.

이와 같은 이유는 과거 입법부 우위의 예산제도 하에서 발달한 엄격한 원칙적용이 자칫 현재와 같은 행정부 우위의 예산제도에 있어서 행정부가 집행하는 예산의 효율성을 저해할 수 있기 때문이다. 예산원칙을 절대적인 것으로 보는 것은 지극히 비현실적이며, 버크헤드(J. Burkhead)가 지적한 것처럼 훌륭한 예산제도를 가지고 있는 정부는 원칙의 많은 부분에 대해 예외규정을 두고 있다.

예산원칙은 예산의 기능에서 도출한 것이기 때문에 예산기능이 변함에 따라서 예산의 원칙도 예외적인 사항이 인정될 수밖에 없다. 그렇기에 예산의 전통적 원칙이 통제기능이 강조된 것이라면 예산의 현대적 원칙은 관리적 기능, 계획적 기능, 경제안정기능, 경제성장촉진기능 등이 강조된 것이라 볼 수 있다(유훈 외, 2012: 58-59). 그리고 향후 예산원칙의 주요 요소는 시대사회적 변화와 함께 지속적으로 변화될 수 있다.

## 2 전통적 예산원칙

### 1) 전통적 예산원칙의 의의

예산의 전통적 원칙과 관련해서는 입법부가 행정부의 예산편성 및 집행전반에 대한 통제적 목적을 수행하기 위한 기능과 밀접하게 연계되어 있다. 과거, 입법부 우위의 시대에 있어 왕의 재정적 권한남용을 제한하면서 시민의 재산권을 보호해주기 위해 예산이 엄격하게 운영되는 것이 바람직하였다.

그리고 오늘날에 있어서도 국민의 대표기관인 입법부가 국민에게 징수한 조세 및 세금 등의 재원으로 조성되는 예산에 대해 엄격하게 관리・감독하는 것이 필요하다. 이를 통해 행정부가 국민의 예산에 대한 알권리 등을 존중해주고 예산을 운영할 때, 낭비, 비능률, 부조리와 같은 문제점이 없게 지출할 수 있도록 해야 한다.

### 2) 공개성의 원칙

예산공개(publicity)의 원칙은 정부의 예산은 국민에게 반드시 공개되고 누구나 알 수 있도록 하여야 한다는 것이다. 위에서 설명한 바와 같이 예산이 국민의 세금으로 조성되는 것이므로 매우 당연한 원칙이다.

다시 말해, 공개성의 원칙은 예산의 편성・심의・집행과정의 주요 내용을 국민을 비롯한 이해관계자에게 알려주어야 한다는 것에 기반하고 있다. 예산을 담당하는 행정부의 부정과 낭비를 막고 책임소재를 분명하게 하려는 데 그 목적이 있다.

### 3) 명료성의 원칙

예산명료(clarity)의 원칙은 예산공개의 원칙으로부터 파생되는 것으로 모든 국민이 예산내용을 이해할 수 있도록 뚜렷하고 분명해야 하는 것을 말한다. 예산의 수입과 지출은 명확하게 제시되어야 하고, 수입의 원천과 지출의 용도는 합리적 기준에 의하여 통일적으로 구성되어야 한다. 또한, 예산수지의 유래와 지출의 목적이 명확해야 하는 원칙이다.

즉, 명료성의 원칙은 수입이 어디서부터 유래되는지와 지출은 어떠한 용도인지를 국민이 이해할 수 있도록 명확하게 구분해야 한다.

### 4) 완전성의 원칙

예산완전(comprehensiveness)의 원칙은 정부예산과 관련된 수입과 지출은 모두 예산에 표시 및 계상되어야 하는 것을 의미한다. 즉, 예산과정 통제 밖의 어떤 예외적인 수입과 지출은 인정되지 않고 허용되지도 않는다.

완전성의 원칙은 정부 내의 모든 수입과 지출은 완전하게 예산에 계상되어야 한다는 의미에서 예산총계주의 원칙이라 부르고 있다. 입법부나 국민이 예산의 전체를 쉽게 알 수 있도록 함과 동시에 재정상의 감독을 용이하게 하는 특성을 가지고 있다.

### 5) 단일성의 원칙

예산단일(unity)의 원칙은 한 국가에 있어 예산의 구조가 단일해야 한다는 것이다. 예산구조가 단일적일 때, 총세입과 총지출을 쉽게 파악 및 계산할 수 있기 때문에 정부의 재정적 활동을 파악하기가 수월하다.

또한, 이렇게 함으로써 정부의 재정적 활동을 통합적인 시각에서 통제하고 조정할 수 있게 된다. 단일성의 원칙에 의하면 복수의 예산은 전체의 관계를 불명확하게 하므로 예산은 하나로 구성되는 것이 필요하다는 원칙이다.

### 6) 한정성의 원칙

예산한정(periodicity)의 원칙은 예산은 입법부가 의결한대로 집행해야 하며, 행정부가 임의대로 변경하여 자의적으로 집행해서는 안 된다는 것이다. 그리고 한정성의 원칙에는 질적, 양적, 시간적 한정이 존재하고 있다.

질적 한정성으로 목적 외 사용금지 원칙으로 예산에 규정된 목적을 위해서만 지출이 이루어져야 한다. 양적 한정성의 원칙은 특정 예산항목의 지출한도를 초과해서 지출이 이루어져서는 안 된다. 시간적 한정성의 원칙으로는 예산이 당해 회계연도에만 집행되어야 하는 회계연도 독립의 원칙을 말한다.

### 7) 통일성의 원칙

예산통일(non-affection)의 원칙은 특정수입과 특정지출을 직접으로 연계해서는 안 되고, 반드시 모든 수입은 국고로 수납되고 지출은 수납된 국고로부터 지불되게 함으로써 목적에 의한 수입을 금지하는 것이다.

결국, 정부의 모든 수입은 하나의 통일된 국고로 납부되고 통일된 국고에서 모든 지출이 이루어져야 하는 것을 강조하는 원칙에 해당되고 있다.

### 8) 사전의결의 원칙

예산사전의결(prior autorisation)의 원칙은 한 회계연도의 예산을 집행하기 이전에 반드시 입법부의 심의 · 의결을 거쳐야 한다. 예산이 성립되기 이전에 수입이나 지출이 이루어진다면 입법부의 심의 · 의결권과 국민의 비판기회가 침해받을 우려가 존재하기 때문이다.

즉, 사전의결의 원칙은 행정부의 예산집행 이전에 반드시 입법부의 심의 · 의결이 사전에 이루어져야 함을 강조하는 원칙이다. 국민의 대표기관인 입법부에서 예산을 통제해야 한다는 논리와도 일치하고 있다.

### 9) 정확성의 원칙

예산정확(accuracy)의 원칙은 예산에 계상된 수입과 지출은 정확하고 엄밀해야 하는 것이고, 경우에 따라서 예산엄밀의 원칙이라고도 한다. 현실적으로 예산은 미리 추계한 것이기에 집행되고 난 결산과 완전히 일치될 수는 없다.

그럼에도 불구하고 예산과 결산이 지나치게 유리되는 경우 예산의 의의를 상실하게 되고 공개성 및 사전의결의 원칙을 위배하는 결과가 된다. 정확성의 원칙은 예산의 추계는 가능한 정확해야 하며, 가능한 예산과 결산은 일치하여야 하는 것을 중시한다(심재권 · 주영종, 2021: 100-106).

**표 3-2 전통적 예산원칙의 내용과 예외사항**

| 원칙 | 내용 | 예외 |
|---|---|---|
| 공개성 | 예산내역을 국민에게 공개<br>: 예산공개주의 | 신임예산, 일부 국방비, 외교활동비와 정보비 등 |
| 명료성 | 예산구조(수입과 지출의 내역과 용도)를 명확히 구분 | 총액계상(국가재정법 제37조),[2] 총괄예산, 안전보장관련 예비비(예산회계에 관한 특례법 제2조)[3] |
| 완전성 | 수입과 지출이 모두 예산에 계상<br>: 예산총계주의(총계예산)–국가재정법 제17조[4] | 순계예산, 기금, 수입대체경비, 현물출자와 외국차관전대, 차관물자대, 전대차관상환(국가재정법 제53조)[5] |
| 단일성 | 예산구조 하나로 편성(단일예산) | 특별회계, 기금, 추가경정예산 |
| 한정성 | 예산의 사용목적, 사용금액, 사용기간에 명확한 한계필요<br>: 질적 한정성<br>: 양적 한정성<br>: 기간한정성 | 이용·전용<br>예비비, 추가경정예산<br>이월, 계속비, 과년도 수입·지출, 조상충용[6] |
| 통일성 | 전체수입으로 전체지출을 충당<br>: 특정세입으로 특정세출의 연계금지 | 특별회계, 목적세, 기금, 수입대체경비<br>: 특정수입으로 특정세출이 연계가능 |
| 사전의결 | 입법부에 의하여 사전에 예산이 먼저 심의·의결됨 | 사고이월, 준예산, 예비비지출, 전용, 재정상의 긴급명령, 선결처분 |
| 정확성<br>(엄밀성) | 예산과 결산은 같아야 함 | 불용 |

자료: 이동진(2016: 268).

---

2) 기획재정부장관은 대통령령으로 정하는 사업으로서 세부내용을 미리 확정하기 곤란한 사업의 경우에는 이를 총액으로 예산에 계상할 수 있다.

3) 국가의 안전보장을 위한 활동에 소요되는 예비비의 사용과 결산은 국가재정법의 규정에 불구하고 총액으로 하며 기획재정부 소관으로 한다.

4) 한 회계연도의 모든 수입을 세입으로 하고 모든 지출을 세출로 한다.

5) 각 중앙관서의 장은 용역 또는 시설을 제공하여 발생하는 수입과 관련되는 경비로서, 대통령령으로 정하는 경비(수입대체경비)의 경우 수입이 예산을 초과하거나 초과할 것이 예상되는 때에는 그 초과수입을 대통령령으로 정하는 바에 따라 그 초과수입에 직접관련되는 경비 및 이에 수반되는 경비에 초과지출할 수 있다. 국가가 현물로 출자하는 경우와 외국차관을 도입하여 전대(轉貸)하는 경우에는 이를 세입세출예산 외로 처리할 수 있다. 차관물자대(借款物資貸)의 경우 전년도 인출예정분의 부득이한 이월 또는 환율 및 금리의 변동으로 인하여 세입이 그 세입예산을 초과하게 되는 때에는 그 세출예산을 초과하여 지출할 수 있다. 전대차관을 상환하는 경우 환율 및 금리의 변동, 기한 전 상환으로 인하여 원리금 상환액이 그 세출예산을 초과하게 되는 때에는 초과한 범위 안에서 그 세출예산을 초과하여 지출할 수 있다.

6) 당해 연도의 세입으로 세출을 충당하지 못할 경우에는 다음 연도의 세입을 미리 당겨 충당·사용하는 것을 말한다.

## 3 전통적 예산원칙에 대한 수정의 필요성

### 1) 수정의 필요성

전통적 예산원칙과 관련해서 많은 전문가들이 공개성, 명료성, 완전성, 정확성, 단일한 예산이 중요하다고 하며, 또한 사전의결과 연도 및 비목의 제한을 요구하고 있다. 또한, 특정한 세입을 가지고 특정한 세출에 충당하는 것을 금지해야 한다고 주장한 것도 조세국가(租稅國家)의 이념에 비추어 보아서 매우 당연한 것이다.

오늘날에 있어서 이러한 여러 가지 예산원칙은 예산과정의 측면을 검토하는 수단으로서 유익한 것으로 통제를 지향하는 측면에서 의미가 있다. 그러나 위에서 열거한 예산원칙을 절대적인 것으로 고려하고 적용한다는 것은 극히 비현실적이다. 여기에는 예산의 기능이 변화된 만큼 전통적 예산원칙에 대해 일부 예외적인 사항을 인정하는 것이 국가전체의 예산운영을 위해 효율성을 도모할 수 있기 때문이다.

전통적 예산원칙을 절대적으로 준수하는 것은 현실적으로 어려우며, 그 수정이 불가피한 이유로서 다음과 같은 것 등을 고려할 수 있다.

### 2) 행정기능의 확대 및 강화

많은 국가에서 비약적인 경제발전, 과학기술의 발달, 인구의 증가, 도시화 현상, 국제적인 경쟁 등이 기존의 행정기능을 보다 더 확대 및 강화하고 있다. 이와 같은 환경변화가 행정기능 확대와 함께 재정규모 팽창 및 재정구조의 변화를 수반하였다.

전통적 예산원칙에서 중시되는 명료, 단일, 정확, 완전한 예산의 편성이 곤란하게 된 것이고, 일부 예외사항을 인정할 수밖에 없다. 아무리 전통적 예산원칙이 타당하더라도 온전하게 준수하기에는 행정을 둘러싼 환경이 지속적으로 변화하고 있기 때문이다.

### 3) 행정부의 위상변화

전통적 예산원칙은 국민의 대표기관인 입법부가 왕이나 행정부에 대하여 엄격한 재정적 통제를 가하기 위하여 고안된 것이다. 그러나 오늘날에는 입법부가 국민의 대표기관인 것과 동일하게 행정수반도 국민의 대표로서 선출되는 경우가 많다.

더욱이 행정부는 현대사회의 정치적, 경제적, 사회적 다양한 문제를 해결해야 할 책무를 가지고 있다. 입법부 우월시대의 예산원칙이 오늘날과 같은 행정국가에 있어서 수정되어야 함은 매우 당연하다. 결국, 행정부의 역할이 강화됨으로써 행정부의 위상이 변화된 것도 전통적 예산원칙 적용상의 예외적인 사항을 인정하게 된다.

### 4) 정부의 기업활동

정부부처의 형태를 지닌 공기업 증가로 예산통일 원칙의 타당한 범위가 점차적으로 좁아지고 있다. 공기업은 그것이 정부부처의 형태를 지니고 있기는 하나 공기업인 까닭에 공공성과 함께 기업성을 강조하게 되며, 독립채산을 요구하게 되므로 예산통일의 원칙에 대한 예외를 인정할 수밖에 없는 특별회계의 설치가 불가피하게 된다.

정부가 수행하는 기업활동이 다양하면 다양할수록 전통적 예산원칙에 대한 예외가 더 많이 인정될 수밖에 없다.

### 5) 예산의 재정정책적 기능

예산규모가 팽창하고 거대한 정부재원이 정부를 둘러싼 국민경제에 중대한 영향을 미치게 되었다. 우리나라뿐만 아니라 많은 국가의 공통된 현상으로 나타나고 있다. 정부예산의 수입과 지출은 전통적 예산원칙을 준수하기에는 어느 정도 한계를 가지게 되었다.

전통적 예산원칙에 따르는 것보다 경제상황의 변동에 따라 수입과 지출을 조절할 수 있는 예산운영의 유연성과 신축성이 요구된다.

### 6) 예산기능의 변화

예산의 기능에서 도출된 예산원칙은 여러 가지 상황변화에 따라 예산의 기능이 달라지면 그 원칙도 수정될 수밖에 없다. 예산의 통제적 기능은 여전히 중요하고 필요하기에 완전히 사라질 수는 없으며, 오늘날에는 상대적으로 예산의 관리적 기능이나 계획적 기능이 강조되고 있다. 그렇기 때문에 통제지향의 예산제도 하에서 만들어진 전통적 예산원칙은 수정될 수밖에 없다.

또한, 예산이 국민경제에 미치는 영향이 커짐에 따라서 예산의 경제안정적 기능이나 경제성장촉진 기능과 같은 경제적 기능의 중요성이 부각되었으며, 이것이 나아가 예산원칙의 수정을 초래했다(유훈 외, 2012: 64-66).

기존처럼 예산이 단순히 행정부를 통제하는 수단이나 도구가 아닌 국가발전이나 경제발전을 위한 중요한 역할을 담당하고 다양한 기업활동도 수행할 수밖에 없는 상황하에서 전통적 예산원칙의 일부에 대한 예외사항은 필연적으로 존재할 수밖에 없다.

표 3-3 전통적 예산원칙과 현대적 예산원칙의 비교

| 구분 | 전통적 예산원칙 | 현대적 예산원칙 |
|---|---|---|
| 시기 | 19C 근대 입법국가 | 20C 현대 행정국가 |
| 학자 | 노이말크(F. Neumark) | 스미스(H. D. Smith) |
| 성격 | 통제지향 | 관리지향 |
| 특징 | 입법부(의회)에 의한 재정통제 | 행정부에 의한 신축성 유지 |
| 목적 | 낭비와 부조리, 위법·부당한 지출의 방지 | 예산집행상의 신축성과 효율성 향상, 재량권 부여 |

자료: 이동진·한인규(2014: 511).

# 제4절 현대적 예산원칙

## 1 현대적 예산원칙의 의의

위에서 설명한 전통적 예산원칙이 통제를 지향하는 것이라면 현대적 예산원칙은 관리기능, 계획기능과 체계적으로 연계되면서 예산운영의 적절성 및 능률성을 보장해주는 역할을 수행해야 한다. 현대적 예산원칙은 전통적 예산원칙을 전적으로 대체하는 것은 아니고, 상호보완 관계 하에서 국가 및 정부예산이 상대적으로 높은 효율성을 도모할 수 있도록 한다.

전통적 예산원칙에 대한 예외적인 사항을 인정하고 효율과 더 높은 성과를 도모할 수 있는 현대적 예산원칙의 결합은 재정 및 예산운영에 있어 바람직한 측면을 조성하고 있다. 결국, 현대적 예산원칙은 전통적 예산원칙을 보완하면서 오늘날의 예산을 둘러싼 환경을 적극적으로 반영하고 있다.

## 2 행정부 계획의 원칙

정부의 예산안은 행정수반의 정책 및 사업계획을 반영하는 것이고, 또한 입법부 의결을 얻어 성립한 예산은 정부가 정치적, 경제적, 사회적 여러 분야에 있어서 수행해야 할 모든 활동과 책임을 반영하는 정부의 향후계획이다.

사업계획과 예산편성은 동일한 동전의 양면이라 할 수 있으며, 이 두 기능은 모두 행정수반의 직접적인 감독 하에 두는 것이 바람직하다. 계획과 재원이 함께 반영되고 있는 것이 예산이고 행정수반이 주관하는 국무회의를 거치게 되며, 입법부가 계획과 재원의 타당성에 대한 심의·의결을 하게 된다.

대부분의 국가에서 행정부 내에 중앙예산기관을 설치하고 행정부기 계획에 따라 예산을 집행하도록 하고 있다.

## 3 행정부 책임의 원칙

정부는 입법부가 승인한 예산이 허용하는 금액의 범위 내에서 가급적이면 경제적으로 예산을 집행할 책임이 있다. 입법부가 정부부처를 위하여 일정한 금액의 예산을 심의·의결했다는 상황은 그 금액을 전액 사용하라고 지시하는 것은 아니다. 그 금액의 범위 내에서 가장 경제적 방법으로 국민을 대표하는 입법부의 의도를 구현할 책임을 가진다.

행정부는 편성과 집행에 대한 책임을 지고 전반적인 운영에 대한 총체적인 책임도 지며, 최종적으로 정부목표의 달성여부도 행정부의 책임으로 돌아가게 된다. 여기서 입법부의 역할은 그 책임성에 대한 여부를 승인하게 되는 것으로 그렇기 때문에 결산의 존재 또한 중요하다.

행정부는 한 회계연도의 결산을 통해 예산집행에 대한 최종적인 책임을 완료했는지 또는 문제가 있었는지를 심의·의결받게 된다.

## 4 보고의 원칙

예산의 편성, 심의·의결, 집행은 정부의 각 부처 및 기관으로부터 제출되는 계획 및 재정보고, 업무보고에 기초를 두어야 한다. 행정부와 입법부는 예산과 관련되는 사항의 진행상황에 대해 끊임없는 정보를 받아야 한다. 이와 같은 보고에 기초를 두지 않은 예산업무는 맹목적이며 자의적인 것이 될 수밖에 없다.

결국, 다양한 정보에 기초한 예산운영은 그렇지 않았을 때보다 효율적으로 운영될 가능성이 높은 것이 사실이기에 현대적 예산원칙에 포함되고 있다. 다만, 이와 같은 정보에 있어 분명하고 정확한 사항만이 제공되어야 한다.

## 5 예산수단구비의 원칙

정부가 재정 및 예산관련 책임을 수행하기 위해서는 중앙예산기관을 설치해야 할 뿐만 아니라 중앙예산기관이 월별 또는 분기별로 예산을 배정할 권한과 예상하지 못했던 상황에 대비할 수 있는 예비비제도를 구축해야 한다.

대부분의 국가에서 예산관리와 책임을 담당하는 중앙예산기관을 설치하여 운영하고 있다. 예산을 적절하게 배분하였을 때 그렇지 않았을 때보다 예산운영의 효율을 도모할 수 있다.

예비비제도는 회계연도 중에 있을지도 모르는 비상사태에 대비하기 위하여 입법부가 의결한 각 부처의 예산 중의 일부분을 적립해 놓는 제도를 말한다.

## 6 다원적 절차의 원칙

모든 정부활동이 예산에 반영되어야 하지만 활동의 특성에 따라 예산의 편성, 집행의 방법 등이 달라도 큰 문제는 없다. 특히, 정부부처의 형태를 지닌 공기업(정부기업)의 예산제도는 일반 행정기관의 예산제도와 다를 수밖에 없다.

현대정부는 행정기능의 확대에 따라 다양한 활동을 수행하고 있으며, 향후에도 그 기능은 증대될 것이기에 다원적 절차가 존재하게 된다. 예를 들어, 공익을 요하는 중요한 사업이 운영되어야 하는 경우에 민간이 이 사업을 운영하기에 부적절하다는 판단이 들면 이를 정부에서 공공기관의 형태로 운영할 수밖에 없다.

중앙부처에게 적용되는 다른 형태의 예산운영이 더 많은 성과를 도모할 수 있다면 국가전체의 예산에 있어서도 바람직하다.

## 7 행정부 재량의 원칙

입법부가 지나치게 세분화된 예산을 지향하는 경우 예산운영은 자칫 행정부의 재량 여지가 많지 않아서 경직될 수 있다. 행정부가 입법부에 제출하는 예산안은 입법부의 심의를 용이하게끔 각종의 세부적인 자료를 포함해야 한다.

입법부는 위의 세부적인 자료를 자세하게 검토하여 특별한 문제가 없다면 행정부에 가급적 많은 자유재량의 여지를 부여할 필요가 존재한다. 행정부가 재정 및 예산관련 재량을 가지게 되면 적재적소에 재원을 배분하여 재원상의 활용도를 제고할 수 있으며 예산운영에도 긍정적이다.

## 8 시기신축성의 원칙

정부예산을 둘러싼 환경은 매우 다양하고 경우에 따라서 신속하게 변동되기도 한다. 예산의 목적을 달성하기 위해서는 경제사정 등 객관적 정세의 변동에 적응할 수 있는 조항을 포함해야 한다.

예를 들어, 일정한 건설, 개발사업에 소요되는 자금을 5년 정도의 장기에 걸쳐 의결해 주면 5개년에 걸쳐 사업이 진행될 수 있으며, 단년도에 매년 예산을 편성, 의결해야 하는 경직성을 탈피할 수 있다.

전통적 회계연도 독립의 원칙에 대한 예외사항이지만 예산집행의 유연성을 확보하여 유연한 예산운영이 가능하다.

## 9 예산기구 상호성의 원칙

한 국가에 있어 중앙예산기관이 존재해야 하며, 이와 동시에 각 부처, 각 하부기관의 예산담당기구 간에는 적절한 소통이 전제되어야 한다. 예산운영에 문제가 발생하는 경우에 원활한 소통을 통해 이에 대한 해결이 가능하다.

다시 말해, 각 부처 및 기관에 예산담당기구가 반드시 설치되어야 하고, 이들과 중앙예산기관 간의 상호활발한 의사소통이 있어야 한다(유훈 · 신종렬 2018: 37-40). 상호성에 의한 예산운영이 보다 높은 효율성을 도모할 수 있다.

## 10 전통적 원칙과 현대적 원칙의 조화

전통적 원칙과 현대적 원칙 간에는 분명히 모순과 대립이 존재할 수 있는데, 여기에는 각각의 원칙이 중시되는 시대적 배경, 추구하는 이념과 가치가 동일하지 않았기 때문이다. 예를 들어, 단일성의 원칙과 다원적 절차의 존재, 한정성의 원칙과 재량의 원칙, 한정성의 원칙과 시기신축성의 원칙 등이다.

그러나 이와 같은 두 원칙들 간에는 분명히 상호조화를 이룰 수 있으며, 이것을 가능하게끔 예산의 편성, 심의 및 의결, 집행에 종사하는 담당자들이 예산운영에 대해 정확하게 인지하는 것이 중요하다. 다시 말해, 예산이 입법부에 의한 행정부 통제의 수단일 뿐만 아니라 예산이 행정관리 및 정책집행의 도구이기 때문이다.

예산이란 이해하기 어려운 문서가 아니라 민주적 정책형성의 한 수단이며, 정부의 재정정책을 수행하는 도구라는 것을 인식해야 한다. 그러므로 해서 예산이 입법부에 의한 통제, 행정관리, 재정정책이라는 세 가지 목적을 동시에 달성할 수 있다(유훈 · 신종렬, 2018: 40).

우리나라에 있어서도 기존의 재정건전성의 원칙에다 국민부담의 최소화, 조세지출의 성과제고, 예산과정에의 국민참여, 예산이 여성과 남성에게 미치는 효과평가, 온실가스 감축에 미치는 효과평가 등은 새롭게 등장한 현대적 의미의 재정관련 원칙이다.

# 제4장

# 예산이론의 모색과 탐색

## 제1절 세입예산과 세출예산

우리나라뿐만 아니라 많은 국가에서 정부는 예산의 수입(세입)과 지출(세출)을 통해 국가운영, 사회경제적 개발, 대외무역, 해외원조 등을 담당하고 있다. 한 회계연도에 있어 정부는 정부가 수행해야 하는 수많은 계획이나 정책, 활동을 정확하게 설정하고 이를 집행하기 위한 수입을 확보하는 것이 중요하다. 그리고 정부는 확보된 수입을 계획이나 정책, 활동 등에 따라 적절하게 배분하여 지출한다.

현대적 의미에 있어서 정부예산의 중요성으로 다음과 같은 사항이 존재하고 있다. 수입과 지출은 양입제출(量入制出)이 아니라 양출제입(量出制入)에 근거해야 하는 것이다. 전자는 수입에 맞추어 지출을 통제한다는 개념으로 균형예산을 중시하고 적자예산을 배제하던 시대적 환경에는 적합하다.

그러나 현대사회에 있어서는 수입보다는 지출의 규모가 커지고 정부의 재정정책적 역할이 증대되면서 후자의 개념에 보다 충실하고 있다. 다시 말해, 수입으로 들어오는 양에 따라 지출규모를 통제하는 것이 아니라 지출하는 양에 따라 수입규모를 통제한다는 것이다. 그렇다고 해서 양출제입이 바람직한 것은 아니지만 오늘날과 같은 시대의 국가 및 정부역할을 반영했을 때 필요한 개념이 되고 있다.

정부가 수행해야 하는 계획이나 정책, 활동을 사전에 정확하게 설정하고, 이에 필요한 재원규모를 전체적으로 확인하는 것이 필요하며 이를 위해 적절한 재원을 확보하고 부족한 경우에 국채 등을 발행하여 충당하여야 한다. 이와 같은 내용과 항목이 세입예산과 세출예산을 통해 표현되고 있으며, 세입예산과 세출예산을 한마디로 예산이라 한다(원구환, 2019: 18).

우리가 인지하고 있는 정부예산은 세입예산과 세출예산으로 구성되고 세입예산에서는 조세관련 논의가 중요하고, 세출예산에서는 규모와 결정방식에 초점을 맞추고 있으며 전자에 비해 후자에 더 많은 논의가 존재하고 있다.

세입예산은 조세법률주의에 의해서 대부분의 조세가 법령에 규정되어 이해관계자가 개입할 여지가 별로 없지만 세출예산에 대해서는 많은 관심이나 이해관계가 존재하고 있기 때문이다.

# 제2절 예산이론의 다양성

## 1 세입예산: 조세부담의 원칙

기본적으로 국민이나 기업 등에게 조세를 어떻게 분배하는 것이 공평한 것인지에 대해서는 두 가지 접근방법이 있다. 하나는 응익원칙(應益原則, benefit principle)이고, 다른 하나는 응능원칙(應能原則, ability to pay principle)이다. 전자는 각 납세자가 공공서비스로부터 받은 이익 또는 혜택, 즉 편익에 의해 공평한 조세부담의 크기가 결정된다고 보는 것이고, 후자는 각 납세자가 가진 경제적 능력을 기초로 부담을 지우는 것이 공평하다는 것이다.

우선, 응익원칙은 각 납세자가 공공서비스로부터 받은 편익에 비례해서 조세부담을 지우는 것이 공평하다고 보는 견해이다. 이와 같은 견해는 각 납세자가 받는 편익이 조세부담 분배의 기초가 되어야 한다는 것으로 빅셀(K. Wicksell)이 제시하고 있는 자발적 교환(voluntary exchange)의 재정이론에 그 기원이 있다.

우리가 물건을 살 때, 그것으로부터 나오는 편익에 상응하는 가격을 지불하듯이 공공부문에서 공급하는 재화나 서비스로부터 나오는 편익에 대한 대가로 조세를 납부해야 한다는 기본원칙이 바로 자발적 교환의 이론에서 도출되어 나올 수 있다.

각 납세자에게 편익에 비례한 조세부담을 지우는 방법은 납세자의 자발적 협조를 이끌어 낼 수 있는 장점이 존재한다. 자신이 공공서비스로부터 받은 편익에 비례한 조세부담이 결정되는 것이므로, 사람들은 자연히 납세의무를 당연한 것으로 인식하게 된다.

그 다음으로는 공공서비스의 혜택이나 편익이 어떻게 분배되고 있는지와는 관계없이 각 납세자의 담세능력에 따라 부담이 분배되어야 공평하다고 보는 것이 바로 응능원칙이다. 응능원칙은 스미스(A. Smith)의 국부론이나 밀(J. S. Mill)의 정치경제학 원리와 같은 고전파 경제학자에게서 그 모습을 찾아볼 수 있다.

스미스는 한편으로 능력원칙을 주장하면서 다른 한편으로는 편익원칙을 옹호하는 듯 한 인상을 주기도 하였다. 반면에 밀은 역진적 성격을 가지는 편익원칙을 배제하고,

이보다는 능력원칙이 훨씬 더 공평한 조세부담의 분배를 가져올 것이라 주장하였다. 그가 조세부과의 기본원리로 제시한 동등희생의 원칙(equal sacrifice principle)은 능력에 따른 조세부담 분배의 이념적 기초를 제공하고 있다.

이와 같은 접근법이 가지는 장점은 조세제도를 운영하는 과정에서 재분배목표를 추구할 수 있게 된다는 데 있다. 그러나 이 접근법은 정부지출에 의한 혜택과 조세부담을 연결시키지 않았기 때문에, 납세자의 자발적 협조를 얻기 힘들다는 단점을 가지고 있다.

그럼에도 불구하고 공평한 과세의 원칙으로 이 접근법이 가지는 호소력은 응익원칙보다 훨씬 더 크다고 평가할 수 있다. 따라서 대부분의 국가에서 원칙적으로는 응능원칙을 채택하고 응익원칙은 사용재의 성격이 강한 재화나 서비스의 배분과 관련해서 제한적으로 적용하고 있다(이준구 · 조명환, 2021: 401-403).

## 2 세출예산: 예산규모와 예산결정관련 논의

### 1) 이론적 논의의 의의

정부예산과 관련된 이론적 논의는 어떻게 예산규모가 결정되는지와 어떠한 방식으로 예산결정이 이루어지는지에 대한 것으로 대별해 볼 수 있다. 예산규모와 관련된 이론은 정부예산이 해마다 왜(why) 증가하는가에 초점을 맞추고 있는 데 비해, 예산결정과 관련된 이론은 정부예산이 어떻게(how) 결정되는가에 초점을 맞추고 있다.

예산규모 및 예산결정과 관련된 이론은 모두 세입예산보다는 그 역할이 중요한 세출예산에 초점을 맞춘 것이다. 세입예산은 조세법률주의에 의해서 조세항목들이 정해져 있기 때문에, 법률의 규정에 의해서 부과 · 징수하여 수입을 확보하고 사회 · 경제적 환경과 긴밀하게 연관되어 있다. 경제가 좋으면 상대적으로 조세수입도 많아질 수 있고, 그렇지 않으면 조세수입은 적어지며 부족한 재원은 차입이나 국채발행 등을 통해 확보해야 한다.

반면에 세출예산은 분배의 성격을 가지고 있으며, 많은 이해관계자가 존재하여 오랫동안 이론분석의 주요 대상이 되어 왔다.

### 2) 예산관련 팽창이론

많은 국가의 정부예산을 분석하게 되면 우상향 방향으로 그 규모가 지속적으로 증가하는 것을 알 수 있다. 정부가 존재하는 한 예산은 필요할 수밖에 없고 그 규모도 시간이 지나면서 지속적으로 증가하여 오고 있다. 여기에는 다음과 같은 다양한 이론적 논의가 존재하고 있다.

첫째, 예산팽창의 원인을 경제발전에 따른 행정수요의 증가에서 찾는 경우이다. 대표적인 논의는 와그너(A. Wagner)의 국가활동 증대법칙(law of increasing state activities)이다.

이와 같은 와그너 법칙은 재정지출 증대현상을 설명하는 고전이론으로 예산팽창의 원인을 경제발전에 따른 국민의 다양한 수요와 욕구수요에서 찾고 있다. 즉, 경제발전으로 국민의 수요가 증대하면 이에 대응하기 위해 정부는 공공재 공급을 증대시키게 되고, 국민의 수요에 부응한 공공재 공급의 증가는 곧 예산증가로 이어지면서 해마다 전체 규모가 증가한다는 것이다. 물론, 전전년도나 전년도에 비해 예산규모가 감소할 수도 있지만 시계열적 측면에서 분석하게 되면 와그너의 법칙에 상당한 타당성이 존재하고 있다.

둘째, 예산팽창의 원인을 공공부문의 인력증가에서 찾는 경우이다. 대표적인 학설은 파킨슨 법칙(Parkinson's Law)과 보몰 법칙(Baumol's Law)이다. 파킨슨 법칙은 공무원 인력규모의 증가를 부하배증의 원칙과 업무배증의 원칙에 의거해 공무원 수는 업무량에 관계없이 증가한다는 것이다. 보몰(W. Baumol)은 생산성 성장부문과 비성장부문 간의 생산성 격차를 통해 팽창원인을 분석하고 있다. 양 부문 간에는 임금이 동일하게 높아질 경우 성장부문에서는 생산성 증가가 임금인상을 상쇄하는 반면, 비성장 부문에서는 이와 같은 상쇄효과가 작고 임금인상 모두가 비용의 추가적 상승을 초래한다는 것이다.

민간부문에서는 임금이 상승하는 경우, 자본을 투입하여 설비를 도입하게 되는 데 비해, 공공부문에서는 임금이 상승한다고 해서 자본을 투입하거나 인력을 줄이기가 쉽지 않다.

정부에서 제공하는 서비스의 많은 부문이 비성장 부문에 속하기 때문에 정부의 인력규모 증가는 예산팽창으로 이어진다. 또한, 정부인력 규모의 변화요인에 대한 기존

연구들은 주로 인구규모의 증대가 정부인력 규모 및 공공지출 규모증대에 중요한 영향을 미친다는 것이며, OECD 국가들의 재정규모와 공무원 수를 함께 비교하면 대체로 국내총생산(GDP) 대비 정부재정 규모가 큰 국가는 인구 대비 공무원 수도 많다는 것이다(김태일, 2000: 123-132).

셋째, 예산팽창의 원인을 대규모 사회적 변동(전쟁이나 자연재해 등)에서 찾는 경우이다. 대표적인 학설은 피코크(A T. Peacock)와 와이즈만(J. Wiseman)의 전위효과론(displacement effect)이다. 안정적 사회에서는 예산과 국내총생산(GDP)의 증가가 유사하지만 전쟁이나 경제적 공황과 같은 대규모의 사회적 변동이 발생하게 되면 공공지출의 급격한 증가가 불가피하게 되고, 이와 함께 국민도 종전에는 허용할 수 없다고 생각했던 재원조달 방식을 허용하게 되며, 사회적 변동이 종식된 후에도 인상된 과세수준을 그대로 받아들이게 된다. 이에 따라 공공지출은 위로 전위하게 되고 변동기에는 민간지출이 공공지출로 바뀌어 공공지출의 추세선은 위로 이동하게 되고 사회적 변동이 끝난 후에도 공공지출은 그 이전의 수준으로 되돌아가지 않는다. 이것을 위치가 바뀌는 것을 의미하는 전위효과라 한다.

넷째, 일부학자는 정부를 조세(세금)를 많이 거두어들이거나 지출을 극대화하려는 괴물(시민을 착취하는 독점적 존재)로 인식하는 데서 출발한다. 브레난(H. G. Brennan)과 부캐넌(J. M. Buchanan)에 의해 제시된 리바이어던 가설(Leviathan hypothesis)이다. 정부예산과 관련된 권한이 집중된 상황에서 특수 이익집단의 압력이 예산배분 정책에 반영되면 정부예산 규모는 과대하게 팽창되고 지출규모도 증가한다고 본다. 즉, 정부예산 규모는 중앙정부의 조세 및 지출권한의 분권화와 반비례적으로 변화한다. 따라서 조세 및 지출규모의 팽창을 억제하기 위해서는 조세 및 지출권한을 분권화해야 한다고 주장하는 이유가 여기에 있다.

다섯째, 예산팽창의 원인을 행정관료나 정치인들의 효용극대화에서 찾는 경우이다. 행정관료는 사기업 부문과 달리 이윤을 추구하는 존재가 아니지만 다른 효용(신분상 지위의 영속화, 승진, 권력 등)의 확대를 추구한다는 것이다. 이러한 효용의 확대는 자신이 속해 있는 조직에 할당되는 예산규모에 따라 달라지기 때문에, 행정관료들은 다른 부처와의 경쟁을 통해 자신의 예산을 더 많이 확보하려고 한다. 즉, 관료들은 자신의 부서 예산극대화(budget maximization)를 추구하는데, 이 과정에서 관료들의 직접적인 고객은 시민이 아니라 예산결정자이다. 따라서 행정관료들의 효용극대화에 따라 정부재정은 팽창된다는 것으로 보고 있다.

또한, 정치인들은 선거에서의 승리를 통한 지위영속화를 위해 노력하는 존재, 즉 사적 이익(private interest)의 극대화를 추구한다. 정치인들은 유권자들로부터 세금부담이 없는 공공서비스를 요구받게 되는데, 이에 정치인들은 정치적 이득을 획득할 수 있다면 재정적자를 통해 조세부담이 없는 재정지출을 증대하게 된다(원구환, 2019: 203-206).

## 3 정부예산의 결정이론

### 1) 점증주의의 주요 내용

#### (1) 점증주의의 개념

점증주의(漸增主義, incrementalism)란 현년도(現年度)의 예산액을 기준으로 하여 다음 연도의 예산을 배정하는 예산결정방법을 말한다. 현년도 예산액이 다음 연도의 예산에 대한 규모와 내용을 결정짓는 가장 중요한 기준이 된다. 점증주의에 대한 논의는 포퍼(K. Popper), 사이먼(H. A. Simon), 윌다브스키(A. Wildavsky) 등에 의해서 주장되어 왔고, 이들 간에 약간의 차이는 있지만 점증주의 시각으로 볼 수 있다(신무섭 · 주상현, 2019: 225).

점증주의는 오랫동안 지속되어 온 전통적인 예산결정방법으로 1950년대 초까지는 관리과학적 분석기법에 근거하는 총체주의 예산결정이론의 도전을 받지 않았다. 점증주의 하에서 예산결정의 단위가 되는 예산분류도 기본적으로 통제에 적합한 품목별 분류이었다.

점증주의는 총체주의의 기본전제를 완화하여 상황의 불확실성과 인간능력의 부족을 전제로 한 결정모형을 제시하고 있다. 즉, 의사결정자의 분석능력 및 시간이 부족하고 정보도 제약되어 있으며, 대안비교의 기준마저 불분명한 상태에서는 현재예산의 소폭적인 변화(학자 · 전문가마다 기준이 다름)만을 대안으로 고려하여 예산을 결정할 수밖에 없다.

그리고 시간이 흐름에 따라 환류되는 정보를 모아 잘못된 사항이 있으면 수정 · 보완하는 방식으로 결정된다고 주장한다. 점증주의 예산이론은 예산과정 참여자들이 현실적으로 활용 가능한 정보만을 사용하며 경험에 기반을 둔 결정을 사용한다. 이와 같은 관점에서 인지능력의 한계극복을 위해 전년도 예산규모에서 매년 소폭의 변화만을 통해 예산을 결정한다는 것이다.

예산의 결정에 있어 예산의 증가는 이해관계자들과 정치적 협상을 통해 이루어져야 하고 갈등의 최소화를 위해 정치적 합의가 필요하다. 즉, 인간능력의 한계로 매년 합리적인 예산결정이 불가능하고 정치적 갈등의 최소화를 위해 점증주의적인 예산과정이 가능하다(홍순규, 2011: 79-80).

점증주의의 특징은 일반적으로 증가 또는 감소의 규모가 작으며 참여자 간의 협상에 의하여 결정되고, 관련기관(부처와 중앙예산기관, 상임위원회와 예산결산특별위원회)의 관계가 규칙적이며, 현년도 예산액에 의존하므로 외부적 변수가 예산결정에 미치는 영향이 약한 것으로 고려하고 있다.

### (2) 점증주의적 예산결정

점증주의적 예산결정은 유연성이 극히 제한되고 있는데, 그 이유는 기존의 기준을 무시할 수 없기 때문이다. 여기서 기준(base)이란 예산담당자 간의 통용어로서 어떠한 업무에 대한 예산안 편성에 있어서 현년도 수준에 비하여 점증 또는 점감하는 예산액을 의미하고 있다.

기준이라는 용어와 함께 쓰이는 통용어에는 공정한 몫(fair share)이라는 용어가 있다. 공정한 몫이란 당해 예산이 예산담당자들의 기대와 부합되는 경우를 말하며, 공정한 몫은 다년간의 협의를 통해서 이룩되는 것이다.

점증주의는 경제가 순조롭게 성장하는 시기에는 큰 문제가 없을 수도 있지만 주로 의사결정의 과정에만 집착하기 때문에 목표로부터 일탈되기 쉽다는 지적을 받는다. 재원부족이 심각할수록, 그리고 경제가 불안정할수록 비용과 편익을 고려할 수밖에 없기 때문이다. 점증주의적 예산결정은 안정적인 사회에 보다 적합하다고 볼 수 있다.

### (3) 점증주의의 한계

점증주의 이론은 규범적 관점에서뿐만 아니라 실증적 이론의 측면에서 한계를 지닌 것으로 비판을 받고 있다.

첫째, 점증주의 예산과정이 가능한 시기가 있다. 다시 말해, 사회적으로 큰 변동이 없고 안정적이고, 재원이 충분한 경우에 적용가능성이 높지만 재원이 부족할 때에는 재원배분 체계로서의 한계를 지닐 수밖에 없다. 재원이 한정적일수록 어디서나 다양한 경제과학적 분석기법을 활용하기 때문이다.

둘째, 점증주의는 정치적 다원주의와 사회적 안정성을 전제로 한 예산이론이다. 그러므로 정치환경이 가변적이고 사회적 불안정이 지속될 경우 예산결정을 파악하는 이론으로 적합하지 않을 수 있다(원구환, 2019: 215). 예산과정에서 의회가 지배적인 위치를 차지하고 있던 상황과 다원주의적 정치문화가 만연한 미국적 상황이 점증주의적 설명력을 높여주었다는 점이 무시되어서는 안 된다.

셋째, 점증주의는 전년도 예산규모에서 소폭의 조정을 전제한다는 점에서 재량적 지출에만 적용되며, 법적으로 지출관련 사항이 규정되고 있는 보장적 프로그램(entitlement programs)지출에 대해서는 설명하지 못하는 한계가 있다. 보장지출은 지출금액이 법의 규정에 의해서 결정되고 있기 때문에 점증주의를 적용할 수 없는 한계를 가지고 있다.

넷째, 점증주의 모형에서는 예산결정을 둘러싼 환경을 외재적 변수(exogenous variable)로 파악한다(홍순규, 2011: 80). 따라서 점증주의는 환경이 어떻게 형성되고 변화함으로써 예산과정에 영향을 미치는지에 대해 설명할 수 있는 이론적 자원을 가지고 있지 않다.

#### (4) 점증주의의 전제조건

점증주의는 예산결정을 경제적 과정으로 이해하기보다는 정치적 과정으로 보고 있다. 이는 예산이 경제과학적 분석에 의해서 결정되는 것이 아니라 다양한 이해관계자들이 각자의 가치와 선호에 입각해 협상을 통해서 결정된다고 이해하고 있다. 점증주의의 전제조건으로는 다음과 같다.

첫째, 점증주의는 권력이 분산되어 있어야 적용 가능성이 높아진다. 미국과 같은 정치적 다원주의가 정착되고 사회적 안정성이 이루어진 곳에 적용가능성이 높다는 것을 의미한다. 그러므로 권력이 집중되어 있는 국가에서는 대폭적인 예산증감이나 삭감이 가능하므로 점증주의의 적용가능성이 상대적으로 낮다.

둘째, 예산사이클(회계연도)이 길 때에는 많은 변동이 일어날 수 있으나 짧을 때에는 변동의 폭이 좁아진다. 미국의 일부 주정부와 같이 예산사이클이 2년인 경우에는 변동의 폭이 클 수 있으나 1년인 경우에는 점증주의의 타당성이 높아진다.

셋째, 예산통일성의 원칙에서 예외로 인정하고 있는 특별회계나 목적세가 많을 경우에 그 증감폭이 지출을 결정할 수 있기 때문에 점증주의가 타당성을 지니기 어렵다. 일반회계에 기반하고 있는 예산의 경우에는 점증주의의 적용가능성이 높지만 변동폭이 상대적으로 큰 특별회계나 목적세가 많은 경우에는 적용가능성이 상대적으로 낮다.

### 2) 총체주의의 주요 내용

#### (1) 총체주의의 개념

민간경제부문에는 수요와 공급에 의한 가격결정기구가 존재하며 사기업은 이윤추구라는 동기에 의해서 경영되고 있다. 그러나 정부부문에는 이와 같은 자극유인이 존재하지 않으며 자원배분이 주로 정치적 과정이나 흥정을 통하여 이루어진다고 본다. 이것은 다분히 정치적 합리성 추구의 결과일 뿐이지 경제적 합리성의 결과는 아니라고 이해한다.

총체주의(總體主義, rationality)라는 용어는 브레이브루크(D. Braybrooke)와 린드블롬(C. E. Lindblom)이 점증주의와 대비시키기 위해서 처음 사용하였다. 이것은 합리모형, 분석적 모형, 순수합리성 모형 등으로 지칭되기도 하며, 경제분석, 실질정책분석, 그리고 형식적 합리체계분석 등에서 사용되어 왔다. 결국, 총체주의란 관리과학적인 분석기법을 이용하여 예산을 배분하는 예산결정방법을 말한다.

총체주의는 목표달성을 극대화하도록 예산을 배분하여야 한다는 것이다. 목표달성을 극대화한다는 것은 일정한 목표를 정한 다음에, 그것을 달성하는 여러 방안들 중에서 획득할 수 있는 정치적 · 경제적 · 사회적 효용이 가장 큰 방안을 선택한다. 총체주의는 다음과 같은 전제를 가지고 있다.

첫째, 예산결정자는 사회가치 또는 우선순위를 알고 있다. 둘째, 예산결정자는 문제해결과 관련된 모든 요소를 검토할 수 있는 완전한 지식과 정보를 가지고 있다. 셋째, 예산결정자는 합리적으로 행동한다.

이와 같은 전제 하에서 총체주의는 다음과 같은 과정을 통해 예산을 결정하게 된다. 즉, 첫째, 예산결정자는 정책의 목표를 정의한다. 둘째, 목표달성을 위한 가능한 대안을 탐색한다. 셋째, 각 대안이 초래할 모든 결과들을 검토한다. 넷째, 각 대안들에 투입될 비용과 산출되는 편익을 계량화하여 비교한다. 다섯째, 비용편익비율(cost-benefit ratio)과 같은 명백한 기준에 의하여 대안을 의식적으로 선택한다. 여섯째, 선정된 정책에 예산을 배분한다.

이러한 이유에서 총체주의에서는 예산결정에 비용편익분석(cost-benefit analysis), 오퍼레이션 리서치(operations research),[1] 관리과학(management science) 등의 분석적 방법을 적용하고 있다.

### (2) 총체주의의 한계

점증주의가 예산결정방식으로 한계를 지니고 있듯이 위의 일반적인 타당성에도 불구하고 총체주의적 예산결정이론도 다음과 같은 한계를 가지고 있다.

첫째, 정치적 · 사회적 현실성의 부족이다. 총체주의는 정치적 · 사회적 현실을 등한시 하지는 않지만 지나치게 기술적 및 경제적 합리성을 강조한다고 볼 수 있다. 이와 같은 이유에서 결정내용과 방법을 정치가에게 이해시키는 데, 그리고 정치가들의 협력을 얻는데 어려움이 야기되기도 한다.

둘째, 결정비용의 과다이다. 총체주의에 입각한 예산결정을 하는 경우에는 대안탐색과 분석을 위한 활동이 강조되어야 한다. 그러나 이러한 활동을 수행하는 데에는 많은 비용이 수반되게 된다. 체제분석, 비용편익분석 등 분석기법에 익숙한 전문가의 도움이 필요하고 부서 내에 이러한 기법을 이해하고 운영할 수 있는 인력이 배치되어야 한다. 또한, 이와 같은 분석을 담당하는 부서들을 설치하여야 하고, 조직의 장은 이러한 분석의 필요성을 인지하여 정신적 및 물질적 지원을 하여야 한다.

표 4-1 예산결정의 관점

| 유형 | 점증주의 | 총체주의 |
|---|---|---|
| 초점 | 예산상의 이득을 누가 얼마만큼 향유하는가 | 어떻게 예산상의 이득을 극대화할 것인가 |
| 목적 | 공정한 몫의 배분 | 효율적인 자원배분 |
| 기준 | 정치적 합리성: 형평성, 정당성 | 경제적 합리성: 효율성 |
| 방법 | 정치과정: 협상, 타협, 모색에 의한 결정, 단편적 결정 | 분석적 기법, 계획된 행동, 체계적 결정 |
| 행동원리 | 균형화 원리 | 최적화 원리 |
| 행태 | 몫(득표)의 극대화 | 사회후생의 극대화 |
| 개혁목표 | 재정민주주의 | 예산배분의 효율성 |

1) 오퍼레이션 리서치는 수학적 모델, 통계학, 알고리즘 등을 활용하여 최적의 의사결정을 할 수 있도록 정보를 제공해준다.

**표 4-2 예산결정 과정상의 특성 비교**

| 유형 | 점증주의 | 총체주의 |
|---|---|---|
| 미시적 과정 | 연속적이고 제한된 비교 | 총체적이고 체계적인 분석 |
| 거시적 과정 | 당파적 상호조정 | 집권적이고 제도화된 프로그램예산 편성 |
| 결과 | 전년도 예산의 소폭적인 변화 | 신규사업과 대폭적이고 체계적인 변화 |

자료: 윤영진(2021: 316).

**표 4-3 경제부처와 비경제부처가 지향하는 주요 논리 및 보완전략**

| 구분 | 경제부처 | 비경제부처 |
|---|---|---|
| 주요 논리 | 총체주의에 입각한 경제논리 | 점증주의에 입각한 정치논리 |
| 보완전략 | 예산극대화 혹은 재량예산의 확보 | |
| | 성과 · 결과 중심의 예산제도 개혁 | |

자료: 김성철 · 윤진훈(2004: 98).

셋째, 이론모형 적용의 한계이다. 총체주의에서는 대안탐색과 분석을 할 때, 이론 또는 모형에 크게 의존한다. 그러나 예산결정에 유용한 이론이 개발되어 있지 않은 경우도 있으며, 이미 개발된 이론이 있다 해도 어떠한 이론을 적용 할 것인가는 분석자의 의중에 달려있다. 또한, 어떠한 이론을 적용하는 경우에 중요한 변수측정이 불가능하기 때문에 생략할 수도 있다(신무섭 · 주상현, 2019: 221-225).

### (3) 분석기법의 개발

계획예산제도 시대에 들어와서 과학적이라고 하는 분석적 방법이 예산결정 과정의 주요 수단으로 등장하였다. 이어서 영기준예산제도에서도 총체주의가 이론상으로는 예산결정이론의 주류를 이루었다. 그 이후 예산개혁론자들은 공공지출의 성과에 초점을 맞추는 예산결정방법이 필요하다고 주장하여 왔으며, 이러한 주장이 많은 동조를 얻기에 이르렀다.

그런데 비용과 성과를 비교하기 위해서는 기존의 품목별예산제도로는 어렵고, 이를 프로그램예산제(program budgeting)로 바꾸어야 한다. 즉, 예산결정단위를 품목별에서 구체적인 사업 또는 프로그램별로 개편하는 것이 전제되어야 한다.

프로그램 분석을 위해서는 프로그램별 분류가 먼저 이루어져 있어야 하는데, 계획예산부터 예산분류방법이 프로그램구조(program structure)로 개편되었다. 프로그램 분석의 목적은 프로그램 비용과 성과 간 상호관계를 알아내는 데 있으며, 의사결정권을 가지고 있는 관리자가 프로그램 분석으로부터 얻을 수 있는 최선의 것은 이러한 상호관계에 관한 충분한 정보이다.

### 4 예산결정이론의 평가

예산과 관련한 주요 결정자는 여러 대안 중에서 국가와 정부목표에 가장 적합한 대안을 찾아야 한다. 이와 같은 경우에 정치적 결정방법인 점증주의를 배제하고 자료와 분석기법에 의존하게 하려는 것이 총체주의이다. 그러므로 총체주의에 입각한 예산결정은 나름대로 합리적이고 분석적인 이론이 된다.

그러나 점증주의자들은 총체주의가 불가량(不可量)한 정부의 다양한 업무를 여러 가지 분석에 기초한 수량화(數量化)하려는 헛된 시도라 지적하고 있다. 그리고 정치적 민주주의에 있어서 관료들의 의사결정 기능을 빼앗으려는 것이라 반박하기도 한다.

그럼에도 불구하고 바버(B. Barber)의 실증적 연구에 의하면 점증주의와 총체주의는 동시에 일어나고 있다고 한다. 따라서 점증주의와 총체주의에 대한 문제는 어느 정도의 점증주의 또는 어느 정도의 총체주의에 관한 문제라고 할 수 있다. 결국, 예산결정에 있어서는 점증주의와 총체주의 이론적 내용이 필요하다고 보는 것이다.

## 제3절 미시적 예산결정과 거시적 예산결정

### 1 하향적 예산과정의 부각

1980년에 모웨리(D. C. Mowery) 등이 예산과정의 상향적 과정과 하향적 과정에 대한 연구를 진행하였고, 보즈만(B. Bozeman)과 스트라우스만(J. D. Straussman)은 이를 더욱 발전시켰다. 이들은 기존의 상향적 예산과정이 미국의 레이건(D. Reagan) 행정부하에서 하향적 예산편성과정으로 전환되었고, 1974년의 의회예산법(Congressional Budget Act of 1974)에 의해서 하향적 예산심의과정의 색채를 가미하게 되었다는 것이다.

쉬크(A. Schick)는 선진국들이 채택하고 있는 거시적인 예산의 적응(macro-budgetary adaption)과 미시적인 예산의 적응(micro-budgetary adaption)을 어떻게 실천에 옮기고 있는가를 고찰하였다.

## 2 미시적 예산결정과 거시적 예산결정론의 등장

상향적 과정론과 하향적 과정론을 토대로 르루프(L. T. LeLoup)는 미시적 예산결정과 거시적 예산결정에 관한 연구를 수행하였다. 일반적으로 미시적 측면은 개별주체의 선택과 개별 분야의 움직임에 관심을 가진다면 거시적 측면은 전체 전반의 운영과 움직임에 관심을 두고 있다.

상향적 과정론과 미시적(micro) 예산결정은 아래에서부터 예산을 결정해 올라가는 방식을 말하며, 하향적 과정론과 거시적(macro) 예산결정은 위에서 예산결정 주도권을 장악하여 위에서부터 아래로 내려오는 결정방식을 의미한다.

미시적 예산편성에 있어서 정책의 초점은 각 부처의 예산요구, 사업계획, 전년도 예산인 데 비해, 거시적 예산결정에 있어서의 초점은 예산총액, 중기재정계획, 각 분야별 예산배분비율, 경제전망 등이다. 미시적 예산심의는 각 부처의 예산안 심사가 중요하고, 거시적 예산심의는 예산한도액 결의안 등이 중요성을 지닐 수밖에 없다.

미시적 예산편성 및 심의과정은 분산적이며 상향적이나 거시적 예산편성 및 심의과정은 중앙집권적이며 하향적인 것이 특징이다(유훈 외, 2012: 135-136).

# 제4절 예산연구와 공공선택론

공공선택론(public choice theory)은 정치 · 행정현상을 경제학적 방법으로 연구하는 것이다. 다시 말해, 공공제도의 선택행위나 비시장부문의 의사결정을 주류 경제학적 분석방법을 통해 연구하는 정치경제학의 한 분파이다.

공공선택론은 예산결정행위 등의 다양한 정치 및 행정현상들의 분석에 활용되고 있다. 공공선택론 관점 하에서 예산을 분석한 가장 대표적인 연구는 니스카넨(W. A. Niskanen)의 관료제와 대의정부(Bureaucracy and Representative Government)이다.

여기서 제시된 니스카넨의 예산극대화(budget maximization)모형은 예산결정 과정에서 관료들의 행태를 연구한 것으로서, 관료들이 공리주의적 동기에서 자기 조직의 예산극대화를 추구한다. 이런 관료들의 동기구조로 인해 정부예산이 팽창한다는 것을 가정한다. 이후 니스카넨의 모형은 다양한 후속연구를 촉발시키면서 칭찬과 비판을 동시에 받아오고 있다(재무행정연구회, 2007: 42-43).

예산극대화모형의 장점은 어느 정도의 현실적 한계를 가지고 있지만 예산결정과 관료제의 행태를 이해하는 데 기여를 했다고 본다. 다만, 예산은 반드시 관료들의 예산극대화 행태 때문에 증가되는 것은 아니고, 관료제 내부요인을 비롯해 사회・경제적 환경요인과 정치적 요인 등 다양한 요인들에 의해 영향을 받는다고 할 수 있다(재무행정연구회, 2007: 79-80).

예산극대화모형은 완전한 것은 아니다. 관료들이 항상 예산만을 극대화하려고 노력하는 것은 아니며, 입법부에서도 총편익이 총비용보다 크다고 해서 모든 사업을 승인하는 것도 아니다.

그러나 예산극대화모형은 관료들의 행동양식이 이윤극대화를 추구하는 일반기업가들의 행동양식과는 다르며, 관료들이 예산확보를 위해 많은 노력을 기울인다는 현실을 단순한 모형으로 분석하였다는 측면에서 가치가 있다(나성린 외, 2022: 129).

# 제5장

# 예산의 종류와 분류

제 1 절　예산의 종류
제 2 절　예산의 분류

## 제1절 예산의 종류

### 1 일반회계예산과 특별회계예산의 존재

예산에 있어 가장 일반적으로 구분하는 방식으로 일반회계예산(一般會計豫算, general account budget)과 특별회계예산(特別會計豫算, special account budget)이 존재하고 있다. 이와 같은 종류는 우리나라를 포함하여 많은 국가에서 활용하고 있는 방식이다.

우리나라에서 국가재정법 제4조(회계구분) 제1항은 국가의 회계는 일반회계와 특별회계로 구분한다고 규정하고 있다. 그리고 국가재정법 제4조 제2항에 의하면 일반회계는 조세수입 등을 주요 세입으로 하여 국가의 일반적인 세출에 충당하기 위하여 설치한다고 규정되어 있다.

일반회계예산은 일반적으로 국가나 정부활동에 관한 총세입과 총세출을 모두 포함해 편성한 예산을 말한다. 일반적으로 예산이라 하는 경우에 일반회계예산을 지칭하는 경우가 많은데, 그 중요성이나 규모가 매우 크기 때문이다(윤영진, 2021: 53). 즉, 일반회계예산은 국가고유의 기능을 수행하기 위하여 필요한 예산이기에 세입은 원칙적으로 조세수입을 재원으로 하고, 세출은 국가운영을 위한 기본적 경비지출로 구성되고 있다.

그리고 국가재정법 제4조 제3항에서는 특별회계는 국가에서 특정한 사업을 운영하고자 할 때, 특정한 자금을 보유하여 운용하고자 할 때, 특정한 세입으로 특정한 세출에 충당함으로써 일반회계와 구분하여 회계처리할 필요가 있을 때에 법률로써 구성될 수 있다. 규정된 법률에 의하지 아니하고는 이를 설치할 수 없게끔 하고 있다.

특별회계의 설치는 반드시 법률에 의해서만 설치하게끔 규정하고 있어 행정부 내 각 중앙부처의 임의적이고 자의적인 특별회계 설치를 제한하고 있어 엄격하게 운영하고 있다. 특별회계예산은 국가의 회계 중에서 특정한 세입으로 특정한 세출에 충당하여 일반회계예산의 세입세출과 구별되어 경리(經理)[1]되는 예산을 말한다.

1) 경리업무는 일을 경영하고 관리하거나 물자의 관리나 금전의 출납 따위를 맡아보는 사무이다.

입법부의 우위를 주장하며 국민에 의한 행정부의 통제나 감시를 강조할 때에는 특별회계의 수가 적은 것이 바람직하였다. 그러나 행정능률의 관점에서 볼 때에는 특별회계를 설치하여 경영능률을 명백히 하는 편이 바람직한 경우도 존재하고 있다. 이는 국가나 정부운영을 위해 한 개의 일반회계예산만으로도 가능하지만 정부의 역할이나 기능이 다양해짐으로 인해서 정부의 특별한 활동과 관계되는 특별회계의 설치가 필요하다고 본다.

예를 들면, 정부기업예산법에 규정되어 있는 우편사업특별회계, 우체국예금특별회계, 양곡관리특별회계, 조달특별회계, 책임운영기관의 설치·운영에 관한 법률에 의한 책임운영기관특별회계 등이다.

우리나라의 특별회계는 1948년에는 2개(임시외자총국특별회계, 임시관재총국특별

**표 5-1 특별회계설치의 근거법률**

| 구분 | 근거법률 |
|---|---|
| 구성 | 교도작업의 운영 및 특별회계에 관한 법률 |
| | 지방자치분권 및 지역균형발전에 관한 특별법 |
| | 정부기업예산법 |
| | 농어촌구조개선특별회계법 |
| | 등기특별회계법 |
| | 신행정수도 후속대책을 위한 연기·공주지역 행정중심복합도시 건설을 위한 특별법 |
| | 아시아문화중심도시 조성에 관한 특별법 |
| | 에너지 및 자원사업특별회계법 |
| | 우체국보험특별회계법 |
| | 주한미군기지 이전에 따른 평택시 등의 지원 등에 관한 특별법 |
| | 책임운영기관의 설치·운영에 관한 법률 |
| | 환경정책기본법 |
| | 국방·군사시설이전특별회계법 |
| | 혁신도시 조성 및 발전에 관한 특별법 |
| | 교통시설특별회계법 |
| | 유아교육지원특별회계법 |
| | 소재·부품·장비산업 경쟁력강화를 위한 특별조치법 |
| | 고등·평생교육지원특별회계법 |

자료: 국가재정법 제4조 제3항.

회계)에 지나지 않았으나 1970년 29개로 늘어났다. 그 이후에, 대폭 감소되어 1980년대에는 17개로 줄어들었으나 1990년대에 다시 증가되어 1995년 23개가 되었다. 2000년 23개, 2010년 18개의 특별회계로 나타나고 있다(윤영진, 2021: 55). 2023년 10월 기준으로 18개의 법률, 특별법, 법, 특별회계법에 의해 약 21개의 특별회계가 존재하고 있다. 그러나 근거법률의 제정이나 폐지로 특별회계의 수는 변동되고 있다.

## 2 기금의 설치

국가나 정부재정에서 일반회계 및 특별회계예산과는 별도로 기금(基金, fund)이 설치되어 있다. 일반적으로 기금은 국가나 정부의 특정한 정책적 목적을 실현하기 위해 예산원칙의 일반적인 제약에서 벗어나 좀 더 신축적으로 운용될 수 있도록 특정사업을 위해 보유, 운용하는 특정자금으로 정의할 수 있다.

우리나라 국가재정법 제5조(기금의 설치) 제1항은 기금은 국가가 특정한 목적을 위하여 특정한 자금을 신축적으로 운용할 필요가 있을 때에 한하여 법률로써 설치하되, 정부의 출연금 또는 법률에 따른 민간부담금을 재원으로 하는 기금은 규정된 법률에 의하지 아니하고는 이를 설치할 수 없다고 규정하고 있다. 또한, 제5조 제2항에 의하면 제1항의 규정에 따른 기금은 세입세출예산에 의하지 아니하고 운용할 수 있다고 되어 있다.

기금의 예로는 고용보험법에 의한 고용보험기금, 공무원연금법에 규정되어 있는 공무원연금, 국민건강증진법에 의한 국민건강증진기금, 국민연금법에 규정되어 있는 국민연금, 문화예술진흥법에 의한 문화예술진흥기금 등이다.

기금의 수는 특별회계의 수에 비해서 많으며 근거법률의 제정이나 폐지로 그 수가 지속적으로 변동되고 있으며, 2023년 10월 기준으로 약 68개의 기금이 존재하고 있다.

표 5-2 기금설치의 근거법률

| 구분 | 근거법률 |
|---|---|
| 구성 | 고용보험법 |
| | 공공자금관리기금법 |
| | 공무원연금법 |
| | 공적자금상환기금법 |

| | 과학기술기본법 |
|---|---|
| | 관광진흥개발기금법 |
| | 국민건강증진법 |
| | 국민연금법 |
| | 국민체육진흥법 |
| | 군인복지기금법 |
| | 군인연금법 |
| | 근로복지기본법 |
| | · |
| | · |
| | · |
| | 소상공인 보호 및 지원에 관한 법률 |
| | 공탁법 |
| | 자동차손해배상 보장법 |
| | 국제질병퇴치기금법 |
| | 기후위기 대응을 위한 탄소중립·녹색성장 기본법 |

* 기금의 근거법률이 많아 일부는 생략하여 나타냄.
자료: 국가재정법 제5조 제1항.

## 3 수정예산과 추가경정예산

행정부의 예산안은 매년 상반기부터 편성작업을 거쳐 다음 회계연도 개시 120일 전(국가재정법) 입법부에 제출되면 하반기에 입법부의 심의·의결을 거치게 된다. 그러나 예산안편성 후에 국내·외의 여러 상황변화로 인해 기존의 예산안에 변화된 상황을 반영해야 한다. 이와 같은 경우에 활용하는 예산이 바로 수정예산이다.

수정예산은 행정부가 예산안을 제출한 후 국회가 아직 예산안을 의결하기 전에 정부가 제출한 예산안에 대해 수정할 수 있도록 마련한 제도이다. 즉, 국가재정법에 의해 국회제출 중인 예산안의 수정으로 정부는 예산안을 국회에 제출한 후 부득이한 사유로 인하여 그 내용의 일부를 수정하는 때에는 국무회의의 심의를 거쳐 대통령의 승인을 얻은 수정예산안을 국회에 제출할 수 있다고 규정되어 있다.

다만, 정부가 예산안을 국회에 제출함에 있어서 국가재정법의 규정에 의하여 대단히 복잡한 각종서류를 첨부하여야 하는데, 수정예산안을 제출하는 경우에는 그 첨부서류의 전부 또는 일부를 생략할 수 있다.

수정예산이 국회가 의결하기 전인 예산안에 수정을 가하는 것이라면 이미 국회의 의결된 예산이 다음 회계연도에 집행되고 있을 때 수정을 가할 수 있는 것이 추가경정예산이다.

우리나라에서는 1948년의 헌법부터 1972년의 헌법까지 추가경정예산에 관한 규정이 예산편성 후에 생긴 사유로 인하여라는 제한을 두었다. 그러나 제5공화국 헌법에서는 이러한 제한을 삭제했으며, 현행헌법 제56조도 이를 계승하고 있다. 정부는 예산에 변경을 가할 필요가 있을 때에는 추가경정예산안을 편성하여 국회에 제출할 수 있다고 규정하고 있다. 이는 행정부에게 추가경정예산을 편성할 수 있는 권한을 더 많이 부여한 것으로 추가경정예산 편성에 대한 엄격한 관리가 완화된 것을 알 수 있다.

본예산과 추가경정예산에 있어 각각 별개로 편성되지만 추가경정예산은 본예산의 내용, 금액을 수정하거나 추가하는 것이므로 일단 성립되면 본예산과 추가경정예산을 통합하여 다시 하나의 예산으로 집행되고 운영된다. 해당 회계연도에 본예산이 집행되고 있기 때문에, 추가경정예산이 편성되어 입법부의 심의·의결을 거치게 되면 하나로 통합되어 운영된다.

우리나라에서 추가경정예산이 가장 빈번하게 사용된 회계연도는 6·25전쟁이 발발한 1950년으로서 7회나 활용되었으며, 그 다음이 5·16이 있었던 1961년으로 4회이다. 추가경정예산이 없었던 1948년 회계연도를 제외하면 1957년, 1959년, 1973년, 1983년, 1986년 밖에 없다.

그 외의 회계연도에 있어서 대체로 1회 내지 3회에 걸쳐 추가경정예산이 사용되었다. 그리고 2020년 상반기, 코로나바이러스(Corona Virus)가 확산하면서 당해 회계연도에는 4회의 추가경정예산이 편성되어 집행되었다.

수정예산과 추가경정예산은 예산안의 편성이 끝난 다음에 이를 변경하기 위한 제도라는 점에서는 동일하나 추가경정예산은 예산안이 입법부를 통과하여 성립한 다음에 변경하는 것인데 대하여 수정예산은 예산안이 입법부를 통과하기 전에 수정하는 제도이다.

따라서 한 회계연도의 예산을 중심으로 수정예산과 추가경정예산의 차이는 수정한다는 것에 대해서는 유사하나 시기적으로 수정예산은 N+1년 회계연도 예산안에 대해

표 5-3 수정예산 · 추가경정예산의 비교

| 구분 | 국회예산심의 | 시기 | 횟수 | 연도 |
|---|---|---|---|---|
| 수정예산 | 예산안 의결 전 | N+1년 예산안이 편성된 당해 연도 | 거의 없거나 1회 정도 | N년 |
| 추가경정예산 | 예산안 의결 후 | N+1년 예산이 집행되고 있는 당해 연도 | 몇 차례 | N+1년 |

N년에 수정하는 것이고, 추가경정예산은 N+1년 회계연도 예산에 대해 N+1년에 수정한다.

## 4 잠정예산 · 가예산 · 준예산

세계의 많은 국가에서 매 회계연도 개시일까지 예산안이 입법부(의회, 국회)의 심의 · 의결을 얻지 못하는 경우에 어떻게 재정지출을 하느냐 하는 문제는 국가에 따라서 그 해결방법이 다양하다. 즉, 입법부의 심의 · 의결을 거치지 못하면 행정부의 입장에서는 단 한 푼도 지출하거나 집행할 수 없게 된다.

우선, 잠정예산이란 일정금액(최초 4개월 내지 5개월분)의 예산지출을 허가하는 제도로서 영국, 캐나다를 포함하는 영연방국가와 일본 등에서 사용하고 있다. 과거 우리나라는 영국, 캐나다, 일본의 잠정예산과 유사한 가예산제도를 채택한 적이 있었다.

즉, 1948년 헌법에 부득이한 사유로 인하여 예산이 의결되지 못한 때에 국회는 1개월 이내의 가예산을 의결하고 그 기간 내에 예산을 의결하여야 한다라는 규정이 존재하였다. 우리나라의 경우, 1948년부터 1960년까지는 가예산제도를 채택하고 있었으나 1960년의 제3차 개헌 때에 준예산제도를 채택하여 오늘날에 이르고 있다.

1955년까지는 거의 매년 회계연도 개시일까지 본예산이 국회를 통과하지 못했던 관계로 가예산을 편성하지 않을 수 없었다. 그러다가 1975년부터 회계연도 개시 전일까지 대부분의 예산안이 국회를 통과하게 되었다.

현재, 우리나라는 준예산을 활용하고 있는데, 헌법 제56조 제3항에서 자세하게 규정되어 있다. 새로운 회계연도가 개시될 때까지 예산안이 의결되지 못한 때에는 정부는 국회에서 예산안이 의결될 때까지 다음의 목적을 위한 경비는 전년도 예산에 준하여 집행할 수 있다.

결국, 준예산은 전년도의 수준에 맞추어 지출할 수 있는 예산을 의미한다. 예산안이 회계연도 개시일까지 의결되지 못한 경우에, 첫째, 헌법이나 법률에 의하여 설치된 기관 또는 시설의 유지 · 운영, 둘째, 법률상 지출의무의 이행, 셋째, 이미 예산으로 승인된 사업의 계속을 위한 경비를 전년도에 준하여 지출할 수 있는 제도를 준예산이라고 한다. 독일의 기본법에서 모방해 온 이 준예산제도는 1960년의 개헌 시에 우리나라에 도입되었다.

다른 국가의 경우처럼 우리나라에 있어서도 준예산에 의하여 집행되는 예산은 해당 연도의 예산이 성립되면 그 성립된 예산에 의하여 집행된 것으로 간주하고 있다. 그리고 잠정예산 · 가예산 · 준예산을 다음과 같은 세 가지 기준에 의하여 구분할 수 있다.

첫째, 사용기간의 제한이다. 잠정예산은 사용기간이 수개월인 데 비해, 가예산은 최초의 1개월이라는 제한이 있으며, 준예산은 본예산이 국회를 통과할 때까지라고만 되어 있어 사용기간에 일정한 제한이 없다.

둘째, 입법부(국회)의 의결이다. 잠정예산은 입법부의 의결이 있어야 집행할 수 있으며 가예산도 국회의 의결을 필요로 하는 데 비해, 준예산은 한정된 항목이나마 국회의 의결 없이 지출할 수 있는데 그 특징이 있다.

셋째, 우리나라에서의 채택여부이다. 우리나라는 잠정예산제도를 한 번도 채택해 본 일이 없으나 가예산제도는 1948년부터 1960년의 개헌 시까지 헌법에 채택하였고 실제로 사용도 해보았다. 준예산제도는 1960년의 개헌 시에 채택하여 오늘에 이르고 있다.

**표 5-4 잠정예산 · 가예산 · 준예산의 비교**

| 구분 | 사용기간의 제한 | 국회의 의결 | 채택여부 | 채택국가 |
|---|---|---|---|---|
| 잠정예산 | 수개월 | 필요 | 채택한 일 없음 | 영국, 캐나다, 일본 |
| 가예산 | 1개월 | 필요 | 과거(1948~1960년) 채택 및 운영 | 프랑스(제3 · 4공화국) |
| 준예산 | 제한없음 | 불필요 | 현재(1960년 이래) 채택 및 운영 | 독일 |

자료: 유훈 외(2012: 83).

## 제2절 예산의 분류

### 1 예산의 분류개념과 목적

예산분류란 세입·세출이라는 예산내용을 일정한 기준에 따라 체계적으로 배열하는 것을 의미한다(이원희 외, 2019: 119). 즉, 우리가 정부의 예산서를 보게 되면 항목과 금액이 일목요연하게 정리되어 있는데, 이를 어떠한 기준에 따라 분류하고 제시하느냐는 것이다.

예산내용을 분류함으로써 예산에 나타나는 기관·조직 등의 상태표시, 사업과 재정자원 투입간의 인과관계의 설명, 예산관련 의사결정자의 선호나 가치내용을 더욱 뚜렷하게 파악할 수 있다. 구체적으로 제시하면 다음과 같은 사항을 인지할 수 있다.

첫째, 예산분류는 기관·조직이나 사업의 상태를 묘사하는 것으로 볼 수 있다. 정부나 행정기관의 세입·세출의 규모, 지출항목별 예산액사업 등을 표시함으로써 정부나 행정기관의 상태가 묘사된 것이다.

둘째, 인과관계의 설명이다. 정부나 행정기관이 일정한 목적이나 효과를 달성하기 위하여 어떠한 사업을 구상하고 어떠한 자원을 사용하는가를 나타냄으로써 목적, 사업, 자원간의 인과관계를 설명하는 것이다. 이와 같은 인과관계는 예산서 자체보다는 첨부되는 여러 설명자료에 기술되고 있다.

셋째, 사업 간 자원배분의 비중 차이를 나타냄으로써 국민의사, 사회경제적 환경 등을 반영한 정책결정자의 선호나 가치를 나타내는 것이다.

이와 같이 예산분류는 예산의 내용을 여러 가지 기준에 따라 분류하여 의사결정에 도움을 주고, 그 내용에 관한 국민의 이해를 제고하기 위한 것이다. 예산내용을 분류하는 데 사용하는 기준은 분류의 목적에 따라 여러 가지를 사용할 수 있기 때문에 어느 하나만 절대적인 기준이 되는 것은 아니다.

여러 가지 분류기준이 상호적으로 연계되어 예산서에 제시될 때보다 많은 정보를 제공해줄 수 있다. 결국, 예산분류의 목적은 예산에 대한 유용한 정보를 국민들이나 관계자에게 제공하려는 것이므로 예산기능을 수행하는 데 도움을 주고 예산과정에 있어서도 도움을 주어야 한다.

첫째, 예산의 통제기능에 적합해야 한다. 예산운영은 기본적으로 수입 · 지출에 관한 사무이다. 이와 같은 수입 · 지출사무가 사업수행을 위하여 재정적 한계 내에서 합법적으로 수행되도록 통제되어야 하는데, 여기서 강조되는 것은 행정책임과 회계책임이다. 이러한 통제기능에 적합한 분류방식은 품목별 분류와 조직별 분류 등이 존재하고 있다.

둘째, 예산의 관리기능에 적합해야 한다. 정부가 수행하는 기능에 초점을 두고 사업의 산출이나 성과에 초점을 둠으로써 정부사업의 능률성 제고에 역점을 두는 것이다. 이러한 목적에 적합한 분류방식이 기능별 분류와 사업별 분류 등이다.

셋째, 예산의 계획기능에 적합해야 된다. 즉, 정부의 임무와 목적 또는 사업의 결과를 분석할 수 있도록 분류되어야 한다. 이러한 용도에 적합한 분류방식은 기능별 분류, 계획예산제도의 사업구조(program structure), 경제성질별 분류 등이다.

**표 5-5 예산분류의 유용성**

| 구분 | 내용 |
|---|---|
| 예산분류의 의의 | 기관 · 조직이나 사업의 상태묘사: 예산액 등으로 정부나 행정기관의 상태를 묘사 |
| | 인과관계의 설명: 목적, 사업, 자원 간의 관계에 대한 설명 |
| | 사업 간 자원배분의 비중 차이 제시: 정책결정자의 선호나 가치를 반영 |
| 예산기능과의 관련성 | 통제기능에 적합: 수입 · 지출사무가 재정적 한계 내에서 합법적으로 수행되도록 통제 |
| | 관리기능에 적합: 사업의 산출이나 성과에 초점을 둠으로써 정부사업의 능률성 제고에 기여 |
| | 계획기능에 적합: 계획에 따른 정부의 임무와 목적 또는 사업의 결과에 대한 분석 도출 |

그리고 예산분류는 예산과정의 각 단계에 해당하는 편성, 심의, 집행 등에 있어서 의사결정에 도움을 주어야 한다. 즉, 예산과정이라는 측면에서 분석한 예산분류의 목적은 다음과 같다.

첫째, 예산편성에 도움을 주어야 한다. 예산서에 나타내기 어렵더라도 사업구조에 관한 것과 경제성질별 분류 등은 공식적인 예산편성 이전의 판단자료로서 중요한 역할을 할 것이다. 그리고 품목별 분류, 조직별 분류, 그리고 기능별 분류는 예산의 편성과 제출에 있어서 필요불가결하다. 이렇게 보면 예산편성 단계에서는 모든 분류방식이 모두 필요하다고 할 수 있다.

둘째, 예산심의에 도움을 주어야 한다. 입법부의 예산심의에 있어서 기능별 분류가 도움이 된다고 주장하는 경우가 많은데, 실제에 있어서 입법부의 주요 관심은 구체적인 사업과 담당조직, 그리고 품목대상에 있는 것으로 보인다.

셋째, 예산의 집행에 도움을 주어야 한다. 이러한 경우에는 품목별 분류, 조직별 분류가 적합한 것으로 나타나고 있다.

넷째, 예산집행 결과와 회계검사에 도움이 되어야 한다. 회계책임이 명확해야 하기 때문에 품목별 분류, 조직별 분류가 필요하다. 오늘날과 같이 정책감사와 능률성감사가 점점 더 강조되고 있는 시대에는 정책분석 및 능률분석에 적합한 성과주의예산, 계획예산의 분류방식을 필요로 하는 것이다.

## 2 세입예산과 세출예산의 과목분류

예산은 세입예산과 세출예산으로 구성되어 있으며 각각은 예산과목을 가지고 있는데, 이는 예산과목에 맞추어 예산금액을 체계적으로 제시하기 위한 것이다. 세입예산과목은 수입의 종류가 상대적으로 단순하기에 관, 항, 목으로 구성되고 세출예산과목은 지출의 분류가 다양해서 장, 관, 항, 세항, 목으로 구성된다.

세입과 세출상의 예산과목은 다시 입법과목과 행정과목으로 구분되고 있다. 전자는 입법부의 심의 · 의결 대상이 되고, 후자는 입법과목의 하위체계로 행정부의 재량에 의해 운용되는 과목이다.

행정부가 제출한 예산안에 대해 입법부가 심의 · 의결할 때, 입법과목에만 관여하고 행정과목에 대해서는 관여하지 않는다, 행정부는 입법과목에 따라 예산을 집행하면서 일정한 규정과 절차에 따라 재량권을 가지고 행정과목을 운용하게 된다.

또한, 품목별예산에서 활용하는 세출과목구조는 장, 관, 항을 기본으로 세항, 세세항, 목, 세목으로 세분화하고 있다. 프로그램예산상의 세출과목구조는 장, 관, 항 대신에 분야, 부문, 프로그램을 기본으로 단위사업, 세부사업, 목, 세목으로 구분하고 있다.

입법과목과 행정과목은 큰 변화가 없지만 예산제도가 발달하면서 어떠한 예산제도를 활용하느냐에 따라 세출예산과목구조와 관련된 명칭도 변화하고 있다.

**그림 5-1** 예산과목의 분류체계

| 세입예산 과목 | 관 (입법과목) | 항 (입법과목) | 목 (행정과목) | | |
|---|---|---|---|---|---|
| 세출예산 과목 | 장 (입법과목) | 관 (입법과목) | 항 (입법과목) | 세항 (행정과목) | 목 (행정과목) |

**그림 5-2** 예산과목구조의 관계

| 품목별 예산과목구조 | 장 | 관 | 항 | 세항 | 세세항 | 목 | 세목 |
|---|---|---|---|---|---|---|---|
| | 대기능 | 중기능 | 소기능 | | | | |
| 프로그램 예산과목구조 | 분야 | 부문 | 프로그램 | 단위사업 | 세부사업 | | |
| | 대기능 | 중기능 | 소기능 | | | | |

자료: 이원희 외(2019: 123).

## 3 품목별 분류

### 1) 개념

예산의 품목별 분류(品目別 分類, classification by objects)는 정부가 예산으로 구입하는 재화와 용역의 종류를 기준으로 예산내용을 분류하는 것을 말한다. 다시 말해, 예산으로 구입하는 품목들의 목록인 것이다. 일반적으로 우리의 일상 지출에서도 많이 활용하는 형태가 되고 있다.

그런데 정부 각 기관의 사업내용은 행정, 경제, 교육, 과학기술, 국방, 산업, 보건 등으로 다양하고 그러한 사업을 수행하기 위하여 필요로 하는 재화와 용역의 종류도 무수히 많은데, 이것들을 일일이 나열한다는 것은 매우 어려운 작업이므로 어떤 공통성을 기준으로 묶어야 할 필요가 있다.

정부사업 및 활동은 다양하나 다행히도 그것을 수행하는 데 소요되는 재화와 용역의 종류는 인력, 물품, 시설, 장비 등으로 일정한 공통기준에 의하여 범주별로 묶을 수 있다. 우리나라에서 사용하는 세출예산의 품목별 분류는 성질별 분류(性質別 分類)라고도 부르는데, 2023년 10월 기준으로 인건비, 물건비, 이전지출, 자산취득, 상환지출, 전출금, 예비비 및 기타이다.

**표 5-6 품목별 분류방식**

| 구분 | 지출목 | 세목 |
|---|---|---|
| 내용 | 인건비(100) | |
| | | 인건비(110) |
| | 물건비(200) | |
| | | 운영비(210), 여비(220), 특수활동비(230), 업무추진비(240), 직무수행경비(250), 연구용역비(260), 안보비(270) |
| | 이전지출(300) | |
| | | 보전금(310), 민간이전(320), 자치단체이전(330), 해외이전(340), 일반출연금(350), 연구개발출연금(360) |
| | 자산취득 및 운용(400) | |
| | | 건설보상비(410), 건설비(420), 유형자산(430), 무형자산(440), 융자금(450), 출자금 등(460), 예치금 및 유가증권매입(470), 예탁금(480), 지분취득비(490) |
| | 상환지출(500) | |
| | | 상환지출(510) |
| | 전출금 등(600) | |
| | | 전출금 등(610) |
| | 예비비 및 기타(700) | |
| | | 예비비 및 기타(710) |

### 2) 용도와 장 · 단점

품목별 분류는 정부가 사업을 수행하기 위하여 필요로 하는 인력과 물품 등의 목록을 표시하기 위한 것이다. 품목별 분류는 사업수행을 위해 구체적으로 지출되는 항목만을 표시하고 있다. 정부가 지출하는 항목을 중심으로 예산을 편성함은 물론 항목을 중심으로 지출 · 집행하는 통제중심의 예산분류이다(Schick, 1992: 48).

예산의 기능을 여러 가지로 정의하고 있지만 가장 근본적으로 정부가 구입해서 사용할 인력과 물품 등을 명시하고 있다. 불필요한 지출로 인하여 예산을 낭비하는 일이 없도록 통제하려는 것인데, 품목별예산은 이와 같은 목적에 적합한 것이다. 그리고 바로 이와 같은 통제지향성으로부터 그 장점과 단점이 도출되고 있다.

(1) 장점과 단점

첫째, 품목별예산은 다른 분류방식에 비해 예산집행자의 회계책임을 명확하게 해준다. 예산집행에서는 낭비와 부정이 없어야 되기 때문에 회계책임을 명확하게 함으로써 예산의 재정적 한계를 지키도록 하는 것이 매우 중요하다.

둘째, 예산 명료성의 원칙(明瞭性의 原則)에 부합된다. 결국, 정부가 무엇에 지출하기 위해서 예산을 사용하는지가 정확하게 제시되어 있다.

셋째, 예산편성과 심의 단계에서의 계산을 간편하게 해 준다. 아무리 인건비, 물건비 등을 기준으로 하는 지출대상에 의한 품목별 분류라 하더라도 사전에 그것을 어떤 목적의 어떤 사업에 사용할 것 인가는 항상 정해져 있기 때문이다.

다만, 목적이나 사업을 계량적으로 표시하지 않고 또한 그것을 지출대상과 인과적으로 연결시키지 않았을 뿐이다. 그런데 이렇게 목적과 사업의 암묵적인 표시와 합의가 오히려 예산편성과 심의에 있어서 인과관계를 복잡하게 계산하지 않아도 된다.

이와 같은 계산의 단순성 때문에 전통적 예산분류방식이라는 비판을 받으면서도 품목별예산의 요소들이 지속된다. 결국, 어떠한 예산운영방식을 채택하더라도 지출관련 품목별 대상에 의한 분류는 항상 필요하다.

예산의 품목별 분류가 가지고 있는 장점은 다른 측면에서는 단점이 되고 있으며, 그 내용은 다음과 같이 제시될 수 있다.

첫째, 회계책임을 명확히 하고 예산명료를 표시하는 것은 매우 세부적인 지출대상에 중점을 두게 되어 구체적인 지출대상만으로는 정부사업의 큰 윤곽을 파악하기 곤란하게 만들 수 있다.

둘째, 회계책임을 명확히 하는 명료성 예산은 예산집행에 있어서 신축성을 저해할 가능성이 높다. 예를 들어, 인건비에 지출되어야 하는 것은 반드시 인건비에 충당되어야 한다. 자의적으로 예산을 전용하는 것은 방지되어야 하지만 일정한 사업목적과 내용을 변경하지 않는 범위 내에서 지출항목 간의 전용이 인정되어야 한다. 오늘날에는 이와 같은 품목별 분류의 한계를 극복하기 위해 전용이 인정되고 있다.

(2) 개혁의 초점

미국에서 행정개혁 초기 단계에서는 품목별예산제도의 도입이 성공적인 개혁사례라고 인식되었다. 그 후 품목별예산이 가지고 있는 단점은 예산개혁론자의 표적이 되어 왔다. 그럼에도 불구하고 전통적 예산방식이 지속되는 이유는 여전히 장점이 존재하고 있기 때문이다.

그런데 품목별예산의 단점을 비판하면서 제안하는 개혁론의 근거는 주로 개념적, 논리적 또는 분석적인 것이다. 예산개혁론 중에서도 예산분류에 관한 부분이 더욱 그렇다.

개념적, 논리적, 분석적으로 생각할 때 정부가 어떤 목적과 사업에 돈을 사용할 것인가를 먼저 결정하고 나서 거기에 소요되는 인력과 물품을 결정하는 것이 순서이다. 그런데 품목별예산은 외형상 그 순서가 뒤바뀐 것으로 보일 뿐이다.

나시 말해, 무엇을 구입할 것인가는 분명한데 그것으로 무엇을 할 것인가는 분명하게 제시되지 않는다. 이것은 개념상 그렇게 보인다는 것이지 실제에 있어서는 묵시적으로나마 이미 목적이나 사업의 정의가 제시되어 예산배정이 이루어진 것이다.

품목별 분류에 기초하고 있는 예산은 일차적으로 정부의 사업에 대한 큰 그림을 알 수 없어서 비판의 대상이 되지만 예산서에는 제시되지 않은 기능이나 사업은 묵시적으로 존재하고 있다.

예산개혁론에서 주장하는 것은 정부의 임무, 목적, 기능, 사업, 지출대상 등의 개념적 · 논리적 관계를 묵시적으로만 알고 있을 것이 아니라 명시적(explicitly)으로 예산서에 나타내자는 것이다. 아무리 바람직한 예산에 대한 개념, 논리적 관계가 존재한다 하더라도 이를 예산에 나타내는 것이 중요하다.

결국, 예산관련 정보가 많으면 많을수록 그 만큼 다양한 이해관계자가 더 예산을 잘 이해할 수 있으며, 예산분류가 그 역할을 수행하고 있다.

## 4 기능별 분류

### 1) 개념

세출예산의 기능별 분류(技能別 分類, functional classification)는 명칭 그대로 정부

가 수행하는 기능을 중심으로 예산내용을 분류하는 것으로 정부의 주요 사업별 분류라는 뜻에 근접한다. 기능별 분류라고 할 때의 기능과 예산운영의 기능이라고 할 때에 기능의 뜻이 서로 중복되는 점도 있으나 그 사용에는 약간의 차이가 존재하고 있다.

예산운영의 기능이란 뜻은 예산운영으로 나타나는 효과라는 의미에 가까운 것들로서 정치적 기능, 법적 기능, 행정관리적 기능 및 경제적 기능 등이다. 그런데 기능별 분류의 기능은 정부의 기능을 지칭하는 것으로서, 일반적으로 정치, 경제, 사회문화, 과학기술 등의 분야를 의미하는 것이다. 예산운영의 효과로서 정부의 기능이 수행되는 것이라고 본다면 두 가지 용례를 가진 기능을 동일한 범주로 분류할 수 있을 것이지만 실제로는 달리 분류하고 있다.

2023년 10월 기준으로 우리나라 세출예산에 있어서 기능별 분류는 일반행정, 방위, 교육, 사회복지, 보건 등이고, 구체적으로 정부의 기능을 16개 분야로 구분하며, 이를 다시 69개 부문으로 세분화해 운영하고 있다.

**표 5-7 기능별 분류방식**

| 구분 | 16개 분야(기능) |
|---|---|
| 내용 | 일반 · 지방행정 |
| | 공공질서 및 안전 |
| | 통일 · 외교 |
| | 국방 |
| | 교육 |
| | 문화 및 관광 |
| | 환경 |
| | 사회복지 |
| | 보건 |
| | 농림수산 |
| | 산업 · 중소기업 및 에너지 |
| | 교통 및 물류 |
| | 통신 |
| | 국토 및 지역개발 |
| | 과학기술 |
| | 예비비 |

이러한 기능별 분류의 특징은 다음과 같이 제시될 수 있다.

첫째, 기능별 분류는 세출예산에만 사용되고 세입예산의 분류에서는 사용되지 않는다. 세입예산과 관련해서는 기능별 분류를 적용할 수 없다는 것이다.

둘째, 기능별 분류에서 사용하는 하나의 대항목에는 여러 부처의 사업이 포함된다. 즉, 기능별 분류의 분류항목과 정부조직의 분류가 반드시 일치하는 것은 아니다.

셋째, 세부사업 중에는 두 개 이상의 기능별 분류기준에 해당되는 것이 있는데, 이때 어느 기능에 소속시킬 것인가 하는 결정은 임의적이다. 자주 거론되는 사례가 육군병원과 같은 경우로서 국방이나 보건의 어느 쪽으로나 분류될 수 있다.

넷째, 기능별 분류는 가능한 한 정부의 주요 분야별로 분류하려는 것이므로, 정부의 최종적인 목적을 달성하기 위한 중간 및 수단적 사업이라 생각되는 것은 독립적 분류항목으로 사용하지 않는다. 그 예가 토목사업 등과 같은 것으로 사회복지, 문화 및 관광, 교통 및 물류, 국토 및 지역개발 등에서 거의 중간 수단적인 역할을 수행한다.

다섯째, 행정관리비를 별도의 분류항목으로 사용하는 경우에도 가능한 최소한의 범위로 좁혀야 한다. 그래야만 정부의 주요한 기능과 관련된 금액을 좀 더 정확하게 파악할 수 있기 때문이다.

### 2) 용도

예산의 기능별 분류는 정부가 수행하고 있는 주요 사업의 목록표와 같은데, 다시 말해 정부가 수행하는 기능들을 총괄적으로 표시하고 있다. 이렇듯 정부운영에 관한 총괄적인 정보를 일반시민이 알아보기 쉽도록 제공한다고 해서 미국에서는 기능별 분류를 시민을 위한 분류(citizen's classification)라고 부르기도 한다(이영조 · 문인수, 2015: 83).

기능별 분류는 또한 정부가 수행하는 주요 기능별로 행정부와 입법부의 정책결정자의 선호가 표현되는 것이기도 하다. 그러므로 행정수반의 계획수립과 입법부의 예산심의에 도움이 된다.

결국, 세출예산의 기능별 분류는 장기적인 관점에서 정책을 형성 · 분석 · 평가할 수 있는 토대가 되고 있다. 정부가 국민의 수요를 얼마나 충족시켜 주고 있는가를 포함한 정부산출의 효과, 산출량, 업무량, 생산성 등을 측정하기 위한 성과지표(成果指標, performance indicators)의 개발을 위해서도 기능별 분류를 필요로 한다.

## 5 조직별 분류

### 1) 개념

예산의 조직별 분류(組織別 分類, classification by organizational units or agency)는 예산내용을 그 편성과 집행책임을 담당하고 있는 조직단위별로 분류한 것이다. 그렇기 때문에 이러한 개념을 이해하는 데 큰 어려움이 없다.

우리나라에서 예산의 조직별 분류는 소관별(所管別)이라는 명칭으로 사용되고 있다. 정부조직은 구조를 형성하여 정부기능의 수행방법을 말한다고 할 수 있으므로, 예산의 조직별 분류는 기능을 수행하는 방식의 구성과 비중을 표시한 것이다.

예를 들면, 2023년 10월 기준, 국회, 대법원, 대통령실, 대통령경호실, 국가안보실, 기획재정부, 행정안전부, 국방부, 중소벤처기업부, 국세청, 공정거래위원회 등이다.

표 5-8 조직별 분류방식

| 구분 | | 국가조직 |
|---|---|---|
| 입법부 | | 국회 |
| 사법부 | | 대법원 |
| 행정부 | 대통령 | 대통령비서실, 국가안보실, 대통령경호처, 감사원, 국가정보원 등 |
| | 국무총리 | 국무조정실, 국무총리비서실, 국가보훈처, 인사혁신처, 식품의약품안전처 등 |
| | 행정각부 | 기획재정부, 교육부, 과학기술정보통신부, 외교부, 통일부, 법부무, 국방부, 행정안전부, 문화체육관광부, 농림축산식품부, 산업통상자원부, 보건복지부, 환경부, 고용노동부, 여성가족부, 국토교통부, 해양수산부, 중소벤처기업부, 국세청, 대검찰청, 행정중심복합도시건설청, 해양경찰청 등 |
| | 위원회 | 국가인권위원회, 방송통신위원회, 공정거래위위원회, 금융위원회, 국민권익위원회 등 |

### 2) 용도

예산은 정부조직이나 기관이 담당하고 있는 사업의 수행을 위하여 필요한 것이므로 조직단위별로 세입과 세출을 분류하는 것은 당연한 일이다. 즉, 조직별 분류는 조직에 대한 예산운영과 회계책임을 위해서 필요하다.

소규모 조직인 경우에는 예산의 조직별 분류 아래에 품목별 분류를 두어서 연결시키는 데 큰 어려움이 없다. 그러나 현대정부와 같이 대규모의 복잡한 조직구조를 가지고 있는 경우에는 조직별 분류와 품목별 분류를 매개하는 중간 단계의 분류가 더 필요하다. 조직단위 이상의 대분류가 사용되고 있는 경우에는 이러한 대분류와 중간 단계의 분류가 조직구조와 일치하지 않는 경우도 생길 수 있다.

결국, 조직별 분류는 하나의 기관이 다른 기관에 비해 예산규모가 얼마이고 수입과 지출을 어떻게 수행하는지가 정확하게 나타나는 분류방식이다. 예산에 있어 조직별 분류 하에 기능별 분류, 기능별 분류 하에 프로그램, 사업, 품목별 분류가 배치되어 활용되는 경우가 가장 일반적이다.

## 6 경제성질별 분류

### 1) 개념

예산의 경제성질별 분류(經濟性質別 分類, economic character classification)란 정부의 수입과 지출이 국민경제나 국민소득의 기본적 구성요소인 소득, 소비, 저축, 투자 등에 어떠한 영향을 미치고 있는지를 파악하여 재정정책을 이해하기 위한 분류방식에 해당되고 있다.

품목별 분류는 정부가 무엇을 구입하는 데 얼마를 쓸 것이냐 하는 것에 주로 관심을 둔 분류방법이며, 기능별 분류는 정부가 어떠한 기능을 수행하는 데 얼마의 경비가 쓰이느냐 하는 것이고, 조직별 분류는 어떤 조직이 얼마를 사용하느냐 하는 것이다. 이와 같은 분류방식에 비하여 경제성질별 분류는 예산운영이 국민경제에 미치는 총체적인 효과를 파악하고 정책결정상의 자료를 얻기 위한 것이다.

예산의 경제성질별 분류는 국민계정과 연계해 분류하는 방식으로 국민계정에서는 정부소비지출(政府消費支出), 정부투자지출(政府投資支出), 정부이전지출(政府移轉支出) 등으로 구분한다(원구환, 2019: 49).

정부소비지출은 정부가 일상적인 활동을 위해서, 그리고 필요한 재화와 서비스를 얻기 위해서 지출하는 것이고, 정부투자지출은 정부가 공공적 목적을 수행하기 위한 투자와 관련된 지출이다. 정부이전지출은 정부가 지출을 통해 재화나 서비스와 교환하는 것이 아니라 일방적으로 가계나 기업에 지출하는 것이다.

우리나라에서도 UN편람 등에 의거하여 예산재분류에 관심이 컸던 초기부터 1960년까지 매년 세입·세출예산을 경제성질별로 분류하여 예산개요에 수록하다가 1961년부터 중단했으며 1969년에 부활시켰다.

1969년 예산개요에서 사용한 경제성질별 분류를 보면 경상지출로는 재화 및 용역, 이자지급, 보조금 및 경상이전 등이고 자본지출은 고정자산 취득, 재고증가, 토지 및 무형자산매입, 자본이전 등이다. 그러나 1970년에 다시 폐지했으나 그 분류는 일부 차원에서 활용되고 있다.

### 2) 용도

경제성질별 분류는 그 자체가 경제정책이 될 수 없고, 경제정책형성을 위한 자료로서 이용될 수 있을 뿐이다. 그리고 예산의 입법과목이나 행정과목으로 사용되는 경우도 존재하지 않는다. 예를 들어, 기능별 분류를 장이나 관으로 사용하고 품목별 분류를 목으로 사용하는 것과는 다르다.

경제성질별 분류는 경제정책형성을 위한 자료라는 측면에서 다음과 같은 몇 가지 제한된 특징을 가지고 있다.

첫째, 경제성질별 분류는 국민경제 활동수준에 관한 전반적인 정부의 영향을 측정하려는 것이지만 대략적으로 부분적으로만 측정할 수 있다. 그것은 국민소득, 자본형성, 인플레 등에 미치는 효과라고 하는 부분적 영향만을 개략적으로 측정할 수 있을 뿐이다.

둘째, 경제성질별 분류는 정부의 수입·지출의 구성과 규모의 변화에 의하여 나타나는 측정가능한 정부의 영향만을 파악할 수 있을 뿐이다. 정부의 물가통제나 관세 또는 중앙은행의 규제 등 여러 가지가 국민경제의 구성과 수준에 미치는 영향도 크지만 경제성질별 분류는 이들을 측정할 수 없다.

셋째, 경제성질별 분류는 그 자체만으로서는 국민경제 전체 차원의 경제부문 간 배분이나 소득배분에 관한 정부의 영향을 추산할 수 없다. 그와 같은 목적을 위해서는 이

분류방법으로 얻은 자료를 다른 자료와 함께 사용해야 한다.

이와 같은 경제성질별 분류는 고위 정책결정자들에게 더 필요한 것이고, 사업계획의 수립과 집행을 담당하는 실무자들의 일상적인 업무에 꼭 필요한 것은 아니다.

경제성질별 분류는 다른 예산분류방식과 상호연결되어 사용되어야 한다. 즉, 다른 분류방법들이 사업에 필요한 자원과 사업의 산출 및 결과 등에 관한 자료를 제공하고 경계성질별 분류가 경제적 영향에 관한 자료를 제공한다. 이들 모두가 예산기관과 행정수반에 의한 예산의 사정과 검토, 그리고 입법부에 의한 예산심의에 도움을 줄 수 있다.

제3편

# 예산과정론

알 기 쉬 운

재 무 행 정 론

*financial administration*

# 제6장

# 세입예산과 세출예산의 구성

제 1 절　예산의 구성
제 2 절　국세와 세외수입의 의의 및 규모
제 3 절　세출예산과 기능별지출

# 제1절 예산의 구성

일반적으로 정부예산은 세입예산과 세출예산으로 구성되어 있다. 세입예산은 지출을 위해 조달된 재원을 표시하고 있으며, 민간부문의 사기업에 비해 그 재원은 조세, 세외수입, 차입, 국채발행 등으로 구성되어 있다. 세출예산은 국가활동, 정부정책 및 사업 등을 위해 지출되는 것으로 다양한 사기업의 이익추구와는 달리 공적 목적을 위해 사용되고 있다.

세입예산 내에서 조세의 규모가 가장 크고 그 비중 또한 매우 높은데, 국가나 정부가 국민이나 기업에게 부과·징수하는 세금에 의존하고 있음을 보여주고 있다. 세외수입은 국세 이외의 수입을 말하며 세외수입은 상대적으로 그 규모가 작고 비중이 낮을 수밖에 없기에 조세만큼의 중요성은 떨어지고 있다.

우리나라에서 국세기본법에 의해 국가의 조세에 해당하는 국세(國稅)로는 소득세, 법인세, 상속세와 증여세, 종합부동산세, 부가가치세, 개별소비세, 교통·에너지·환경세, 주세(酒稅), 인지세(印紙稅), 증권거래세, 교육세, 농어촌특별세가 존재하고 있다.

위의 국세 중에서 주세는 기획재정부 소관 지역균형발전특별회계의 세입으로, 농어촌특별세는 농림축산식품부 소관 농어촌구조개선특별회계의 세입으로 계상된다. 농어촌특별세와 주세를 제외한 나머지 12개의 국세는 모두 기획재정부 소관 일반회계의 세입으로 계상된다.

특별회계예산 세입 중에서 주세·농어촌특별세 등 국세 외의 자체세입(부담금, 기업특별회계영업수입 등) 역시 세외수입에 해당하고 있다.

세외수입에는 재산수입, 경상이전수입, 재화 및 용역판매수입, 수입대체경비수입, 관유물 매각대, 융자 및 전대차관 원금회수, 차입금 및 여유자금 회수, 전년도 이월금, 정부내부수입 및 기타 등 9개의 항목으로 구성된다.

이 밖에 부족한 수입이나 재원을 보완하기 위한 국채 등이 세입예산에 포함되고 있다.

세입예산은 주로 조세행정을 담당하고 있는 기획재정부의 예산에 나타나며, 일단 국세와 관세로 구분되고 국세 하에 다양한 조세가 제시되고 있다. 그 이후에 세외수입,

국채 등이 포함되고 있다.

**표 6-1 세입예산의 구성**

| 구분 | 목 |
|---|---|
| 세입예산 | 조세수입 |
| | 세외수입 |
| | 국채 등 |

세출예산은 여러 가지 기준에 따라 다양하게 재원지출을 표시할 수 있는데, 대표적으로 기능에 따라 구분되며 다음의 〈표 6-2〉와 같다. 다시 말해, 시회복지 기능에서부터 예비비까지이다.

**표 6-2 세출예산의 지출분류(기능별)**

| 구분 | 분야 | |
|---|---|---|
| 세출예산 | 사회복지 | 보건 |
| | 교육 | 문화 및 관광 |
| | 과학기술 | 산업·중소기업 및 에너지 |
| | 교통 및 물류 | 국토 및 지역개발 |
| | 농림수산 | 환경 |
| | 국방 | 통일·외교 |
| | 공공질서 및 안전 | 일반·지방행정 |
| | 통신 | 예비비 |

## 제2절 국세와 세외수입의 의의 및 규모

### 1 조세의 의의

조세는 국가나 정부가 국민·기업 등에게 강제로 징수하는 재화에 해당되며, 대부분의 조세는 금전적으로 표시되게 된다. 우리나라와 세계 각국에서는 조세를 효율적으로 운영하기 위한 법·제도적 측면이 구축되어 있으며, 이와 같은 조세제도를 얼마만큼 잘 갖추고 있는지에 따라 조세행정의 목적을 충실히 달성할 수 있다.

국가나 정부에서 국민이나 기업에게 부과·징수하는 조세인 국세는 국가운영을 위해 가장 중요한 재원이 되고 있다. 세입예산에 있어 국세는 가장 많은 규모와 가장 높은 비중을 차지하고 있어 조세수입이 지속적으로 증가하면 상대적으로 국가재정이나 정부예산에 어려움이 적다.

그러나 현실적으로 조세는 한 국가의 경제상황과 밀접하게 연계되어 있어서 경제가 침체되면 조세수입도 감소할 수밖에 없는 연관성을 가지고 있다. 그렇기 때문에 각 국가에서 재정이나 예산을 활용하여 경제상황을 개선하기 위한 노력을 수행하고 있으며, 이를 통해 향후 조세수입을 증가시키려고 한다.

이와 같은 이유로 각 정부에서는 조세재원을 확보하기 위해 중앙예산기관과는 달리 별도의 국세징수관련 기관을 설치하여 운영하고 있으며, 우리나라에서는 국세청(國稅廳, National Tax Service)에 해당되고 있다. 국세청은 국가운영을 위한 기본적인 국가재원의 조달이라는 역할을 수행하고 있다.

조세부과 및 징수는 법률의 규정에 의해 엄격하게 관리되어 탄력성이 약하며, 능동적으로 재정이나 예산에 대응하기 어렵다. 또한, 조세징수와 관련해서는 효율성이나 공평성에 대한 논의가 전개되고 있어 전체적인 측면에서 이를 고려해야 하기 때문에(홍순만, 2021: 54, 69) 어려운 문제가 내포되어 있지만, 합리적으로 해결하면서 재원을 확보하는 것이 필요하다.

2021년 국세의 수납액을 기준으로 2020년 대비 58.6조 원(20.5%) 증가한 344.1조 원으로 나타나고 있다. 주요 세목별 수납액을 보면, 소득세 114.1조 원, 부가가치세 71.2

조 원, 법인세 70.4조 원, 교통 · 에너지 · 환경세 16.6조 원, 상속 · 증여세 15.0조 원, 증권거래세 10.3조 원 등이다.

2021년 기준, 소득세, 부가가치세, 법인세의 합한 조세금액이 전체 국세의 74.3%에 해당되고 있어 이들의 비중이 다른 조세에 비해 매우 높다는 것을 파악할 수 있다.

**표 6-3 국세의 규모**

(단위: 조 원)

| 회계 | 소관 | 세목 | 2020년 | 2021년 | 2022년 |
|---|---|---|---|---|---|
| 일반회계 | 기획재정부 | 소득세 | 93.1 | 114.1 | 106.8 |
| | | 법인세 | 55.5 | 70.4 | 74.9 |
| | | 상속 · 증여세 | 10.4 | 15.0 | 13.1 |
| | | 부가가치세 | 64.9 | 71.2 | 77.5 |
| | | 개별소비세 | 9.2 | 9.4 | 10.1 |
| | | 증권거래세 | 8.8 | 10.3 | 7.5 |
| | | 인지세 | 1.0 | 1.0 | 0.9 |
| | | 과년도수입 | 4.2 | 5.1 | 6.2 |
| | | 관세 | 7.1 | 8.2 | 8.7 |
| | | 교통 · 에너지 · 환경세 | 14.0 | 16.6 | 15.4 |
| | | 교육세 | 4.7 | 5.1 | 5.3 |
| | | 종합부동산세 | 3.6 | 6.1 | 7.4 |
| 지역균형발전 특별회계 | 기획재정부 | 주세 | 3.0 | 2.7 | 3.7 |
| 농어촌구조 개선특별회계 | 농림축산 식품부 | 농어촌특별세 | 6.3 | 8.9 | 6.7 |
| 총국세 | | | 285.5 | 344.1 | 343.4 |

* 2020년과 2021년은 국세수납액을 기준으로 작성함.
** 2022년은 1차 추가경정예산을 기준으로 작성함.
자료: 국회예산정책처(2022a: 61).

## 2 세외수입의 의의

세외수입은 위에서 언급한 조세 이외의 수입을 말하고 있다. 즉, 일반적으로 조세는 정부가 제공하는 서비스에 상관없이 국민이나 기업이 강제로 부과하여 징수하는 것이라면, 세외수입은 정부가 일정한 재화나 서비스를 제공 또는 판매하는 대가로 거두어들이는 수입을 의미한다.

세외수입은 조세수입에 비해 그 규모나 비중이 작지만 국가재정이나 예산을 위해서 조세수입을 보충하는 재원에 해당되고 있다.

2021년 총수입 기준으로 세외수입 수납액은 전년도 대비 3.6조 원(13.4%) 증가한 30.5조 원이며, 최근 5년 간 총수입 기준 세외수입 수납액은 2017년 25.5조 원에서 2021년 30.5조 원으로 증가하였다.

일반회계에 있어서는 재산수입과 경상이전수입의 규모가 크고, 특별회계에서는 경상이전수입과 기업특별회계영업수입의 규모가 높다.

**표 6-4 세외수입의 규모**

(단위: 조 원)

| 구분 | 관 | 2020년 | 2021년 |
|---|---|---|---|
| 일반회계 | 재산수입 | 4.5 | 6.2 |
| | 경상이전수입 | 6.3 | 7.0 |
| | 재화 및 용역판매수입 | 0.7 | 0.7 |
| | 수입대체경비수입 | 0.1 | 0.1 |
| | 관유물매각대 | 0.1 | 0.2 |
| | 차입금 및 여유자금 회수 | 0 | 0 |
| 특별회계 | 재산수입 | 0.6 | 0.2 |
| | 경상이전수입 | 4.7 | 5.0 |
| | 재화 및 용역판매수입 | 1.5 | 1.5 |
| | 수입대체경비수입 | 0.007 | 0.008 |
| | 관유물매각대 | 1.0 | 0.6 |
| | 기업특별회계영업수입 | 6.4 | 8.1 |
| | 융자 및 전대차관 원금회수 | 0.9 | 1.0 |
| 총세외수입 | | 26.9 | 30.5 |

* 2020년과 2021년은 세외수입 수납액을 기준으로 작성함.
자료: 국회예산정책처(2022a: 69).

## 제3절 세출예산과 기능별지출

### 1 세출예산의 의의 및 중요성

한 국가에 있어 정부가 수행하는 수많은 정책이나 사업이 각 부처의 담당자들을 통해 수립되고 집행되는 것이 행정의 모습이다. 이와 같은 정책이나 사업은 목적을 설정하고, 이를 달성하기 위해 다양한 대안탐색을 거치게 되며 집행의 가치가 인정되면 비로소 수행될 수 있다.

한 부처에서 채택된 다양한 정책 등은 재원이 필요한 경우 예산과 연계되어 일단 자체적인 부처예산에 편성되게 된다. 물론, 대부분의 정책 등이 수행되기 위해 재원이 필요하지만 재원이 불필요한 정책은 하나의 추진사항으로 부처의 담당자가 관리하여 운영하게 된다.

각 부처에서 편성된 예산안은 중앙예산기관으로 일정한 날자와 절차에 따라 송부되며, 중앙예산기관에서는 일정한 절차에 따라 각 부처의 예산을 검토하여 정부전체의 세출예산을 편성하게 된다. 우리나라의 경우, 기획재정부가 중앙예산관련 기관으로서의 역할을 수행하고 있다.

일반적으로 정부전체의 세출예산은 세입예산과 동시에 편성되며 한 회계연도의 총지출을 제시하고 있다. 순서상으로 세출예산 총액 제시 후에 각 부처를 중심으로 기능별, 품목별 분류에 따라 예산금액이 표시되고 있다.

그러므로 세출예산을 분석하게 되면, 정부전체에 있어 한 회계연도 동안 각 부처가 관련기능을 중점적으로 수행하게 되고, 이와 같은 기능을 수행하기 위해 지출이 필요한 항목에 얼마만큼의 예산이 배정되었는지를 알 수 있게 된다.

세출예산에는 한 회계연도 동안 정부, 그리고 각 부처가 수행해야 하는 사업 등이 전체적으로 제시되어 있다. 예를 들어, 정부의 여러 부처 중에서 어떠한 부처가 가장 많은 예산을 사용하는지 또는 정부가 수행해야 하는 기능 중에서 어떠한 기능이 제일 높은 예산비중을 가지고 있는지를 세출예산을 통해 알 수 있다.

이와 같은 이유로 인해 각 국가의 예산에 있어 준수되고 있는 원칙은 세입예산보다는 세출예산에 초점이 맞추어지고 있다. 그리고 행정수반을 비롯한 예산담당자, 국민, 다양한 이해관계자들도 세출예산에 보다 많은 관심을 가지게 된다.

세출예산은 또한, 국제적인 재정지표에서도 긴요하게 활용되고 있어 국제 간 비교분석이 가능하다. 세입예산은 각 국가 간의 조세수준을 비교할 수 있다면 세출예산은 정부가 수행하는 기능별로 예산금액에 대한 비교가 가능하다.

예를 들어, 우리나라의 사회복지관련 예산금액이 전체 총예산 대비 몇 %의 비중을 차지하고 있는지, 여기서 도출되는 시사점은 무엇인지가 파악가능하다. 우리나라의 특수성을 반영하고 있는 국방기능관련 예산비중이 다른 국가의 국방예산에 비해서 얼마나 높은지도 파악할 수 있다.

그리고 한 국가 내에서 세출예산이 GDP 대비 얼마의 비중을 가지고 있는지를 분석하여 각 정부의 재정적 크기에 대한 파악도 가능하다. GDP 대비 예산금액의 비중이 상대적으로 크면 큰 정부(big government)에 해당되고 낮으면 작은 정부(small government)에 속하고 있다.

우리나라의 경우에는 다른 서구 선진국들에 비해서 GDP 대비 총세출예산 금액의 비중이 작아 상대적으로 작은 정부에 속하고 있다. 다만, 서구 선진국들 중에서도 주로 유럽대륙에 위치하고 있는 국가의 경우 금액비중이 높아 큰 정부에 해당되고 있다.

## 2 세출예산의 현황 및 규모

일반적으로 예산하면 정부의 일반회계예산을 의미하고, 세출예산을 중심으로 기능별로 예산금액을 제시하고 있다. 각 부처의 개별예산을 정부전체의 예산으로 합산하면서 기능별로 구분된 예산금액으로 나타내고 있으며, 이와 같은 금액이 세출예산의 전체예산을 의미한다.

우리나라의 경우, 기능별로 16개로 구분하고 있으며, 국제적인 비교기준을 위해서는 12개 기능으로 분류하기도 한다. 그러므로 국내적으로 16개 기능별로 세출예산을 제시하고 있다. 그러나 정부가 편성한 예산안 발표에 있어서는 12개 기능별로 예산금액을 제시하고 있어 각 내용에 따라 정확하게 인지하는 것이 필요하다.

또한, UN과 OECD에서는 10개 기능을 중심으로 국제적인 비교분석을 수행하고 있

**그림 6-1 기능별 분류**

| 16개 기능 | 12개 기능 | 10개 기능 |
|---|---|---|
| 사회복지 | 보건 · 복지 · 고용 | 일반행정 |
| 교육 | 교육 | 국방 |
| 과학기술 | 문화 · 체육 · 관광 | 공공질서 · 안전 |
| 교통 및 물류 | 환경 | 경제 |
| 농림수산 | R&D | 환경 |
| 국방 | 산업 · 중소기업 · 에너지 | 주택 및 편의시설 |
| 공공질서 및 안전 | SOC | 보건 |
| 통신 | 농림 · 수산 · 식품 | 여가 · 문화 · 종교 |
| 보건 | 국방 | 교육 |
| 문화 및 관광 | 외교 · 통일 | 사회보장 |
| 산업 · 중소기업 및 에너지 | 공공질서 · 안전 | |
| 국토 및 지역개발 | 일반 · 지방행정 | |
| 환경 | | |
| 통일 · 외교 | | |
| 일반 · 지방행정 | | |
| 예비비 | | |

는 경우도 존재하고 있어 국내는 물론 국제적인 기능별 분류가 다름을 알 수 있다.

2022년 추가경정예산의 총지출 624.3조 원을 16대 분야(기능)별로 살펴보면 사회복지 분야가 196조 원으로 가장 큰 규모이다. 다음으로 일반 · 지방행정 분야(98조 원), 교육 분야(84조 원), 국방 분야(53조 원)순으로 규모가 크게 나타나고 있다. 이들 4개 분야의 지출이 전체 세출예산의 약 69%의 비중을 차지하고 있어 핵심적인 분야로 볼 수 있다.

**표 6-5 세출예산의 규모**

(단위: 조 원)

| 구분 | 구분 | 2020년 | 2021년 | 2022년 |
|---|---|---|---|---|
| 기능별 예산 | 사회복지 | 182 | 189 | 196 |
| | 교육 | 71 | 78 | 84 |
| | 과학기술 | 8 | 9 | 10 |
| | 교통 및 물류 | 19 | 22 | 23 |
| | 농림수산 | 21 | 23 | 24 |
| | 국방 | 47 | 51 | 53 |
| | 공공질서 및 안전 | 21 | 22 | 22 |
| | 통신 | 8 | 9 | 9 |
| | 보건 | 16 | 23 | 25 |
| | 문화 및 관광 | 8 | 9 | 9 |
| | 산업·중소기업 및 에너지 | 36 | 40 | 44 |
| | 국토 및 지역개발 | 4 | 5 | 5 |
| | 환경 | 9 | 11 | 12 |
| | 통일·외교 | 5 | 6 | 6 |
| | 일반·지방행정 | 94 | 100 | 98 |
| | 예비비 | 6 | 10 | 5 |
| 총지출 | | 555 | 606 | 624 |

* 연도별 추가경정예산을 기준으로 작성함.
자료: 국회예산정책처(2022a: 78).

# 제7장

# 예산안 편성과 심의·의결

# 제1절 예산편성의 의의

## 1 예산편성의 개념

예산편성은 행정부가 추구하는 정책과 목표에 따른 사업과 활동을 계획하는 과정이다(신무섭 · 주상현, 2019: 166). 행정부는 예산편성 과정을 통해 세입과 세출의 규모를 결정하고 다양한 사업과 프로그램을 비로소 확정하게 된다. 즉, 행정부는 재정정책을 수립하고 구체화하며 예산을 통해서 사업을 조정 · 확정하고 기관과 기관 사이의 정보를 교환한다.

결국, 차기 회계연도에 요구된 계획, 사업의 소요재원과 가용재원의 추계를 단순한 정책방향이 아닌 구체적 화폐단위로 수치화시킨 계획안을 만들어 내는 활동이다. 대부분의 국가에 있어서 예산편성의 임무는 행정부에 속해 있고, 행정부에서도 특히 예산편성을 전문적으로 담당하는 중앙예산기관이 그 역할을 종합적으로 수행하고 있다.

예산은 본질적으로 행정적 속성이 많은데, 특히 국가의 발전계획을 고려하면서 세입 · 세출의 균형을 유지하고, 재정운용에 관한 책임의 소재를 명확히 해야 한다는 측면에서이다. 그리고 예산의 효율적 편성을 통해 예산의 가치를 제고하는 것이 필요하다.

그러나 현실적으로 예산편성과정에는 많은 이해관계자가 참여하게 되는데, 특히 대통령, 수상, 중앙예산기관장, 여당 및 야당, 이익단체 등이 적지 않은 영향력을 행사하게 되며 이 중에서 중앙예산기관장의 역할이 매우 핵심적이다.

역사적으로 중앙예산기관장의 직은 정부부처 내에서 중요한 자리 중의 하나이며, 다른 부처장관에 비해 예산에 대한 전문성을 갖춘 정치인으로 임명되는 것이 일반적이다. 또한, 중앙예산기관장은 예산안편성에 대한 핵심수단을 가지게 되는데, 여기에는 인력, 조사 및 결정부서 등이다(Foillard, 2017: 41).

## 2 예산편성의 중요성

대부분의 국가에서 채택하고 있는 행정부제출예산제도(行政府提出豫算制度, executive budget system)는 행정부가 예산편성의 책임을 담당한다. 또한, 예산의 기능이 단순히 통제기능에서 국민경제에 대해 적극적으로 개입한다는 것은 경제적 기능도 중시되며, 곧 예산이 국민경제 운영의 주도적 역할을 한다는 의미이다.

경우에 따라 예산편성이 잘못되면 국가전체의 재원낭비가 발생할 수 있으며, 위기에 처하게 될 우려가 있기에 예산편성은 그 중요성이 인정되지 않을 수 없다. 더구나 입법부에서 예산안에 대한 충분한 심의가 이루어지지 않는다고 한다면 예산편성의 중요성은 더 말할 필요가 없다.

정부 우위현상으로 인해 행정부에서 편성한 예산안은 입법부(국회)의 심각한 고려 없이 최소한의 수정으로 심의를 마치게 되는 경향이 존재하고 있는 것도 사실이다. 그렇기 때문에 행정부가 예산을 편성하는 경우에는 더욱 더 심의를 기울여야 하는 이유가 여기에 있다.

우리나라의 경우에도 행정부가 국회에 비하여 정보나 인력면에서 절대적 우위를 가지고 있고 집권당이 국회에서 다수를 차지하고 있어 예산의 심의나 평가가 형식적으로 치우지는 경향이 짙다고 본다. 이는 곧 예산편성과정이 최종 예산결정에 막대한 영향을 주게 되는 것을 의미한다(김상헌, 1998: 65).

# 제2절 예산편성의 절차

## 1 예산편성절차의 개요

어떠한 국가이든 예산편성의 절차는 여러 단계로 구분되지만 결국은 유사한 단계를 거치게 된다. 이와 같은 절차에 있어 우리나라를 중심으로 검토하면 다음과 같다.

첫째, 정부는 재정운용의 효율화와 건전화를 위하여 매년 당해 회계연도부터 5회계연도 이상의 기간에 대한 국가재정운용계획을 수립하는데, 기획재정부장관은 이에 대한 지침을 마련하여 전년도 12월 말(N-1년)까지 각 중앙관서의 장에게 통보한다.

둘째, 각 중앙관서의 장은 매년 1월 31일(N년)까지 당해 회계연도부터 5회계연도 이상의 기간 동안의 신규사업 및 기획재정부장관이 정하는 주요 계속사업에 대한 중기사업계획서를 기획재정부장관에게 제출한다.

셋째, 기획재정부장관은 국무회의의 심의를 거쳐 대통령의 승인을 얻은 다음 회계연도의 예산안편성지침을 매년 3월 31일(N년)까지 각 중앙관서의 장에게 통보한다.

넷째, 각 중앙관서의 장은 예산안편성지침에 따라 그 소관에 속하는 다음 회계연도의 세입세출예산 · 계속비 · 명시이월비 및 국고채무부담행위 요구서(예산요구서)를 작성하여 매년 5월 31일(N년)까지 기획재정부장관에게 제출한다.

다섯째, 기획재정부장관은 예산요구서에 따라 예산안을 편성하여 국무회의의 심의를 거친 후 대통령의 승인을 얻어야 한다. 바로 이 단계가 정확한 국가 및 정부전체의 예산안 편성 단계이다.

여섯째, 정부는 국가재정법의 규정에 따라 대통령의 승인을 얻은 예산안을 다음 회계연도 개시 120일(N년) 전까지 국회에 제출하여야 한다.

그림 7-1 정부의 예산안 편성절차

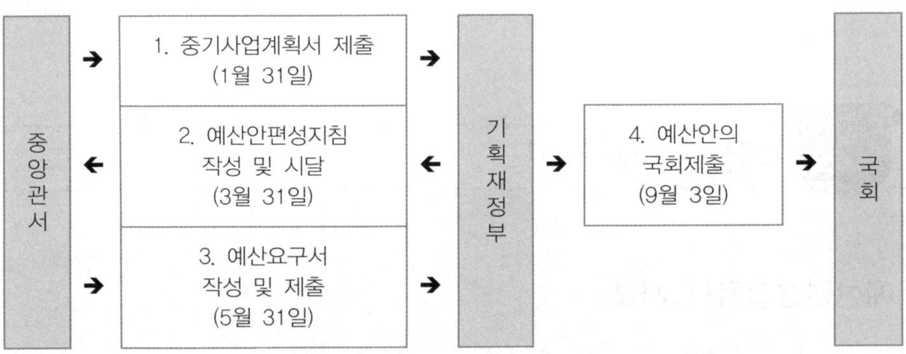

## 2 중기사업계획서의 작성 및 제출

각 중앙관서의 장은 다음 회계연도의 예산편성이 본격적으로 시작되기 전에 신규사업이나 기획재정부장관이 정하여 주는 정책적 사업이나 대통령의 공약사업 중에서 당해 부처와 관련된 사업을 사전에 기획재정부장관에 알려야 할 필요가 있다. 각 중앙관서의 장이 기획재정부장관에 제출한 사업계획서는 강제적 성격을 가지고 있지 않다.

다시 말해, 각 중앙관서의 장은 기획재정부장관이 본격적인 예산편성 작업에 들어가기 전에 전년도 예산집행 실적을 검토·분석하고, 이를 토대로 다음 연도 사업계획서를 작성하여 기획재정부장관에 제출함으로써 중앙예산기관이 참고할 수 있도록 하는 것이 주목적이다.

중기사업계획서의 제출과정에서 가장 문제가 되는 것은 예산게임(budget game)의 발생이다. 예산게임이란 예산을 쓰자는 편(advocates)과 예산을 절약하자는 편(reviewers)으로 나누어져서 벌이는 게임을 말한다.

양자를 구분하여 살펴보면 전자는 행정기관과 민간부문의 수혜단체들이고, 후자는 각 부처의 예산담당자와 중앙예산기관이다. 이 예산게임은 주로 사업계획서 제출 단계에서 가장 흔히 일어나는 현상이며, 이 과정에서 예산요구자와 예산편성자 사이에 갈등이 생기기도 한다.

또한, 일부 공공선택론자들은 행정관료들이 일반 경제주체들과 유사하게 예산극대화나 재량예산을 확대하려고 하지만 이는 예산확보를 위한 주요 전략이기라기보다는 예산확보를 위한 보완전략이라고 본다(Niskanen, 1991).

## 3 예산안편성지침 작성 및 기준시달

예산안편성지침은 다음 회계연도 예산편성의 방향이나 기준을 제시해 주는 간단한 문서이다. 각 중앙관서 장의 예산편성에 기초가 되는 자료로써 국가 및 정부정책 및 재정운용의 기본방향, 예산편성 총칙 및 세부지침, 세입·세출과목내역, 공무원급여기준, 예산산정의 기초가 되는 단위·단가 및 예산편성상의 기술적인 문제 등이 포함된다.

국가재정법 내의 예산안편성지침의 국회보고에 의하면 기획재정부장관은 각 중앙관서의 장에게 통보한 예산안편성지침을 국회 예산결산특별위원회에 보고하여야 한다. 예산편성 단계에서부터 입법부인 국회와의 의사소통을 원활히 하기 위한 것이며, 특히 예산 및 결산심의에 대한 전문위원회인 예산결산특별위원회에 보고하고 있다.

중앙예산기관은 예산편성지침 하달에 이어 표준예산액을 산정하여 시달한다. 매년 경상적으로 지출되는 경상사무비는 특별한 사유가 발생하지 않는 한, 경비의 큰 변동이 없기 때문에 이러한 경비에 대해서는 예산요구서 제출이전에 미리 그에 대한 표준예산액을 시달함으로써 예산요구서 작성 및 사정상 시간과 노력을 절감할 수 있다.

예산편성은 기획재정부장관이 단독으로 할 수 없으며, 여러 기관이나 기구들이 제공하는 정보와 협조로 이루어진다. 이러한 정보와 협조의 하나가 각 중앙관서에서 중앙예산기관에 제출하는 예산필요액과 기대액에 대한 예산요구서이다.

각 행정기관은 사전에 기초자료를 준비하고 있다가 예산편성지침을 받고 나면, 이에 따라 그 기관에 필요한 예산액을 중앙예산기관의 지침에 따라 작성・제출한다. 각 행정기관은 이와 같은 업무를 전담하는 예산담당관들로 하여금 장관 명의로 하부기관에 예산요구서 작성자료의 제출을 요구하며, 각 행정기관의 독자적인 예산편성지침을 하달한다. 이어서 각급 하부기관에서 제출된 예산요구서에 따라서 해당 부처의 예산요구서를 작성하여 중앙예산기관에 제출한다.

## 4 예산사정 및 예산안편성

예산사정이란 각 중앙관서의 장이 제출한 예산요구서에 담긴 사업내용을 분석하고 소요예산액을 산출하는 작업을 말한다. 기획재정부장관은 예산규모 추계에 근거하여 사정원칙을 만들어 예산담당관들에게 하달한다. 일부 국가의 경우, 예산사정 시에 공청회(公聽會, public hearing)를 열어 관계공무원이나 전문가, 일반인들의 의견을 청취하기도 한다.

기획재정부장관은 예산요구서의 사정작업을 완료하고 나면 먼저 예산안 시안을 작성한다. 이 시안은 다시 관계자들과의 조정과 협의를 거쳐 중앙예산기관안을 작성한다. 중앙예산기관안은 다시 정부・여당과의 협의를 통해 최종 정부예산안을 작성한다.

우리나라의 경우, 이 과정에서 비서관, 국무총리실, 여당, 예산자문위원회, 당정연석회의 등이 관계한다.

## 5 예산안의 입법부 제출

우리나라에서 기획재정부장관이 종합적인 조정・검토를 거쳐 작성된 예산안은 국무회의의 심의・의결을 거쳐 대통령의 승인을 얻음으로써 정부예산안이 확정된다. 이와 같은 정부예산안은 회계연도 개시 120일 전까지 입법부(국회)의 심의에 필요한 예산심의 자료와 부속서류를 첨부하여 국회에 제출하도록 국가재정법이 규정하고 있다.

그러므로 다양한 규정과 절차에 따라 행정부에 의해 예산안이 편성되며 편성된 예

**표 7-1 예산안의 첨부서류**

1. 세입세출예산 총계표 및 순계표
2. 세입세출예산사업별 설명서
   - 세입예산 추계분석보고서(세입추계 방법 및 근거, 전년도 세입예산과 세입결산 간 총액 및 세목별 차이에 대한 평가 및 원인 분석, 세입추계 개선사항을 포함)
3. 계속비에 관한 전년도 말까지의 지출액 또는 지출추정액, 해당 연도 이후의 지출예정액과 사업전체의 계획 및 그 진행상황에 관한 명세서
   - 총사업비 관리대상 사업의 사업별 개요, 전년도 대비 총사업비 증감 내역과 증감 사유, 해당 연도까지의 연부액 및 해당 연도 이후의 지출예정액
4. 국고채무부담행위 설명서
5. 국고채무부담행위로서 다음 연도 이후에 걸치는 것인 경우 전년도 말까지의 지출액 또는 지출추정액과 해당 연도 이후의 지출예정액에 관한 명세서
   - 완성에 2년 이상이 소요되는 사업으로서 대통령령으로 정하는 대규모 사업의 국고채무부담행위 총규모
6. 예산정원표와 예산안편성기준단가
7. 국유재산의 전전년도 말 기준 현재액과 전년도 말과 해당 연도 말 기준 현재액 추정에 관한 명세서
8. 성과계획서
9. 성인지 예산서
   - 온실가스감축인지 예산서
10. 조세특례제한법 제142조의2에 따른 조세지출예산서
11. 독립기관의 세출예산요구액을 감액하거나 감사원의 세출예산요구액을 감액한 때에는 그 규모 및 이유와 감액에 대한 해당 기관의 장의 의견
12. 회계와 기금 간 또는 회계 상호 간 여유재원의 전입・전출 명세서 그 밖에 재정의 상황과 예산안의 내용을 명백히 할 수 있는 서류
13. 국유재산특례제한법 제10조 제1항에 따른 국유재산특례지출예산서
14. 예비타당성조사를 실시하지 아니한 사업의 내역 및 사유
15. 지방자치단체 국고보조사업 예산안에 따른 분야별 총 대응지방비 소요 추계서

산안은 국회로 이송되어 심의・의결을 거치게 된다. 예산편성과 관련하여 여러 절차를 두고 있는 이유는 예산을 합리적 및 경제적으로 편성하여 예산의 가치를 도모하기 위한 것이다.

## 제3절 예산심의의 의의

### 1 예산심의의 개념

예산심의는 입법부(legislative)가 행정부가 작성한 예산안(draft budget)을 심사하는 것을 의미한다. 입법부의 예산심의는 역사적으로 형성된 제도이지만 경우에 따라서는 정치적 과정으로 인식하는 경우도 있다.

예전에 시민으로 구성된 의회가 왕권을 제한하기 위한 재정통제의 일환으로 등장한 제도라는 것이다(윤영진, 2021: 212). 여기에는 재정민주주의의 기본적인 요소가 포함되어 있어 행정부가 예산안을 편성하고 입법부가 예산안을 심의하는 것이다.

현재에 있어 예산심의는 국민을 대표하는 기구인 입법부가 국민의 납세로 조성된 정부예산을 지출함에 있어서 국민의 의사를 반영한다는 의미를 가지고 있다. 또한, 국민에게 부담 지워질 조세의 부담 정도를 국민의 대표기관인 입법부가 결정한다는 의미를 동시에 가지고 있다.

우리나라 헌법 제54조는 국회는 국가의 예산안을 심의・확정한다. 그리고 정부는 회계연도마다 예산안을 편성하여 회계연도 개시 90일 전까지 국회에 제출하고 국회는 회계연도 개시 30일 전까지 이를 의결하여야 한다고 규정하고 있다. 다만, 새로운 회계연도가 개시될 때까지 예산안이 의결되지 못한 때에는 정부는 국회에서 예산안이 의결될 때까지…… 전년도 예산에 준하여 집행할 수 있다고 규정하고 있다.

헌법에서는 회계연도 개시 90일 전까지 국회에 제출하도록 규정하고 있으나 국가재정법에서는 회계연도 개시 120일 전까지 국회에 제출하도록 규정하고 있어 이에 대한 논의는 존재하고 있으나 현실적으로 정부는 120일 전에 제출하고 있다.

예산안에 대한 심의 이후에 최종적으로 의결하는 기관도 입법부가 되고 있으며, 행정부는 의결 이후에 집행권한을 가지고 다음 회계연도부터 본격적으로 예산을 운영할 수 있다.

다만, 예산이 정치적 기능 등을 수행하고 있기 때문에 정치권 내의 갈등이 심해지게 되면 입법부 내의 예산심의는 이에 영향을 받게 되며, 비효율적으로 심의될 가능성도 내포하고 있다. 경우에 따라서는 법정처리 기한을 초과하여 의결하는 연도도 발생하고 있다.

## 2 예산심의의 기능

입법부는 예산안심의를 통해 국가 재정권한의 견제와 균형을 유지하는 기능 외에도 구체적으로 행정부를 통제하고 행정부의 활동을 지원해 주는 기능도 수행하고 있다. 버크헤드(J. Burkhead)는 예산심의의 기능을 다음과 같은 측면에서 제시하고 있다.

첫째, 예산총액의 결정이다. 행정부에 전체적인 정책과 사업을 위한 예산배정을 하게 되고, 이를 종합하여 총예산금액을 제시하면 입법부에서는 심의를 통해 그 금액을 일부 수정하여 최종적으로 예산총액을 결정하게 된다.

둘째, 정부사업(프로그램) 및 사업수준의 결정인데, 정부는 다음 회계연도를 위해 수많은 정책과 사업을 예산에 반영하고 있다. 입법부는 이에 대한 타당성과 예산배정 간의 연계성을 체계적으로 분석하여 적절한 수준을 최종적으로 결정한다.

셋째, 행정부에 대한 감독으로 예산의 기능에서 설명한 바와 같이 입법부는 예산심의를 통해 행정부가 다음 회계연도 동안 예산을 활용해 정부업무를 책임감 있게 수행할 수 있는지에 대해 관리 · 감독한다.

넷째, 자금의 합리적 배분이다. 입법부는 한정된 재원환경 하에서 행정부가 예산배정을 적절하게 수행하고 있는지에 대해 예산심의를 통해 검토하고, 비적절한 자원배분이 발견되면 이에 대한 수정작업도 하게 된다.

## 제4절 예산심의의 제도

### 1 예산심의제도의 특성

예산심의제도는 각 국가에 따라 상이하다. 다시 말해, 예산심의는 각 국가의 통치형태가 대통령중심제와 내각책임제에 따라 다르고, 입법부의 구성이 단원제(單院制, uni-cameral system)인 경우와 양원제(兩院制, bicameral system)인 경우도 다르다. 또한, 입법부의 예산심의는 위원회의 운영을 어떠한 방식으로 하느냐에 따라서도 다르다.

다시 말해, 예산심의는 각 국가의 역사적 배경과 이로 인한 정치・행정적 특징, 입법부의 구성여부, 위원회의 계층에 따라 다양하게 수행될 수 있다.

그리고 예산관계에 있어 중요한 거버넌스의 구성요소로 제도, 제도적 역량, 행위자들이 존재하고 있다. 그래서 예산심의는 이와 같은 거버넌스의 주요한 주체들 사이의 상호작용을 통해 나타나고 있으며, 필연적으로 예산심의는 협의, 협상, 그리고 갈등의 상황을 거치게 된다(홍윤표・은종환, 2020: 241).

### 2 대통령중심제와 내각책임제

예산심의는 각 국가의 통치형태에 따라서 그 절차나 행태가 전체적으로 유사하면서도 부분적으로는 상이할 수 있다. 통치형태의 차이는 곧 행정부와 입법부 간의 관계를 나타내기 때문에 예산편성과 예산심의의 관계를 결정 지워주며, 이는 곧 예산심의제도를 동일하지 않게 운영하는 결과를 가져온다.

대통령중심제의 경우, 삼권분립이 명백하기 때문에 내각책임제에 비해 행정부와 입법부는 서로 견제와 균형의 관계를 유지하고 이에 충실하다. 입법부는 행정부로부터 독립적 지위를 가지고 있기 때문에 행정부의 의견과는 상관없이 예산심의를 엄격하게 수행한다.

우리나라와 같은 대통령중심제 국가의 경우에는 예산심의가 형식적으로는 엄격하게 이루어진다. 그러나 실질적으로는 예산을 중심으로 매년 정치적 투쟁과 갈등이 있어 부실하게 운영되는 사례도 발생하고 있다. 이로 인해 심의 법정기한을 앞두고 긴급하게 의결되는 경우도 자주 발생하고 있다.

내각책임제 하에서는 입법부의 다수당 또는 그 정치적 연합세력이 내각(cabinet)이라는 행정부를 구성하기 때문에 예산편성과 예산심의가 일체감을 가지는 제도이다. 이와 같은 제도에서는 내각이 편성한 예산안에 이미 입법부 다수당의 견해가 많이 반영되어 있기 때문에 예산심의에 있어서 여당의원들의 역할은 진정한 의미의 심의보다는 무수정 통과에 더 관심이 많다.

대통령중심제 국가에 비해서 내각책임제 통치체제가 예산심의에 대해 엄격성이 덜할 수도 있지만, 이미 긴밀한 의사소통이 이루어지는 만큼 체계적인 예산편성과정이 이루어진다고 할 수 있다.

## 3 단원제와 양원제의 경우

예산심의는 입법부 구성이 양원제이냐 단원제이냐에 따라서도 상이하다. 입법부의 구성이 단원제인 경우는 문제가 되지 않지만 양원제인 경우에는 어느 쪽이 우선적으로 예산심의를 하며 예산심의의 결과에 대한 중요성에서도 차이가 난다.

입법부의 형태로 단원제를 채택하고 있는 국가에서는 예산심의상 우선적으로 심의나 의결해야 하는 선의권(先議權, right to prior consideration, deliberation)의 문제가 제기되지 않는다. 즉, 상원이나 하원 중에서 어느 쪽에서 일차적으로 예산심의를 해야 하는지에 대한 문제가 없다. 우리나라의 경우에도 단원제의 형태를 취하고 있기 때문에 이와 같은 문제가 발생하지 않는다.

미국, 영국, 프랑스, 일본 등과 같이 입법부의 구성이 양원제인 경우에는 예산안의 선의권과 양원의결의 조정문제가 대두된다. 특히, 많은 국가에서 금전법안(monetary bill)은 하원의 선의권이 일반적으로 인정되고 있으며, 이러한 측면에서 예산안에 대해서도 유사하다.

상원과 하원의 의결내용이 일치하지 않은 경우에는 양원의 합동위원회를 개최하여 이견에 대한 조정을 하게 된다.

## 4 위원회제도

### 1) 위원회 심의제도

입법부가 예산심의를 소규모 의원으로 구성되며 예산에 대해 전문화된 위원회에 집중적인 심의권을 인정할 수도 있고, 전체 의원이 참여하는 본회의에서 심의권을 행사할 수도 있다. 위원회제도의 활성화는 예산심의를 보다 심층적으로 전문가적 입장에서 할 수 있다는 측면에서 많은 국가가 채택하고 있다.

위원회의 계층을 단층적으로 운영하느냐 아니면 다층적으로 운영하느냐의 사항이 존재하고 있으며, 우리나라에서는 다층적으로 심의하고 있는 형태를 보이고 있다.

입법부의 예산심의에 있어 위원회 심의제도는 운영형태에 따라 다음의 몇 가지로 구분하여 분석할 수 있다.

첫째, 원위원회(院委員會) 제도이다. 원위원회 제도는 입법부 의원전원으로 구성되는 위원회가 심의를 담당하게 된다. 본회의와는 다르게 다른 위원장이 존재하고 심의절차를 간소화한다는 것으로 전문화나 분업적 성격은 상대적으로 약한 제도이다.

둘째, 예산결산위원회를 활용하는 제도이다. 예산결산위원회 제도는 세입예산과 세출예산만을 동시에 전담하는 전문적인 위원회를 설치하여 심의하는 것이다. 위원회의 전문성을 제고할 수 있어서 예산심의를 효과적으로 진행할 수 있는 장점이 존재하고 있다.

셋째, 세입위원회와 세출위원회의 분리운영제도이다. 예산심의에 있어 세입예산과 세출예산관련 위원회를 설치하여 분업의 장점을 각각 높일 수 있는 제도이다.

넷째, 특별위원회 제도이다. 특별위원회 제도는 상설로 설치되어 있는 상임위원회가 제1차 심의를 담당하게 하고, 이어서 예산심의의 전문성을 살리는 특별위원회를 설치하여 심의의 효과를 높이려는 제도이다.

### 2) 본회의 심의제도

일반적으로 본회의는 전체 의원이 참여하여 회의하는 형태이고, 여기서 행정부가 제출한 예산안을 심의하는 것이다. 이와 같은 제도가 본회의 예산심의제도이며, 특히 내각책임제의 경우에는 예산심의가 형식적 절차이기 때문에 불필요한 시간낭비를 감소시키기 위해 존재하는 제도이기도 하다.

### 5 예산불성립 시의 예산운영

예산심의제도는 입법부가 예산안을 규정된 법정기한 안에 심의하지 못하는 경우를 대비한 방법에 따라서도 상이하다.

첫째, 양원의 공동의결이다. 양원제 제도를 채택하고 있는 국가에서 찾아볼 수 있는 사례로 예산이 불성립하였을 경우에는 입법부가 양원의 공동결의에 의해 전년도 예산을 토대로 행정부가 집행하도록 하고 있다.

둘째, 임시예산 집행제도이다. 예산불성립 시에도 예산집행은 이루어져야 하는 항목들이 있다. 경직성 경비가 그 대표적 예로 각 국가는 고유한 제도를 활용하고 있다.

## 제5절 예산심의의 절차

### 1 대통령의 시정연설

우리나라에 있어 예산안이 입법부인 국회에 제출되면 본회의에 보고되고 대통령의 시정연설이 있게 된다. 시정연설은 예산안이 편성된 당시의 정치 · 경제적 배경과 경제 및 예산정책에 대하여 설명하는 것이기 때문에 예산심의에 있어서 매우 중요한 의미를 가진다.

국회법 제84조(예산안 · 결산의 회부 및 심사) 1에 의하여 예산안과 결산은 소관 상임위원회에 회부하고, 소관 상임위원회는 예비심사를 하여 그 결과를 국회의장에게 보고한다. 이 경우 예산안에 대하여 본회의에서 정부의 시정연설을 듣는다고 규정되어 있다.

시정연설의 내용은 어떠한 구속력도 가지고 있지 않으며, 다음 회계연도 예산안과 관련하여 정부전체의 정책방향, 사업계획과 예산의 기본내용을 설명하는 것으로서 예산심의의 참고자료로 활용된다. 시정연설은 대통령이 직접 하는 경우도 있고, 국무총리가 대신 낭독하는 경우도 있다(나중식, 2015: 168).

대통령의 시정연설은 입법부인 국회 내에서도 특별한 행사에 해당되고 있기에 많은 의원들이 참석하게 되며 매체생중계가 이루어지고 있다. 곧바로 인터넷 및 신문 등에 기사화되어 다음 회계연도의 예산안에 대한 전체적인 윤곽을 파악할 수 있다.

그러나 이와 같은 시정연설조차 여당과 야당의 정치적 입장에 따라 매우 상이하게 해석되어 예산의 정치적 성격을 보이고 있다.

## 2 상임위원회의 예비심사

원칙적으로 예산심의는 국회의 예산결산특별위원회에서 수행한다. 그러나 예산결산특별위원회는 본격적인 예산심의에 앞서 국회 내에 설치된 각 상임위원회에 소관 부처 예산안에 대한 심사를 의뢰한다.

2023년 10월 기준, 국회의 상임위원회는 국회법 제37조(상임위원회와 그 소관)에 의하여 17개로 구성되어 있다. 이들은 각 상임위원회에 속하는 기관의 예산에 대해 일차적으로 예비심사를 하고 있다.

표 7-2 국회의 상임위원회의 구성 및 소관 부처

| 위원회 | 소관 부처 |
|---|---|
| 국회운영위원회 | 국회, 대통령비서실, 국가안보실, 대통령경호처, 국가인권위원회에 속하는 사항 |
| 법제사법위원회 | 법무부, 법제처, 감사원, 고위공직자범죄수사처, 헌법재판소 사무에 관한 사항 등 |
| 정무위원회 | 국무조정실, 국무총리비서실, 국가보훈처, 공정거래위원회, 금융위원회, 국민권익위원회 소관에 속하는 사항 |
| 기획재정위원회 | 기획재정부, 한국은행 소관에 속하는 사항 |
| 교육위원회 | 교육부 소관에 속하는 사항 |
| 과학기술정보방송통신위원회 | 과학기술정보통신부, 방송통신위원회, 원자력안전위원회 소관에 속하는 사항 |

| | |
|---|---|
| 외교통일위원회 | 외교부, 통일부, 민주평화통일자문회의 사무에 관한 사항 |
| 국방위원회 | 국방부 소관에 속하는 사항 |
| 행정안전위원회 | 행정안전부, 인사혁신처, 중앙선거관리위원회, 지방자치단체에 관한 사항 |
| 문화체육관광위원회 | 문화체육관광부 소관에 속하는 사항 |
| 농림축산식품 해양수산위원회 | 농림축산식품부, 해양수산부 소관에 속하는 사항 |
| 산업통상자원 중소벤처기업위원회 | 산업통상자원부, 중소벤처기업부 소관에 속하는 사항 |
| 보건복지위원회 | 보건복지부, 식품의약품안전처 소관에 속하는 사항 |
| 환경노동위원회 | 환경부, 고용노동부 소관에 속하는 사항 |
| 국토교통위원회 | 국토교통부 소관에 속하는 사항 |
| 정보위원회 | 국가정보원 소관에 속하는 사항 등 |
| 여성가족위원회 | 여성가족부 소관에 속하는 사항 |

위의 17개의 상임위원회의 예비심사 절차를 간단하게 요약하면 첫째, 소관 부처장관의 예산안 제안설명, 둘째, 전문위원의 예산안 검토보고, 셋째, 정책질의, 넷쌔, 부처별 심의와 계수조정, 다섯째, 예비심사의 결과보고이다.

이러한 예비심사 과정을 거친 소관 예산안에 대한 심사보고서는 국회의장에게 보고된다. 국회의장은 정부예산안에 대한 상임위원회의 예비심사보고서를 첨부하여 예산결산특별위원회에 회부한다(나중식, 2015: 170).

## 3 예산결산특별위원회의 종합심사

예산결산특별위원회는 국회법 제45조(예산결산특별위원회)에 의해 설치되었다. 즉, 예산결산특별위원회는 예산안・결산・기금운용계획안 및 기금결산을 심사하기 위한 목적을 가지고 있다. 예산결산특별위원회의 위원수는 50인으로 하며, 위원의 선임은 교섭단체 소속 의원수의 비율과 상임위원회 위원수의 비율에 의하여 각 교섭단체 대표의원의 요청으로 의장이 행한다.

예산결산특별위원회 위원의 임기는 1년으로 한다. 다만, 국회의원 총선거 후 처음 선임된 위원의 임기는 그 선임된 날부터 개시하여 의원의 임기개시 후 1년이 되는 날까지로 하며 보임 또는 개선된 위원의 임기는 전임자의 남은 기간인 잔임기간으로 한다.

예산심의에 있어서 예산결산특별위원회가 중요한 이유는 예비심사를 걸쳐 종합심사를 하게 됨으로써 본회의 예산의결에 필요한 전체적인 윤곽을 잡아주는 역할을 수행하고 있기 때문이다.

예비심사가 되는 종합심사가 되든 입법부 의원들은 유권자들에게 분명하게 제시할 수 있는 유형적 편익인 예산의 지역적 배분에 관심을 가질 수밖에 없다. 특히, 의원이 개인적으로 자신의 지역을 위해 정부예산 증액에 관여했음을 증명해 보일 수 있는 것이 중요하다고 할 수 있다(Frisch, 1998: 54-55).

현실적으로 지역주민들의 투표성향이 지역에 배분되는 예산에 민감하게 반응하는 경향이 있어서 현직 의원들에게 우호적일 수도 있다. 이로 인해 재선을 갈망하는 의원은 지역에 새로운 예산사업을 유치하려고 예산심의 과정에서 영향력을 행사하기도 한다(Golden & Picci, 2008).

그러므로 합리적이고 효율적으로 심의되어야 할 예산이 부분적으로 의원들의 지역구를 위한 예산챙기기 심의로 변질되기도 한다.

## 4 본회의 의결

예산결산특별위원회의 종합심사가 종결되면 본회의에 부의(附議)된다. 본회의 심사는 정부의 예산안 설명, 예결위 위원장의 심사보고, 의원들의 정책질의, 찬반토론 및 의결순서로 진행된다. 그러나 특별한 수정 없이 예산결산특별위원회의 심의안이 채택되고 의결되고 있다.

최근에는 표결, 처리되는 경향이 있지만 본회의 예산심사는 형식적이며 요식행위에 지나지 않는다고 할 것이다(신무섭 · 주상현 2019: 313). 결국, 상임위원회의 예비심사, 예산결산특별위원회의 종합심사를 거치는 절차를 밟아오기 때문에, 본회의에서의 의결은 큰 문제없이 진행되고 있다.

그림 7-2 국회의 예산안 심의절차

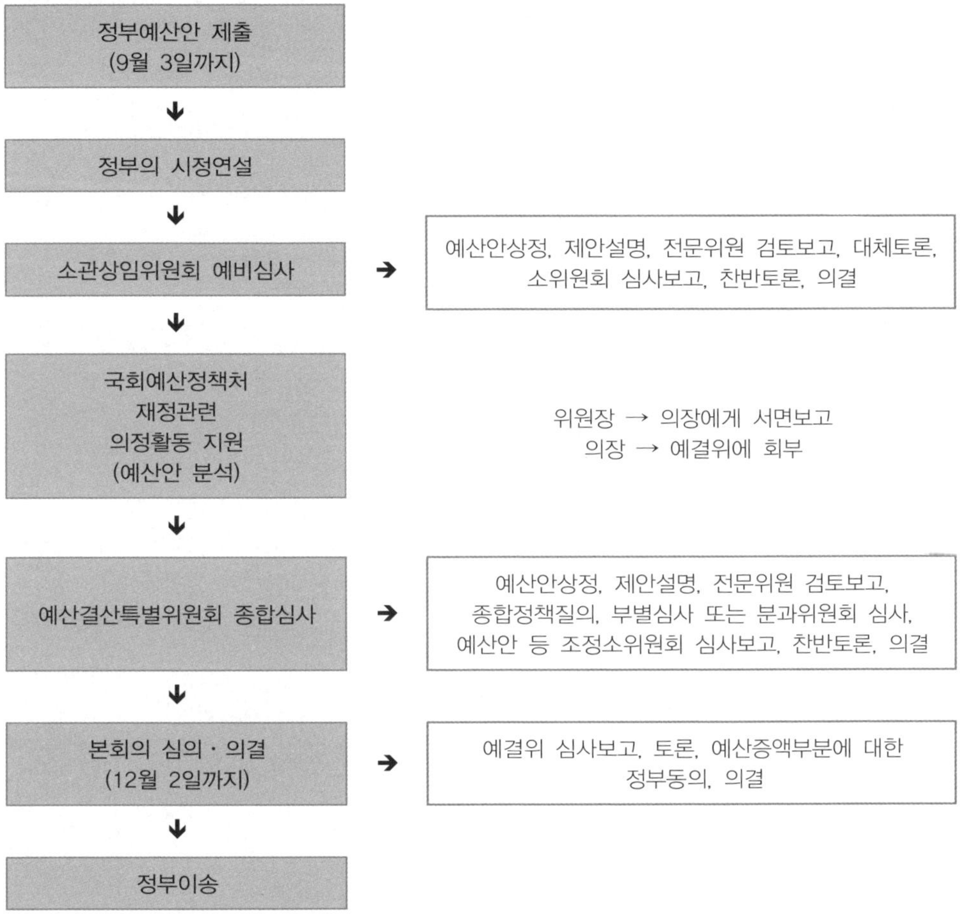


자료: 국회예산정책처(2021a: 164).

이와 같은 절차에 따라 진행된 입법부의 예산안심의 · 의결을 마치게 되면 행정부는 다음 회계연도에 본격적으로 예산을 집행할 수 있다. 행정부의 예산안편성 이후, 입법부에 제출된 예산안에 대한 심의 · 의결이 마무리되면 곧이어 행정부는 예산을 집행하게 되면서 세입과 세출이 이루어진다.

# 제8장

# 예산집행과 결산

# 제1절 예산집행의 의의

## 1 예산집행의 개념

예산의 집행은 예산의 실천적 국면으로서 정부의 세입(수입)과 세출(지출)을 실행하는 여러 행위를 말한다. 다시 말해, 입법부에서 심의·의결한 예산에 따라서 수입을 조달하고 국가운영을 위한 비용을 지출하는 재정활동이다.

예산의 집행은 입법부에서 심의·의결한 예산에 담겨진 계획들을 실천에 옮기는(plans into operation) 예산의 행동 단계(action phase of budgeting)에 해당되고 예산을 사용하는 현실적 국면이다.

이러한 예산의 집행은 바로 입법부의 통제와 행정부의 재량이 교차하는 한계국면이라 할 수 있다. 즉, 행정부는 입법부가 심의·의결한대로 예산을 집행해야 하는 엄격성과 예산의 효율성을 제고하기 위한 집행상의 재량권이 접목하는 측면이 존재한다.

그러므로 예산집행에 관한 논의는 주로 예산집행에 대한 통제장치와 신축성 유지장치에 치중하게 된다.

## 2 예산집행 목표의 배타성

### 1) 예산집행의 두 가지 이념

버크헤드(J. Burkhead)는 예산집행의 두 가지 이념을 제시하고 있다. 즉, 예산집행은 첫째, 입법부의 통제의도를 구현시켜야 하고(preserving legislative intent), 둘째, 집행상의 신축성을 유지하여야 하는(maintaining flexibility) 것이다.

이처럼 예산집행은 입법부의 통제가 구현되어야 하고, 동시에 행정부의 재량이 확보되어야 하는 두 가지 상반되는 목표를 추구하기도 한다.

### 2) 입법부 의도의 구현

입법부의 심의 · 의결을 마치고 확정된 예산은 행정부의 사업 및 프로그램에 대한 입법부의 계수적 표현이라 할 수 있다. 그러므로 예산집행에 있어서는 입법부가 표현한 예산목적 외의 사용은 엄격히 제한되어야 한다.

또한, 예산집행의 엄격성을 위한 제도적 통제장치로 흔히 사용되고 있는 것으로 다음과 같은 것들이 대표적이다.

#### (1) 예산의 배정과 자금의 배정

기획재정부는 예산배정계획을 수립해 예산배정을 함으로써 예산집행을 월별, 분기별로 통제하게 된다. 또한, 자금배정계획을 수립해 실제자금을 지출기관에 교부한다.

이와 같은 제도는 회계연도 기간 동안 수입과 지출의 합리적 배분을 도모하고, 자금의 흐름과 사업의 진도를 일치시키려는 예산통제를 위한 제도이다. 그러므로 예산 및 자금의 엄격하고 계획적인 배정을 통해 재원의 낭비를 감소시키려 한다.

#### (2) 회계기록 및 보고제도

예산을 집행하는 각 행정기관은 자체의 수입과 지출을 회계처리해서 기록할 뿐만 아니라 각종 서식에 의거해 기획재정부에 월별, 분기별, 그리고 결산보고를 하게 되어 있다.

또한, 중앙관서의 장은 예산집행 과정에서 재정보고서와 사업집행보고서 등을 정기적으로 기획재정부장관에게 제출해야 한다. 이는 중앙예산기관이 전체적인 예산집행에 대한 모니터링을 할 수 있게 하여 예산의 합리적 관리를 제고하는 것이다.

#### (3) 계약의 통제

예산을 집행하는 데 있어 정책이나 사업수행을 위한 수많은 계약이 존재하고 있다. 각 행정기관에서는 국가계약법[1] 등의 계약방법과 절차를 준수하고 일정액 이상의 계약에 대해서는 상급기관의 승인을 얻도록 하고 있다. 이는 예산집행 과정에서 계약이 남발되는 재정낭비를 통제하기 위한 목적을 수행하고 있다.

---

1) 국가를 당사자로 하는 계약에 관한 법률로 국가를 당사자로 하는 계약에 관한 기본적인 사항을 정함으로써 계약업무를 원활하게 수행할 수 있도록 함을 목적으로 하고 있다.

(4) 총사업비 관리

각 중앙관서의 장은 기획재정부장관이 정하고 있는 완성에 2년 이상을 요하는 사업에 대해서 사업규모, 총사업비, 사업기간을 정해 미리 기획재정부장관과 협의해야 한다. 특히, 총사업비의 규모가 크면 클수록 재원의 규모도 커지게 됨으로써 엄격하게 관리해야 할 필요성이 제기된다.

(5) 정원과 봉급의 통제

행정의 역할강화로 인해 행정조직과 정원은 지속적으로 증가하는 추세에 있다. 행정조직과 인원이 증가하면 당연히 예산투입과 지출이 높아질 수밖에 없는 것이 일반적이다.

따라서 예산의 능률적인 운영을 위해서라도 정원과 보수를 통제해야 한다. 우리나라에서는 행정안전부가 공무원정원령과 공무원보수규정에 의해 정원과 보수를 통제하고 있다(윤영진, 2021: 230-231).

### 3) 신축성의 유지

한 국가에 있어 예산의 궁극적인 목적은 정부 정책사업 및 프로그램의 효율이나 효과적인 실천에 있으며, 예산집행을 통해 더 높은 성과를 도모하는 것이 매우 중요하다. 입법부의 엄격한 통제가 달성되어도 정부예산으로 수행하는 사항을 달성하지 못하면 예산의 존재가치가 낮을 수밖에 없다.

오늘날 예산의 기능은 주로 국민세금에 의해 조성된 재원이 국가운영 및 국민의 행정수요 등을 충족시켜주는 데 있어 반드시 그 효과를 제고함에도 있다. 이와 같은 목적을 위해 행정부 재량권의 확보를 위한 제도적 장치로 대표적인 사항은 다음과 같다.

(1) 예산의 이용과 전용

세출예산은 본래 예산과목이 정한 목적에 일치되게 사용하는 것이 기본적인 원칙이다. 그런데 예산편성이나 예산집행 과정상에서 외부환경의 변화, 잘못된 예측, 집행목적의 변화 등으로 인해 예산집행에 대한 신축성을 유지할 필요가 있다.

거시적 차원 하에서 추가경정예산을 편성하기에는 절차적, 시기적 어려움이 있거나 금액이 적을 때에는 이용과 전용제도를 활용하는 것이 바람직하다. 이는 예산한정성의 원칙인 목적 외 사용금지의 원칙에 대한 예외라고 볼 수 있다.

예산의 이용(移用)은 각 기관, 장, 관, 항 간에 상호융통하는 것을 말한다. 즉, 입법과목 간의 상호융통을 말한다. 예산의 이용은 입법과목에 대한 조치이기 때문에 원칙적으로 허용되지 않는다. 그러나 예산집행상 필요에 의해서 미리 국회의 의결을 얻었을 때에는 기획재정부장관의 승인을 얻어 이용하거나 기획재정부장관이 위임하는 범위 안에서 자체적으로 이용할 수 있다.

예산의 전용(轉用)은 입법과목인 장, 관, 항에 해당되는 것이 아니라 행정과목인 세항, 목간에 상호 간 융통하는 것을 말한다. 각 중앙관서의 장은 대통령이 정하는 바에 의해서 기획재정부장관의 승인을 얻어 전용할 수 있다.

예산의 이용과 전용은 이를 활용하지 않을 때보다 활용할 때 예산의 효율을 높일 수 있다고 보는 것이다. 한 가지 사례로 A라는 항목에 예산이 부족한 경우에는 예산이 남는 B라는 항목에서 예산을 가져다 사용할 수 있다. 결국, 행정부의 재량권을 보장해주고 있는 제도 중의 하나이다.

#### (2) 예산의 이체

예산의 이체(移替)는 정부조직 등에 관한 법령의 제정, 개정 또는 폐지로 인해 그 직무와 권한에 변동이 생길 경우에 예산도 이에 따라 변경시키는 것을 말한다. 이체는 중앙관서 장의 요구에 의해 기획재정부장관이 하게 되며, 예산의 이용과 전용을 수반하는 경우가 많다.

일반적으로 대통령선거로 인하여 새로운 정부가 구성되면 기존의 정부조직에 변화를 주게 된다. 기존의 부처가 폐지되고 새로운 부처가 신설되면 전자에서 수행하던 기능을 후자에서 수행하게 되면서 관련된 예산을 이체 받게 된다.

또는 동일한 정부 내에서 부처를 통합하는 경우에도 기능의 이전을 통한 예산이체가 발생하게 된다.

#### (3) 예산의 이월

각 회계연도의 경비는 당해 회계연도의 세입으로써 지출해야 하는 것이 원칙이다. 그러나 예산의 이월은 당해 회계연도 예산의 일정액을 다음 회계연도에 넘겨서 사용하는 것을 말한다. 회계연도 독립의 원칙 예외를 인정하는 것으로 시기적 신축성을 유지해주는 제도이다.

명시이월(明示移越)은 세출예산 중에서 경비의 성질상 연내에 그 지출을 끝내지 못할 것이 예측된 경비로서 그 취지를 세입세출예산에 명시하여 미리 국회의 승인을 얻어 다음 연도에 사용할 수 있는 것을 말한다.

사고이월(事故移越)은 예산성립 후 연도 내에 지출원인행위를 하고 불가피한 사유로 지출하지 못한 경비와 지출원인행위를 하지 아니한 그 부대경비의 금액에 대한 이월을 말한다.[2)]

다시 말해, 예산이월제도는 국회가 예산운영에 대한 사전승인을 통해 행정부가 재량권을 발휘할 수 있게끔 신축성을 유지하여 보다 높은 예산운영상의 효율성을 도모하게 해준다.

(4) 예비비

행정부가 예산집행을 하다 보면 예산편성 시에 예측할 수 없는 상황이 발생하기도 한다. 이를 보완하기 위한 제도적 장치로 예비비(豫備費)가 활용된다. 즉, 예비비는 예측할 수 없는 예산 외의 지출 또는 예산초과지출에 충당하기 위해 세출예산에 계상한 금액을 의미한다. 예비비는 예산한정성 원칙에 대한 예외이다.

국가재정법 제22조(예비비)에 의하면 일반회계 예산총액의 100분의 1 이내의 금액을 예비비로 세입세출예산에 계상할 수 있다고 규정하고 있다. 다만, 예산총칙 등에 따라 미리 사용목적을 지정해 놓은 예비비는 본문의 규정에도 불구하고 별도로 세입세출예산에 계상할 수 있다.

예비비제도는 불의의 상황에 대비하기 위하여 마련된 제도로 급격한 경제위기, 천재지변 등과 같이 기존의 예산편성 시에 인지할 수 없는 부분에 활용되고 있다. 이와

2) 매 회계연도의 세출예산은 원칙적으로 이월하여 사용할 수 없다. 이는 국가재정법 제3조 회계연도 독립의 원칙에 의한 것이다. 다만, 예외적으로 이월하여 사용할 수 있는 경우로 국가재정법 제48조(세출예산의 이월) 제2항은 ① 경비의 성질상 연도 내에 지출을 끝내지 못할 것이 예측되어 그 취지를 명시하여 미리 국회의 승인을 얻은 경비(명시이월비), ② 연도 내에 지출원인행위를 하고 불가피한 사유로 인하여 연도 내 지출하지 못한 경비와 지출원인행위를 하지 않은 그 부대경비, ③ 지출원인행위를 위하여 입찰공고를 한 경비 중 입찰공고 후 지출원인행위까지 장기간이 소요되는 경우로서 대통령령이 정하는 경비, ④ 공익사업의 시행에 필요한 손실보상비로서 대통령령이 정하는 경비, ⑤ 경상적 성격의 경비로서 각 기관 또는 시설의 유지·운영에 소요되는 경비 중 기획재정부장관이 정하는 경비를 규정하고 있다. 이 중 두 번째에 해당하는 사항에 대해서는 재이월을 금지하고 있다. 또한, 계속비의 연도별 연부액 중에서 당해 연도에 지출하지 못한 금액도 계속비사업의 완성연도까지 계속적으로 이월할 수 있다.

같은 제도가 존재하지 않는다면 정부는 차입, 국채 등을 통하여 재원을 조달해야 하는데 시간이 걸리거나 국회의 의결 등의 절차가 있어 신속한 대처를 어렵게 한다.

### (5) 계속비

계속비(繼續費)란 완성에 수년도를 요하는 공사나 제조 및 연구개발의 경우 경비의 총액과 연부액(年賦額)을 정해 미리 국회의 의결을 얻은 범위안에서 수년에 걸쳐 지출할 수 있다. 이는 예산운영의 지속성을 보장하여 예산효율을 제고하는 것이다.

계속비제도가 인정되지 않는다면 행정부는 매년 관련예산에 대해 국회의 심의 · 의결을 받아야 하고, 혹시 행정수반과 국회 다수당의 정치적 색채가 다르면 그 만큼 관련 예산을 확보하는 것이 어려워 사업수행에 문제가 있을 수 있다. 그렇기 때문에 전체적인 예산의 효율성도 낮아질 수밖에 없다.

### (6) 국고채무부담행위

국가재정법 제25조(국고채무부담행위)에 의하면 국가는 법률에 따른 것과 세출예산금액 또는 계속비의 총액의 범위 안의 것 외에 채무를 부담하는 행위를 하는 때에는 미리 예산으로써 국회의 의결을 얻어야 한다고 규정하고 있다. 이 규정에 따라 국가가 채무를 부담하는 행위를 국고채무부담행위라 한다.

국회의 의결을 미리 얻어둠으로써 안정적인 예산운영을 가능하게 하며, 정부의 채무에 대한 재량권행사를 보장해주는 조치이다.

### (7) 총액계상 예산

예산집행의 신축성을 높이기 위해 일정사업에 대해 총액계상 예산을 편성하도록 하고 있다. 이는 세부내용을 미리 확정하기 곤란한 사업의 경우에는 이를 총액으로 예산에 계상하여 편성하는 것이다. 여기에는 공업기반기술 개선사업, 하천치수 사업, 특정연구개발사업, 기타 대규모 투자 또는 보조사업이다.

이러한 총액계상 예산제도는 예산집행을 담당하는 각 행정기관이 엄격한 항목에 구애받지 않고 적절하게 운영할 수 있는 여지를 줌으로써 신축성을 확보하는 것이다.

## 3 예산집행의 원칙

위에서 설명한 바와 같이 예산집행은 두 가지 상반되는 목표를 추구하고 있으며, 이를 위해서 예산집행과정에 다양한 제도적 장치를 구체적으로 두고 있다. 그러나 이 목표의 달성은 반드시 제도적 장치만으로 달성될 수 없다는 것을 인지하는 것이 필요하다.

첫째, 예산과 사업계획은 표리관계에 있으므로 양자는 가급적 최고관리층의 직접적인 감독 하에 있어야 한다. 대부분의 국가에서 중앙예산기관은 행정부 내에서 중요한 위치를 차지하고 있다.

둘째, 예산의 집행에 있어서 각 행정기관은 사업계획이 입법부의 의결의도에 부합되면서 가장 경제적으로 수행되도록 감독해야 할 책임을 진다. 각 행정기관은 입법부가 의결한 범위 내에서 가장 경제적으로 예산이 집행되도록 합리적으로 관리・감독해야 한다.

셋째, 예산의 집행은 재정운영 보고에 입각해야 하며, 이 같은 보고가 예산집행에 대한 관리・감독을 가능하게 해준다. 예를 들어, 한 행정기관의 예산은 자체적 및 독립적으로 집행할 수 있는 예산이 되지만 항상 보고체계 하에서 운영되어야 한다.

넷째, 예산집행의 수단으로서 적임의 직원과 적절한 통제수단을 제도화하고, 이들이 행사할 권한이 있어야 한다. 예산집행에 있어 예산담당 직원의 재량권이 어느 정도 확보되어야 한다.

다섯째, 일반행정, 장기사업 계획, 준상업적 거래 등 여러 상이한 행정활동의 유형에 적합한 다양한 예산절차를 갖추어져야 한다. 특히, 다양한 예산절차 하에 산하공공기관 운영의 특수성을 보장해 주어야 한다.

여섯째, 예측이 어렵고 동태적인 정세에 직접 적응할 수 있는 예산집행상의 융통성이 존재해야 한다. 대표적으로 예산집행상의 신축성을 보장해주는 예비비, 이월 등과 같은 여러 가지 제도가 구비되어 있어야 한다.

일곱째, 예산집행의 능률을 위하여 중앙예산기관에 대응하는 각 부처의 예산기관이 반드시 설치되어 있어야 한다. 정부 내에 중앙예산기관과 긴밀히 상호소통하는 개별 예산기관이 설치되어야 보고체계 등에 의한 능률적 예산운영을 도모할 수 있다.

이와 같이 예산집행과 관련된 원칙은 적절한 통제에 기반을 두되 행정부가 다양한 상황에 적절하게 대응할 수 있어야 효율적인 예산운영이 가능해진다.

## 제2절 예산집행의 절차

### 1 예산의 배정

입법부인 국회에서 심의·의결된 예산의 집행은 예산배정에서부터 시작된다. 예산배정이란 확정된 예산을 각 중앙관서가 집행할 수 있도록 예산을 사용할 수 있는 권리를 부여하는 것을 말한다. 우리나라는 현재 기획재정부장관이 예산배정계획과 자금계획을 수립해 국무회의의 심의와 대통령의 승인을 얻은 후 예산집행이 이루어지도록 하고 있다.

각 중앙관서의 장은 예산이 확정된 후 사업운영계획 및 이에 따른 세입세출예산, 계속비, 국고채무부담행위를 포함한 예산배정요구서를 기획재정부장관에 제출한다. 기획재정부장관은 예산배정요구서에 따라 분기별 예산배정계획을 작성하여 국무회의의 심의를 거친 후 대통령의 승인을 얻어야 한다. 그리고 예산배정에 대해 감사원에 통지해야 한다.

회계연도 개시 전에도 예산을 배정할 수 있는데, 이와 같은 경비에는 다음과 같은 것이 있다. 첫째, 외국에서 지급하는 경비, 둘째, 선박의 운영·수리 등에 소요되는 경비, 셋째, 교통이나 통신이 불편한 지역에서 지급하는 경비, 넷째, 각 관서에서 필요한 부식물의 매입경비, 다섯째, 범죄수사 등 특수활동에 소요되는 경비, 여섯째, 여비, 일곱째, 경제정책상 조기집행을 필요로 하는 공공사업비, 여덟째, 재해복구사업에 소요되는 경비이다.

## 2 자금의 배정

먼저, 예산이 확정되면 중앙관서의 장은 수입·지출의 전망, 그 밖에 자금의 출납에 관한 사항을 종합적으로 고려한 월별 자금계획서를 작성해 기획재정부장관에 제출한다. 기획재정부장관은 이를 종합해 월별 자금계획을 작성한다.

각 중앙관서의 장은 대통령의 승인을 얻은 월별 자금계획에 따라 월별 세부자금계획서를 작성해 매월 기획재정부장관에게 제출한다. 기획재정부장관은 중앙관서의 장이 제출한 월별 세부자금계획서를 종합해 월별 세부자금계획을 작성하고, 이를 각 중앙관서의 장 및 한국은행에 통지한다. 각 중앙관서에서는 세부자금계획에 따라 자금을 집행하게 된다.

이와 같이 예산집행에 있어 계획에 입각하는 것이 그렇지 않았을 때보다 재정운영에 있어 엄격성을 도모하여 잘못된 사용, 낭비 등을 방지할 수 있다.

## 3 예산의 재배정

예산의 재배정이란 각 중앙관서의 장이 각 사업부서에 예산을 지출할 수 있도록 권한을 부여하는 것을 의미한다. 각 중앙관서의 장은 재무관으로 하여금 지출원인행위를 하게 할 때에는 배정된 세출예산의 범위 안에서 재무관별로 세출예산재배정계획서를 작성하고 이에 따라 세출예산을 재배정하여야 하며, 이를 지출관과 기획재정부장관에게 통지한다.

다만, 예산집행상 필요하다고 인정할 때에는 세출예산재배정계획서를 변경할 수 있으며, 상급관서의 재무관으로 하여금 재배정 받은 세출예산의 범위 안에서 그 하급관서의 재무관에게 이를 재배정하게 할 수 있다.

예산의 재배정이 이루어지면 지출원인행위를 할 수 있다. 지출원인행위는 국고금 지출의 원인이 되는 계약이나 그 밖의 행위를 말하는데, 배정된 예산 또는 기금운용계획의 금액 범위에서 이루어진다(국회예산정책처, 2022a: 207).

## 4 지출사무

국가의 지출사무를 총괄하는 기관은 기획재정부장관이고, 각 중앙관서의 장은 각 소속 부서의 지출원인행위와 지출에 관한 업무를 관리한다. 이러한 기관을 지출관리기관이라고 한다.

재무관은 지출원인행위를 담당하고 지출관은 재무관으로부터 지출원인행위 관계서류를 송부받고 지출을 명하는 명령기관이다. 출납기관은 지출관의 명령에 따라 현금의 지급을 행하는 집행기관이며 한국은행, 관서운영경비 출납공무원 등이 있다.

그림 8-1 예산의 집행과정

# 제3절 결산의 의의

## 1 결산의 의의와 목적

결산은 한 회계연도에 있어서 국가의 세입(수입)과 세출(지출)의 실적을 확정적 계수로서 표시하는 행위라 정의된다. 결산은 한 회계연도 내에 이루어진 국가의 세입과 세출관련 업무를 마감하고, 예산집행의 실적보고서를 작성하여 회계검사기관의 검사와 입법부의 심의를 받는 절차이다.

예산집행의 실적보고서가 결산보고서인데 때로는 모든 관련보고서를 결산이라 부르는 경우도 있다. 예산집행의 목표가 달성되었는가를 확인하고 앞으로의 예산운영에 반영할 수 있는 자료를 얻는다는 입장에서 보면 결산의 목적 또는 기능을 다음과 같이 제시할 수 있다.

첫째, 입법부의 의도가 구현되었는가를 확인하는 것이다. 입법부는 행정부가 예산을 엄격하게 집행하고, 법에서 규정하고 있는 재량권을 적절하게 행사하였는가를 살펴보게 된다. 그러나 결산보고서는 계수적으로 표시되는 경우가 많기 때문에 이와 같은 확인이 쉬운 것은 아니다.

둘째, 예산의 재정적 한계를 준수했는지를 확인하는 것이다. 비록 예산의 총액을 초과하여 지출하지 않았을지라도 장·관·항 등의 과목 간에 부당한 이용이나 전용이 있었다면 예산의 재정적 한계를 벗어난 것이다. 이와 같은 재정적 한계를 지켰는가를 확인하는 일이 아마도 결산의 가장 중요한 기능이라 할 수 있다.

셋째, 예산집행의 실적에 관한 사후적 재정보고서를 작성하여 장래의 정부 사업계획과 예산운영에 참고하려는 것이다. 그런데 현실적으로 결산의 이러한 목적은 경시되고 있는 것 같다. 예산집행의 결과를 토대로 새로운 회계연도의 재정운영에 반영하는 것이 바람직함에도 불구하고, 이와 같은 노력이 부족한 것으로 분석되고 있다.

예산과 결산의 총액 및 내용은 원칙적으로 일치해야 하나 예산성립 후, 집행과정에서 생긴 사정으로 인하여 양자가 완전히 일치하기는 어렵다. 이는 예산이 계획적인 성격을 가지고 있기 때문이며, 계획이라는 것이 점차적으로 실현되면서 약간 달라질 수 있다. 이와 같은 결과를 반영하고 있는 것이 결산이다.

## 2 결산제도

### 1) 출납정리기한

행정부는 예산집행에 있어서 수입과 지출사무가 완결되어야 결산을 작성할 수 있다. 회계연도의 마지막 날에 모든 출납사무도 완결되고 모든 장부의 정리가 마무리되면 매우 단순하고 편리하겠으나 현실적으로 그것이 어렵기 때문에, 다음 회계연도의 일정 기일까지 출납기한을 두고 있다.

예를 들면, N회계연도의 결산은 N+1년 초반부터 이루어진다. 이 기한 내의 사무는 크게 두 가지로 구분할 수 있는데, 하나는 출납정리기한 내에 지출과 수입이 발생하는 출납을 완결시키는 일이고, 다른 하나는 장부를 마감하는 일이다.

먼저, 세입금의 수납기한은 N회계연도 말일로 되어 있다. 즉, 각 중앙관서의 장 또는 출납공무원은 매 N회계연도 소속의 세입금을 그 회계연도 말일까지 수납하여야 한다. 그리고 체신관서의 경우에도 매 회계연도 소속의 세입금을 그 회계연도 말일까지 수납하여야 되는데, 출납공무원이 그 수납한 세입금을 납입하는 경우에는 다음 회계연도(N+1년)인 1월 15일까지 수납할 수 있다.

다음으로 세출금의 지출과 지급도 원칙적으로는 N회계연도 말일에 완결하도록 되어 있다. 다시 말해, 지출관은 매 회계연도 소속의 경비를 그 회계연도 말일까지 지출해야 하는데, 정부계정 상호 간의 국고금 대체를 위한 지출과 체신관서 또는 기획재정부장관이 정하는 기관에 지급을 위탁한 자금의 정산지출은 다음 회계연도(N+1년) 1월 15일까지 할 수 있다.

그리고 출납공무원은 매 회계연도 소속의 세출금을 그 회계연도 말일까지 지급하여야 하는데, 다음 회계연도 1월 15일까지 지급할 수 있다.

국가재정법 시행령에서 정한 출납정리기한이 지나면 각 행정기관은 소관 장부를 정리하고 마감한 다음 그 사실을 수입・지출사무의 총괄기관인 기획재정부장관에게 보고한다. 기획재정부장관은 정부전체로서의 총세입부와 총세출부를 마감함으로써 출납사무가 완결되고, 이에 대한 마감은 다음 회계연도인 2월 10일이다.

### 2) 결산서의 작성 및 제출

각 중앙관서의 장은 국가회계법에서 정하는 바에 따라 회계연도마다 작성한 결산보고서(중앙관서결산보고서)를 다음 회계연도 2월 말일까지 기획재정부장관에게 제출하여야 한다.

각 중앙관서의 장은 매 회계연도마다 그 소관에 속하는 세입세출결산보고서, 계속비결산보고서, 통합재정수지보고서, 국가채무관리보고서, 성인지결산서 등을 작성하여 다음 회계연도 2월 말일까지 기획재정부장관에게 제출하여야 한다.

기획재정부장관이 정하는 바에 의하여 첫째, 세입세출의 분석에 관한 서류, 둘째, 수입대체경비의 세입세출결산보고서, 셋째, 세입세출결산의 개요설명서, 넷째, 기타 세입세출결산의 내용이다.

기획재정부장관은 국가회계법에서 정하는 바에 따라 회계연도마다 작성하여 대통령의 승인을 받은 국가결산보고서를 다음 회계연도 4월 10일까지 감사원에 제출하여야 한다. 다시 말해, 기획재정부장관은 각 중앙관서의 장이 제출한 세입세출결산보고서, 예비비사용총괄명세서, 성과보고서 등의 결산을 작성하여 국무회의의 심의를 거쳐 대통령의 승인을 얻는다. 다음 회계연도 4월 10일까지 감사원에 제출한다.

세입세출의 결산은 세입세출의 예산과 동일한 구분에 의하여 작성하는데 〈표 8-1〉과 같은 서류가 필요하다.

표 8-1 세입세출의 결산서류

| 구분 | 세입결산 | 세출결산 |
|---|---|---|
| 내용 | ① 세입예산액<br>② 이체 등 증감액<br>③ 세입예산현액<br>④ 징수결정액<br>⑤ 수납액<br>⑥ 불납결손액<br>⑦ 미수납액 | ① 세출예산액<br>② 전년도이월액<br>③ 예비비사용액<br>④ 전용 등 증감액<br>⑤ 수입대체경비의 초과액<br>⑥ 세출예산현액<br>⑦ 지출액<br>⑧ 다음 연도 이월액<br>⑨ 불용액 |

### 3) 결산의 검사

헌법 제99조에 의하면 감사원은 세입세출의 결산을 매년 검사하여 대통령과 차년도 국회에 그 결과를 보고하여야 한다고 규정하여 정부가 작성한 결산을 제3자적인 감사원이 확인·검사하도록 하고 있다.

감사원은 4월 10일까지 기획재정부에서 제출한 세입세출관련 결산과 기타 결산서류를 토대로 결산검사를 한다. 실제에 있어서 이와 같은 결산서류가 제출되기 이전에 이미 서면검사 또는 실지검사를 통하여 각 기관의 결산검사를 시작한다.

감사원은 국가재정법 제59조(국가결산보고서의 작성 및 제출)에 따라 제출된 국가결산보고서를 다음 연도 5월 20일까지 기획재정부장관에게 송부하여야 한다. 정부는 국가재정법 제60조(결산검사)에 따라 감사원의 검사를 거친 국가결산보고서를 다음 연도 5월 31일까지 국회에 제출하고 있다.

결산검사에 있어서는 각 기관이 매월 제출하는 각종 계산증명서류와 한국은행의 국고금 출납계산서를 대조하여 부합여부를 검토하고 실지검사에서 파악한 예산집행 내역과 결산내역을 검토하는데, 이와 같은 과정을 거쳐서 결산검사보고서를 작성하게 된다.

감사원은 결산검사보고서를 다음 회계연도 5월 20일까지 기획재정부장관에게 송부하고, 행정부는 감사원의 검사를 거친 세입세출결산을 다음 회계연도 5월 31일까지 국회에 제출한다. 정부에서 국회에 제출하는 세입세출결산에는 감사원의 검사보고 이외에 각 중앙중앙관서의 세입세출결산보고서, 예비금사용총괄명세서, 성과보고서 등을 첨부하고 있다.

그림 8-2 정부의 결산절차

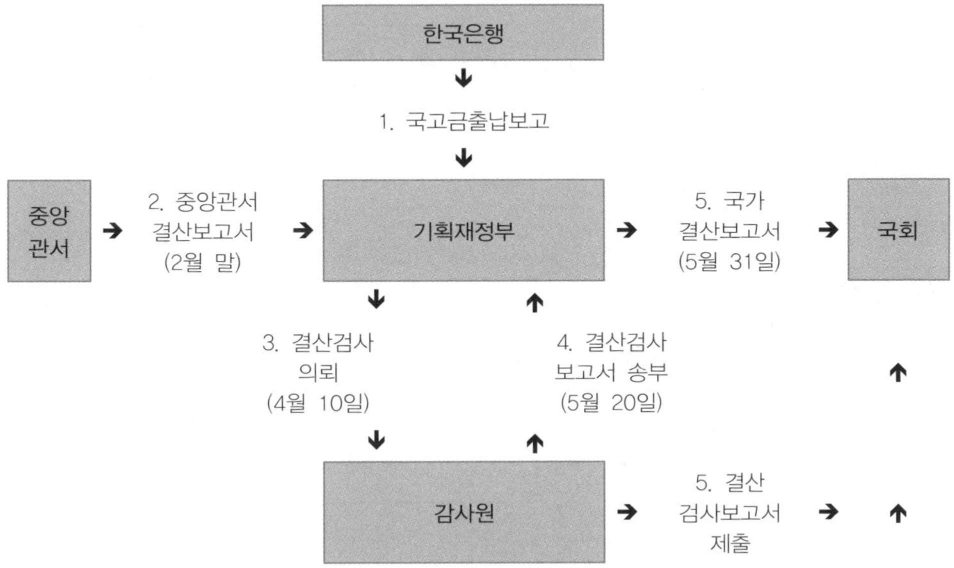


## 4) 결산의 심의

정부가 결산을 국회에 제출하면 국회는 각 상임위원회에 회부하여 예비심사를 하게 한다. 각 상임위원회는 그 심사결과에 대한 의견을 첨부하여 예산결산특별위원회에 회부한다. 예산결산특별위원회의 종합심사를 거친 결산은 본회의에 상정되어 심의·확정된다.

국회법 제128조의2(결산의 심의기한)에 의하면 국회는 결산에 대한 심의·의결을 정기회 개회 전까지 완료하여야 한다고 규정하고 있다. 이렇듯이 형식적인 절차에 있어서는 결산심의와 예산심의의 절차가 동일하다.

그런데 우리나라의 입법부인 국회는 예산심의도 체계적이지 않다는 비판을 받아 오고 있지만 결산심의는 그보다도 훨씬 더 소홀히 하고 있다는 비판을 받고 있다.

그림 8-3 국회의 결산심의 절차

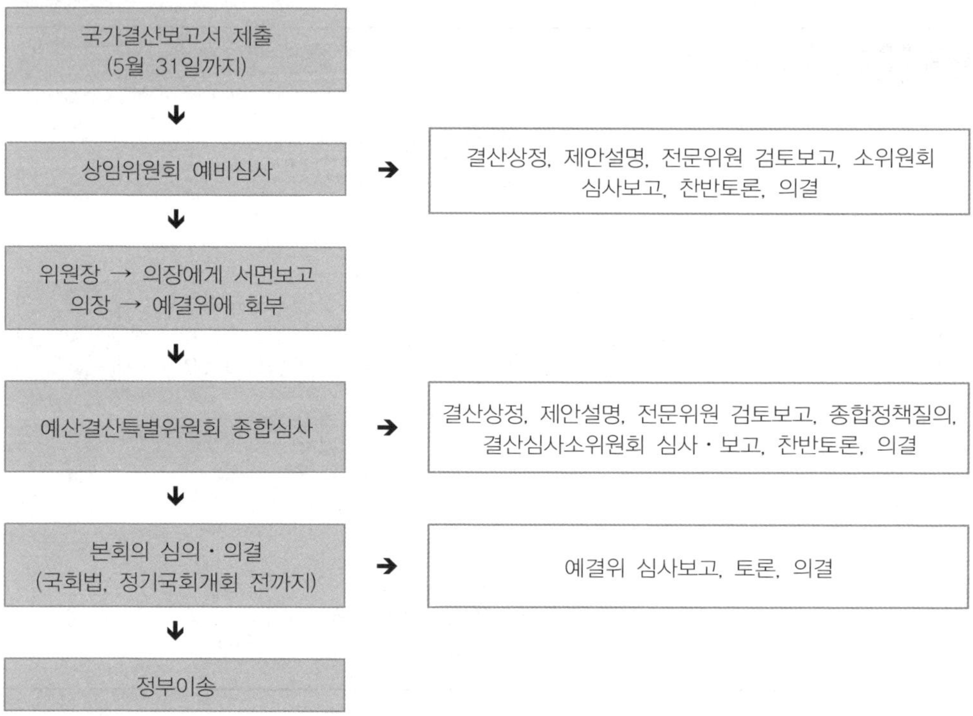


### 5) 잉여금의 처리

한 회계연도에 속하는 세입세출의 출납에 관한 사무는 다음 연도 2월 10일까지 완결되어야 한다. 그런데 이때 총세입액과 총세출액이 확정되면 세입세출결산상 잉여금 중에서 다음 연도 이월액을 차감한 금액이 도출되며, 이를 세계잉여금(歲計剩餘金, surplus)

이라 한다. 여기서 잉여는 수입에 비해 지출하고 남은 나머지 금액을 의미한다.

국가재정법 제90조(세계잉여금 등의 처리 및 사용계획)에 의하면 일반회계에 있어 매 회계연도 세입세출의 결산상 잉여금 중에서 이월액을 공제한 금액을 세계잉여금이라 하며 지방교부세의 정산 및 지방교육재정교부금의 정산에 사용할 수 있도록 규정하고 있다. 이와 같이 사용한 금액을 제외한 세계잉여금은 100분의 30 이상을 공적자금상환기금법에 따른 공적자금상환기금에 우선적으로 출연하여야 한다.

또한, 규정에 따라 사용하거나 출연한 금액을 제외한 세계잉여금은 100분의 30 이상을 다음과 같이 채무를 상환하는 데 사용한다.

첫째, 국채 또는 차입금의 원리금, 둘째, 국가배상법에 따라 확정된 국가배상금, 셋째, 공공자금관리기금법에 따른 공공자금관리기금의 융자계정의 차입금(예수금 포함)의 원리금, 넷째, 그 밖에 다른 법률에 따라 정부가 부담하는 채무이다.

이 밖에도 세계잉여금은 추가경정예산안의 편성에 사용할 수 있으며, 그 이후 잔액은 다음 회계연도의 세입에 이입하여야 한다.

반면에 일반회계의 우선순위에 따른 세계잉여금의 사용과 달리 특별회계에 있어 세계잉여금은 각 근거법률에 따라 활용되고 있다.

## 제4절 회계검사란?

### 1 회계검사의 의미 및 목적

회계검사란 일반적인 의미에 있어 어떤 조직체의 재정적 활동과 그 수입 및 지출에 관한 사무가 적법하고 정당하게 이루어졌는가를 확인·검사하고, 그 결과를 이해당사자 또는 감독권자에게 보고하기 위하여 장부와 기타의 기록을 체계적으로 검사하는 행위로서 그 구체적인 요건은 다음과 같다.

첫째, 회계검사의 대상은 기관이나 조직의 회계와 관계가 있는 모든 기록이다.

둘째, 회계검사는 회계기록이 법령과 규칙에 따라 적정하고 진실되게 기록되었다는 것을 입증하는 정부(正否)검증절차이다.

셋째, 회계검사는 회계기록의 정부에 관한 비판적 검증으로서 검증결과에 대하여 검사인의 의견표명이 있어야 된다.

한 행정기관이 그 사업결과를 심사 · 분석 · 평가하는 것은 당연히 요구되는 과정이다. 그와 마찬가지로 정부전체로서의 예산절차 한 단계인 회계검사의 목적은 행정부가 편성하여 제안하고, 입법부가 심의 · 의결한 예산을 행정부가 어떻게 집행하였는가에 관하여 제3자가 검사하고 평가하려는 것이다.

그런데 회계검사가 가지고 있는 목적의 구체적인 내용은 예산이 어떻게 집행되었는가를 검사하는 기준과 범위에 있어서 어디에다 더 역점을 두는가에 따라 달라진다. 이것이 바로 전통적 회계검사와 회계검사의 신경향에 관한 논의이다. 이와 같은 논의는 최근의 이슈가 아닌 오래전부터 제기되어온 이슈에 해당되고 있다.

전통적 경향에서 신경향으로 관심과 초점이 이전한다고 해서 전통적 경향이 중시되지 않거나 무시되는 것을 의미하지 않는다. 다시 말해, 검사기능은 합목적성에 기반을 둔 전통적 행정통제의 수단을 강조하고 있다. 그러나 1999년 공공감사기준[3]이 제정된 이래, 정부예산의 성과예산 및 정부회계의 도입에 따른 회계감사를 토대로 한 공공부문의 재정활동결과의 효율성 및 책임성이 강조되고 있는 점을 볼 때, 회계검사기능의 제도 및 기능적 변화가 요구되고 있다(윤지경 외, 2017: 80).

## 2 전통적 회계검사와 새로운 경향

전통적 회계검사는 수입과 지출이 법률이나 예산에 위반된 것이 없는가를 발견하려는 소극적인 성격의 것으로 합법성 위주의 검사라고 부른다. 이것은 예산집행에 있어서 관계법령과 규정을 준수하였는가를 검토하고 관계 공무원의 비위나 부정을 적발하여 시정하려는 것이다.

합법성 검사는 소극적 검사이며 통제지향적 검사이다. 이와 같은 전통적 검사에 대

3) 1999년 8월 28일 제정되고 시행된 이 기준은 세계최고감사기구의 권고와 감사원법 제30조의2 및 제52조의 규정에 따라 공공부문에 대한 감사(공공감사)의 수행에 필요한 기본적인 사항을 정함을 목적으로 하고 있다.

한 당연한 비판은 통제지향의 검사가 정부사업의 능률적 운영을 오히려 저해할 수도 있고 부당한 지출을 방지하는데 한계가 있으며, 나아가 정부지출의 전체적인 성과를 파악하는 데 소홀하다는 것이다.

회계검사의 신경향에서는 경제성검사, 능률성검사, 효과성검사 등이 강조되기도 하고, 소위 정책감사 및 성과감사의 필요성이 역설되기도 한다.

모든 예산제도는 통제・관리・계획이라고 하는 세 가지 기능을 가지고 있는데, 한 국가의 중앙예산기관이 이러한 세 가지 기능 중에서 어느 것을 더 강조하느냐에 따라서 예산운영의 경향이 달라진다.

통제지향(control orientation)의 예산운영에서는 수입과 지출사무의 합법성에 역점을 두는 회계책임이 강조된다. 관리지향(management orientation)의 예산운영에서는 사업의 능률성이 강조되는데, 이것은 일종의 행정책임을 강조하는 것이다. 계획지향(planning orientation)의 예산운영에 있어서는 정부의 장기적인 임무나 목표 등을 달성할 수 있는 계획과 그에 따른 정책에 역점을 둔다.

그리고 예산제도는 통제-관리-기획지향의 순으로 발달해 오고 있는데, 통제지향의 예산제도의 기본적 틀은 오늘날까지도 그대로 남아 있다. 통제지향의 예산제도가 흔히 말하는 품목별예산제도이다.

품목별예산제도에서는 세출예산의 내용을 지출대상에 의하여 분류하고 예산절차의 단계 중에서 수입과 지출사무를 중심으로 하는 예산집행에 있어 매우 중요한 단계이다.

관리지향의 예산제도로서 도입되었던 것이 성과주의예산제도인데, 세출예산을 사업의 최종산물(end product) 또는 과정을 중심으로 분류하며 예산을 편성하는 단계에서부터 최소비용으로 최대산출을 얻을 수 있는 사업대안이 모색된다.

예산집행 단계에 있어서도 세부적 지출항목의 전용에 좀 더 큰 재량을 허용하며, 사업의 성과를 달성하는 것에 더 큰 관심을 기울인다. 즉, 사업수행의 능률성이나 생산성 등이 강조된 것이다.

회계검사의 초기개념은 조직의 재산보호, 회계정보의 정확성, 신뢰성의 제고를 검토하는 엄격한 회계통제(accounting control)에서 조직의 목표달성과 조직의 효율성 증진을 위한 관리통제(managemental control)로 확대되었다(Baltaci & Yilmaz: 2006).

그리고 기획지향의 예산제도로서 시도되었던 것이 계획예산제도(Planning Programming Budgeting System)와 영기준예산제도(Zero-Based Budgeting) 등인데, 이러한 예산제도 하에서는 정부의 임무와 기능을 중심으로 장기적인 안목을 가지고 정책대안을 선택하는 것에 더 큰 역점을 둔다.

이와 같은 제도에서는 논리적으로 체계적인 사업구조, 투입-산출-결과를 명시적으로 고려하고, 정책결정자의 가치나 선호가 반영된 예산사업구조를 강조한다. 즉, 장기적으로 본 사업의 결과가 강조된다.

예산운영 자체의 강조점이 계획이나 정책으로 전환됨에 따라 회계검사에서도 효과성 검사와 정책감사 등을 강조할 수 있게 되었다. 이러한 관점에서 볼 때 회계검사의 신경향이 받아들여지기 위해서는 예산개혁을 위한 노력이 결실을 맺어야 할 뿐만 아니라 그에 상응하는 정보체계가 발달해야 된다. 즉, 전통적인 회계정보뿐만 아니라 관리정보가 필요하다.

여러 가지 기법과 시각은 오늘날의 예산운영에서 여러 가지 형태로 수용되고 있는데, 그 중 가장 중요한 것이 정책분석과 평가라 할 수 있다. 그런데 만일 정책분석이 정치적 책임을 가진 사람의 정치적 판단을 대체하려고 할 때 이론적으로나 현실적으로 문제가 있듯이 정책감사가 정치적 결정자의 정치적 판단까지를 감사하려고 한다면 문제가 될 수 있다.

결국, 예산집행에 있어 각종 서류 및 기록 등이 회계검사의 대상이 되고 있는데, 이를 대상으로 회계검사가 진행되면 합법성검사가 중시되겠지만 정책감사처럼 정치적 판단까지 고려해야 하는 회계검사의 경우에는 매우 어렵고 복잡한 문제를 내포하고 있다.

또한, 능률성, 효과성 및 정책 등의 검사나 감사를 할 수 있으려면 상응하는 정보체계가 발달해야 그 만큼의 성과를 도모할 수 있다.

## 3 회계검사의 유형

### 1) 서면검사, 현장검사, 대행검사

서면검사는 검사를 받는 기관이 제출한 계산서, 증빙서류, 기타의 서류에 의존하여 검사하는 것이고, 현장검사는 검사기관이 직원을 현지에 파견하여 그 직원으로 하여금 실지로 검사를 행하게 하는 것이다. 실지검사는 서면검사에 대한 보충적 성격을 지닌다.

그리고 대행검사는 검사기관에서 검사해야 할 사항을 다른 기관에 위탁하여 검사를 실시하게 하는 것이다.

### 2) 합법성 감사, 효율성 감사, 정책감사

예산집행과 관련된 회계기록을 검사하는 것을 회계검사라고 하였는데, 여기서 감사라는 용어를 사용한 것은 일반적인 사용에 따른 것이다. 즉, 우리나라 감사원법은 회계검사와 직무감찰을 합쳐서 감사(監査, audit)라고 부르고 있기 때문이다.

합법성 감사는 수입·지출사무의 적법성여부에 중점을 두는 것으로서, 통제지향적인 품목별 분류 예산의 집행과정 및 결과에 대한 회계책임의 확립에 역점을 두고 있다. 효율성 감사는 예산운영에 있어서 투입에서부터 과정과 산출을 걸쳐 결과에 있어 능률적 및 효과적인 관계가 있는가를 감사하는 것이다.

정책감사는 정부의 정책과 예산운영과의 관계를 감사하는 것인데 두 가지 뜻을 가질 수 있다. 하나는 정부정책의 타당성을 감사하는 것이고, 다른 하나는 정부정책을 구체화시킨 예산의 편성·심의·집행과정 및 내용을 감사한다.

정책감사는 그 개념을 명확하게 정의하기도 어렵지만 그 외에도 두 가지 측면에서 어려운 점이 있다.

첫째, 국민의 대표기관이나 대의기관이 아닌 기관이 정부정책의 타당성을 감사할 수 있는 정치제도상의 근거가 불명확한 경우도 생길 수 있다. 정부로부터 독립된 제3자 또는 전문가이기만 하면 정책의 타당성을 평가할 수 있으리라는 주장은 설득력이 약하다. 그렇지 않고 정치적, 행정적 책임을 묻지 않는 정책감사라면 그것은 자문기관이나 참모기관이 수행하는 정책분석이나 평가와 다를 바가 없다.

둘째, 제3자가 정책-사업-예산 간의 타당한 관계를 정립하기 어렵다는 점이다. 일반적으로 정책이나 이를 구현하는 사업과 예산 간의 관계에 있어 중요성이 높으면 관련된 예산규모도 클 수밖에 없다. 그러나 예외적이고 이해할 수 없는 관계가 형성되어 있다면 제3자가 이를 분석하는 것은 어려울 수도 있다. 그러나 이와 같은 부분에 대해 책임추궁을 수반하지 않는 것이라면 정책분석 또는 평가와 다를 바가 없다.

## 제5절 회계검사기관의 특성

### 1 유형론

예산절차상 편성 · 심의(의결) · 집행 · 결산 및 회계검사라 하는 네 단계에 있어서 회계검사를 담당하는 기관이 회계검사기관이다. 행정부제출예산제도에 있어서는 행정부가 예산을 편성하여 제안하고, 입법부가 심의 · 의결하면 다시 행정부가 예산을 집행하게 된다.

각 국가에서는 각자의 특수한 역사적 전통과 정치체제의 특수성으로 인하여 여러 가지 다른 유형의 회계검사기관을 가지고 있다.

첫째, 회계검사기관이 입법부인 의회에 소속되어 있는데, 여기에는 미국과 영국 등이 해당되고 있다. 입법부가 행정부의 예산집행에 대해 회계검사를 담당하는 기관을 두고 있다.

둘째, 회계검사기관을 행정부에 소속시키고 있는 경우가 있는데, 대륙형이라 부른다. 우리나라의 감사원은 입법부가 아닌 행정부의 대통령 소속 하에 위치하고 있어 이와 같은 유형으로 분류되고 있다.

셋째, 독립형으로서 회계검사기관이 입법 · 행정 · 사법이라는 삼부(三府) 중에서 어느 부에도 속하지 않는 형태로서, 오늘날의 프랑스, 독일, 일본 등의 회계검사기관이 이런 유형에 속하는 것으로 분류된다. 회계검사기관의 중립성이라는 차원에 가장 부합하는 유형이다.

넷째, 대만형이라 하는 것인데, 대만에서는 총통이라는 국가의 최고권력 하에 입법 · 사법 · 행정 · 고시 · 감찰이라고 하는 다섯 개의 기능을 분립시키고, 각각 입법원, 사법원, 행정원, 고시원, 감찰원에 분장시키고 있다.

어느 유형이 되든지 회계검사기관에 대한 문제는 그 기관이 어느 정도 효과적으로 행정통제를 수행할 수 있는가이다. 많은 국가에서 회계검사기관은 조직 · 인사 · 예산 및 기능측면에서 정치권력으로부터 독립성을 갖도록 하고 있다.

또한, 현대정부의 복잡한 기능을 검토할 수 있을 만큼의 전문적 능력을 가져야 하기 때문에, 회계검사기관에는 다양한 전문가들이 포진해 있다. 그러므로 회계감사기관에는 분야별로 전문성을 갖춘 인력이 근무하게 된다.

## 2 우리나라의 감사원

### 1) 조직

우리나라에 있어 회계검사기관인 감사원은 헌법기관이다. 즉, 헌법 제97조는 국가의 세입세출의 결산, 국가 및 법률이 정한 단체의 회계검사와 행정기관 및 공무원의 직무에 관한 감찰을 하기 위하여 대통령 소속 하에 감사원을 둔다고 규정하고 있다.

그러나 우리나라에 있어서 감사원이 회계검사뿐만 아니라 직무감찰까지도 담당하고 있는데, 행정수반인 대통령 소속 하에 설치됨으로써 독립성의 문제를 가지고 있다.

이에 대하여 감사원법 제2조(지위)는 감사원은 대통령에 소속하되 직무에 관하여는 독립의 지위를 가진다고 규정하고 있다. 그럼에도 불구하고 우리나라 감사원의 현실적인 지위상의 독립성은 완전하다고 할 수 없다는 평가가 제기되고 있다.

### 2) 기능

감사원의 임무는 감사원법 제20조(임무)에 의하여 국가의 세입세출의 결산검사와 감사원법 및 다른 법률이 정하는 회계를 상시 검사·감독하여 그 적정을 기하도록 되어 있다. 그리고 행정기관 및 공무원의 직무를 감찰하여 행정운영의 개선향상을 기한다고 규정하여 결산검사, 회계검사, 그리고 직무감찰의 세 가지를 명시하고 있다.

#### (1) 결산의 확인

감사원은 회계검사의 결과에 의하여 국가의 세입세출의 결산을 확인하고 있다.

#### (2) 회계검사

감사원법 제22조(필요적 검사사항)와 제23조(선택적 검사사항)에 의하면 감사원의 회계검사는 필요적 검사사항과 선택적 검사사항으로 구분된다.

우선, 필요적 검사사항은 다음과 같다. 국가의 회계, 지방자치단체의 회계, 한국은행의 회계와 국가 또는 지방자치단체가 2분의 1 이상을 출자한 법인의 회계 등이다. 그리고 다른 법률에 의하여 감사원의 회계검사를 받도록 규정된 단체 등의 회계에 대한 검사도 수행하고 있다.

선택적 회계검사사항은 감사원이 필요하다고 인정한 때, 또는 국무총리가 요구할 때 검사하는 사항으로 다음과 같은 것이다. 국가기관 또는 지방자치단체 외의 자가 국가 또는 지방자치단체를 위하여 취급하는 국가 또는 지방자치단체의 현금·물품 또는 유가증권의 출납, 국가 또는 지방자치단체가 직접 또는 간접으로 보조금·장려금·조성금 및 출연금을 교부(交付)하거나 대부금 등 재정원조를 제공한 자의 회계 등이다.

국가 또는 지방자치단체가 자본금의 일부를 출자한 자의 회계, 국가, 지방자치단체, 한국은행이 간접적으로 출자한 자의 회계, 국가 또는 지방자치단체가 채무를 보증한 자의 회계, 민법 또는 상법 이외의 다른 법률의 규정에 의하여 설립되고, 그 임원의 전부 또는 일부나 대표자가 국가 또는 지방자치단체에 의하여 임명되거나 임명·승인되는 단체 등의 회계, 국가, 지방자치단체 및 앞의 여러 규정으로 회계검사를 받게 된 자와 계약을 체결한 자의 그 계약에 관련된 사항에 관한 회계 등이다.

#### (3) 직무감찰

감사원은 위에서 설명하고 있는 회계검사뿐만 아니라 공무원 등에 대한 직무감찰 기능까지 담당하고 있다. 직무감찰은 행정기관과 공무원의 비위를 찾아내어 시정하고 행정운영을 개선하려는 것이다.

원래 회계검사와 직무감찰은 그 역사적 기원과 목적 등이 상이한 것으로 오늘날에는 많은 국가에서 두 가지 기능이 접근해 가는 경향이 있다. 우리나라에서도 정책감사를 강조하면서 양자 간의 좀 더 밀접한 유기적 관계가 모색되고 있다.

#### (4) 감사결과의 처리

감사원은 감사의 결과에 따라 변상책임의 판정, 징계요구, 시정요구, 개선요구와 고발을 할 수 있다.

예를 들어, 2021년 회계연도 감사결과에 대해서 총괄적으로 2021년 5월 1일부터 2022년 4월 30일 사이에 국가기관에 대한 감사결과 변상판정 또는 처분요구하거나 권고·통보 등 조치한 사항은 모두 693건으로서, 관련금액은 1,268억 3,909만 원이고, 징계 등을 요구한 인원은 72명이다.

회계관계 직원에게 변상판정하고 그 집행을 요구한 것이 1건, 2,400만 원, 비위관련자에 대하여 징계·요구한 것이 29건, 50명, 적게 징수된 세금 등의 추가징수 또는 과다설계·부실시공된 건설 공사비의 감액 등에 대해 시정한 것이 3건, 25억 7,146만 원, 기타 업무를 적정하게 처리하도록 시정·요구한 것이 1건, 잘못된 법령이나 행정규칙 등에 대하여 개선·요구한 것이 1건, 업무를 잘못 처리하여 주의·요구한 것이 230건, 정부시책과 제도상의 문제점에 대한 개선대책을 마련하도록 권고·통보한 것이 395건, 업무를 잘못 처리한 관련자에 대하여 통보(인사자료·비위)한 것이 6건, 10명, 시정요구 대상이나 감사기간 또는 감사결과 처리 중 시정조치가 완료되어 통보(시정완료)한 것이 18건, 범죄혐의가 있어 수사기관에 고발 또는 수사·요청한 것이 9건, 12명이다(감사원, 2022a: 365).

**표 8-2 우리나라의 예산 및 결산 순기**

| 연도/월 | N 1년 | N년 | N+1년 |
|---|---|---|---|
| 1 | 예산집행(n–1): 1월~12월<br>세입금납입·세출금지출(n–2)<br>중기사업계획서제출<br>[(n–1)+4years] | 예산집행(n): 1월~12월<br>세입금납입·세출금지출(n–1)<br>중기사업계획서제출<br>(n+4years) | 예산집행(n+1): 1월~12월<br>세입금납입·세출금지출(n)<br>중기사업계획서제출<br>[(n+1)+4years] |
| 2 | 총세입부·총세출부마감(n–2)<br>중앙관서결산보고서(n–2) | 총세입부·총세출부마감(n–1)<br>중앙관서결산보고서(n–1) | 총세입부·총세출부마감(n)<br>중앙관서결산보고서(n) |
| 3 | 예산편성지침통보(n) | 예산편성지침통보(n+1) | 예산편성지침통보(n+2) |
| 4 | 정부의 국가결산보고서(n–2) | 정부의 국가결산보고서(n–1) | 정부의 국가결산보고서(n) |
| 5 | 감사원의 국가결산보고서<br>(n–2)<br>국가결산보고서 국회제출(n–2)<br>예산요구서제출(n) | 감사원의 국가결산보고서<br>(n–1)<br>국가결산보고서 국회제출(n–1)<br>예산요구서제출(n+1) | 감사원의 국가결산보고서<br>(n)<br>국가결산보고서 국회제출(n)<br>예산요구서제출(n+2) |
| 6 | | | |
| 7 | 경제·사회적 상황변화에 따라 추가경정예산편성, 심의의결 가능(변동성 존재)(n–1) | 경제·사회적 상황변화에 따라 추가경정예산편성, 심의의결 가능(변동성 존재)(n) | 경제·사회적 상황변화에 따라 추가경정예산편성, 심의의결 가능(변동성 존재)(n+1) |
| 8 | 결산·심의의결(n–2) | 결산·심의의결(n–1) | 결산·심의의결(n) |
| 9 | 정부예산안제출(n) | 정부예산안제출(n+1) | 정부예산안제출(n+2) |
| 10 | | | |
| 11 | | | |

| 12 | 예산안심의 · 의결(n)<br>국가재정운용계획<br>수립지침통보<br>(n+4years) | 예산안심의 · 의결(n+1)<br>국가재정운용계획수립<br>지침통보<br>[(n+1)+4years] | 예산안심의 · 의결(n+2)<br>국가재정운용계획수립<br>지침통보<br>[(n+2)+4years] |
|---|---|---|---|

제4편

# 예산개혁론

알기쉬운

재 무 행 정 론

*financial administration*

# 제9장

# 예산개혁

# 제1절 예산개혁의 역사적 배경

## 1 예산편성의 권한여부

정부예산과 관련해서 편성의 권한이 어디에 있는가가 중요한데 오늘날에는 대부분의 국가에서는 행정부가 그 권한을 가지고 있다. 여기에는 예산규모가 지속적으로 증가되어 왔고, 예산편성이나 집행과 관련해서는 행정현장을 잘 이해하고 있는 관료 및 공무원의 전문성이 강조되고 있기 때문이다.

19세기 말이나 20세기 초반에 있어서는 입법부가 예산편성에 대한 주도권을 가지고 개별부처가 예산을 편성해서 제출하면 이를 승인해주는 제도를 오랫동안 유지하고 있었다. 물론, 오늘날에도 입법부가 행정부에 의해 종합적으로 제출된 예산안에 대해 심의・의결해주는 역할을 수행하고 있지만, 이전에는 입법부가 예산편성에 대해 더 많은 권한을 가지고 있었다.

많은 국가에서 예산의 규모가 확대되고 예산의 역할이 국민경제에 미치는 영향 등이 증대되었다. 그러면서 정치인들로 구성되고 법률 등을 입안해야 하는 의원들이 예산에 대한 전문성을 가지고 편성에까지 직접적으로 관여하는 것은 분명히 한계가 있을 수밖에 없다는 시대적 변화가 생겼다.

이와 같은 상황 하에서 예산에 대해 전문성을 갖춘 행정부가 점차적으로 편성권한을 소유하고, 개별부처에서 편성하던 방식에서 벗어나 중앙예산기관을 중심으로 국가 전체의 단일예산안을 편성하여 입법부로 제출하게 되었다. 다시 말해, 행정부제출예산제도가 등장하면서 예산과 관련한 논의가 더욱 더 활발해졌다.

## 2 예산개혁의 역사

예산과 관련한 개혁은 다른 개혁과 유사하게 법적 측면과 제도적 측면 등이 연계되어 진행된다. 이는 제도적 측면을 법이 보완해주거나 안정화시키고 제도적 측면이 법적 측면 하에서 운영되는 것을 의미한다.

예산개혁의 시작은 미국에서 출발하고 있으며, 1921년 예산회계법(Budget and Accounting Act of 1921)이 제정되어 1920년대 말에 이르러 행정부가 예산을 편성하고, 의회에 대해 책임을 지는 제도가 정착되었다. 그 이전까지는 재무부가 각 행정부처의 예산을 취합하여 의회에 제출하였고 의회는 오늘날의 중앙예산기관의 역할을 수행하였다.

미국에서는 1921년의 예산회계법에 의해서 행정부제출예산제도가 도입되었는데, 예산집행에 책임을 지는 행정부가 예산을 편성해야 효율성이 증가한다는 것이었다(주기완 · 윤성식, 2020: 125).

예산회계법은 미국 연방정부의 중앙예산기관인 오늘날의 관리예산처(Office of Management and Budget: OMB)에 해당하는 예산국(Bureau of Budget)을 설치하였다. 또한, 합법적 지출에 대한 감사를 담당하는 입법부인 의회(Parliament) 산하의 독립적 감사기관인 일반회계원(General Accounting Office: GAO)도 설치하였다. 2004년 일반회계원은 정부회계원(Government Accountability Office: GAO)으로 명칭이 변경되었다.

오래전부터 예산제도적 측면에서는 지출하는 품목을 중심으로 예산을 편성 · 운영하는 품목별예산제도(品目別豫算制度, Line-Item Budgeting System: LIBS)가 핵심적이었다. 그러나 지나치게 통제 위주의 성격으로 인하여 예산배분의 효율성과 성과를 제고하기 위하여 성과주의예산제도(成果主義豫算制度, Performance Budgeting System: PBS), 계획예산제도(計劃豫算制度, Planning Programming Budgeting System: PPBS), 목표관리제(目標管理制, Management By Objective: MBO), 영기준예산제도(零基準豫算制度, Zero-Based Budgeting: ZBB) 등이 등장하고 활용되었다(유금록, 1996: 186).

## 3 예산개혁의 시작

예산에 있어 품목별예산제도의 기원은 1688년 영국의 명예혁명 때부터 왕의 재정권을 통제하려는 노력에서 시작한 것으로 보인다. 그러나 근대적 측면 하에서는 미국에서 행정의 절약을 증진시키기 위해서 1907년 뉴욕시 보건국 예산을 품목별로 편성함으로써 시작되었다고 한다.

뉴욕시는 1906년 뉴욕시정연구국(New York Bureau of Municipal Research)을 설립

해 예산낭비와 부패를 방지하고 예산에 대한 통제를 확보하려는 방안으로 이 제도의 도입을 건의하였다(윤영진, 2021: 387).

성과주의예산제도와 계획예산제도는 미국의 행정부에서 공식적으로 실시되기 이전부터 존재하였다. 다만, 이와 같은 명칭을 사용하지 않았으며 오랫동안 관심을 끌지 못했던 것에 불과하다 할 수 있다.

예를 들어, 성과주의예산은 실제로 미국 연방정부가 예산을 기능에 의해 분류하기 시작했을 때부터 시작되었다 보고 있다. 계획예산은 1960년대에 있어 미국의 맥나마라(R. McNamara) 국방장관(1961~1968년)에 의해 공식적으로 시작되었고 관심을 끌게 되었지만, 1900년대 초기에 이미 뉴욕에서 계획예산의 초기형태라 할 수 있는 제도가 개발되어 있었다.

예산에 대한 의사결정은 자의적이고 비합리적인 근거에 의하지 않고 합리적이고 경제학적 원칙에 의거해야 한다는 주장이 오랫동안 존재하여 왔다. 그리고 이러한 주장이 지속적으로 예산개혁을 가져왔다.

많은 국가에서도 예산을 개혁해야 한다는 목소리는 지속되어 왔으며, 특히 합리적인 기준에 의하여 예산의사결정을 하는 개혁노력이 시도되었다. 그러나 예산에 있어 그 성격상 정치·사회적 요인을 경제학적 원칙과 결합하여 예산의사 결정과정에 적절하게 반영하지 못하는 어려움이 있다.

예산과정 자체가 가지고 있는 문제점이 존재하고 있다. 따라서 아직도 예산의사 결정과정에 대한 체계적이고 이상적인 이론적 기준조차 개발되지 못하고 있다는 비판이 제기되고 있다. 모든 예산개혁이 예산제도에 많은 영향을 미쳤으며, 어느 한 예산제도가 주도적인 제도로서 자리를 잡지는 못하였다.

예산개혁의 역사는 정부생산성의 증가와 예산의 효과적이고 효율적인 운영에 국한되는 것이 아니라 거시적으로 민주주의를 올바른 측면에서 실현하는 출발점이 된다는 것이다(Willoughby, 1992). 그리고 예산개혁과 관련한 많은 시도가 민주적이고 합리적인 예산제도 운영할 수 있도록 지원하고 있으며, 향후에도 그와 같은 보완과정이 지속될 것으로 예상되고 있다.

# 제2절 초기의 다양한 예산제도

## 1 일괄총액예산 및 목표예산

일괄총액예산(一括總額豫算, Lump Sum Budget)은 예산제도 중에서 가장 통제가 약한 형태로 예산을 집행하는 기관에게 사실상 모든 자유재량이 부여된 제도이다. 예산의 총액만이 예산심의의 대상이 되고 예산총액이 일단 결정되면 사실상의 세부항목에 대한 통제는 없고 예산집행기관의 임의대로 집행되는 예산이며, 가장 오래된 형태의 예산이라 할 수 있다.

사실상 왕정시대의 예산은 일종의 총액예산이라고 볼 수 있고 예산총액마저 왕의 자의적 의사대로 결정되지만 영국에서는 왕권에 대한 제약을 가하기 시작하면서부터 세금을 부과하는 데 의회의 동의를 얻게 함으로써 총액에 대한 중대한 제약이 가해지기도 하였다.

목표예산(目標豫算, Target Base Budgeting)은 미국의 일부 주정부 및 지방정부들에 의해 채택되고 있는 예산제도로 각 부서의 지출한도가 정부의 최고관리자에 의해 설정되는 반면에, 부서장들은 집권적으로 설정되는 지출한도 내에서 그들의 목적을 가장 효과적으로 달성하도록 하는 동시에 다음 연도 예산요구 시 부서의 목적달성 실적을 반영하는 방식으로 재원을 각 부서에 배분하는 방법이다.

목표예산의 장점은 정책에 관한 지침을 예산신청기관에 미리 하달함으로써 정책과 예산의 연계성을 제고할 수 있으며, 총체적으로 일관성 있는 예산편성이 가능하다는 것이다. 또한, 예산신청기관이 당해 부서사업의 우선순위를 자율적으로 평가할 수 있다.

목표예산의 문제점은 초기에는 과다한 지출이 이루어지나 예산절약이나 세입의 증대를 가져올 수 있는 사업추진이 어렵다는 것이다. 예산의 대부분이 삭감될 수 없는 예산으로 구성된 조직은 큰 타격을 받을 수 있으며, 수입담당 기관의 인원이 목표예산에 의해 많이 감축되면 세입의 감소라는 역효과를 가져올 수 있다는 문제점을 가지고 있다(유금록, 1996: 188).

## 2 품목별예산제도

### 1) 품목별예산의 개념

우리가 일상생활에서 수입과 지출을 일목요연하게 기술하거나 국가와 정부에 있어 수입과 지출을 체계적으로 기록할 때 수입에 따르는 항목과 지출에 따르는 항목을 구별하는 것은 매우 당연하다.

정부 차원에서 정부의 수입에 따르는 항목을 재분류함과 동시에 정부의 지출에 따르는 항목을 재분류하여 거기에 세금, 수입, 인건비, 물건비, 기타 등의 금액을 연계시키는 것이 자연스럽다. 그리고 이와 같은 의미의 예산제도는 오래전부터 활용되었고 사용되어 오고 있다.

현재에도 대부분의 정부는 하나의 예산 전체를 조직별로 재분류하고, 마지막 단계에서는 수입 · 지출의 구체적 항목, 즉 수입 · 지출대상을 기준으로 분류한다. 이처럼 수입 · 지출대상을 기준으로 하는 분류를 품목별예산제도라고 하는데, 일괄총액예산에 비해 통제가 강화된 예산이며 통제는 전통적 통제를 말한다.

품목별예산의 등장은 영국을 포함한 많은 국가에서 예산의 비정상적 운용을 방지하고 재정의 한계를 지키도록 하는 데 있다. 모든 국가의 예산과정은 공공자금을 횡령하는 행위, 목적 외로 사용하는 행위, 통제되지 않은 비용으로 지출하는 행위를 방지하기 위한 노력을 오랫동안 지속하여 왔다.

이와 같은 측면에서 예산지출을 통제할 목적으로 지출대상을 세분화하는 예산제도가 품목별예산제도이다. 서구 선진국의 경우, 품목별예산제도는 1920년대 완성되었다고 한다(박영희 · 김종희, 2017: 309). 품목별예산제도는 효율성과 효과성에 초점을 맞추는 통제가 아니라 부정과 오류가 없는지를 확인하고 감독하는 데 유용한 통제를 말한다.

특히, 지출대상을 기준으로 한 분류란 인건비, 수용비, 여비 등으로 투입에 관련된 분류체계를 의미한다.

### 2) 품목별예산과 산출의 미비

품목별예산은 오랫동안 예산의 근본형태로서 사용되어 왔는데 예산상의 지출에 있어 무엇이 투입(input)되는가에만 관심이 주어지고 예산지출로 무엇을 만들어내는가의 산출(output)에는 무관심하므로 예산이 이루고자 하는 것을 쉽게 파악할 수 있는 예산제도는 아니다. 결론적으로 품목별예산은 조직의 기능이나 활동에는 관심이 없고 지출의 통제에만 관심을 기울인 제도로서 투입에 대한 정보만을 제공한다.

품목별예산은 위에서 설명한 바와 같이 우리가 흔히 주변에서 가장 많이 볼 수 있는 예산형태이며, 일반사람들이 상식적으로 생각하는 예산제도이다. 품목별예산은 조직을 단위로 편성될 수도 있고 기능을 단위로 편성될 수도 있고, 사업을 단위로 편성될 수도 있으며 심지어는 사업의 하부단위인 활동(activity), 즉 최소업무단위를 기준으로 해서도 편성될 수 있다. 각각의 조직, 기능, 사업, 활동을 기준으로 그 하부 차원에 품목별로 예산항목과 금액을 계상할 수 있다.

### 3) 품목별예산의 단점 및 변형

품목별예산은 사입의 효과와 효율보다도 지출항목의 액수변화에만 초점을 맞추기 때문에 지출항목의 구체적인 액수를 통제하는 데 매우 유효한 예산제도이다. 그러나 그 결과로 정책기획, 정책영향, 정책평가 등은 소홀히 취급될 수밖에 없다.

그러나 한정된 수입을 어떻게 지출항목에 합리적이고 경제이론적으로 타당한 기준에 따라 분배하느냐는 결국 사업의 효과와 효율을 평가하여 이루어져야 한다. 오랫동안 평가방법과 평가지표의 결여는 품목별예산에 많은 비판을 가져왔다.

예산형식이 품목별예산의 형태를 취하더라도 사업의 효과성과 효율성을 평가하여 그것이 다음 예산편성의 기획 단계에서 반영되어 합리적인 자원의 분배가 예산을 통해 이루어질 수 있으면 품목별예산에서 훨씬 더 진일보한 것이다.

투입과 산출의 관계를 분석하여 최선의 대안이라고 생각되는 사업을 선정하는 예산제도는 설사 품목별예산으로 이루어졌다 하더라도 더 이상 우리가 비판하는 지출의 정확성과 합법성에만 역점을 두는 전통적인 품목별예산이 아니다.

그러므로 오늘날에는 품목별예산제도의 단점을 극복하기 위해서 상위 단계에서 기능이나 활동으로 분류한 다음에 지출을 항목별로 배치하고 있다. 이와 같은 조치는 결국, 품목별예산제도는 오래전부터 활용되어 왔지만 여전히 중요성을 가지고 있어, 이를 보완하는 예산제도와의 결합이 이루어지고 있다는 맥락이다.

### 4) 품목별예산의 생명력

예산개혁이 여러 번에 걸쳐 이루어진 미국의 경우에 있어 아직도 예산의 기본형태는 품목별예산으로 구성되고 있다. 다만, 예산개혁의 영향으로 다른 형태가 도입되어 새로운 개념과 결합하여 변화된 모습을 보일 뿐이다.

그러한 개혁들은 보다 합리적이고 객관적이며 이론적으로 타당한 새로운 개념을 품목별예산에 접목시켰으나 품목별예산이 사라지고 다른 대안에 의해 대체되지는 못했고 앞으로도 그럴 가능성은 희박하다고 할 수 있다.

여전히 품목별예산의 강점인 지출의 통제는 매우 중요한 개념이며 기본형태를 유지하면서 다른 새로운 예산형태와 결합할 수 있기 때문이다. 향후에도 품목별예산제도는 지속적으로 존재할 것이 예상되는데 여기에는 새로운 제도와 결합될 때, 지속적으로 보완되는 특성을 가지고 있기 때문이다.

# 제3절 성과주의예산제도

## 1 성과주의예산의 개념 및 시작

성과주의예산제도(Performance Budgeting System)[1]는 1913년 뉴욕시의 리치먼드구에서 원가예산제(cost data budget)를 시도한 데 있다. 여기서는 구의 예산을 먼저 업무기능별로 분류하고 업무의 원가를 계산해 예산에 적용하는 방식을 채택한 것이다(윤영진, 2021: 389).

투입에 초점을 맞추었던 품목별예산과는 달리 조직이 생산하는 산출(output)을 강

---

1) 성과주의예산은 영어의 performance budgeting 혹은 performance based budgeting을 의미한다. 전자는 성과주의예산, 실적주의, 성과별 예산 등으로 번역되고 있고, 후자는 성과주의예산, 새로운 성과주의예산, 성과지향예산 등으로 번역되고 있다. 이와 같은 번역이 보여주듯이 성과주의예산이라는 용어는 그것이 유래한 미국에서조차 정의가 쉽지 않다고 한다(Joyce, 1999: 598; 신무섭, 2008: 2).

조하고 있다. 모든 산출이 측정가능하지 않으므로 실시에 어려움이 있음에도 불구하고 실시의 초기에는 많은 환영을 받았던 예산제도이다.

다만, 공공부문에 있어 정부활동의 성과를 평가하는 것은 오랫동안 중요한 관심사항 중에 해당되며, 성과주의예산은 예산과 재정 분야에서 하나의 핵심사항으로 그 역할을 수행하였다(Wang & Biedermann, 2012: 2).

성과주의예산제도는 정부가 구매하는 것보다 정부가 하는 것에 초점을 맞춘 예산제도라 할 수 있다. 성과주의예산제도는 성과달성의 수단에서 성과 그 자체로 강조점을 변경한 것이었다(Burkhead 1956: 133; 나중식, 2008: 3). 이전에는 묵시적인 성과달성을 위해 지출품목이 중요하였다면 성과주의예산에서는 성과가 얼마만큼 도출되었느냐 하는 것이다.

성과주의예산은 원가(cost)를 계산하는 예산이라고도 할 수 있는데, 기능(function)을 중심으로 성과주의예산이 편성되면 기능을 한 단위로 하여 원가를 계산할 수 있다. 예를 들어, 도로건설기능 하에서 도로길이를 업무측정단위라 하고, 1km의 도로건설을 측정하는 비용을 단위원가로 하여 예산을 계산하여 편성하는 방식이다.

성과주의예산은 미국에서부터 시작하여 많은 국가에 중대한 영향을 미쳤으며, 우리나라에서도 당시에 성과주의예산을 실시하려고 했으나 실패하였다.[2] 미국에서 성과주의예산의 근본정신은 예산이 기능중심으로 재분류되고 원가를 기능별로 계산할 때부터 시작되었다고 볼 수 있다.

기능은 하부기능으로 추가로 세분되어 보다 많은 정보와 요구를 충족시킨다. 하부기능은 여러 개의 사업이 모여서 이루어진다. 다음과 같은 분류는 미국의 성과주의예산에 많이 사용되었던 분류이다.

기능(function) – 하부기능(subfunction) –
사업(program) – 하부사업(subprogram) – 활동(activity)

2) 우리나라에서 성과주의예산의 시험적 적용은 1962년에 농림부(현재의 농림축산식품부), 보건사회부(현재의 보건복지부), 건설부(현재의 국토교통부) 3개 부처를 대상으로 진행하였다. 모든 사업에 대해 성과주의예산이 적용된 것이 아니라 계량화가 비교적 용이한 15개 사업에 우선적으로 적용되었다. 1963년에도 동일한 부처의 동일한 사업에 대해 성과주의예산이 적용되었다. 그러나 당시에도 성과주의예산제도가 지니는 어려운 점과 당시 예산국의 리더십 중단 등으로 1964년부터 이를 폐기하였다(유훈 · 신종렬, 2018: 301).

## 2 기능의 목표와 목표달성을 위한 대안

예산은 기관이나 조직의 재원으로 무엇을 수행하고 있는가를 알 수 있도록 정보를 제공할 수 있다면 바람직하다. 그리고 이것을 통해 조직이 이룩하는 목표가 무엇인지 제시될 필요가 있다. 성과주의예산처럼 만약 조직이 아닌 기능이 예산편성의 단위가 된다면 조직별로가 아닌 기능별로 각 기능이 무엇을 수행하고 있는지, 그리고 목표를 밝힐 수도 있다.

그런 다음 목표수행을 위한 대안을 검토하여 사업을 선정한다면 예산의 목적을 충분히 달성할 수 있다. 사회가 급변하는 시대에 있어, 특히 조직이나 기능에 대해 요구하는 바가 다양하고 빨리 변화할 수밖에 없으며, 그때마다 조직이나 기능의 목표는 적절하게 수정되어야 한다.

## 3 업무단위 및 측정

예산이 기능별로 분류되고 다시 하부기능으로 분류되며 사업으로 재분류되어 사업을 예산분석과 검토의 기본단위로 하게 되었을 때 성과주의예산은 비로소 공식적으로 모습을 나타나게 되었다. 사업의 목표와 그 목표를 달성하는 데 소요된 원가가 성과주의예산의 초점이었다. 성과주의예산은 결과의 달성도, 효율성 등을 측정하기 위해 업무측정(work measurement)을 사용하였다.

다시 말해, 성과주의예산은 정부가 구입하는 지출항목에 관심을 두는 것이 아니라 정부가 수행하는 기능이나 사업에 치중하여 예산을 편성하는 것이다. 더 나아가 가능하다면 모든 사업에 대하여 업무단위 또는 업무측정단위라는 것을 선정하여 업무를 양적으로 표시하고 그 성과를 분석하는 제도이다.

그러므로 업무측정단위의 선정이란 성과주의예산에 있어 가장 본질적인 문제라 하지 않을 수 없다. 정부의 모든 사업이나 활동은 어떤 형태이든 간에 최종산물(end product)로 나타난다. 예를 들어, 과학기술사업에서는 투자건수, 교육사업에서는 교원수, 학생수, 보건사업에서는 환자수 등이 제시된다.

그러나 많은 정부사업에 있어 동질적인 의의가 있고 확실하게 최종산출물을 찾아내기 어렵기 때문에 업무측정단위를 선정하는 데 곤란성이 존재한다. 동시에 단위원가를 계산하는 문제도 쉽지 않은 것으로 분석되고 있다.

단위원가란 업무측정단위 하나를 산출하는 데 소요되는 인건비, 자재비, 기타 모든 비용을 의미하는데, 이와 같은 비용을 정확하게 산출하는 것도 어려운 작업이다. 특히, 회계제도가 발달하지 못하고 충분한 지식과 경험을 갖추지 못하면 성과주의예산제도의 운영을 더욱 더 어렵게 할 수 있다(유훈 외, 2012: 347).

**성과주의예산의 예산금액산정**

단위원가 × 업무량 = 예산금액

## 4 성과주의예산의 사례(I)

### 1) 단순한 사례

가장 단순한 성과주의예산의 사례 하나를 제시하면 다음과 같다. 어떤 부서의 목표달성이 500단위로 설정되었다고 하자. 만약 600단위를 달성했다면 매우 효과적이라고 볼 수 있다. 그러나 효과성 못지않게 효율성도 중요한데, 효율성의 측정은 원가라는 개념이 필요하다.

목표달성을 위해 예산이 1,000억 원 편성되었다면 이것은 과거에 계산된 단위원가 2억 원 기준으로 하여 500단위를 위한 예산이 편성된 것이다. 그러나 실제 600단위의 달성을 위해 소요된 예산이 900억 원이라면 이는 단위원가가 1.5억 원이라는 것을 의미하므로 매우 효율적이었다고 할 수 있다.

### 2) 복잡한 사례

성과주의예산을 보다 잘 이해하기 위해서 다른 사례 하나를 제시한다. 〈표 9-1〉의 사례는 어떤 조직 내에서 특정사업을 수행하고 있고, 이와 관련된 성과주의예산 편성 방식이다. 보건사업의 수행을 위해서 세 가지의 활동이 필요하다고 가정하고 다음과 같다.

**표 9-1 성과주의예산의 예**

| 활동 = 업무 | 업무측정단위 | 업무측정량 | 단위원가 | 예산 |
|---|---|---|---|---|
| 여론조사 | 가구수 | 1,000가구 | 20,000원 | 2,000만 원 |
| 세균조사 | 조사 | 100회 | 100,000원 | 1,000만 원 |
| 소독의 실시 | 실시횟수 | 120회 | 500,000원 | 6,000만 원 |
| 예산금액 | | | | 9,000만 원 |

〈표 9-1〉의 사례에서 업무측정단위를 결정하는 것이 성과주의예산 편성의 출발점이 되는데 여론조사의 최종산출물이 무엇인가를 기준으로 여론조사의 업무측정단위를 정한다. 여론조사는 몇 가구에 대한 조사를 하였는지가 좋은 기준이 될 수 있다. 많은 조사를 하면 그만큼 많은 주민들의 여론을 파악할 수 있기 때문에 긍정적이지만 한정적인 재원규모도 인지하는 것이 필요하다.

물론, 조사가구 숫자만을 기준으로 하고 있기 때문에 심도 깊은 조사보다는 형식에 치우치고 간단한 조사로 대체할 가능성도 있지만 그것은 단위원가의 하락을 동반하므로 그리 심각한 문제는 아니다. 불량지구라고 생각되는 곳의 세균조사는 여론조사를 참조하여 결정하는데, 불량지구에서 샘플을 추출하여 오염여부를 결정한다.

이 업무도 조사를 많이 할수록 넓은 지역이 조사되기 때문에 조사횟수가 업무를 측정할 수 있는 단위가 된다. 세균조사를 한 이후에는 오염이 심한 지역을 기준으로 소독을 실시하는데, 실시횟수가 좋은 업무측정단위가 될 수 있다.

그러나 여론조사와 세균조사와는 달리 소독의 실시는 쉽게 적정량을 결정하기가 쉽지 않다. 목표량을 120회로 산정하였지만 실제로 그보다 더 자주 소독을 실시해야 할지도 모르거나 혹은 불필요하게 120회나 실시할 필요가 없을 수도 있을 것이다. 그러나 목표를 정하지 않고 무조건 하면서 두고 보자라고 할 수는 없으므로 과거의 경험을 토대로 추정하는 수밖에 없다.[3)]

성과주의예산에 있어 업무측정단위의 결정 못지않게 어려운 것은 단위원가의 계산이다. 단위원가의 계산은 여러 원가를 동시에 고려해야 하기 때문에 쉬운 일이 아니고 다소 모호한 경우도 많이 존재한다. 일단 〈표 9-1〉의 사례처럼 단위원가로 계산되었다

3) 여기서는 위의 세 가지 업무측정단위의 결정이 큰 문제가 없이 쉬운 것처럼 선정했지만 실무나 현장에서는 더 자세히 인지하고 조사하다 보면 그렇게 간단한 문제는 아니다.

고 가정하자.

그러면 각 부문의 예산은 업무측정량에 단위원가를 곱하여 구하는데 단위원가를 세분하여 인건비, 재료비, 기타 비용으로 세분할 수도 있고, 인건비의 경우도 소요시간을 계산하고 직원 일인당 일하는 시간을 고려하여 매우 자세하게 편성할 수도 있다.

총예산은 9,000만 원이고 위의 활동이 9,000만 원의 예산으로 운영되어야 하는 것을 제시하고 있다. 실제로 이러한 예산이 편성되고 승인되어 집행되었고 만약 1년이 지나 결산 시에 나타난 결과가 〈표 9-2〉와 같다고 하면 품목별예산제도에서는 얻기 어려운 정보 등을 얻을 수 있다.

**표 9-2 예산계획서의 결과**

| 활동 = 업무 | 업무측정단위 | 업무측정량 | 예산 |
|---|---|---|---|
| 여론조사 | 가구수 | 800가구 | 2,100만 원 |
| 세균조사 | 조사 | 110회 | 1,000만 원 |
| 소독의 실시 | 실시횟수 | 100회 | 5,000만 원 |
| 결산금액 | | | 8,100만 원 |

여론조사는 예산상의 목표인 1,000가구에 미달하는 800가구에 그쳤는데, 소요된 지출은 2,000만 원을 초과하는 2,100만 원이었다. 구체적인 조사결과 단위원가의 급격한 상승이 초과지출의 원인임을 파악하게 되었다. 단위원가의 상승을 분석한 결과 여론조사 전문가가 부족하여 전문가의 임금이 대폭 올랐기 때문임이 밝혀졌다는 정보를 알게 된 것이다.

세균조사는 목표횟수인 100회를 초과하였는데, 지출금액은 예산상의 금액과 동일하였다. 예산상의 지출은 동일하였으나 왜 목표횟수 이상을 조사하였는지 파악한 결과 지역주민들의 불만이, 특히 일부 지역에서 작은 소란이 발생하여 조사의 추가실시가 필요한 때문이라는 정보가 도출되었다. 그러나 새로운 조사기법의 개발로 예산절약이 가능하여 단위원가인 10만 원 이하로 가능하게 되었음도 밝혀졌다.

소독의 실시는 주민들의 불평에도 불구하고 목표횟수 120회에도 못 미치는 100회에 그쳤다. 소독에 관한 예산상의 지출은 목표액 6,000만 원보다 1,000만 원 작은 5,000만 원이었는데, 이는 단위원가 50만 원에 해당하는 것으로서 비효율도 없었고 효율적이라고 할 수도 없음을 보여주었다. 그러나 소독의 실시가 목표횟수에 미치지 못한 이유는 소독약의 품귀로 인하여 약품을 구입하지 못한 결과로 나타났다. 결국, 소독약 수급에 관한 예측을 소홀히 했음이 나타나게 되었다.

이상과 같이 성과주의예산의 사례를 통해서 품목별예산이 갖지 못한 여러 추가정보에 대한 파악이 가능하며, 조직의 비효율을 파악할 수 있는 시발점을 제공해 주기도 하였다. 조직의 성격에 따라서 적절한 업무측정단위의 결정이 매우 어려운 경우가 많고, 설사 객관적이고 적합한 업무측정단위가 결정되었다 해도 단위원가를 계산하는 것은 매우 곤란하기 때문에 여러 가지 문제점을 수반하였다.

결국, 많은 국가의 예산개혁에서 인지하듯이 한 가지의 예산개혁이 모든 조건에서 성공적으로 정착되기는 매우 어렵다(Kettl, 1992).

## 5 성과주의예산의 경험 및 시사점

### 1) 품목별예산과 성과주의예산의 결합가능성

성과주의예산은 기존의 품목별예산을 완전하게 대체하는 제도로 사용되기보다 보완하는 제도로 활용되었다. 결국, 예산개혁 하에 새로운 형태의 예산제도가 등장해도 100% 품목별예산제도를 대체할 수는 없다는 의미이다.

또한, 성과주의예산은 품목별예산과 서로 결합되어 운영될 수 있는데, 예를 들어 위의 복잡한 사례에서 소독업무에 대한 예산금액이 6,000만 원 편성되었는데, 이것은 품목별예산으로 〈표 9-3〉과 같이 세분될 수 있다.

표 9-3 소독업무의 예산항목

| 지출항목 | 예산금액 |
|---|---|
| 인건비 | 2,000만 원 |
| 소독약품비 | 1,500만 원 |
| 차량유지비 | 1,000만 원 |
| 소독장비구입비 | 500만 원 |
| 기타 비용 | 1,000만 원 |
| | 6,000만 원 |

매 1회의 소독실시에 관한 단위원가 50만 원도 같은 구성요소로 구분할 수 있는데, 소독실시가 120회로 계획되어 있기 때문에 50만 원 중 소독약품비가 차지하는 액수는 12.5만 원으로 계상된다.

### 2) 품목별예산과 성과주의예산의 동시편성

성과주의예산은 품목별예산이 편성되고 그것과는 별도로 편성될 수도 있는데, 예를 들어 복잡한 사례에서 조직 A의 예산이 〈표 9-4〉와 같이 편성되었다고 가정하자.

여기에서 알 수 있듯이 품목별예산은 조직이 어떤 활동을 하는지 알려주기 곤란할 뿐만 아니라 조직활동의 성과에 대한 판단을 파악하기가 어렵다. X부서와 Y부서의 예산이 합쳐지고 조직 A 자체의 예산과 합산되어 36,700만 원이라는 액수를 구성하고 있다. 여기에 성과주의예산을 각각 X부서와 Y부서에 관해 편성하고, 조직 A의 품목별예산에 첨부하여 의사결정과 성과평가에 활용할 수 있다.

표 9-4 예산의 동시편성

| 항목 | 예산금액 |
|---|---|
| 인건비 | 8,500만 원 |
| 임대료 | 1,200만 원 |
| 소모품비 | 500만 원 |
| 재료구입비 | 4,500만 원 |
| 차량유지비 | 5,000만 원 |
| 운영비 | 2,000만 원 |
| 정비 및 시설구입비 | 6,000만 원 |
| 기타 비용 | 9,500만 원 |
| | 36,700만 원 |

### 3) 성과주의예산의 교훈

당시의 성과주의예산이 남긴 가장 큰 공헌은 원가와 성과를 예산과정을 통해서 파악하고 사업목표달성의 정도를 평가하려는 노력이었다. 성과주의예산을 직접적으로 채택하여 실행하지 않았던 많은 조직들도 성과측정을 위한 노력을 예산에 접목시키려고

하였다. 또한, 목표를 설정하고 작업량을 결정하여 원가정보를 계산함으로써 효과와 효율을 측정하려는 흔적도 보여주었다.

성과주의예산은 큰 조직보다는 작은 규모의 조직에 적용하기가 쉽다. 미국의 경우도 시(市)정부의 대부분이 성과주의예산을 사용하고 있거나 성과주의예산의 요소를 가미한 예산제도를 채택하고 있다.

미국에서 성과주의예산은 품목별예산을 더 선호했던 입법부인 의회의 환영을 받지 못하였다. 사업예산이 품목별로 편성되어 통제되지 않고 총액만이 결정되어 집행기관의 자유재량에 맡김으로써 구체적인 지출에 대한 간섭을 배제하는 것이 성과주의예산의 기본정신이다. 그 대신 집행기관은 목표달성을 책임진다는 것인데, 이와 같은 측면에서 예산통제를 선호하는 의회의 입장에서는 지지할 수 없는 예산제도이었다.

그럼에도 불구하고 성과주의예산제도가 성공적으로 운영되기 위해서는 예산회계정보시스템이 설치되고 발전되어 사업별로 원가계산을 가능하게 해주는 것이 필수요소이다. 그리고 성과주의예산운영에 있어서도 유능하고 실행에 적극적인 자세를 지닌 예산담당자가 필요하다.

대부분의 예산제도가 그러하듯이 성과주의예산은 계량화가 가능하지 않으면 성과측정을 할 수 없으므로 주로 객관적 계량화가 용이한 사업만을 대상으로 도입되었고, 이것이 성과주의예산의 한계점으로 지적되고 있었다(주기완 · 윤성식, 2020: 368-370).

성과주의예산제도는 많은 기대를 가지고 출발했으나 상대적으로 정부부문에 적용하기에는 문제를 가지고 있었으며, 이를 체계적으로 극복하기 위한 대안도 적었기 때문에 제도로서 적용상의 어려움에 직면하게 되었다. 그러나 성과도출을 위한 노력은 후에 다른 예산제도에 영향을 주었다.

# 제4절 계획예산제도

## 1 계획예산의 의의

### 1) 계획예산의 개념 및 분석기법

계획예산제도(Planning Programming Budgeting System)는 중장기적인 계획수립(planning)과 단기적 예산편성(budgeting)을 사업계획 작성(programming)을 통해서 유기적으로 연결시킴으로써 자원배분의 합리적 의사결정을 도모하려는 제도이다.

계획예산은 1960년대 들어서면서 발달된 정보처리시스템으로부터 큰 영향을 받았다. 계획예산제도는 체제분석, 비용편익분석 등을 대표적인 분석기법으로 활용하고 있는데 정보처리시스템의 발달은 과학적 분석을 가능하게 하였다. 또한, 수년 간의 자료를 누적화해서 분석할 수 있는 기초를 제공함으로써 계획예산제도 발달에 기여하였다.

미국에서 계획예산제도는 국방부에 1961년 도입되었고, 1965년 존슨(L. B. Johnson) 대통령은 모든 연방정부에 대해 도입할 것을 지시하였다. 당시의 예산제도에서 중·장기적인 계획은 이상적으로는 존재하였고, 예산편성은 단기적으로 이루어지면서 계획과 예산이 통합되지 못하고 있었다(원구환, 2019: 273-275).

계획예산제도는 중장기 예산계획과 사업의 성과 및 원가를 결합하려는 예산제도이며, 예산에 관한 기존의 여러 기술들이 새로운 개념 하에 결합되었으며 합리적인 자원배분의 원칙으로 고려되었다. 다시 말해, 계획예산은 예산과 계획이 연계된 제도로써 사업목적을 달성하는 여러 가지 대안과 그 원가를 비용편익분석, 비용효과분석 등의 기술을 사용하여 분석하려는 것이다.

특히, 계획예산에 있어 비용편익분석은 주로 사업대안의 선정에 사용되고 있다. 예산의사결정에서 우선순위를 정하는 것이 가장 어렵고 핵심적인 부분인데, 비용편익분석에 의하여 대안의 검토가 객관적으로 이루어질 수 있다.

사업단위로 예산을 편성하기 위해서 비용이 많이 소요되는 정교한 예산회계정보시스템이 필요하고 사업단위로 원가가 계산되는데, 사업단위는 예산을 산정하는 기초가 될 수 있기 때문이다.

표 9-5 계획예산의 예

| Planning | Programming | | | | | | | | Budgeting |
|---|---|---|---|---|---|---|---|---|---|
| | Category | Sub-Category | Element | N년 | N+1년 | N+2년 | N+3년 | N+4년 | |
| 전력난 해소 | 발전사업 | 태양광 발전 | 부지선정 | O | | | | | N+1년의 경우: 철거/보상에 해당하는 금액 |
| | | | 용지매수 | O | | | | | |
| | | | 철거/보상 | | O | | | | |
| | | | 본관신축 | | | O | O | | |
| | | | 내부시설 | | | | O | | |
| | | | 외부시설 | | | | | O | |

〈표 9-5〉의 사례에서 전력난해소를 위한 사업을 5년 간의 계획에 따라 진행하는 것을 의미하고, 이미 이전에 비용편익분석 또는 비용효과분석을 통해 태양광발전을 추진하고 있다. 사업시행 5년 후에는 태양광발전시설 건설과 전력생산이라는 성과를 달성했는지에 대해 측정할 수 있다.

### 2) 비용편익분석의 사례

정부단위에서 특정사업을 수행하는 대안으로 A, B, C의 세 가지가 있다고 가정하고, 비용편익분석에 의해 우선순위를 결정한다. 특정사업이 아니고 부서 간의 사업을 비교하여 부서에 예산을 분배하는 우선순위 결정에도 사용이 가능하다. 즉, A대안, B대안, 그리고 C대안의 사업을 비용편익분석에 의해 평가하여 우선순위를 정한다.

이와 같은 경우에 예산의 범위 내에서 가장 순편익이 높은 대안을 선택하게 되지만 계획예산에 있어 합리적인 의사결정을 위해 언제나 비용편익분석이 어렵다는 문제와 한계를 가지고 있다.

표 9-6 비용편익분석의 예

| 대안 혹은 부서 | 편익 | 비용 | 순편익 |
|---|---|---|---|
| A | 6,000 | 3,000 | 3,000 |
| B | 10,500 | 7,000 | 3,500 |
| C | 9,000 | 5,000 | 4,000 |

### 3) 의사결정제도로서 계획예산

계획예산은 성과주의예산처럼 전 세계의 많은 국가에 영향을 주었고 한 마디로 의사결정제도라고 할 수 있다. 예산에 있어서 우선순위를 결정하고 사업의 성과를 측정하며, 따라서 기존 사업수행방법을 대체하는 여러 가지 대안을 평가하는 의사결정제도이다. 투입과 산출의 관계를 파악함으로써 효과와 효율을 측정하여 중장기예산편성의 시각을 가지고, 경제적 분석에 의해 자원을 배분하는 의사결정제도이다.

계획예산은 여러 가지 측면에서 성과주의예산과 유사하나 일부 측면에 있어서 분명히 차이가 생길 수밖에 없다. 무엇보다도 중·장기계획이 예산과 결합되었으며 의사결정은 분석을 토대로 하여 행해지는 것이고, 분석의 결과를 토대로 하여 기획도 이루어진다.

계획예산은 분석이 기획이라는 단계를 통하여 예산 내에 용해되고, 최종적으로 합리적인 의사결정모델을 예산과정에 도입하는 제도이다. 계획예산은 성과주의예산과 마찬가지로 예산회계정보시스템이 중요한 보조역할을 하며, 모든 사업전체를 근본부터 검토하는 점이 영기준예산제도와 유사하다.

## 2 계획예산의 사례

### 1) 사례의 소개

계획예산의 간단한 사례를 제시하면 다음과 같다. A라는 고속도로를 건설하는 사업은 5년 동안 수행되고 도로 신설과 관련하여 연도별 산출은 킬로미터로 나타낼 수 있다. 연도별로 사업의 원가도 사전의 회계정보시스템을 기반으로 하여 제시될 수 있다.

그러나 사례는 매우 단순한 것에 불과하며 많은 내용이 생략된 계획상의 일부이다. A라는 고속도로를 건설하는 여러 가지 대안 중에서 특정대안을 선정하였다면 왜 특정대안이 선정되었는지가 계획예산의 다른 부분에서 뒷받침되는 것이 계획예산의 특징이다. 그리고 사업원가계산도 실질적으로 매우 복잡하고 어려운 작업이 될 수밖에 없다.

표 9-7 A고속도로건설사업의 산출

| 사업 | N년 | N+1년 | N+2년 | N+3년 | N+4년 |
|---|---|---|---|---|---|
| 도로의 신설 | | | | | |
| 도로기반조성 | 100킬로미터 | 150킬로미터 | 120킬로미터 | 20킬로미터 | |
| 도로의 포장 | 50킬로미터 | 160킬로미터 | 100킬로미터 | 40킬로미터 | 40킬로미터 |
| 도로주변조경 | | | | | |
| …… | | | | | |
| …… | | | | | |

표 9-8 A사업의 원가

| 사업 | N년 | N+1년 | N+2년 | N+3년 | N+4년 |
|---|---|---|---|---|---|
| 도로의 신설 | | | | | |
| 도로기반조성 | 210억 원 | 190억 원 | 200억 원 | 50억 원 | |
| 도로의 포장 | 150억 원 | 360억 원 | 290억 원 | 140억 원 | 160억 원 |
| 도로주변조경 | | | | | |
| …… | | | | | |
| …… | | | | | |

### 2) 비용편익분석에 의한 대안의 선택

A고속도로의 건설대안이란 여러 가지 면에서 고려해 볼 수 있다. 어느 곳을 경유하느냐에 따라 건설비용이 달라질 수 있고 어떤 공법을 사용하느냐에 따라서 비용과 편익이 달라질 수도 있다.

그리고 이와 같이 선택된 예산집행은 N년부터 시작되어 N+4년에 완공되고 소요되는 예산은 A사업의 원가라는 항목으로 보고되고 있으며, 매년 집행되어 결과가 발생되는데 산출은 조성된 도로의 기반과 도로의 포장에서 모두 킬로미터로 측정할 수 있다.

## 3 계획예산의 시사점

계획예산제도는 기존의 다른 예산제도에 비해 실시에 어려움이 많은 매우 복잡한 제도였다. 여기에는 목표를 선정하는 것, 결과 혹은 산출을 수량화하는 것, 성과를 측정하는 것, 성과측정지표 개발의 어려움, 그리고 사업의 효과와 효율을 정의하는 것 등이 곤란하다 보니 추상적으로 실시되기 쉬웠다.

당시에 있어서 계획은 계획예산제도가 채택된 후에도 예산과 유리되었고, 중요한 의사결정은 여전히 기존방법을 사용하면서 형식적으로만 계획예산을 실시하는 조직들도 많이 존재하고 있었다.

그리고 한편에서는 성과주의예산제도와 유사하게 여러 가지 정보를 산출해줄 수 있는 우수한 예산회계정보시스템이 필요하고 계획예산제도를 이해하고 적극적으로 실행할 수 있는 유능한 예산분석가의 존재도 중요하다.

계획예산과 관련된 여러 가지 분석을 현실에 적용하는데 있어서는 여러 어려움이 존재하고 있으며, 객관적 요소는 측정이 가능하지만 상대적으로 주관적 요소를 고려하지 못하는 합리적 모델의 한계도 존재하고 있다.

또한, 새로운 예산제도에 대한 의회의 비협조도 계획예산과 같은 제도가 정착하는데 하나의 방해요소가 될 수 있다(주기완 · 윤성식, 2020: 371-374).

계획예산제도는 계획과 예산의 유기적인 시도를 도모하였고, 다양한 과학적 분석기법을 활용하고자 하는 노력을 보이고 있었다. 그러나 제도가 성공적으로 정착하기 위한 여러 가지 제반여건이나 인식이 갖추어지지 못함으로써 뒤이어 다른 예산제도가 활용되었다.

## 제5절 목표에 의한 관리제도

### 1 목표관리제의 개념 및 특징

1960년대 미국정부에서 사용되었던 계획예산제도를 1970년대에 포기하고 예산가들은 목표에 의한 관리(Management By Objectives)제도로 예산개혁을 시도하였다. 목표에 의한 관리는 1954년 드러커(P. Drucker)의 관리의 실제(The Practice of Management)에서 처음 제안되었고, 1950년대 말, 1960년대에 민간기업에서 널리 활용되었다. 목표에 의한 관리가 정부조직에 도입된 것은 1972년경에 이르러서이다.

목표에 의한 관리제도는 조직구성원들이 참여를 통하여 목표를 설정하고, 설정된 목표에 따라 자원을 배분하는 과정으로 정의하고 있다. 구성원들이 참여해서 목표를 설정하고 자원이 배분되면 관리자들은 자기 책임 하에 목표를 달성하도록 하는데, 이는 목표에 의한 관리가 분권적, 결과지향적 관리임을 의미한다.

목표에 의한 관리제도는 성과주의예산과 계획예산의 장점을 결합한 것으로 다음과 같은 특성을 가지고 있다

첫째, 투입 · 산출 · 성과에 역점을 두고 있다. 계획예산제도가 투입 · 산출 · 효과 · 대안에 중점을 두고 있는 것과는 달리 목표에 의한 관리는 투입 · 산출 · 성과를 강조하지만 대안의 탐색이나 최적대안의 선택을 요구하지 않는다.

둘째, 분권적 결정이다. 목표에 의한 관리제도는 기관성과, 정부사업의 효과를 강조하지만 사업수행에 있어서 정책결정자가 강력하게 통제하지는 않는다. 이러한 측면은 계획예산제도와는 달리 운영목표의 설정, 집행, 결과에 대한 책임이 중간관리자에게 있다.

셋째, 사업성과의 강조이다. 목표에 의한 관리제도 하에서 중앙예산기관은 1950년대 성과주의예산제도와 같이 사업성과 달성과 효율성에 집중하기에 예산운영에 있어서는 재량이 부여된다. 이와 같은 측면에서 목표에 의한 관리제도는 결과지향적 관리라고 할 수 있다.

넷째, 신축적인 단기예산이다. 목표에 의한 관리제도는 신축적이며 단기예산이기

때문에 장기적이고 획일적인 계획예산과는 다르다.

## 2 목표에 의한 관리제도의 장점

목표에 의한 관리제도는 예산결정 과정에 관리자들의 참여가 보장된다. 즉, 목표의 설정과 수단선택에 있어서 결정자와 집행자의 합의에 의한 접근을 채택하고 있으며, 집행에 있어서는 관리자에게 재량이 부여된다. 그 대신 집행자는 정기적으로 예산과 사업 집행상태를 최고관리층에게 보고한다. 이러한 예산제도는 분권적 관리로 조직관리의 민주화에 기여하고 있으며, 이는 분권적 관리의 속성을 가지고 있기 때문이다.

결정과정에 있어 구성원의 참여가 허용되기 때문에 자신의 가치를 결정에 반영할 수 있다. 이와 같은 예산은 조직의 목표와 구성원의 목표를 일치시킬 수 있어 구성원에게 동기부여가 되고 사기진작이 가능하다. 결국, 관리자의 동기부여가 수반되고 있는 특성을 보이고 있다.

목표에 의한 관리제도는 관료제의 부정적 측면을 완화시키는 데 도움이 된다. 관료제는 집권적 관리가 일반적이고 따라서 조직의 목표와 구성원의 목표불일치, 변화에 대한 경직성, 형식주의를 완화시킬 수 있다. 다시 말해, 일부 관료제의 부정적 측면을 완화해줄 수 있다.

목표에 의한 관리제도는 사업수행 과정에서 대안의 대체가 가능하고 관리자는 그 결과에 대해 책임을 지도록 하고 있다. 그러므로 목표달성 과정에서 비능률적 수단이나 장애요인의 확인과 이에 대한 대처가 가능하며, 이는 내부통제를 위한 사업운영의 효율화를 도모할 수 있다.

목표에 의한 관리제도는 참여에 의한 합의결정으로 상하 간의 의견 차이를 사전에 해결할 수 있어 갈등을 줄일 수 있다는 특징도 가지고 있다.

## 3 목표에 의한 관리제도의 사례

목표에 의한 관리의 사례로 AI 기반 민원대응 기술개발을 제시해보자. 민원대응 기술개발을 N년에 달성하는 것을 목표로 담당자가 상급자와 의논하여 결정하였다고 하

자. [그림 9-1]의 양식을 작성하여 목표에 의한 관리를 수행한다.

이와 같은 양식은 물론 전형적이고 단순한 사례에 해당되며, 어떠한 예산제도와 결합되었느냐 또는 조직을 예산담당자가 자신의 조직에 맞게 목표에 의한 관리를 어떻게 변형시켰느냐에 따라 달라진다.

**그림 9-1** 목표에 의한 관리의 사례

목표: AI 기반 민원대응 기술개발

예상되는 비용: 1,000억 원
예상되는 달성시기: N년 12월 31일
실제 발생비용:
실제 달성시기:

목표달성을 위한 구체적인 수단
1. AI 기반 회사선정
2. 용역계약체결
3. 시험운용
4. 현장실천배치

목표달성 측정방법: 전국의 구청단위를 모집단으로 하여 표본을 선정·측정

목표달성 진도점검

| 중간점검 | 조사담당자 | 목표달성 정도 |
|---|---|---|
| N년 3월 31일 | | |
| N년 6월 30일 | | |
| N년 9월 30일 | | |

예산의 구체적 내역
공모비
선정비
용역비

AI 기반 민원대응 기술개발이라는 목표가 설정되고, 목표달성을 위한 구체적인 수단으로 네 가지가 협의하여 결정되었다. 예상되는 비용이란 설정된 예산을 말하며, 1,000억 원을 구체적인 내역은 별도로 제시된다. 실제발생비용은 예산보다 초과되거나 아니면 미달될 수도 있는데 결산 시의 액수가 실제발생비용이 된다.

기대하는 품질이 보장된다는 전제 하에서 예상되는 달성시기보다 실제 달성시기가 앞당겨진다면 담당자의 성과가 매우 두드러지는 경우이며, 실제 달성시기가 그보다 더 늦어지거나 아니면 예상일자와 일치하거나 할 것이다. 목표달성의 구체적인 수단도 매 분기별로 3월 31일, 6월 30일, 9월 30일에 목표달성도를 중간점검하고, 12월 31일에 최종적으로 성과를 측정하여 목표달성도를 평가한다.

목표달성도는 정책평가, 즉 사업평가에 의해 측정하는데 모집단 중에서 표본을 추출하여 기술개발도가 얼마나 달성되었는지 측정함으로써 성과를 평가한다(주기완 · 윤성식, 2020: 375-376).

## 4 목표에 의한 관리의 시사점

목표에 의한 관리제도는 성과를 측정하고 그 결과에 대해 책임을 지도록 하는 관리방법이다. 그러나 목표달성을 평가하기 위해서는 목표가 계량화되어야 하지만 이는 용이하지 않다. 이와 같은 문제는 공공부문의 본질적인 문제점에 해당하여 제도의 성공을 보장하기가 쉽지 않다.

목표에 의한 관리제도는 그 결과에 대해 책임을 지거나 보상을 하는 관리방법이다. 성과에 따른 보상은 물질적인 보상과 비물질적 보상으로 구분되고, 이 중에서 금전적 보상이 어렵고 이를 위해서 철저한 성과급 보수제도가 마련되어야 하나 이 또한 쉽지 않은 것으로 나타나고 있다.

목표에 의한 관리제도가 가능하기 위해서는 목표설정과 수단선택이 자유로워야 하지만 정부사업의 경우에는 목표와 수단이 법에 정해져 있는 경우가 많고, 정부지출 중에서 법정경비가 다수를 차지하고 있어서 이와 같은 측면이 운영의 제약요인이 되고 있다.

목표에 의한 관리제도는 최적대안 선택을 엄격하게 요구하지 않았기에 사업운영에 있어서 능률성 향상에는 한계가 존재하고 있고, 나아가 재정운영의 효율성 향상이 곤란하다(이영조 · 문인수, 2015: 302-305).

또한, 단순한 수치적 목표만 고려할 수 있어 효율성을 떨어트릴 수 있다. 관리적 측면에서도 조직의 목표만을 고려하는 것이기 때문에, 다른 중요한 요소들을 무시할 수 있고 구성원의 업무수행에 대한 강도가 높아져 목표달성에 대한 부담이 증가할 수 있는 등의 문제점을 가지고 있다.

## 제6절 영기준예산제도

### 1 영기준예산의 도입 및 개념

미국에서 영기준(zero-base)의 사고를 예산제도에 도입하려는 노력은 오래전부터 있었으나, 1960년대 초에 이르러 비로소 이와 같은 사고를 공식적으로 도입하려고 시도하였다. 즉, 1962년 미국정부에서 농무성은 1964년 예산편성에 영기준예산제도(Zero-Based Budgeting)를 도입하려 하였으나 큰 실효를 거두지는 못하였다.

1969년에 이르러 미국의 텍사스 인스트루먼트(Texas Instrument)라는 기업의 참모 및 연구부예산에 영기준예산을 적용하여 좋은 성과를 거두자 그 결과를 1970년 『하버드 경영리뷰지(*Harvard Business Review*)』 11~12월호에 발표하였다. 이처럼 기업에서 성공적으로 운영되고 있던 영기준예산제도를 조지아(Georgia) 주 주지사였던 카터(J. Carter)가 도입하여 실시한 뒤, 1976년 대통령에 당선된 후에 미국 연방정부에 채택하였다.

다시 말해, 1977년 2월 14일 선거공약대로 영기준예산제도의 도입을 지시하여 카터 정부 하에서 실시되었다(유훈 외, 2012: 362-263).

영기준예산은 매년 증액되거나 새로이 추가되는 사업에만 초점을 맞춰 분석하는 것이 아니라 모든 사업예산이 근본부터 검토의 대상이 되어야 한다는 것이다. 영기준예산은 계획예산처럼 많은 서류작업과 시간의 투입, 그리고 인력을 요구하는 제도였다. 영기준예산은 의사결정단위(decision unit)를 중심으로 하여 재원조달의 수준에 따라서 각각 의사결정패키지(decision package)를 작성한다.

의사결정패키지에는 반드시 의사결정단위의 산출(output)과 연결되고 효과와 효율을 측정할 수 있는 지표가 설정되며 필요한 지출금액이 결정되어 보고된다.

## 2 영기준예산 적용상의 어려움

정부의 모든 사업을 영기준에서부터 분석하고 편성하는 순수한 형태의 영기준예산을 그대로 유지하는 데, 현실적으로 많은 시간 및 물적 어려움이 수반된다. 아무리 완벽한 제도라 하더라도 제도를 운영하는 데 있어 많은 자원이 투여된다면 문제가 있다고 볼 수 있다.

이와 같은 이유로 재원조달의 수준도 영기준예산제도의 근본인 영기준에서 시작하는 것이 아니라 현재수준 근처로 단순화되고 그러므로 해서 원래의 영기준예산에서 많이 변형된 형태를 활용하게 되었다.

결국, 영기준예산의 근본취지인 예산항목의 폐지까지도 고려하는 제도가 아닌 대안을 검토하는 예산제도로 바뀌게 되었다.

## 3 영기준예산의 사례

### 1) 조직과 의사결정단위

영기준예산을 좀 더 잘 이해하기 위해 간단하고 매우 전형적인 사례하나를 제시한다. 예를 들어, A부서와 B부서라는 의사결정단위는 X라는 부서에 의사결정패키지를 작성하여 우선순위를 정한 다음 보고한다. X는 A의 의사결정패키지와 B의 의사결정패키지를 결합하여 또 다른 하나의 의사결정패키지를 작성하고, 우선순위를 정하여 Z부서에 보고한다.

의사결정단위란 임의적으로 조직 내에서 결정될 수 있고, 어떻게 의사결정단위를 정할 것인가는 여러 가지 요인을 고려하여 결정할 수 있다. 가장 중요한 기준은 의사결정단위를 설정하는 것이다. 여기에는 독립된 의사결정단위로 하여금 예산편성을 담당하게 하고 예산집행의 결과를 평가하는 것이 의미 있다고 생각되는 최소의 단위이다. A부서와 B부서도 의사결정단위이지만 그 상급부서라고 할 수 있는 X부서도 의사결정단위라 할 수 있다.

C부서와 D부서도 의사결정패키지를 작성하여 우선순위를 정한 다음 각각 Y부서에

보고한다. Y부서는 C의 의사결정패키지와 D의 의사결정패키지를 결합하여 다른 의사결정패키지를 작성한 다음 우선순위를 정하여 Z부서에 보고한다. Z는 X의 의사결정패키지와 Y의 의사결정패키지를 결합하여 최종 의사결정패키지를 작성하고 우선순위를 정한다.

그림 9-2 의사결정단위의 예

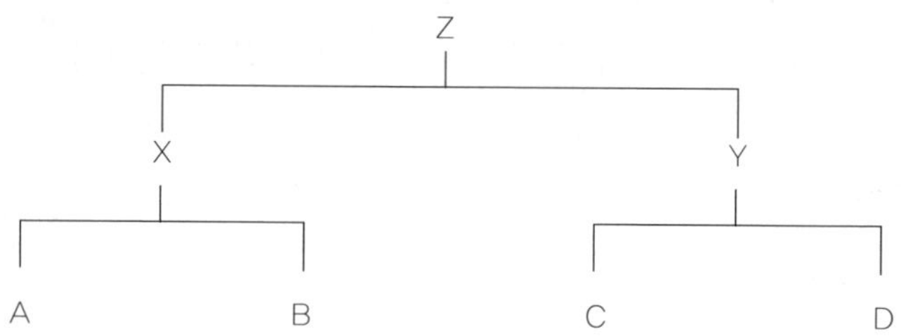


### 2) 활동수준의 결정

현실적으로 영에서부터 체계적으로 분석하는 것이 어렵다면 의사결정패키지를 작성할 때 필연적으로 활동수준을 결정하여야 하고, 먼저 A부서가 의사결정패키지를 결정한다고 한다. 활동수준은 감소된 수준, 현 수준, 증가된 수준의 세 가지로 결정되었다고 하자. 현재 A부서의 활동수준이 현 수준이며 만약 예산을 편성할 때 다음 연도의 활동수준을 동일한 수준으로 결정하면 현 수준에서 활동을 하게 된다.

A부서가 교육지원을 하는 부서이고 현재 연 500억 원의 지원을 하고 있다고 가정하자. 여러 가지 상황을 고려하여 내년에도 현재 수준만큼 지원하려 한다면 현 수준인 연 500억 원이 예산의 활동수준이 될 것이다.

최악의 상태에서도 연 400억 원 이하로 지원을 하는 것을 생각해 볼 필요가 없다면 감소된 수준은 연 400억 원이 될 것이며, 이것은 하나의 사례에 해당된다. 물론, 다른 상황에서는 연 300억 원이 될 수도 있으며, 연 450억 원이 될 수도 있다. 교육지원에 대한 수요가 증가하고 있어서 바람직한 지원증가가 예상된다면 그 수준이 연 650억 원이라고 가정하면, 연 650억 원이 증가된 수준의 사례가 된다.

이와 같은 방법으로 결정하지 않고 일률적으로 감소된 지원수준은 현 수준의 80%이고, 증가된 지원수준은 현 수준의 110%라고 정해질 수도 있다. 이러한 경우, 감소된 수준은 연 400억 원이 되며 증가된 수준은 연 550억 원이 된다. 조직에 따라, 조직의 예산정책에 따라, 조직이 처한 환경에 따라서 여러 가지 기준이 제시될 수 있는 것이 변형된 영기준예산이다.

부서의 활동수준이 이처럼 세 가지 수준이 아니라 다섯 가지 수준으로 결정될 수도 있다. 최저수준, 감소된 수준, 현 수준, 증가된 수준, 최고수준의 다섯 수준이 그 사례이다. 만약, 다섯 수준으로 활동수준이 고려된다면 예산의 편성과 심사가 훨씬 더 복잡해질 것이다. 의사결정패키지의 구성이 그만큼 복잡해지기 때문이다.

영기준예산이란 영(zero)이 될 수 있다는 사실에서 유래하므로, 다섯 가지 수준에서 최저수준 혹은 세 가지 수준에서 감소된 수준이 0이 될 수도 있다. 다시 말해, 위의 사례에서 교육재정지원을 전혀 하지 않는 정책을 고려할 때 연간 재정지원 0원이 활동수준의 하나가 된다.

표 9-9 영기준예산의 사례

| 의사결정단위 | A부서 의사결정패키지 | a대안 증액패키지 |
|---|---|---|
| A부서 | a대안 | 증액수준 550억 원 |
| B부서 | b대안 | 현행수준 500억 원 |
| …… | c대안 | 최저수준 400억 원 |

## 4 영기준예산이 남긴 시사점

정부예산에 있어 영기준으로 예산을 검토한다는 것은 처음부터 어려운 작업이었으므로 예산제도가 기대한 만큼의 개선을 이루지 못하였다. 영기준예산의 문제점은 계획예산의 문제점과 유사한 것이 많았고, 영기준예산의 결과는 점증주의에 의한 예산의사결정과 대부분 비슷하여 많은 실망이 뒤를 이었다.

영기준예산에 있어 의사결정패키지의 우선순위를 정하는 것이 많은 비판을 받았다. 성과주의예산이나 계획예산처럼 목표설정이 쉽지 않았고, 성과측정 정보는 부적합하고 부정확한 것이 많았다.

그럼에도 불구하고 영기준예산은 예산삭감의 유용한 도구로 사용될 수 있었다. 다른 예산제도와는 달리 예산을 폐기하는 것을 검토하기 때문에 긴축재정의 편성 시에 매우 유효한 수단으로 사용될 수 있었다. 특히, 지출수준 다시 말해 재원조달 수준을 삭감하는 예산수준에 맞추는 예산대안 중의 하나로 편성하기도 하였다.

또한, 영기준예산의 기여 중에서 가장 큰 것은 조직의 하부계층이 예산편성에 적극적으로 참여할 수 있게 되었다는 사실인데 목표에 의한 관리와 이점에 있어서는 유사하다.

영기준예산은 점증주의예산의 단점을 극복하기 위한 시도로서 많이 행하여졌으며, 예산의 팽창에 유효한 대처방안으로 사용될 수 있는 제도였다. 매년 점증주의에 의해 타성적이고 기계적으로 예산편성이 이루어지고 있었는데 이에 대한 많은 비판이 있었고, 영기준예산은 이러한 점증주의에서 벗어날 수 있는 제도라 고려되어졌다.

영기준예산의 근본취지는 예산사업 간의 우선순위를 합리적으로 조정하여 자원배분의 이론적 기준을 마련하고 사업별로 예산액을 영까지 삭감할 수 있다는 것이었다. 그러나 실제로는 사업예산이 삭감된다기보다는 예산품목이 삭감되고, 예산 간의 우선순위를 합리적으로 조정하는 노력으로 연결되지는 않았다. 결국, 점증주의를 극복하려는 노력으로 시도되었으나 실패했다고 볼 수 있다.

영기준예산이 가장 실패할 수밖에 없는 이유는 여전히 객관적이고 신뢰할 수 있는 평가자료의 결여였는데, 이는 영기준예산뿐만 아니라 다른 예산제도에서도 공통된 사항이었다. 또한, 품목별예산과는 달리 유능한 예산담당자가 필요했는데, 이는 성과주의예산과 계획예산의 문제점이기도 하였다.

그리고 예산을 근본적으로 폐지까지 고려하여 검토한다는 시각을 가짐으로써 예산의 우선순위결정 시 합리적인 방법을 택하려는 노력을 하게 되었다. 그러나 이러한 노력은 다른 제약으로 인하여 부분적 의미밖에 가지지 못했으나 그럼에도 불구하고 영기준예산이 가진 근본적인 합리성은 그 이후에도 다른 예산제도에 영향을 미쳤다.

예산결정에 있어 점증주의가 변화된 부분의 분석에만 관심을 기울이는 데 비해, 영기준예산은 과거의 모든 예산수준과 성과를 분석하여 모든 것을 새롭게 파악하여 다음 연도의 예산에 대한 의사결정을 한다는 것이다. 영기준예산은 순수한 형태에서 엄청난 양의 서류작업을 필요로 하므로 많은 인력과 자원을 필요로 한다는 것이 가장 큰 난점

중의 하나로 제기되고 있었다(주기완 · 윤성식, 2020: 377-381).

영기준예산제도는 그 혁신성으로 인해 많은 관심을 받았고, 예산에 대한 분석적이고 체계적인 편성으로 인해 예산절감도 이룰 수 있었다. 그러나 전체적인 적용에 있어서 현실적인 여러 여건으로 인하여 지속성을 갖기에는 많은 어려움이 있었다.

## 제7절 예산개혁의 공통적 시사점

### 1 기본사항

이미 다양한 예산제도 하에서 제시된 교훈을 검토하였지만 여기서는 공통적인 사항을 심도 있게 분석함으로써 성공적인 예산개혁이 무엇인가를 규명하는 것이 필요하다.

많은 국가에서 보듯이 수십 년에 걸쳐 시도되었던 예산개혁의 역사에서 한 가지 형태의 예산개혁 전략이 모든 조건에서 성공적일 수 없다는 것이다(Kettl, 1992). 그러므로 향후에도 예산개혁을 시도할 경우에는 다양한 전략마련이 중요하며 제시된 사항을 고려하지 않는다면 예산개혁은 또 다시 실패할 수 있다는 것을 인지하는 것이 중요하다.

### 2 예산회계정보시스템의 필요

기존의 예산제도를 개혁하는 시도는 대부분 더 많은 정보를 요구하고 처리하는 제도로의 개혁이었다. 그러나 예산회계정보를 더 많이 처리할 수 있고 새로운 제도 하에서 필요한 정보를 공급해 줄 수 있는 예산회계정보시스템이 갖추어지지 못하고, 새로운 제도의 도입만을 시도한다면 유능한 전문가가 있다 하더라도 성공하기란 어렵다.

## 3 품목별예산의 우월성

예산 자체로 보자면 품목별예산은 결코 우수한 제도가 아니지만 수많은 예산제도의 개혁에도 불구하고 여전히 품목별예산의 근본형태는 아직도 예산에 남아 있어 중요한 근간을 구성하고 있다. 이와 같은 사항을 예산개혁에 있어서도 충분히 인지하고 상호·협력적인 관계를 형성하는 것이 요구된다.

## 4 정치적 과정으로서의 예산

긴축예산과 재정적자를 강조하는 경우에 점감주의(decrementalism)가 주장되고 있는데, 점증주의와는 증가와 감소만이 차이가 날뿐 마찬가지이다. 점증주의와 점감주의는 정치적으로 현명하며 예산개혁은 근본적으로 실패할 수밖에 없다고 주장하는 학자들이 많다.

그러므로 예산개혁이 이러한 현실을 무시한다면 아무리 새로운 예산제도가 포괄적이며 합리적인 의사결정제도라 해도 공무원들과 정치인들의 외면으로 인해 궁극적으로는 실패한다는 것이다.

어떤 측면에서 정치적인 과정의 산물로서 예산이 탄생했다면 정치적 과정을 개혁해야지 예산을 개혁하려고 하는 것은 무모한 시도라고 본다.

## 5 기업예산제도의 실패

기업에서 개발된 새로운 예산제도는 공공부문에 적용하게 되면 실패할 가능성이 높다. 계획예산은 GM 자동차회사에서 사용하고 있었으며 영기준예산은 텍사스 인스트루먼트회사에서 시작되었고, 목표에 의한 관리는 경영학자인 드러커(P. Drucker)에 의해 주창되었다.

이러한 예산제도를 정부부문에 알맞게 변형하지 않은 채로 단시일 내에 실시·적용하려고 하였기 때문에 많은 부작용과 문제점이 노출될 수밖에 없었다. 개혁의 성공을 위해서는 시범적으로 적용하는 기간과 이를 통해 사전에 문제를 해결하는 것이 필요하다.

## 6 최고지도자의 의지와 국민의 관심

미국의 예산개혁은 새로운 행정부가 들어설 때마다 이루어진 사례가 대부분이다. 예산개혁이라는 것은 최고지도자의 확고한 의지없이 실시하기 어려운 개혁이라는 사실을 말해주고 있다.

대통령과 같은 최고지도자의 의지없이 예산개혁은 결코 실행하기가 어려우며, 지도자는 새로운 예산개념으로 리더십을 발휘하여야 한다.

## 7 예산이론의 필요

예산이론이란 예산의사결정에 유익한 도움이 될 수 있는 이론을 말하는데, 예를 들어 여러 사업의 실시에 있어서 투입(할당된 예산)과 산출(예산집행의 결과)을 연결할 수 있는 타당한 이론을 말한다. 예산이론과 관련해서는 아직 이를 체계적으로 설명해줄 수 있는 이론이 도출되지 못하였다.

효과와 효율에 초점을 맞추어 객관적으로 사업을 평가하려는 시도, 한정된 재원을 합리적인 원칙에 의해 배분하려는 노력, 비용편익분석 같은 대안의 선정에 객관성을 부여하려는 방법, 지출을 통제하려는 다양한 실험 등이 예산제도에 많은 변화를 남겼다.

그러나 모든 예산개혁이 전통적인 예산의사결정의 기본을 변경하지 못하였고, 다만 새로운 시각과 영향을 미쳤을 뿐이다.

## 8 이론 · 실무에 대한 균형감각 필요

실제 예산업무의 미세한 부분에 대한 이해가 없는 학자들이 주도하는 예산개혁은 실패하기 쉬우며, 예산은 광범위하게 예산정보제도가 주축이 되어 있는 시스템이다. 다른 자원배분시스템과는 상이한 정보시스템을 가지고 있기 때문에 이러한 정보시스템에 대한 구체적인 이해가 결여된 학자들에 의한 주도는 현실과 유리될 수 있다. 그리고 예산담당자가 예산개혁을 성공적으로 실시하리라고 기대하는 것도 무리이다.

예산개혁이 성공적인 것이 되기 위해서는 이론을 정확하게 이해하고 실무에 대해서도 능통한 전문가가 존재해야만 그 만큼 가능성이 높을 수밖에 없다(주기완 · 윤성식, 2020: 470-479).

제10장

# 우리나라의 예산개혁

## 제1절 예산개혁의 전개

### 1 전통적인 예산제도의 문제

우리나라의 전통적인 예산제도는 품목별예산제도에 기초하고 있었으며, 단년도 예산편성을 하며 상향식(bottom-up) 방식으로 만들어졌다. 이 제도는 그동안 우리나라의 경제성장을 뒷받침해왔다는 점에서는 긍정적이지만 1990년대 말 이후로는 시대적인 변화에 뒤쳐진다는 문제점을 가지고 있었다.

당시에는 분야 간 재원배분 구성이 과거에 비해 크게 변화하지 않고 재정의 소득분배 기능이 약하다는 것이었다. 또한, 매년 거둔 만큼 쓴다는 단년도 세입에 맞추어 세출기조를 유지하기 때문에 경기조절 기능이 약하다는 것이었다.

우리나라의 정부예산은 변동하는 국가의 우선순위와 외부환경에 유연하게 대처하지 못하는 문제점을 가지고 있었다. 이와 같은 현상은 누가 특별히 잘못해서 그런 것은 아니고, 우리나라의 전통적 예산제도가 가지고 있는 근본적 한계점 때문이었다. 그러나 이러한 문제점이 1997년의 IMF 외환위기 이전에는 심각하게 고려되지 않았을 뿐이었다.[1)]

### 2 예산편성과정의 문제와 지출한도의 비결정

전통적 예산제도는 사업-분야-총액순서로 결정되는 상향적 과정에 따라 편성되었다. 이와 같은 예산제도 하에서 사업부처는 우선적으로 사업기획을 방만하게 수립하고 많이 요구할수록 많아 받는다는 인식 하에 예산을 과다하게 요구하는 경향이 존재하고 있었다.

---

1) 민간부문에서도 1997년의 외환위기는 그동안의 정부 주도형 성장전략이 더 이상 유효하지 않음을 보여주는 계기로 나타났다. 외형 위주 성장, 부채를 통한 중복투자와 무분별한 확장경영으로 우리 경제와 기업은 외국인 투자자로부터 외면을 받게 되었다. 이에 위기 극복을 위한 구조조정이 과감하게 단행되었다(박성동 · 박성원. 2020: 58).

중앙예산기관은 국가정책과 국가우선순위를 고려하면서 예산협의에 임하지만 실제로 예산실과 사업부처 실무자 간의 소요점검 과정이 예산결정에 중요한 역할을 하였다. 또한, 국가전체적 균형보다는 지역현안 중심의 개별사업의 심의에 치중하였다는 문제점을 가지고 있었다.

중앙부처별 지출한도가 미리 정해져 있지 않았기 때문에 중앙부처는 정보를 왜곡해 가면서까지 과다한 예산을 요구하게 되었고, 이에 따라 중앙예산기관의 예산실은 예산을 요구하는 정부부처를 불신하면서 삭감 위주로 예산을 편성하였다.

이 과정에서 예산관련 부처 예산실의 일방적 조정이 이루어지고 중앙부처의 참여는 제한되며 책임감도 덜 가지게 되었다.

## 3 장기적 전략의 부재와 복잡한 재정체계

매년 예산사정에 따라서 예산을 편성하게 되므로 장기간에 걸쳐 추진되어야 할 주요 정책과 국책사업을 일관되게 추진하기 곤란하였다. 핵심 국정과제에 대해서도 매년 삭감공방이 일어나고 계속사업도 매년 새롭게 편성해야 하였다.

이와 같은 상황은 예산을 우선순위에 따라 효율적으로 사용하지 못하는 것으로 국가 및 사회발전을 위한 장기적 틀 하에서 운영되지 않는다는 것을 의미하고 있었다. 단기적 시각이나 상황에 치중하게 됨으로써 장기적 전략을 세우지 못하는 문제를 도출하고 있었다.

그리고 하나의 일반회계예산이 존재하는 속에서 다수의 특별회계예산과 기금이 설치되면서 이들 간의 칸막이 재원이 계속적으로 증가하여 국가전체의 재원구조가 복잡해지게 되고 효율적인 재정운영이 어려워지게 되었다.

규모의 증가와 함께 특별회계와 기금의 숫자도 증가함으로써 재정운영 체계상의 복잡성도 지속적으로 증가하였다. 그 결과, 통합재정규모를 적절하게 분석하는 데 어려움이 존재하였고, 한쪽에서는 남고 다른 한쪽에서는 부족한 현상이 심해졌다.

## 제2절 새로운 3+1 예산제도의 도입

### 1 예산제도의 개혁작업

2003년부터 당시의 정부는 대대적인 예산제도 개혁작업에 착수하였다. 그동안 예산개혁을 안 한 것은 아니지만 부분적인 개혁에 해당되었다. 2000년대 이후의 예산개혁은 50년 만의 큰 변화라고 할 만한 개혁이었다.

예산개혁의 큰 방향은 서구 선진국들이 이미 도입하여 사용하고 있는 통칭 지출관리예산제도(public expenditure management system)를 받아들이는 것이었다. 선진국들은 사회복지로 인한 지출이 지속적으로 증가되면서 지출에 대한 관리가 절대적으로 필요하였다. 지출에 대한 적절한 관리를 수행하지 않는다면 정부지출이 지속적으로 증가하여 향후 국가재정에 큰 부담을 지울 수 있었다.

선진국형 지출관리제도의 특징은 기획기능은 집권화하고 집행기능은 분권화하며 고객지향적인 예산제도를 갖추기 위해 성과주의를 확대하자는 것이었다. 기획기능을 집권화하기 위하여 선진국들은 중기재정계획과 Top-down 예산편성제도를 사용하고 있다. 집행기능을 분권화하기 위하여 중앙정부와 행정기관 간에 성과계약제를 도입하는 등의 개혁조치도 취하였다.

Top-down 예산제도를 우리나라에서는 총액배분자율편성 예산제도라 하고, 각 부처의 지출상한선을 정한다는 점에서 집권적이지만 지출상한선 내에서 부처의 자율권을 어느 정도 인정하는 역할을 한다. 우리나라에서는 2004년부터 중기재정계획의 실효성을 제고하기 위해 국가재정운용계획과 Top-down 예산제도를 도입하였다.

이는 실무자들이 본인들의 판단에 따라서 가장 효율적인 인적 및 물적 자원의 배합으로 생산할 수 있도록 사전적이고 투입적 통제가 아닌 사후적이고 결과적 통제 위주의 적극적인 예산관리로 전환하자는 것이다(Lindquist & Paquet, 2000: 84).

다른 한편, 선진국에서의 예산개혁이 고객지향으로 전환되었고, 이는 성과주의예산제도의 도입으로 이루어졌다. 성과주의란 결과(output and outcome)를 미리 염두에 두면서 예산행위를 하는 피드포워드(feed forward)2) 효과를 거두자는 것인데, 성과를 제고하기 위한 수단 중의 하나가 총원가(full cost)의 산정이다.

그런데 총원가의 산정을 위해서는 복식부기, 발생주의 회계제도라는 기본구조가 전제되어야 하고, 원가중심점(cost center)3)을 정확하게 알아야 한다. 이미 선진국에서는 1970년대부터 예산제도를 개별사업(個別事業, activity)이 아니라 관련된 개별사업들을 몇 개씩 묶어서 운영하는 사업군(事業群, program) 예산제도로 전환하였다.

그러므로 이들 국가에서는 원가중심점이 단위사업이 아니라 프로그램이므로 우리나라에서도 성과관리예산제도와 프로그램예산제도를 순차적으로 도입하였다. 우리나라가 이처럼 선진국형 예산제도로 전환하려고 하는 것은 내적인 요인과 외적인 요인이라는 두 가지가 존재하고 있었다.

내적으로는 경제적 발달로 인해 국가경제의 규모가 세계 10위권 전후로 커졌고, 민주화 이후 사회적 요구가 매우 다양해져 전통적인 예산제도로는 효율적으로 통제하기가 어려워졌다는 점이다. 외적 요인으로는 1997년의 IMF 외환위기가 있었고, 더 이상

그림 10-1 3+1 재정 및 예산개혁의 기본구조

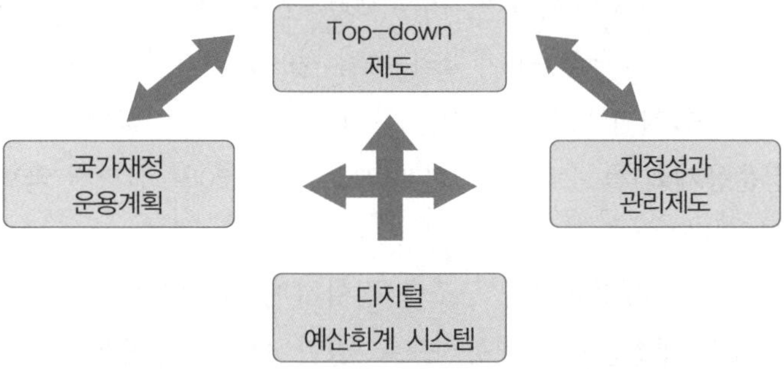


자료: 원구환(2019: 300).

2) 피드포워드는 예상되는 정보를 제공하고 수행하는 목적이나 성과에서 멀어지는 징후가 나오는 경우 이를 제어하여 미래에 반영하는 것으로 성과를 도모하고자 한다.
3) 원가중심점은 원가와 관련된 최소단위의 조직을 말하며, 하나의 부문이 하나의 원가중심점 역할을 하는 경우도 있고, 조직의 변화로 인해 하나의 부문이 몇 개의 원가중심점을 포함하는 경우도 있다. 원가중심점은 원가에 대한 책임의 명확화를 도모하며 책임회계제도의 시작점으로서 의의가 있다.

개혁을 늦추었다가는 당면한 위기를 극복하기 어려울뿐더러 겨우 하나의 위기를 넘긴다 하더라도 다른 위기가 오는 것을 막을 수 없다는 것이다.

이와 같은 위기극복의 일환으로 나타난 것이 2004년의 3+1 재정 및 예산개혁이다. 3+1 개혁은 네 개의 새로운 제도가 서로 상호작용을 잘 할 때 비로소 국가를 위한 예산상의 장점을 도모할 수 있다(배득종 · 유승원, 2014: 310-312).

## 2 구체적인 개혁의 내용

### 1) 국가재정운용계획의 작성

국가재정운용계획은 2004년 4대 예산 및 재정개혁의 일환으로 도입되었고, 이는 중장기적인 시점에서 전략적 재원배분 강화 및 중장기 재정전망을 통한 재정리스크의 불확실성을 감소하는 것이었다.

과거 중기적 관점에서 재정계획을 세웠던 경험(1962년부터 시작된 5개년 경제사회개발계획, 1982년부터 예산실의 내부적인 중기재정계획을 토대로 2006년 국가재정법 제정, 2017년 1월 1일 시행)을 통해 법적 근거를 마련하였다. 국가재정운용계획은 2004년 최초로 수립(2004~2008년 계획)된 이후 2007년부터 매년 국회에 제출되고 있다.

국가재정법 제7조(국가재정운용계획의 수립 등)에 의하면 정부는 재정운용의 효율화와 건전화를 위하여 매년 당해 회계연도부터 5회계연도 이상의 기간에 대한 재정운용계획(국가재정운용계획)을 수립하여 회계연도 개시 120일 전까지 국회에 제출하여야 한다고 규정되어 있다.

국가재정운용계획은 재정규모와 구조를 정확하게 파악할 수 있고, 재원배분과 재정수지 관리 등 전략적 재정운용이 가능하도록 일반회계, 특별회계, 기금을 포함하는 통합재정 기준으로 작성된다. 기획재정부의 주도 하에 5개년 연동계획(rolling plan)으로 작성되고 있다. 다시 말해, N년~N+4년 계획이 수립되어 집행되고 나면 다음 회계연도인 N+1년~N+5년 계획으로 연동되어 운영되는 형태를 취하고 있다.

결국, 국가재정운용계획은 5회계연도 기간에 대한 재정운용계획으로 그 역할을 수행하고 있으며, 경제상황과 재정운용 여건의 변화를 반영하여 매년 수정 · 보완되고 있다. 국가재정운용계획에는 다음과 같은 사항이 포함되어야 한다.

첫째, 재정운용의 기본방향과 목표, 둘째, 중·장기 재정전망 및 그 근거, 셋째, 분야별 재원배분계획 및 투자방향, 넷째, 재정규모증가율 및 그 근거, 다섯째, 조세부담률 및 국민부담률 전망, 여섯째, 통합재정수지에 대한 전망과 근거 및 관리계획, 일곱째, 그 밖에 대통령령이 정하는 사항이다.

또한, 기획재정부장관은 국가재정운용계획을 수립하는 때에는 관계 중앙관서의 장과 협의하여야 한다.

### 2) Top-down 예산제도의 활용

이미 앞에서 설명한 바와 같이 전통적 상향식(bottom-up) 예산편성제도의 한계를 극복하기 위한 노력의 일환으로 하향식(top-down) 예산제도를 도입하였다. 상향식 접근방식에 의한 예산편성제도의 한계로는 단년도 위주의 근시안적 예산편성에 의한 효율성 저하, 예산편성에 있어서 국가적 우선순위의 반영곤란이었다.

또한, 지출의 지속적인 증가, 정보비대칭에 따른 예산부서와 지출부서 간 전략적 게임 가능성, 부처의 자율성 제한 등이 지적되었기 때문이다. 이에 따라 재정효율성 제고를 위해 Top-down 예산제도가 도입되었다.

이와 같은 측면에서 Bottom-up 방식에서 Top-down 방식으로의 예산운영전환은 중앙예산기관에서 행해지는 예산사정 수준의 변화가 미시적 차원에서 거시적 차원으로 이동할 뿐만 아니라, 중앙예산기관 중심의 집권화된 예산편성에서 분권화된 합동편성으로의 전환을 의미한다(Rubin, 2013).

그러나 우리나라의 경우에 당시 재정건전성이 상대적으로 양호하여 OECD 국가와 달리 분권과 참여를 통한 재정효율성 제고를 목적으로 도입되었다. Top-down 예산제도는 분야별 지출한도 설정, 부처자율성 확대 등에 따른 배분적·기술적 효율성 제고 및 과도한 지출증가 억제를 지향하고 있다.

예를 들어, Top-down 예산제도가 도입된 이후 2005년부터 2008년까지 중앙예산기관에서 부처예산요구액 수정비율이 4년 평균 2.3%로 현저히 낮아져 사업부처들의 예산과다요구 관행이 상당히 개선된 것으로 나타났다(최종하·양다승, 2015: 184). 그리고 기획재정부의 자료에 의하면 Top-down 제도도입 전 3년 간 예산요구 평균증가율이 16.9%이었으나 제도도입 후 9년 간의 예산요구 평균증가율이 3.7%에 머무르고 있다는 것이다. Top-down 예산제도는 국가재정운용계획과 성과관리예산제도와 연계될 때 의미가 있다.

중앙예산기관이 예산총액을 결정하기 위해서 무엇보다도 국가의 중장기적 계획이 선행되어야 하며, 어떤 분야에 얼마만큼의 예산을 배분할 것인지에 대한 전략적 고민이 있어야 한다. 국내·외의 사회경제 상황의 변동이나 국가채무 등에 대한 변수 등을 고려해 중·장기적 관점에서 국가의 예산총액을 결정하고 사업의 우선순위에 따른 분야별 지출한도를 설정하는 것이 중요하다.

그리고 예산배분을 통해 각 부처가 자율적으로 예산을 편성하고 운영하는 과정에서 지출의 효과를 파악하는 것도 중요하다. 현대 예산제도의 본질은 투입중심에서 결과중심으로 이행하고 있으며, 지출을 통한 성과를 구현함으로써 예산의 효율성과 재정민주주의를 달성하는 것이 중요하다.

총액 및 지출한도의 범위 내에서 각 부처가 자율적으로 편성한 예산에 대한 책임성을 확보하기 위해서 성과관리예산제도와 필수적으로 연계되어야 한다. 다시 말해, 각 부처의 예산배분을 중앙예산기관의 총액 및 지출한도와 연계해 배분하고, 자율적으로 운영함과 동시에 결과에 대해서도 책임을 지는 제도적 장치가 필요하다.

결국, Top-down 예산제도는 국가재정운용계획, 성과관리예산제도와 연계되어야 예산개혁의 실효성을 담보할 수 있다(원구환, 2019: 317).

### 3) 재정성과관리제도의 도입

한정된 재원을 보다 효과적으로 활용하도록 도입된 재정성과관리제도는 사업의 성과를 평가하고, 그 결과를 예산에 적극적으로 환류하고 사업개선을 유도한다. 우리나라에서 재정성과관리제도는 1997년 IMF 외환위기 이후 시범사업이 시도되었으며, 2003년 이후부터 본격적으로 운영되었다.

특히, 재정성과관리제도에는 재정성과목표관리제도, 재정사업성과관리제도, 재정사업자율평가제도, 재정사업심층평가제도 등이 존재하고 있다.

재정성과목표관리제도는 성과계획서를 통해 성과목표와 성과지표를 사전에 설정하고, 재정운용을 마친 후에 성과보고서를 통해 성과목표의 달성여부를 점검하는 제도이다.

또한, 재정사업성과관리제도는 정부가 성과중심의 재정운용을 위하여 성과목표관리 및 성과평가를 주요 내용으로 하는 제도이다. 성과목표관리는 재정사업에 대한 성과목표, 성과지표 등의 설정 및 그 달성을 위한 집행과정·결과의 관리이고, 성과평가는 재정사업의 계획수립, 집행과정 및 결과 등에 대해 점검·분석·평가한다.

재정사업자율평가제도란 예산과 평가제도를 연계하여 각 중앙관서의 장과 기금관리주체가 기획재정부장관이 정하는 바에 따라 주요 재정사업을 스스로 평가하고, 그 결과를 예산안 편성 등에 활용하여 재정사업의 효율성을 제고하기 위한 제도로 설명할 수 있다.

재정사업심층평가제도는 재정사업자율평가 결과 추가적인 검토가 필요하다고 판단되는 사업에 대해 계량분석기법 등을 활용하여 심층적으로 분석·평가하는 제도로서, 재정사업의 적절성, 효과성, 효율성 등을 주요 평가요소로 한다.

특히, Top-down 예산제도와 재정사업성관리제도를 연계하여 운영하는 것은 하향식 예산운영에 성과관리를 통합함으로써 예산과정 전반에 작용하는 재원배분의 메커니즘을 합리성으로 대체하는 것이었다(조수현, 2008: 187-188).

### 4) 디지털예산회계시스템의 구축

우리나라에 있어 2007년 이전까지 재정정보시스템은 각 기관별로 관리되어 통합된 재정정보의 제공이 어려웠다. 이에 따라 재정제도의 혁신을 뒷받침할 시스템 구축이 필요하게 되었고, 비로소 2007년부터 디지털예산회계시스템이 구축·운영되고 있다. 일반적으로 디지털예산회계시스템의 특징은 다음과 같다.

첫째, 재정전반 활동을 지원한다. 이는 중앙정부의 예산편성, 예산집행, 자금관리, 국유재산 및 물품관리, 채권·채무, 회계결산까지 모두 하나의 시스템으로 처리된다.

둘째, 재정혁신을 뒷받침한다. 이는 국가재정운용계획수립, Top-down 제도, 재정성과관리제도 등 재정혁신을 지원하기 위해 프로그램예산체계를 기반으로 구축되었다. 자금과 자산·부채를 상호연계 관리하고 국가재정의 재무정보를 정확히 산출할 수 있도록 복식부기, 발생주의 회계제도를 도입하였다.

셋째, 재정의 실시간 관리를 도모한다. 재정자금 출납의 모든 과정을 전자화하고, 이를 기반으로 재정운영현황을 실시간으로 파악할 수 있도록 구성되어 있다.

넷째, 재정통계 분석정보를 산출한다. 분야별, 부처별, 기능별 등 여러 가지 측면에서 통계분석을 수행하고 과거 실적, 현황, 예측 등 다양하고 정확한 통계분석 자료를 제공하고 정부의 정책결정이 올바르게 이루어질 수 있도록 지원한다(원구환, 2019: 303-304).

우리나라에 있어 디지털예산회계시스템은 프로그램예산제도, 복식부기, 발생주의 회계를 기반으로 세입징수, 예산편성, 예산집행, 회계·결산, 성과관리 등 재정활동의 전 과정을 대상으로 하고 있다. 또한, 중앙 및 지방, 공공기관 등 공공부문전체를 포괄하여 국가전체 차원의 자원배분 및 재정사업에 대한 성과관리에 활용할 수 있는 정보를 제공하는 시스템이라 할 수 있다.

디지털예산회계시스템은 크게 재정정보시스템, 통계분석시스템, 연계시스템, 재정업무지원시스템으로 구성된다. 중앙 및 지방공무원, 일부 공공기관 사용자들은 재정포

그림 10-2 디지털예산회계시스템 구성도

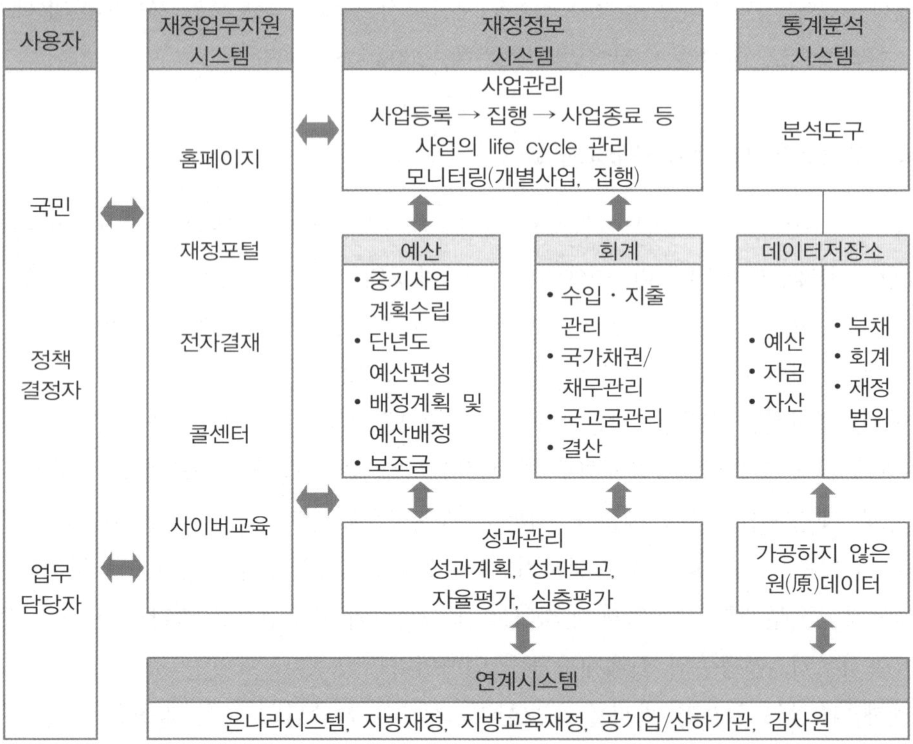


자료: 한국개발연구원 공공투자관리센터(2015: 54).

털을 통해 시스템에 접속하여 업무를 처리하고 생산된 주요 재정정보를 국민들에게 홈페이지를 통해 전달하고 있다.

디지털예산회계시스템은 선진적인 재정관리시스템을 구현함으로써 재정투명성을 강화하고, 재정총량 관리 및 재정집행 모니터링이 강화되어 정책대응의 효과성이 제고된다. 디지털예산회계시스템 도입의 효과는 다음과 같다.

디지털예산회계시스템에 집적되는 재정정보를 통하여 재정편성 및 집행과정에서 총량의 실시간 파악 · 관리 능력을 제고한다. 특히, 세계금융위기 이후 재정부문의 집행 모니터링이 강화되어 정책대응의 효과성을 제고할 수 있다.

대부분의 재정관련 업무가 dBrain(실시간 On-line화)을 통해 이루어짐으로써 업무의 효율화 및 재정정보 공개를 통한 투명성을 강화한다. 그동안 중앙정부의 회계 · 기금중심의 재정통계는 국가전체의 재정규모 파악을 어렵게 했을 뿐 아니라 재정정책의 수립, 재정위험 요인의 관리, 국가간 통계비교 등에 한계를 가지고 있었다.

이에 따라 기존의 장 · 관 · 항 · 세항 · 목의 예산구조를 분야 · 부문 · 프로그램 · 단위사업 · 목체계로 개편하였다. 동시에 중앙재정과 지방재정간의 평가기준 등 차이점을 최소화하고, 예산과 회계 간 연계를 강화하는 방향으로 복식부기 · 발생주의 회계제도를 도입하였다.

디지털예산회계시스템은 국제기준에 의한 재정정보의 비교는 물론 재정통계에 의한 합리적 정책결정을 가능하게 한다. 일반국민도 예산사업을 쉽게 알 수 있게 되고, 기금 · 회계 간 유사 · 중복사업의 파악이 가능해져 예산낭비를 제거할 수 있다.

또한, 회계처리의 투명성 및 정확성이 제고되고 향후 재정소요 파악이 가능해져 재정건전성을 확보할 수 있으며, 일반국민부터 정책결정자까지 필요한 재정정보를 실시간으로 제공받을 수 있다.

# 제11장

# 재정성과관리제도

# 제1절 성과관리제도란?

## 1 성과관리제도의 의의

성과관리제도(成果管理制度, performance management system)란 기존의 투입·통제 중심의 방식을 벗어나 성과관리를 통해 획득된 성과정보를 바탕으로 정부업무 수행의 책임성을 제고하는 것이다. 예산과 관련해서도 편성·심의·집행·결산의 전 과정을 경제성·능률성·효과성 등의 성과관리 관점에서 운영하는 제도이다.

우리나라에 있어 성과관리제도는 정부업무평가기본법, 국가재정법 및 국가회계법에 근거하여 시행되고 있다. 먼저 정부업무평가기본법은 제2조(정의)에서 성과관리의 정의, 제4조(성과관리의 원칙)에서 성과관리의 원칙, 제5조(성과관리전략계획)에서 성과관리전략계획, 제6조(성과관리시행계획)에서 성과관리시행계획에 대해 각각 규정하고, 이하의 조문에서는 정부업무평가제도에 대하여 규정하고 있다.

국가재정법 제85조의2(재정사업의 성과관리)에서 정부는 성과중심의 재정운용을 위하여 성과목표관리 및 성과평가를 내용으로 하는 재정사업의 성과관리를 규정하고 있다.

국가재정법 제34조(예산안의 첨부서류)에서도 예산안 첨부서류로서 성과계획서, 제71조(기금운용계획안 등의 첨부서류)에서는 기금운용계획안 등의 첨부서류로서 성과계획서를 규정하고 있다.

또한, 국가재정법 시행령 제39조의3(재정사업의 성과평가 등)에서 재정사업자율평가와 재정사업심층평가에 대하여 규정하고 있다. 국가회계법은 제14조(결산보고서의 구성) 및 제15조(결산보고서의 작성)에서 결산보고서 구성서류의 하나로서 성과보고서는 성과계획서에서 정한 성과목표와 그에 대한 실적을 대비하여 작성하여야 함을 규정하고 있다.

## 2 성과관리제도의 연혁

대부분의 OECD 국가들은 1990년대부터 성과중심의 재정운용제도를 시행하고 있는데, 이는 1980년대 이후 누적되기 시작한 재정적자에 대응하기 위한 것이었다. 각 국가의 정부는 공공서비스의 감소 없이 정부지출을 축소하기 위한 방안으로 중기예산제도와 성과관리제도를 도입하기 시작하였다.

이와 같은 배경에는 세계적으로 신공공관리론(new public management)의 전략과 함께 공공부문에 있어 성과중심관리에 대한 논의가 본격적으로 시작되었기 때문이다. 성과중심의 관리라는 것은 시민(고객)중심의 관리, 시장중심의 관리와 함께 행정개혁의 중요한 방향으로 설정되었다. 여기에는 공공부문과 민간부문 간의 경쟁, 분권화, 정부계층의 간소화, 시민선택의 확대, 벤치마킹, 산출측정, 성과계약, 재정인센티브 부여, 민간부문의 관리기술 등이 중시되었다(Stark, 2002: 137).

국제적 행정환경의 변화에 따라 우리나라도 1999년부터 단계적으로 성과관리제도를 도입하기 시작하였다. 우리나라의 경우, 정부사업에 대한 재정지출에 있어 투입 위주의 관리방식을 사용함에 따라 성과 및 책임성 측면에서 취약하였다.

또한, 사회보장관련 재정지출 수요의 지속적 증가 등 재정부담 요인들이 상존하고 있으며, 성과관리제도는 이러한 미래의 재정수요에 대비하여 정부사업의 효과를 증대시킬 필요에 부합하는 측면이 있었다.

우리나라의 성과관리제도 도입과정에 대하여 자세히 살펴보면, 1999년에 처음으로 성과관리제도가 도입되어 16개 기관에서 시범적으로 성과계획서를 작성하여 제출하였다. 이후 재정성과목표관리제도(2003년), 정책 · 성과중심의 프로그램예산체계(2004년), 재정사업자율평가제도(2005년), 재정사업심층평가(2006년)가 순차적으로 도입되었다. 2009년 회계연도 성과보고서가 2010년에 최초로 작성되어 국회에 제출되었다.

또한, 2016년부터 기획재정부는 재정사업자율평가제도를 개선한 통합재정사업평가제도를 도입하였다. 통합재정사업평가제도에서는 개별사업평가를 부처에 위임하고 부처 평가과정 전반의 적정성을 평가하는 메타평가(metaevaluation)방식[1])을 적용하였다.

---

1) 일반적으로 메타평가는 1차 평가에 대해 전체적 및 체계적으로 점검하는 일련의 과정으로 평가에 대한 평가(evaluation of evaluation)라고도 한다.

그러나 평가결과의 환류구조 문제 등으로 인한 비효율성이 제기됨에 따라 2018년부터 메타평가를 폐지하고 기존의 평가대상사업과 별개로 기획재정부가 직접 선정한 핵심사업에 대한 평가를 별도로 시행하는 방식으로 재정사업자율평가제도가 변경되었다.

2020년에는 기획재정부장관이 주요 재정사업에 대한 평가결과를 재정운용에 반영하기 위하여 재정지출 구조의 적정성과 분야별 재정지출의 우선순위에 대한 분석·평가를 실시할 수 있도록 하였다.

2021년에는 국가재정법의 개정으로 기존의 제8조 성과중심의 재정운용을 제4장의2 성과관리로 확대하여 운영하고 있다. 즉, 성과지향적이며 투명한 재정운용을 위하여 재정사업 성과관리의 내용을 성과목표관리 및 성과평가로 구체적으로 설정하고, 재정사업성과관리 기본계획의 수립, 성과목표관리를 위한 성과보고서 등의 작성·제출 및 성과평가의 근거를 마련하였다.

재정사업 성과목표관리를 위한 담당공무원 지정 등 추진체계를 마련하고, 기획재정부장관으로 하여금 성과평가의 결과 등 성과정보의 관리시스템을 구축·운영하여 성과정보가 공개될 수 있는 조치를 마련하도록 하며, 성과목표관리 결과를 국무회의에 보고하도록 함으로써 종전의 성과중심의 재정운용을 확대·강화하였다(국회예산정책처, 2022a: 273).

결국, 많은 국가에서 재정성과관리제도를 운영한다는 것은 정부가 더 이상 예산을 투입에 따라 배분하는 것이 아니라 정책적 목적에 따라 배분하고, 이를 통해 결과문화 또는 성과문화를 강조하고 있다(Collet, 2020: 82).

**표 11-1 우리나라 성과관리제도의 추진현황**

| 일자 | 추진내용 |
|---|---|
| 1999년 1~2월 | • 성과주의예산제도 도입 및 추진계획 마련(16개 기관을 선정하여 시범사업 실시)<br>• 부처별 성과지표 개발(정부조직 경영진단) |
| 2000년 3~4월 | • 16개 시범사업기관의 성과계획서를 당시의 기획예산처 홈페이지를 통해 일반국민에게 공개<br>• 2001년 예산과 관련한 시범사업 추진방침을 예산안 편성지침을 통하여 통보(기존의 16개 시범기관 외 12개 기관을 추가로 선정, 총 28개 기관) |
| 2001년 6월 | • 2002년 성과계획서 및 2000년 성과보고서 작성지침 통보<br>(11개 기관을 시범사업 대상기관으로 추가 선정, 총 39개 기관) |

| 2003년 5월 | • 성과중심의 재정운용으로 전환하기 위해 재정성과목표관리제도를 도입 |
|---|---|
| 2004년 5~11월 | • 2004년 성과관리제도 시행지침 시달 · 정책 · 성과중심의 프로그램 예산체계 도입 |
| 2005년 | • 성과관리제도의 보완을 목적으로 재정사업자율평가제도 도입 |
| 2006년 | • 국가재정법 제정으로 재정사업심층평가제도 도입 |
| 2008년 | • 성과계획서 최초로 국회제출 |
| 2010년 | • 성과보고서 최초로 국회제출 |
| 2016년 | • 재정사업자율평가제도를 개선한 통합재정사업평가제도 도입 |
| 2018~2019년 | • 재정사업자율평가에서 자체평가 결과를 확인 · 점검하는 메타평가 폐지, 재정사업심층평가에서 핵심사업을 평가하는 방식으로 개선 |
| 2021년 | • 국가재정법의 개정으로 재정사업성과관리의 내용을 성과목표관리 및 성과평가로 구분<br>• 재정사업 성과목표관리를 위한 담당공무원 지정 등 추진체계를 마련<br>• 성과평가의 결과 등 성과정보의 관리시스템을 구축 · 운영하여 성과정보 공개 |

자료: 국회예산정책처(2022a: 273-274).

# 제2절 재정성과관리제도의 내용

## 1 재정성과목표관리제도

재정성과목표관리제도(performance monitoring)는 성과계획서를 통해 성과목표와 성과지표를 사전에 설정하고 재정운용 후 성과보고서를 통해 성과목표의 달성여부를 점검하는 제도이다.

여기에는 전통적 행정에 비해 신공공관리 하에서는 투입보다는 결과에 보다 많은 관심을 가지고 있으며, 당연히 결과는 투입보다 고객만족과 성과지표와의 연계성이 높고, 이로 인해 기관의 목적에 따른 성과측정이 용이하다(Peters & Pierre, 1998: 230-231)는 맥락과 같다.

이러한 일련의 활동은 재정운용의 효율성 제고와 밀접한 관련을 가지고 있으며, 각 기관은 먼저 기관의 임무 및 전략목표를 결정하고 그에 따라 성과목표를 설정한다. 다음으로 성과목표를 달성하기 위한 개별 관리과제와의 성과지표를 설정한 후 성과계획서를 작성한다.

정부는 매년 예산안 국회제출시 다음 연도의 성과계획서를 부속서류로 함께 제출한다. 그리고 매년 국가결산보고를 국회에 제출할 때에는 전년도의 성과보고서를 부속서류로 제출한다.

기획재정부는 2015년부터 성과관리 작성체계를 개선하여 성과관리 목표체계와 예산프로그램체계를 일치시켜 성과계획서를 작성하도록 하고 있다. 이처럼 재정성과목표관리제도는 각 부처가 제출하는 성과계획서와 성과보고서를 통하여 각 기관의 예산사업 성과관리를 위한 기본적인 정보를 제공하는 역할을 한다.

그림 11-1 재정성과목표관리제도의 운용체계

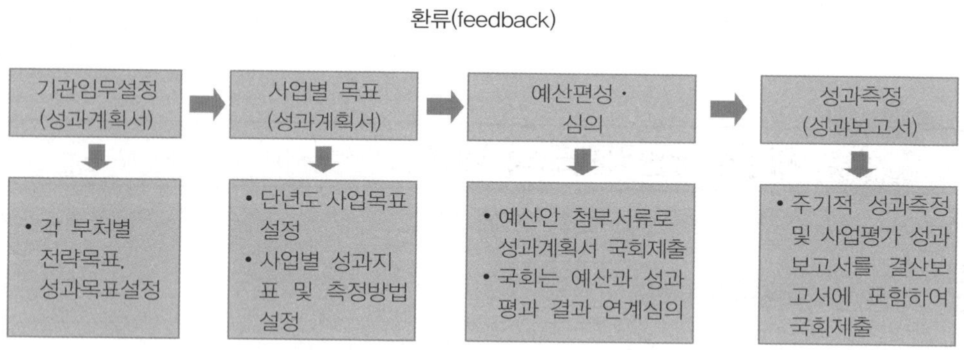


자료: 국회예산정책처(2021a: 220).

## 2 재정사업성과관리제도

재정사업성과관리제도는 크게 성과목표관리와 성과평가로 구성된다. 전자는 재정사업에 대한 성과목표, 성과지표 등의 설정 및 그 달성을 위한 집행과정 · 결과의 관리이고, 후자는 재정사업의 계획수립, 집행과정 및 결과 등에 대한 점검 · 분석 · 평가이다.

여기서 재정사업성과관리의 대상이 되는 재정사업의 기준은 성과관리의 비용 및 효과를 고려하여 기획재정부장관이 정하고, 다만 개별법령에 따라 실시되는 평가의 대상은 관계 중앙관서의 장이 별도로 정한다.

재정사업성과관리의 원칙으로 정부는 재정사업성과관리를 통하여 재정운용에 대한 효율성과 책임성을 높이도록 노력하여야 하고, 재정사업성과관리를 실시할 때 전문성과 공정성을 확보하여 평가결과에 대한 신뢰도를 높이도록 노력한다. 그리고 정부는 재정사업성과관리의 결과를 공개하여 재정운용에 대한 투명성을 확보하도록 노력하여야 한다.

재정사업성과관리를 효율적으로 실시하기 위하여 기획재정부장관은 5년마다 재정사업 성과관리 기본계획을 수립하여야 하며, 여기에는 다음과 같이 사항들이 포함되도록 하고 있다. 첫째, 재정사업성과관리 추진의 기본방향, 둘째, 재정사업성과관리의 대상 및 방법에 관한 사항, 셋째, 재정사업성과관리관련 연구・개발에 관한 사항, 넷째, 재정사업성과관리 결과의 활용 및 공개에 관한 사항, 다섯째, 재정사업성과관리관련 인력 및 조직의 전문성・독립성 확보에 관한 사항, 여섯째, 그 밖에 대통령령으로 정하는 재정사업 성과관리 업무의 발전에 관한 사항이다.

그리고 기획재정부장관은 재정사업성과관리 기본계획에 기초하여 매년 재정사업 성과관리 추진계획을 수립하여야 하고, 기획재정부장관은 재정사업성과관리 기본계획 및 재정사업성과관리 추진계획을 수립한 때에는 국무회의에 보고한다. 이와 관련한 재정사업성과관리 기본계획 및 재정사업성과관리 추진계획의 수립에 필요한 사항은 대통령령으로 정하도록 하고 있다.

또한, 각 중앙관서의 장과 기금관리주체는 재정사업성과관리를 위한 추진체계를 구축한다. 각 중앙관서의 장은 재정사업 성과관리 중 성과목표관리를 책임지고 담당할 공무원(재정성과책임관), 재정성과책임관을 보좌할 담당 공무원(재정성과운영관) 및 개별 재정사업이나 사업군에 대한 성과목표관리를 담당할 공무원(성과목표담당관)을 지정하여 재정사업 성과목표관리 업무를 효율적으로 수행하도록 하고 있다.

## 3 재정사업자율평가제도

재정사업자율평가제도는 국가재정법 시행령 제39조의3(재정사업의 성과평가 등)에 따라 각 중앙관서의 장과 기금관리주체가 주요 재정사업을 스스로 평가하는 것을 의미한다. 그리고 평가제도와 예산을 연계한 관점에서 재정사업자율평가제도란 각 중앙관서의 장과 기금관리주체가 기획재정부장관이 정하는 바에 따라 주요 재정사업을 스스로 평가하고, 그 결과를 예산안 편성 등에 활용하여 재정사업의 효율성을 제고하기 위한 제도로 설명할 수 있다.

재정사업자율평가제도는 성과중심의 재정운용을 위하여 2005년에 도입되었다. 도입 당시에는 기획재정부에서 사업별 평가항목과 평가지침을 사전에 제시하고, 해당 지침에 따라 각 부처가 자율적으로 평가한 후 그 결과를 기획재정부가 점검하는 방식으로 제도가 운영되었다.

그러나 기획재정부의 확인점검, 평가중복 등의 문제가 제기되어 2016년부터 개별사업 평가는 부처에 위임하고, 부처 평가과정 전반의 적정성을 평가하는 메타평가 방식을 도입하였다.

표 11-2 재정사업자율평가제도의 추진현황

| 연도 | 추진내용 |
|---|---|
| 2006년 | • 재정사업자율평가제도 도입<br>• 기획재정부의 지침에 따라 각 부처 자율평가 후 기획재정부 점검 |
| 2016년 | • 개별사업 평가부처 위임<br>• 기획재정부에서 평가과정 전반을 점검하는 메타평가 수행<br>• 일반사업, R&D사업, 지역발전사업별 평가체계를 통합재정사업평가로 일원화 |
| 2018년 | • 부처별 자율평가 유지, 메타평가폐지<br>• 주요 핵심사업에 대한 평가제도 |

자료: 국회예산정책처(2021a: 222).

2016년, 별도로 실시하던 일반사업, R&D사업, 지역발전사업 평가체계를 통합하여 재정사업통합평가 형태로 평가체계를 일원화하였다.

일반재정사업 및 기금사업에 대한 재정사업자율평가 및 기금사업운영평가, R&D사업에 대한 국가연구개발사업 자체평가, 지역사업에 대한 지역발전사업평가를 통합재정사업평가로 단일화하였으며, 먼저 기관별 자체평가를 실시하고 그 결과에 대해 일반재정・R&D・지역사업 등 분야별로 상위 메타평가를 실시하였다.

그런데 이러한 통합재정사업평가제도에 대해 다음과 같은 문제가 제기되었다.

첫째, 자율평가에서 일률적인 평가기준이 적용되고 평가결과에 따라 일정규모 이상의 세출구조조정을 하도록 하는 등 평가결과가 예산과 기계적으로 연계되어 부처의 자율성과 책임성을 확보하기 쉽지 않다는 문제가 있었다.

둘째, 메타평가가 각 부처 지출구조조정계획에 대한 확인·점검중심으로 이루어져 개별사업의 실질적인 성과를 제고하는 데 한계가 있었다.

셋째, 평가제도가 분절적으로 운영되고 제도운영과정에서 국민과의 소통이 부족하다는 것이었다.

이에 따라 기획재정부는 2018년부터 기관별 자체평가와 그 결과에 대한 메타평가의 체계로 운영되던 재정사업자율평가제도를 개편하여 기관별 자율평가는 유지하되 메타평가를 폐지하였다.

그리고 기관별 자체평가에 대한 메타평가 대신 기획재정부가 주요 핵심사업을 선정하여 별도로 평가하기 위하여 재정사업심층평가에 핵심사업 평가를 추가하였다(국회예산정책처, 2021a: 222).

## 4 재정사업심층평가제도

재정사업심층평가제도(program evaluation)는 재정사업자율평가 결과 추가적인 검토가 필요하다고 판단되는 사업에 대해 계량분석기법 등을 활용하여 심층적으로 분석·평가하는 제도로서, 재정사업의 적절성(relevance), 효과성(effectiveness), 효율성(efficiency) 등을 주요 평가요소로 한다.

기획재정부는 재정사업심층평가제도의 정착·확산을 위하여 지속적인 제도개선을 추진하고 있다. 2010년부터는 사업군 평가방식을 도입하여 사업 간 유사·중복, 우선순위, 재원배분방향, 부처 간 역할분담 등을 종합적으로 검토할 수 있도록 하였고, 2011년에는 다양한 연구기관을 활용하고 재정당국의 책임성 강화를 위해 관련예산을 KDI에서 기획재정부로 이관하였다.

또한, 내실 있는 평가를 위하여 심층평가 사전예고제도, 대규모 신규사업(예비타당성 조사 대상사업 등)에 대한 심층평가 의무화, 예비조사 제도 등을 도입하였다.

2018년 예산에 있어 재정사업심층평가 대상으로 6개 사업군을 선정하였다. 6개 사업군은 모태펀드 효율화, 과학기술 R&D출연 연구기관 운영효율화, BK21 Plus 사업, 미세먼지저감대책 사업군, 재직자교육훈련지원 사업군, 창업지원 사업군이다.

2019년에는 재정사업심층평가 운용지침 개정을 통해 심층평가 유형에 핵심사업 평가를 추가하여 심층평가 유형은 개별사업 심층평가, 사업군 심층평가, 핵심사업 평가로 확대되었다.

개별사업 심층평가는 예산 및 기금운용계획의 단위사업을 대상으로 효과성 · 효율성 등을 중심으로 성과평가를 실시하고, 효율적인 재정운용 방안을 도출하기 위한 평가이다.

사업군 심층평가는 사업의 소관 부처 및 회계구분, 단위사업 · 세부사업 등을 불문하고, 정책목적 등 성격이 유사한 다수의 사업들을 하나의 사업군으로 묶어 사업군 및 개별사업의 효과성 · 효율성, 정책적 타당성 등에 대한 성과평가를 실시한다. 그리고 유사 · 중복사업 통폐합, 부처 간 역할분담, 중기 재원배분 등 재정운용과 관련한 종합적인 개선방안을 도출하기 위한 평가이다.

핵심사업평가는 예산 및 기금운용계획의 단위사업 또는 세부사업을 대상으로 중기 시계 하에 집행현황 점검 · 집행 애로사항 해소 등 주기적인 과정관리 및 사업성과 · 상위목표 달성 기여도 등에 대한 종합평가를 실시하여 제도보완 및 효율적 재정운용 방안을 도출하기 위한 평가에 해당된다.

2019년 예산에 있어 재정사업 심층평가의 사업군평가 대상으로는 실업자 재취업지원 사업군, 아동돌봄 사업군, 산학연 협력지원 사업군, 외국인 체류관리 사업군, 다자개발협력 사업군, 지방교육재정 교부금, 6개 사업군이 선정되었다.

2020년의 경우 개별사업 심층평가는 스마트시티 사업모델을 대상으로 실시하였고,

**표 11-3 재정사업심층평가의 대상사업군 사례들**

| 연도 | 사업군 | 주요 사업 |
|---|---|---|
| 2018년 | 심층평가 | 모태펀드 효율화, 과학기술 R&D출연 연구기관 운영효율화, BK21 Plus 사업, 미세먼지저감대책 사업군, 재직자교육훈련지원 사업군, 창업지원 사업군 |
| 2019년 | 심층평가 | 실업자 재취업지원 사업군, 아동돌봄 사업군, 산학연 협력지원 사업군, 외국인 체류관리 사업군, 다자개발협력 사업군, 지방교육재정 교부금 |
| 2020년 | 심층평가 | 국립대재정지원 사업군, 노인의료지원 사업군, 전자정부지원체계, 빅데이터 플랫폼, 고용보험기금 사업군, 정책펀드 사업군, 농어업정책보험 |
| 2021년 | 심층평가 | 소상공인 · 자영업자 지원 사업군, 문화예술 활성화 사업군, 지역특화 산업육성 사업군 |

사업군 심층평가는 국립대재정지원 사업군, 노인의료지원 사업군, 전자정부지원체계, 빅데이터 플랫폼, 고용보험기금 사업군, 정책펀드 사업군, 농어업정책보험을 대상으로 실시하였다(국회예산정책처, 2021a: 223).

2021년 예산에 있어서는 소상공인・자영업자 지원 사업군, 문화예술 활성화 사업군, 지역특화 산업육성 사업군을 대상으로 하고 있다.

## 5 기타 부가제도

기획재정부장관은 주요 재정사업에 대한 평가결과를 재정운용에 반영하기 위하여 재정지출 구조의 적정성과 분야별 재정지출의 우선순위에 대한 분석・평가를 실시할 수 있다.

또한, 기획재정부장관은 매년 재정사업의 성과목표관리 결과를 종합하여 국무회의에 보고하고, 재정사업의 성과평가 결과를 재정운용에 반영할 수 있다. 그리고 중앙관서의 장은 재정사업의 성과관리의 결과를 조직・예산・인사 및 보수체계에 연계・반영하도록 하고 있다.

기획재정부장관은 재정사업 성과목표관리 및 성과평가 결과 등 성과정보가 체계적으로 관리될 수 있도록 재정사업 성과정보관리시스템을 구축・운영하고, 성과정보가 공개될 수 있도록 필요한 조치를 마련한다.

각 중앙관서의 장도 소관 재정사업의 성과정보를 생산・관리하도록 요구받고 있으며, 특별한 사유가 없으면 이에 따르도록 규정하고 있다.

# 제12장

# 정부회계의 특성

# 제1절 재정과 정부회계와의 관계

## 1 재정의 정의

국민경제를 구성하고 있는 주체는 가계, 기업, 정부로 구분할 수 있다. 정부는 가계와 기업으로부터 거두어들인 조세수입 등을 기반으로 하여 공공재와 공공서비스 제공을 위해 지출활동을 하게 되는데, 이러한 정부부문의 경제활동을 통칭하여 재정이라고 표현할 수 있다.

재정활동은 정부가 수행하는 경제활동으로서 화폐단위로 표시되는 정부의 수입·지출활동을 의미한다. 구체적으로는 정부는 조세(국세와 지방세)·부담금·기여금의 징수, 보유자산(주식, 부동산 등) 매각 및 국공채 발행 등으로 재원을 조성한다. 그리고 국방·외교·치안 등 국가의 유지, 연구개발(R&D) 등 경제성장을 위한 기반조성, 교육 및 사회복지 수요의 충족 등 공공부문의 역할을 수행하기 위해 지출하고 있다(국회예산정책처, 2022a: 2).

정부의 역할이 국방, 사법, 치안, 내무, 외무에 치중하던 경찰국가(police state)에서 사회문제 및 복지수요에 대응해야 하는 복지국가(welfare state)로 전환되면서 재정지출

그림 12-1 우리나라 재정의 분류

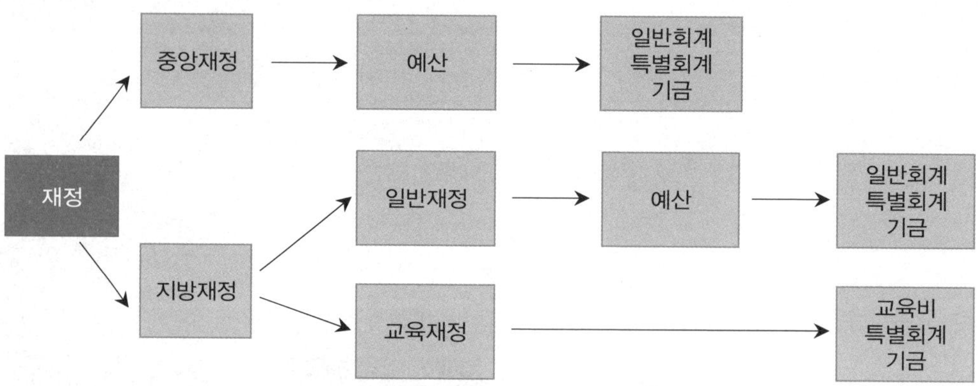

이 급격하게 증가되고 있는(Douat & Badin, 2006: 51) 것이 현실이다.

## 2 재정절차 및 재정의 순환

재정절차는 예산절차와 결산절차로 구분된다. 예산절차는 행정부의 예산안 편성-국회의 예산안 심의·확정-행정부의 집행 순으로 이루어지고 있다. 반면에 결산절차는 정부의 결산서 작성-감사원의 결산검사-국회의 결산 심의·의결로 이루어진다.

일반적으로 재정절차는 3년의 기간에 걸쳐 예산편성, 예산집행, 결산이 행해진다. 특정연도인 N년을 기준으로 보면 전년도 결산, 당해 회계연도의 예산집행, 다음 회계연도의 예산안 편성·심의의 세 가지 과정이 한 회계연도에 이루어지게 된다. 결국, 한 회계연도를 중심으로 N-1년 결산, N년 예산집행, N+1년 예산안 편성·심의가 이루어진다.

예산안의 편성에서부터 결산의 확정시까지 3회계연도가 소요되므로, 회계정보 활용의 적시성에 대한 문제가 제기되기도 한다(허웅·윤성식, 2018: 5). 즉, 행정부가 예산안을 작성하는 시기에서부터 집행 단계를 거쳐 결산을 확정짓는 시기가 대략적으로 3개 연도에 걸쳐 있다.

## 3 정부회계의 의의 및 특징

일반적으로 회계(會計, accounting)는 한 조직체의 경영 및 재정활동을 일정한 기준에 맞추어 기록하는 과정이다. 이와 같은 회계정보는 의사결정자를 포함한 이해관계자들에게 조직체 운영이나 투자관련 결정 시에 많은 도움을 준다.

회계는 공공부문보다 민간부문에서 활용가치가 크며 공공부문에 도입된 것은 상대적으로 늦다. 여기서 회계라는 것은 공공부문보다 영리를 목적으로 하는 민간부문에 더욱 더 필요한 사항이 되고 있었기 때문이다.

그러나 많은 국가에서 재정 및 예산개혁의 일환으로 정부를 포함한 공공부문에도 회계의 적용범위를 넓히게 되었고, 우리나라에서도 예외는 아닌 사항이 되었다. 오늘날, 정부회계(政府會計, government accounting)라는 명칭으로 제도적이고 체계적으로 정비되어 운영되고 있다.

정부회계는 정부의 재정활동에 관한 정보를 특정해서 관련 이해관계자가 회계책임의 수행을 평가하고, 여러 가지 의사결정을 합리적으로 할 수 있도록 전달하는 과정 또는 기능을 말한다(심재영 외, 2019: 18).

정부회계의 가장 큰 특징은 영리를 목적으로 하지 않는 비영리 목적회계라는 것이다. 영리를 목적으로 하는 기업의 경영은 이익극대화를 목표로 그 목표와 기업의 활동 목적 달성을 위해 많은 수익을 창출하려고 한다. 반면에 이런 수익을 창출하기 위해 소요되는 비용은 최소화하고자 한다.

다시 말해, 수익에서 비용을 차감한 손익계산서상의 이익은 아주 중요한 의미를 가진다. 그러나 반대급부 없이 강제적으로 징수하는 조세수입으로 공공재와 서비스를 제공하여 국민들의 편익을 보호하고 안전한 생활환경을 조성해야 하는 정부회계에서는 재정상태표(손익계산서)상의 이익은 이익 그 자체만으로는 큰 의미를 부여받지 못하고 있다.

오히려 예산이 적정하게 계획되지 못한 것으로 오해를 받을 수 있기 때문에 이익이 많이 났다고 해서 중앙정부가 운영을 잘했다고 보기 어려운 것이 공공부문의 현실이다. 순이익을 많이 내기 위해 정부가 공공재와 서비스 제공을 축소하거나 집행하지 않을 수 있기 때문이다. 결국, 정부회계는 비영리회계로서 영리목적의 기업과는 이익의 의미가 다르다(강순심, 2015: 12-13).

정부회계는 민간부분의 회계와 큰 틀 하에서 유사하나 미시적으로는 용어나 재무제표 등에 있어 차이를 보이고 있다.

## 4 정부회계와 기업회계의 비교

오늘날의 정부회계와 기업회계는 모두 발생주의에 의한 복식부기 형태로 작성되어 그들의 이해관계자들에게 의사결정관련 정보를 제공하게 된다. 그러나 이해관계자의 범위, 적용되는 법률, 내용적인 측면에서 여러 가지 차이점이 존재하고 있다.

영리목적상의 기업회계는 당기순이익과 자본이 이해관계자들의 의사결정에 많은 영향을 주고 있지만 비영리 정부회계의 경우에는 그렇지 않다. 다시 말해, 반대급부 없이 부과 · 징수되는 세금은 국민들에게 제공되는 사회전반의 서비스 지출과 직접적으로 대응되지 않으므로 소유와 이익의 개념이 상이할 수밖에 없다.

기업회계의 이익은 소유주인 주주에게 배당의 형태로 지분에 따라 귀속되지만 소유권 개념을 적용시킬 수 없는 정부회계에서는 이익이 개개인에게 귀속되지 않는다. 이와 같은 사항은 그들의 의사결정에 중요한 부분이 달라질 수 있음을 시사한다. 즉, 소유권 개념의 부재는 이익개념의 상대적 중요성을 낮추고, 정보이용자들의 의사결정 판단기준이 되는 지표도 달라지게 한다(강순심, 2015: 16-17).

## 제2절 우리나라 정부회계의 변천

### 1 새로운 회계제도의 도입

우리나라는 2008년까지 중앙정부의 일반회계와 특별회계 대한 결산서는 현금주의(現金主義, cash accounting) · 단식부기(單式簿記, single-entry bookkeeping) 방식으로 작성되었다. 현금주의 · 단식부기 정부회계는 우리나라의 예산구조와 같은 구조로 되어 있어 예산과 결산의 비교를 용이하게 하는 장점이 있다.

그러나 전반적 재정개혁 하에서 정부회계의 방향을 현금주의 회계방식에서 발생주의 회계방식으로 전환을 추진하였다. 여기에는 발생주의 정부회계가 정책결정을 위한 포괄적이고 체계적인 정보를 제공하여 재정운영의 건전성과 재정의 성과관리를 위한 기반을 형성할 수 있다(Khan & Mayes, 2009).

1998년 5월, 정부는 발생주의(發生主義, accrual accounting) · 복식부기(複式簿記, double-entry bookkeeping)에 기반을 둔 정부회계의 도입방침을 공식적으로 발표하였다. 2007년 10월, 국가회계법의 제정을 통해 발생주의 · 복식부기 회계를 도입하게 되었다. 그 결과 2009년 회계연도부터 정부는 발생주의 · 복식부기 정부회계제도에 따라 결산 및 재무보고를 시행하고 있다.

기획재정부는 2010년 회계연도 결산 시까지 2년 간 시범운영을 거쳐 2011년 회계연도 결산부터 국가통합재무제표를 작성하여 국회에 제출하고 있다.

발생주의·복식부기 회계제도를 활용하게 되면 재정상태표를 통해 전체 국가자산 및 부채를 종합적이고 체계적으로 파악할 수 있다. 재정운영표를 통해서 파악되는 원가와 해당 프로그램의 성과를 비교하여 평가할 수 있다. 적은 예산집행으로 높은 성과목표를 달성할 수 있는 유인을 제공할 수 있게 된다.

기존의 세입세출결산에 따르면 계약에 의한 국가채무(국채, 차입금, 국고채무부담행위 등)만을 관리하고 있었다. 발생주의·복식부기 회계제도를 활용하게 되면 이러한 채무는 물론 지급시기와 금액이 확정되지 않았지만 국가가 지급할 가능성이 있는 잠재부채까지 계상하게 되므로 향후 지출가능성이 있는 부채를 파악할 수 있게 된다.

이를 통해 미래 정부부담능력을 예측하는 등 중장기 재정전망이 가능해져 보다 효율적으로 재정건전성을 관리할 수 있다. 또한, 국가가 활용가능한 모든 자원을 결산에 포함하여 관리하게 되므로 건설 중인 자산이나 사회간접자본(社會間接資本, Social Overhead Capital: SOC)도 재무제표에 포함되어 관리되므로 국가자산에 대한 자원관리체계가 강화될 수 있다(국회예산정책처, 2019: 200-201).

발생주의는 경제적 거래가 발생하는 시점에 거래를 기록하는 방식을 말하는 것으로, 현금의 변동이 있을 경우에 거래를 기록하는 현금주의와 다른 기록방식이다. 복식부기는 거래발생과 동시에 기록을 두 번(차변과 대변)하는 방식으로 단식부기와 상대되는 기록방식을 말한다. 그러므로 발생주의·복식부기에 기초한 정부회계란 재정적 거래가 발생하는 시점에 차변과 대변을 동시에 회계·처리하는 방식을 의미한다.

많은 국가의 정부회계 개혁의 초점은 현금주의 제도로부터 발생주의에 기반한 제도로의 전환이 핵심이다. 이와 같은 배경에는 발생주의가 정부정책 결정을 위한 체계적인

표 12-1 예산회계와 재무회계의 차이

| 구분 | 예산회계 | 재무회계 |
|---|---|---|
| 기장방식 | 단식부기 | 복식부기 |
| 인식기준 | 현금주의 | 발생주의 |
| 회계초점 | 계획과 통제 | 관리와 결과 |
| 적용주체 | 정부 및 비영리조직 | 영리조직 |

자료: 박성환 외(2016: 36).

**표 12-2 현금주의와 발생주의의 용어 차이**

| 현금주의 | | 발생주의 |
|---|---|---|
| 일반적인 용어 | 정부회계 용어 | |
| 수입(receipt) | 세입(receipt in fiscal year) | 수익(revenue) |
| 지출(expenditure) | 세출(expenditure in fiscal year) | 비용(expense) |
| 잉여금(surplus) | 세계잉여금<br>(surplus in fiscal year) | 이익<br>(income or earning) |
| 재산(property) · 채권(credit) | | 자산(asset) |
| 채무(debt) | | 부채(liability) |

자료: 박성환 외(2016: 40).

**표 12-3 현금주의 vs 발생주의**

| 구분 | 현금주의 | 발생주의 |
|---|---|---|
| 기록시점 | 현금의 유출이나 유입 | 거래발생시점(재화나 서비스의 이동) |
| 부기방식 | 단식부기: 현금출납이 있어야 기록<br>취득당시 가치로 기록후 금액불변 | 복식부기: 현금출납이 없더라도 거래발생시 기록, 실제가치로 자산 · 부채표시 |
| 적용법률 | 국가재정법 | 국가회계법 |
| 장점 | 이해와 통제가 용이<br>작성이 용이하고 절차가 간편 | 재정성과 파악용이<br>자산가치의 증감에 관한 정보제공<br>부채규모 파악으로 재정건전성 확보 |
| 단점 | 재정성과 파악곤란<br>단식부기에 의한 조작가능성 존재<br>거래의 실질이나 원가반영 불가 | 절차가 복잡하여 숙련된 인력필요<br>현금의 재정활동 영향파악이 어려움 |

자료: 국회예산정책처(2018: 137).

정보를 제공해줄 수 있다고 보며, 건전한 재정운영이 가능하고 재정의 성과관리를 도모할 수 있다(Khan & Mayes, 2009).

## 2 정부회계의 기준

정부회계의 기준은 국가회계법을 근간으로 하고 있으며, 이는 기획재정부령의 국가회계기준에 관한 규칙에 의해 구체화되고 있다. 정부회계라는 용어는 일반적으로 사용되고 있지만 법률적 측면에서는 국가회계라는 용어가 활용되고 있다.

우리나라의 국가회계법은 2007년 10월 17일 제정되어 2009년부터 1월 1일부터 시행되어 오고 있다. 국가회계법은 국가회계와 이와 관계되는 기본적인 사항을 정하여 국가회계를 투명하게 처리하고, 재정에 관한 유용하고 적정한 정보를 생산 · 제공하는 것을 목적으로 하고 있다.

국가회계법의 적용범위는 국가재정법 제4조(회계구분)에 따른 일반회계 및 특별회계, 국가재정법 제5조(기금의 설치) 제1항에 따라 설치된 기금이다. 국가의 회계연도는 매년 1월 1일에 시작하여 12월 31일에 종료하고 있다.

국가회계의 기준으로 국가의 재정활동에서 발생하는 재정적 거래 등을 발생사실에 따라 복식부기 방식으로 회계 · 처리하는 데 필요한 기준(국가회계기준)으로 기획재정부령으로 정한다. 그리고 국가회계기준은 회계업무 처리의 적정을 기하고, 재정상태 및 재정운영의 내용을 명백히 하기 위하여 객관성과 통일성이 확보될 수 있도록 한다.

국가회계기준에 관한 규칙 제4조(일반원칙)에 의하면 회계처리는 복식부기 · 발생주의 방식에 따르며 기본적인 원칙을 준수해야 한다고 규정하고 있다.

첫째, 회계처리는 신뢰할 수 있도록 객관적인 자료와 증거에 따라 공정하게 이루어져야 한다.

둘째, 재무제표의 양식, 과목 및 회계용어는 이해하기 쉽도록 간단명료하게 표시하여야 한다.

셋째, 중요한 회계방침, 회계처리기준, 과목 및 금액에 관하여 그 내용을 재무제표에 충분히 표시하여야 한다.

넷째, 회계처리에 관한 기준 및 추정(推定)은 기간별 비교가 가능하도록 기간마다 계속하여 적용하고 정당한 사유 없이 변경해서는 안 된다.

다섯째, 회계처리와 재무제표 작성을 위한 계정과목과 금액은 그 중요성에 따라 실용적인 방법으로 결정하여야 한다.

여섯째, 회계처리는 거래사실과 경제적 실질을 반영할 수 있어야 한다.

## 3 정부회계의 형식

위에서 설명한 바와 같이 정부 또는 기업회계하의 발생주의는 재정적 거래가 인식되었을 때 기장하는 방식이다. 그리고 복식부기는 자산=부채+자본이라는 공식 하에 계정형식의 좌측에 해당하는 차변(借邊, debit)과 계정형식의 우측에 해당하는 대변(貸邊, credit)으로 기장하게 된다.

일반적으로 자산은 어떠한 조직이 소유하고 있는 유·무형의 재산상의 가치이다. 부채는 타 기관이나 타인에게 지급해야 하는 금전상의 상환의무이고, 자본은 재화나 서비스를 생산하거나 효용을 높이는 데 들어가는 지분을 의미한다. 그러나 정부부문에는 자본의 개념이 존재하지 않는 이유로 인해 자산=부채+자산의 공식이 아니라 자산=부채+순자산의 공식으로 운영되고 있다.

재정활동에는 자산·부채·자본(순자산)의 변동은 물론 수익·비용을 발생시키는 것도 포함된다. 재정활동이라는 거래에 의하여 발생하는 자산·부채·자본(순자산) 및 수익·비용의 증감을 보면 자산의 증가·감소, 부채의 증가·감소, 자본(순자산)의 증가·감소, 수익·비용의 발생·소멸 등이 그 요소가 된다.

이와 같은 거래를 구성하는 요소를 거래의 8요소라 하며, 차변에는 자산의 증가, 부채의 감소, 자본(순자산)의 감소, 비용의 발생, 대변에는 자산의 감소, 부채의 증가, 자

그림 12-2 거래의 8요소 결합관계

| 차변 | 대변 |
| --- | --- |
| 자산의 증가 | 자산의 감소 |
| 부채의 감소 | 부채의 증가 |
| 자본(순자산)의 감소 | 자본(순자산)의 증가 |
| 비용의 발생 | 수익의 발생 |

**표 12-4** 단식부기의 기장방식 사례

| 세입 | | 세출 | |
|---|---|---|---|
| 거래내역 | 금액 | 거래내역 | 금액 |
| 1. 국세수익 수납 | 70,000 | 2. 공무원 급여지출 | 20,000 |
| 3. 벌금수익 수납 | 30,000 | 4. 국유재산(건물) 구입 | 40,000 |
| 5. 민간금융기관 차입수납 | 80,000 | 6-1. 주거복지지원금 무상지출 | 30,000 |
| 9-2. 양곡 8톤 매각수납 | 20,000 | 6-2. 서민 주택자금 대출 | 45,000 |
| | | 7. 수선유지비 지출 | 500 |
| | | 8. 국외출장 여비지출 | 800 |
| | | 9-1. 양곡 10톤 구입지출 | 30,000 |
| | | 10. 국유재산 보험료지출 | 1,200 |
| 소계 | 200,000 | 소계 | 167,500 |
| | | 차액(세입-세출) | 32,500 |

**표 12-5** 거래결과와 거래원인 사례

| 거래구분 | 거래결과 | | 거래원인 | | | | | | | |
|---|---|---|---|---|---|---|---|---|---|---|
| | 현금 | | 수익·비용 | | 자산 | | 부채 | | 순자산 | |
| | 유입 | 유출 | 수익 | 비용 | 증가 | 감소 | 증가 | 감소 | 증가 | 감소 |
| 1. 국세수익 수납 | √ | | | | | | | | √ | |
| 2. 공무원 급여지출 | | √ | | √ | | | | | | |
| 3. 벌금수익 수납 | √ | | | | | | | | √ | |
| 4. 국유재산(건물) 구입 | | √ | | | √ | | | | | |
| 5. 민간금융기관 차입수납 | √ | | | | | | √ | | | |
| 6-1. 주거복지지원금 무상지출 | | √ | | √ | | | | | | |
| 6-2. 서민 주택자금 대출 | | √ | | | √ | | | | | |
| 7. 수선유지비 지출 | | √ | | √ | | | | | | |
| 8. 국외출장 여비지출 | | √ | | √ | | | | | | |
| 9-1. 양곡 10톤 구입지출 | | √ | | | √ | | | | | |
| 9-2. 양곡 8톤 매각수납 | √ | | √ | | | | | | | |
| 10. 국유재산 보험료지출 | | √ | | √ | | | | | | |

**표 12-6 복식부기의 기장방식 사례**

| 거래구분 | 차변 | | | 대변 | | |
|---|---|---|---|---|---|---|
| 1. 국세수익 수납 | 차변) | 현금 | 70,000 | 대변) | 국세수익 | 70,000 |
| 2. 공무원 급여지출 | 차변) | 인건비(급여) | 20,000 | 대변) | 현금 | 20,000 |
| 3. 벌금수익 수납 | 차변) | 현금 | 30,000 | 대변) | 벌금수익 | 30,000 |
| 4. 국유재산(건물) 구입 | 차변) | 건물 | 40,000 | 대변) | 현금 | 40,000 |
| 5. 민간금융기관 차입수납 | 차변) | 현금 | 80,000 | 대변) | 장기차입금 | 80,000 |
| 6-1. 주거복지지원금 무상지출 | 차변) | 이전지출(보조금) | 30,000 | 대변) | 현금 | 30,000 |
| 6-2. 서민 주택자금 대출 | 차변) | 융자금 | 45,000 | 대변) | 현금 | 45,000 |
| 7. 수선유지비 지출 | 차변) | 수선유지비 | 500 | 대변) | 현금 | 500 |
| 8. 국외출장 여비지출 | 차변) | 국외여비 | 800 | 대변) | 현금 | 800 |
| 9-1. 양곡 10톤 구입지출 | 차변) | 재고자산(양곡) | 30,000 | 대변) | 현금 | 30,000 |
| 9-2. 양곡 8톤 매각수납 | 차변) | 현금 | 20,000 | 대변) | 양곡판매 수익 | 20,000 |
| 10. 국유재산 보험료지출 | 차변) | 보험료 | 12,000 | 대변) | 현금 | 12,000 |

자료: 허웅 · 윤성식(2018: 75, 77, 79).

본(순자산)의 증가, 수익의 발생이 기장된다.

복식부기에서는 한 번의 거래가 반드시 차변과 대변에 기재되는 이중기장방식을 보이고 있다. 그러므로 양변에 거래관계를 정확히 기재해야 적절한 재무제표를 작성할 수 있다. 다시 말해, 거래관계를 잘못 기장하면 오류가 발생하여 정확한 재무제표 생산이 불가능하다.

예를 들어, 단식부기 방식에 의하면 국세수익은 수입으로 기장하면 되고 공무원급여는 지출로 기장하게 됨으로써 매우 간단하다. 그러나 이는 단순한 거래에 대한 내용이라 큰 문제는 없지만 최종적으로 수입과 지출의 차이만을 파악할 수 있게 해준다.

그러나 예산운영의 결과 얼마만큼의 부채나 순자산에 변화가 있었는지, 수익이나 비용은 얼마만큼 발생했는지를 파악하기가 곤란하다. 이에 단순한 수입과 지출의 기장보다는 가급적 부채, 순자산, 수익, 비용이 어떻게 발생하고 한 회계연도 말에 그 금액은 얼마인지를 복식부기 방식을 통해 제시해줄 수 있다.

민간금융기관 차입은 자산의 증가를 의미하지만 한편으로는 부채의 증가도 의미한다. 그리고 국유재산 보험료지출은 비용의 발생과 함께 자산의 감소를 의미하고 있어 비용이 얼마나 발생하고, 이로 인해 자산의 감소가 얼마만큼 발생하는지에 대한 파악이 가능하다.

## 4 정부회계의 재무제표

기업회계와 유사하게 정부회계의 경우에도 결과로 여러 재무제표를 생성하게 되며, 대표적으로 재정상태표, 재정운영표, 순자산변동표가 있다. 이와 같은 다양한 재정관련 제표는 회계의 질을 높일 수 있으므로 역선택과 도덕적 해이를 감소시켜 재정운영의 효율성을 제고한다(Biddle & Hilary, 2006).

재무제표도 단순부기 방식 하에서 작성할 수 없는 것으로 복식부기에 의한 차변과 대변에 기재하는 방식에 따라 다양하게 생성될 수 있다. 다시 한번, 재정상태표, 재정운영표, 순자산변동표가 존재하고 있다.

국가회계기준에 관한 규칙에 의하여 재정상태표는 현재의 자산과 부채의 명세 및 상호관계 등 재정상태를 나타내는 재무제표로 자산, 부채 및 순자산으로 구성된다. 자산과 부채는 유동성이 높은 항목부터 배열하고, 이 경우에 있어 유동성이란 현금으로 전환되기 쉬운 정도를 말한다. 자산, 부채 및 순자산은 총액으로 표시하고, 이 경우에 있어서도 자산항목과 부채 또는 순자산항목을 상계함으로써 그 전부 또는 일부를 재정상태표에서 제외해서는 안 된다.

재정운영표는 한 회계연도 기간 동안 정부의 재정활동 수행성과를 알려주는 보고서이다. 구체적으로 재정운영표는 회계연도 동안 수행한 정책이나 사업의 원가와 재정운영에 대한 원가회수내역 등을 포함한 재정의 운영결과를 체계적으로 표시하는 재무제표이다.

순자산변동표는 회계연도 동안 순자산의 변동명세를 표시하는 재무제표를 말한다. 중앙관서 또는 기금의 순자산변동표는 기초순자산, 재정운영결과, 재원의 조달 및 이전, 조정항목, 기말순자산으로 구분하여 표시한다.

이 밖에 주석이 존재하며 부속서류로 필수정보보충과 부속명세서가 존재하고 있다.

**표 12-7 국가재무제표의 구성항목**

| 구분 | 항목 | 내용 |
|---|---|---|
| 재무제표 | 재정상태표 | 현재의 자산과 부채의 명세 및 상호관계 등 재정상태를 나타내는 재무제표로 자산, 부채 및 순자산으로 구성되며 재정상태표로만 존재 |
| | 재정운영표 | 회계연도 동안 수행한 정책 또는 사업의 원가와 재정운영에 따른 원가의 회수명세 등을 포함한 재정운영결과를 나타내는 재무제표이며, 중앙관서 또는 기금의 재정운영표와 국가의 재정운영표로 구성 |
| | 순자산변동표 | 회계연도 동안 순자산의 변동명세를 표시하는 재무제표를 의미하며, 중앙관서 또는 기금의 순자산변동표와 국가의 순자산변동표로 구성 |
| | 주석 | 정보이용자에게 충분한 회계정보를 제공하기 위하여 채택한 중요한 회계정책과 재무제표에 중대한 영향을 미치는 사항을 설명한 것 |
| 부속서류 | 필수보충정보 | 재무제표에는 표시하지 아니하나 재무제표의 내용을 보완하고 이해를 돕기 위하여 필수적으로 제공되어야 하는 정보 |
| | 부속명세서 | 재무제표에 표시된 회계과목에 대한 세부 명세를 명시할 필요가 있을 때에 추가적인 정보를 제공하기 위한 것 |

**표 12-8 재정상태표**

재정상태표

당기: 20XY년 12월 31일 현재

전기: 20XX년 12월 31일 현재

ㅇㅇ기금, ㅇㅇ부처, 대한민국 정부 (단위: )

| | 주석 | 20XY | | 20XX | |
|---|---|---|---|---|---|
| 자산 | | | | | |
| Ⅰ. 유동자산 | | | XXX | | XXX |
| 1. 현금 및 현금성자산 | *X* | | XXX | | XXX |
| 2. 단기금융상품 | *X* | | XXX | | XXX |
| 3. 단기투자증권 | *X* | | XXX | | XXX |
| 4. 미수채권 | *X* | XXX | | XXX | |
| … | *X* | XXX | | XXX | |
| 5. 단기대여금 | *X* | XXX | | XXX | |
| … | | XXX | | XXX | |
| 6. 기타 유동자산 | *X* | | XXX | | XXX |
| Ⅱ. 투자자산 | | | XXX | | XXX |
| 1. 장기금융상품 | *X* | | XXX | | XXX |
| 2. 장기투자증권 | *X* | | XXX | | XXX |
| 3. 장기대여금 | *X* | XXX | | XXX | |
| … | | XXX | | XXX | |

| | | | | | |
|---|---|---|---|---|---|
| 4. 기타 투자자산 | X | | XXX | | XXX |
| Ⅲ. 일반유형자산 | | | XXX | | XXX |
| 1. 토지 | X | XXX | | XXX | |
| … | | XXX | | XXX | |
| 2. 건물 | X | XXX | | XXX | |
| … | | XXX | | XXX | |
| 3. 구축물 | X | XXX | | XXX | |
| … | | XXX | | XXX | |
| 4. 기계장치 | X | XXX | | XXX | |
| … | | XXX | | XXX | |
| 5. 집기·비품·차량운반구 | X | XXX | | XXX | |
| … | | XXX | | XXX | |
| 6. 전비품 | X | XXX | | XXX | |
| … | | XXX | | XXX | |
| 7. 기타 일반유형자산 | X | XXX | | XXX | |
| … | | XXX | | XXX | |
| 8. 건설 중인 일반유형자산 | X | | XXX | | XXX |
| Ⅳ. 사회기반시설 | | | XXX | | XXX |
| 1. 도로 | X | XXX | | XXX | |
| … | | XXX | | XXX | |
| 2. 철도 | X | XXX | | XXX | |
| … | | XXX | | XXX | |
| 3. 항만 | X | XXX | | XXX | |
| … | | XXX | | XXX | |
| 4. 댐 | X | XXX | | XXX | |
| … | | XXX | | XXX | |
| 5. 공항 | X | XXX | | XXX | |
| … | | XXX | | XXX | |
| 6. 하천 | X | XXX | | XXX | |
| … | | XXX | | XXX | |
| 7. 상수도 | X | XXX | | XXX | |
| … | | XXX | | XXX | |
| 8. 국가어항 | X | XXX | | XXX | |
| … | | XXX | | XXX | |
| 9. 기타 사회기반시설 | X | XXX | | XXX | |
| … | | XXX | | XXX | |
| 10. 건설 중인 사회기반시설 | X | | XXX | | XXX |
| Ⅴ. 무형자산 | | | XXX | | XXX |
| 1. 산업재산권 | X | | XXX | | XXX |
| 2. 광업권 | X | | XXX | | XXX |
| 3. 소프트웨어 | X | | XXX | | XXX |
| 4. 기타 무형자산 | X | | XXX | | XXX |
| Ⅵ. 기타 비유동자산 | | | XXX | | XXX |

| | | | | | |
|---|---|---|---|---|---|
| 1. 장기미수채권 | $X$ | XXX | | XXX | |
| 2. … | $X$ | XXX | | XXX | |
| **자산계** | | | XXX | | XXX |
| **부채** | | | | | |
| **Ⅰ. 유동부채** | | | XXX | | XXX |
| 1. 단기국채 | $X$ | XXX | | XXX | |
| … | | XXX | | XXX | |
| 2. 단기공채 | $X$ | XXX | | XXX | |
| … | | XXX | | XXX | |
| 3. 단기차입금 | $X$ | | XXX | | XXX |
| 4. 유동성장기차입부채 | $X$ | | XXX | | XXX |
| 5. 기타 유동부채 | $X$ | XXX | | XXX | |
| … | | XXX | | XXX | |
| **Ⅱ. 장기차입부채** | | | XXX | | XXX |
| 1. 국채 | $X$ | XXX | | XXX | |
| … | | XXX | | XXX | |
| 2. 공채 | $X$ | XXX | | XXX | |
| … | | XXX | | XXX | |
| 3. 장기차입금 | $X$ | | XXX | | XXX |
| 4. 기타 장기차입부채 | $X$ | | XXX | | XXX |
| **Ⅲ. 장기충당부채** | | | XXX | | XXX |
| 1. 퇴직급여충당부채 | $X$ | | XXX | | XXX |
| 2. 연금충당부채 | $X$ | | XXX | | XXX |
| 3. 보험충당부채 | $X$ | | XXX | | XXX |
| 4. 기타 장기충당부채 | $X$ | | XXX | | XXX |
| **Ⅳ. 기타 비유동부채** | | | XXX | | XXX |
| 1. 장기미지급금 | $X$ | XXX | | XXX | |
| 2. … | $X$ | XXX | | XXX | |
| **부채계** | | | XXX | | XXX |
| **순자산** | | | | | |
| **Ⅰ. 기본순자산** | | | XXX | | XXX |
| **Ⅱ. 적립금 및 잉여금** | | | XXX | | XXX |
| **Ⅲ. 순자산조정** | | | XXX | | XXX |
| **순자산계** | | | XXX | | XXX |
| **부채와 순자산계** | | | XXX | | XXX |

**표 12-9 재정운영표(I)**

재정운영표
당기: 20XY년 1월 1일부터 20XY년 12월 31일까지
전기: 20XX년 1월 1일부터 20XX년 12월 31일까지

○○기금, ○○부처 (단위: )

| | 주석 | 20XY | | | 20XX | | |
|---|---|---|---|---|---|---|---|
| | | 총원가 | 수익 | 순원가 | 총원가 | 수익 | 순원가 |
| **Ⅰ. 프로그램순원가** | *X* | XXX | (XXX) | XXX | XXX | (XXX) | XXX |
| 1. 프로그램(A) | | XXX | (XXX) | XXX | XXX | (XXX) | XXX |
| 2. 프로그램(B) | | XXX | (XXX) | XXX | XXX | (XXX) | XXX |
| 3. 프로그램(C) | | XXX | (XXX) | XXX | XXX | (XXX) | XXX |
| 4. 프로그램(D) | | XXX | (XXX) | XXX | XXX | (XXX) | XXX |
| 5. … | | XXX | (XXX) | XXX | XXX | (XXX) | XXX |
| **Ⅱ. 관리운영비** | *X* | | | XXX | | | XXX |
| 1. 인건비 | | | | XXX | | | XXX |
| 2. 경비 | | | | XXX | | | XXX |
| **Ⅲ. 비배분비용** | *X* | | | XXX | | | XXX |
| 1. 자산처분손실 | | | | XXX | | | XXX |
| 2. 기타 비용 | | | | XXX | | | XXX |
| 3. … | | | | XXX | | | XXX |
| **Ⅳ. 비배분수익** | *X* | | | XXX | | | XXX |
| 1. 자산처분이익 | | | | XXX | | | XXX |
| 2. 기타 수익 | | | | XXX | | | XXX |
| 3. … | | | | XXX | | | XXX |
| **Ⅴ. 재정운영순원가(Ⅰ+Ⅱ+Ⅲ-Ⅳ)** | | | | XXX | | | XXX |
| **Ⅵ. 비교환수익 등** | *X* | | | XXX | | | XXX |
| 1. 부담금수익 | | | | XXX | | | XXX |
| 2. 제재금수익 | | | | XXX | | | XXX |
| 3. 사회보험수익 | | | | XXX | | | XXX |
| 4. 채무면제이익 | | | | XXX | | | XXX |
| 5. 기타 비교환수익 | | | | XXX | | | XXX |
| 6. 기타 재원조달 및 이전 | | | | XXX | | | XXX |
| **Ⅶ. 재정운영결과(Ⅴ-Ⅵ)** | | | | XXX | | | XXX |

**표 12-10 재정운영표(Ⅱ)**

재정운영표
당기: 20XY년 1월 1일부터 20XY년 12월 31일까지
전기: 20XX년 1월 1일부터 20XX년 12월 31일까지

대한민국 정부 (단위: )

| | 주석 | 20XY | | 20XX | |
|---|---|---|---|---|---|
| Ⅰ. 재정운영순원가 | | | XXX | | XXX |
| 1. 대통령비서실 | | | XXX | | XXX |
| 2. … | | | XXX | | XXX |
| 3. … | | | XXX | | XXX |
| 4. … | | | XXX | | XXX |
| Ⅱ. 비교환수익 등 | | | XXX | | XXX |
| 1. 국세수익 | X | | | | |
| (1) 국세수익 | | XXX | | XXX | |
| (2) 대손상각비 | | XXX | | XXX | |
| (3) 대손충당금환입 | | XXX | XXX | XXX | XXX |
| 2. 부담금수익 | X | | XXX | | XXX |
| 3. 제재금수익 | X | | XXX | | XXX |
| 4. 사회보험수익 | | | XXX | | XXX |
| 5. 채무면제이익 | | | XXX | | XXX |
| 6. 기타 비교환수익 | | | XXX | | XXX |
| 7. 기타 재원조달 및 이전 | | | XXX | | XXX |
| Ⅲ. 재정운영결과(Ⅰ－Ⅱ) | | | XXX | | XXX |

**표 12-11 순자산변동표**

순자산변동표
당기: 20XY년 1월 1일부터 20XY년 12월 31일까지
전기: 20XX년 1월 1일부터 20XX년 12월 31일까지

대한민국 정부 (단위: )

| | 주석 | 기본순자산 | 적립금 및 잉여금 | 순자산조정 | 합계 |
|---|---|---|---|---|---|
| Ⅰ. 기초순자산 | | XXX | XXX | XXX | XXX |
| 1. 보고금액 | | XXX | XXX | XXX | XXX |
| 2. 전기오류수정손익 | $X$ | XXX | XXX | XXX | XXX |
| 3. 회계변경누적효과 | $X$ | XXX | XXX | XXX | XXX |
| Ⅱ. 재정운영결과 | | | XXX | | XXX |
| Ⅲ. 조정항목 | | XXX | XXX | XXX | XXX |
| 1. 납입자본의 증감 | $X$ | XXX | – | – | XXX |
| 2. 투자증권평가손익 | $X$ | – | – | XXX | XXX |
| 3. 파생상품평가손익 | $X$ | – | – | XXX | XXX |
| 4. 기타 순자산의 증감 | $X$ | XXX | XXX | XXX | XXX |
| 5. … | $X$ | XXX | XXX | XXX | XXX |
| Ⅳ. 기말순자산(Ⅰ－Ⅱ＋Ⅲ) | | XXX | XXX | XXX | XXX |

제5편

# 정부예산 실체와 공기업

알기쉬운

재 무 행 정 론

*financial administration*

# 제13장

# 우리나라의 정부예산 실체

# 제1절 정부예산의 규모변화 추이

## 1 정부예산의 지속적 증가

우리나라에 있어 국가재정의 규모가 지속적으로 증가하고 있기 때문에 이에 맞추어 정부예산 규모도 지속적으로 증가하고 있다. 여기에는 다양한 이유가 존재하고 있지만 무엇보다도 정부예산의 경제 안정적 성장을 위한 역할이 강조되고 있으며, 동시에 사회·경제적 발전을 위한 각종 인프라구축과 지역의 성장을 도모하기 위한 이전재원 등이 요청되고 있기 때문이다.

이 밖에 시간이 지나면서 다양해지고 있는 국민의 요구를 수용하면서 국가를 운영하기 위해서도 예산의 중요성은 존재할 수밖에 없으며, 수입과 지출의 내용도 꾸준히 확대되고 있다.

우리나라에 있어 매년 12월 국회의 심의를 통과하여 의결되고, 매 회계연도 초에 행정부가 집행하고 있는 정부예산 규모를 보게 되면 2011년 300조 원을 넘어서고 2017년에는 400조 원을 초과하였다.

구체적으로 2016년 예산은 약 386조 4,000억 원, 2017년 400조 7,000억 원, 2018년 428조 8,000억 원, 2019년 469조 6,000억 원, 2020년 512조 3,000억 원, 2021년 558조 원, 2022년 607조 7,000억 원, 2023년에는 638조 7,000억 원이다.

표 13-1 정부예산의 규모변화 추이

| 연도 | 2016년 | 2017년 | 2018년 | 2019년 | 2020년 | 2021년 | 2022년 | 2023년 |
|---|---|---|---|---|---|---|---|---|
| 규모 | 386조 원 | 400조 원 | 428조 원 | 469조 원 | 512조 원 | 558조 원 | 607조 원 | 638조 원 |
| 증가율 | 2.9% | 3.6% | 7.0% | 9.6% | 9.2% | 9.0% | 8.8% | 5.1% |

* 매년 12월 국회를 통과한 정부예산에 기초하고 있음.

매년 사회·경제적 환경변화로 추가경정예산이 편성되면 전체적인 규모는 더 증가할 수밖에 없고, 이를 반영해 다음 회계연도의 정부예산이 준비되고 편성된다.

## 2 분야별 예산규모

2023년의 정부예산을 중심으로 12대 분야별 예산규모를 살펴보면 보건 · 복지 · 고용의 비중이 가장 높은 것으로 나타나고 있다. 정부예산에 있어 국민들의 복지요구가 증가하고 사회적 약자보호를 위한 정책들이 정치권 등에서 제시되거나 요청됨으로써, 정부 내에서 관련사업들이 수립되어 집행되고 있기 때문이다.

보건 · 복지 · 고용 분야에 이어 교육과 일반 · 지방행정의 비중도 높은 것으로 나타나고 있다. 정부가 교육정책을 담당하고 있으며, 지방교육에 대해서는 교부금 등을 통해 각 시 · 도교육청에 지원하여 주고 있다. 일반 · 지방행정에 있어서도 정부는 시방사치단체의 어려운 재정상황을 고려하고 재원을 이전하면 지방행정이 원활하게 운영될 수 있다. 이 밖에 우리나라의 특수성으로 인하여 국방예산도 그 비중이 중요한 것으로 나타나고 있다.

당시의 시대적 상황에 따라 분야(기능)별 예산의 규모나 비중은 약간의 변화가 발생할 수밖에 없다. 예를 들어, 2023년 정부예산에 있어 2022년 대비 주요 증가분야는

**표 13-2 정부예산의 12대 분야별 예산과 비중**

| 12대 분야(기능) | 금액 | 비중 |
|---|---|---|
| 보건 · 복지 · 고용 | 226조 원 | 35.4% |
| 교육 | 96.3조 원 | 15.1% |
| 문화 · 체육 · 관광 | 8.6조 원 | 1.3% |
| 환경 | 12.2조 원 | 1.9% |
| R&D | 30.7조 원 | 4.8% |
| 산업 · 중소기업 · 에너지 | 26조 원 | 4.1% |
| SOC | 25조 원 | 3.9% |
| 농림 · 수산 · 식품 | 24.4조 원 | 3.8% |
| 국방 | 57조 원 | 8.9% |
| 외교 · 통일 | 6.4조 원 | 1.0% |
| 공공질서 · 안전 | 22.9조 원 | 3.6% |
| 일반 · 지방행정 | 112.2조 원 | 17.6% |
| 총지출 | 638.7조 원 | 100.0% |

* 2022년 국회를 통과한 2023년 회계연도예산에 기초하고 있음.

일반 · 지방행정 14조 1,000억 원, 교육 12조 1,000억 원이고, 주요 감소 분야는 산업 · 중소기업 · 에너지 5조 3,000억 원, SOC 3조 원이다.

## 제2절 예산원칙과 다양한 예산제도의 활용

### 1 국가재정법상의 원칙

이미 예산의 원칙에서 전통적 원칙과 현대적 원칙을 분석하였지만, 이와 더불어 국가재정법 제16조(예산의 원칙)에 의하면 오늘날의 정부는 예산편성 및 집행에 있어서 다음과 같은 원칙을 준수하여야 한다고 규정하고 있다.

첫째, 정부는 재정건전성의 확보를 위하여 최선을 다하여야 한다. 정부가 재정 및 예산을 운영하는 데 있어 수입과 지출의 중 · 장기적 전망에 입각하여 균형을 맞추어야 한다는 것을 의미하고 있다. 이를 위해서 국가채무, 재정적자 등 국가재정 건전성 지표에 구체적인 수치를 부여하고 이를 넘지 않도록 관리하는 규범을 마련하고 있는데, 재정준칙이라 한다. 재정준칙은 국가의 재정건전성을 제고하고 효율적으로 국가채무를 해결하기 위한 조치에 해당되고 있다.

둘째, 정부는 국민부담의 최소화를 위하여 최선을 다하여야 한다. 이는 국민과 기업의 세금으로 조성되는 재정 및 예산을 효율적으로 운영하고 성과를 제고하여 예산의 가치를 도모하는 것이다. 조세부담이 강화되면 국민과 기업이 저항할 수 있는 여지도 충분히 존재하고 있기 때문이다. 국민과 기업에게 적절한 부담은 바람직하지만 과도한 세부담을 지워서는 안 된다.

셋째, 정부는 재정을 운용함에 있어 재정지출 및 조세특례제한법 제142조의2(조세지출예산서의 작성) 제1항에 따른 조세지출의 성과를 제고하여야 한다. 조세지출은 정부가 조세에 대한 특례를 통해 정부지출의 효과를 달성하려는 제도이다. 따라서 조세지출제도가 운영되는 데 있어 바람직한 성과를 도모하고, 과도하게 남용되어 재정운영의 효율성을 저해하거나 수혜자와 비수혜자 간의 불형평성 문제를 야기해서는 안 된다.

넷째, 정부는 예산과정의 투명성과 예산과정에의 국민참여를 제고하기 위하여 노력하여야 한다. 투명성은 전통적 예산원칙과도 밀접하게 연계되어 있어 규범적 원칙으로 고려되고 있다. 특히, 민주주의의 실천적 측면에서 국민이 예산과정에 참여하여 바람직한 예산결정이 이루어지도록 하는 데 일조하는 것으로 국민참여예산제도에 해당된다.

다섯째, 정부는 예산이 여성과 남성에게 미치는 효과를 평가하고, 그 결과를 정부의 예산편성에 반영하기 위하여 노력하여야 한다. 서구 선진국에서 시행되고 있었던 내용을 도입하여 활용한 것으로 성인지예산제도로 구현되고 있다. 남성과 여성에게 미치는 영향을 평가하여 합리적 예산운영을 도모하자는 것이다.

여섯째, 정부는 예산이 온실가스 감축에 미치는 효과를 평가하고, 그 결과를 정부의 예산편성에 반영하기 위하여 노력하여야 한다. 전 세계적인 기후변화에 맞서 선제적으로 온실가스를 감축하기 위한 시대적 원칙으로 온실가스감축인지예산제도로 나타나고 있다. 2022년 1월부터 활용되고 있는 원칙으로 가장 최근에 국가재정법상에 반영되고 있다.

재정이나 예산과 관련된 원칙은 그 중요성을 아무리 강조해도 지나치지 않으며, 다만 이와 같은 원칙이 예산운영을 경직화시켜 운영의 효율성을 저해하지 않도록 고려하는 것도 필요하다. 결국, 원칙과 관련된 엄격성과 함께 신축성을 동시에 확보하여 재정운영에 있어 예산의 가치를 제고하여야 한다.

## 2 총액계상사업제도

총액계상사업은 미리 세부내용을 확정하기 곤란한 경우에 총액으로 예산을 계상할 수 있는 사업을 의미하며 이를 예산에 반영할 수 있다. 총액계상을 적용할 수 있는 사업은 국토교통부의 도로보수 사업, 도로안전 및 환경개선 사업, 해양수산부의 항만시설 유지보수 사업, 농림축산식품부의 수리시설 개보수 사업, 문화재청의 문화재 보수정비 사업, 그리고 대규모 투자 또는 보조사업이다.

이와 같은 사업은 사전에 세부사업별로 예산을 편성하는 것이 어렵기 때문에 예산편성 단계에서 세부내용을 결정하지 않고 총액만을 예산에 반영한다. 구체적 예산수요는 집행 단계에서 결정함으로써 예산집행의 효율성을 제고하기 위한 제도에 해당되고 있다.

일반적으로 총액계상을 원하는 신규사업은 기획재정부와 사전에 협의를 거친 후 예산 요구할 수 있으며, 사전에 예측가능하고 대상이 명확한 대규모 사업은 총액계상 사업에서 분리한다.

구체적인 총액계상사업의 운영절차를 보면 다음과 같다.

첫째, 각 중앙부처는 기획재정부에 대상사업 지정을 요구하고 기획재정부는 대상사업을 지정한다(N년 4월 말).

둘째, 각 중앙부처는 기획재정부에 예산요구를 한다(N년 5월).

셋째, 기획재정부는 총액규모만으로 예산안을 편성한다(N년 6~9월).

넷째, 국회에서 예산안을 심의 및 의결한다(N년 10~12월).

다섯째, 각 부처는 기획재정부와의 협의 하에 세부사업시행계획을 수립한다(N년 12월). 이 단계에서는 집행방향, 배분원칙, 사업선정 원칙 등 정책사항만 협의하고, 구체적 배분내역은 각 부처가 자율적으로 결정한다.

여섯째, 기획재정부는 각 중앙부처에 예산을 배정한다(N+1년 1월).

일곱째, 각 중앙부처는 기획재정부에 전 회계연도 세부집행실적을 회계연도 종료 후 3개월 이내에 제출한다.

여덟째, 각 중앙부처는 국회의 예산결산특별위원회에 당해 회계연도 세부사업 시행계획 및 전 회계연도 세부집행실적을 제출한다.

## 3 프로그램예산제도

행정부가 조직의 사업을 중심으로 한해의 예산을 편성하고 집행하는 방식을 프로그램예산제도라 한다. 다시 말해, 소관별, 기능별, 성질별로 예산을 편성하는 데 있어 사업이라는 프로그램(program)을 중심으로 예산을 운영하고 있는 제도이다. 프로그램예산제도는 예산운용의 효율성을 제고하기 위하여 동일한 정책목표를 지향하는 사업들을 하나의 프로그램으로 설정하고, 예산의 전 과정을 프로그램 중심으로 운영하는 제도로서 2007년부터 중앙부처에 도입되었다.

프로그램예산제도는 기존의 장-관-항-세항-목의 품목별예산구조에서 조직의 기능체계로부터 도출되어 연계된 분야(장)-부문(관)-프로그램(항)으로 예산의 기본구조를 새롭게 나타낸 것이다. 프로그램예산제도는 품목별예산구조와는 달리 지출항목에 초점을 맞추는 것이 아니라 부처사업을 포괄하는 프로그램에 중점을 두는 제도이다.

즉, 프로그램예산제도 도입 이후 기능별 분류는 분야-부문-프로그램-단위사업-세부사업으로 연결되는데, 여기서 프로그램-단위사업-세부사업의 구조가 프로그램예산구조에 해당되고 있다(최순영, 2016: 136).

프로그램예산제도에서 프로그램은 특정정책의 목적을 달성하기 위하여 부처에서 수행하는 단위활동들의 체계적 묶음으로 정의할 수 있다. 프로그램예산은 예산의 계획, 편성, 배정, 집행의 과정과 체계를 조직의 프로그램 중심으로 구조화하고, 그것을 성과평가 체계와 직접적으로 연결시켜 성과를 관리하는 예산기법을 의미한다. 예산의 구분을 프로그램단위로 분류한 성과중심의 예산제도이다.

프로그램예산에서는 예산이 사용되는 프로그램과 단위사업을 성과단위(사업목적, 목표 또는 예상산출물, 성과)와 직접연계 시킴으로써 예산집행의 결과, 즉 산출물 내지 성과를 목표와 비교평가하는 시스템을 구축하고 있다.

이와 같은 시스템 하에서 조직 및 사업별 성과측정과 그 결과의 예산반영이 가능해지고 보다 객관적이고 다양한 성과정보를 정보수요자에게 제공하는 것이 가능해진다는 것이다(허경선 외, 2012: 29).

프로그램예산제도는 정부재정 및 예산운영과 관련하여 시대적 요구에 직면하고 있는 성과관리제도와의 연계를 위해 도입의 필요성이 제기되었으며, 이를 통해 예산운영의 성과를 도모할 수 있다.

**표 13-3 프로그램예산의 체계구조**

<table>
<tr><td rowspan="2">기존예산 과목구조</td><td>장</td><td>관</td><td>항</td><td>세항</td><td>세세항</td><td>세사업</td><td>목</td></tr>
<tr><td>대기능</td><td>중기능</td><td>소기능</td><td>실·국</td><td>세부사업</td><td>지역사업 등</td><td>예산편성 비목</td></tr>
<tr><td rowspan="2">프로그램 예산체계</td><td>분야</td><td>부문</td><td colspan="2">프로그램</td><td colspan="2">단위사업</td><td>목</td></tr>
<tr><td>대기능</td><td>중기능</td><td colspan="2">실·국별 정책사업</td><td colspan="2">정책사업의 하위단위사업</td><td>예산편성 비목</td></tr>
</table>

자료: 허경선 외(2012: 30).

결국, 실·국별 정책사업이 프로그램으로 제시되고 있으며, 사업추진에 있어 구체적인 성과목표가 설정되면 조직구성원들은 목표달성을 위해 효율적으로 예산을 집행해야 함을 의미한다.

## 4 성인지예산제도

많은 국가에서 양성평등 사회가 지속가능한 경제성장과 사회발전에 기여할 수 있음을 주장하는 논의가 확대되면서 양성평등 정책방향에 대한 논의뿐만 아니라 실질적 예산운영에 있어서도 활용가능성을 제기하고 있었다(Rubin & Bartle, 2005).

우리나라에서는 2006년 국가재정법이 제정되면서 성인지예산을 명시하고 시행은 2010년부터 이루어지고 있다. 위에서 살펴본 국가재정법 제16조(예산의 원칙)에서 정부는 성별영향평가법 제2조(정의) 제1호[1]에 따른 성별영향평가의 결과를 포함하여 예산이 여성과 남성에게 미치는 효과를 평가하고, 그 결과를 정부의 예산편성에 반영하기 위하여 노력하여야 한다고 규정하고 있다.

이는 예산운영과 관련하여 성인지예산제도로 나타나고 있으며, 각 부처에서 활용하여 예산에 반영하고 있다는 것을 의미한다. 다시 말해, 성인지예산은 각 부처에서 예산을 편성할 때, 성인지적 시각을 가지고 반영해야 하고 운영해야 함을 강제하고 있다.

예를 들어, 각 부처의 사업관련 예산을 배정할 때, 예산을 배정받아 집행되는 사업이 남성과 여성에 어떠한 영향을 미치는 또는 각각 여성과 남성에게 차별적인 영향을 주고 있지 않는지를 고려해야 한다.

이렇게 함으로써 여성과 남성인 국민의 세금으로 조성된 예산이 한쪽 성별에 집중되어 사용되지 않게 하는 것이 필요하다. 물론, 사업의 특성상 한쪽 성별에 사용되는 예산이 존재할 수밖에 없는 경우도 있지만 이와 같은 경우를 제외하고는 가급적 양성에 미치는 효과를 평가하는 것이 요구된다.

하나의 예로 거시경제 안정화의 수단으로서 이루어지고 있는 아동, 노인에 대한 돌

1) 성별영향평가법 제2조(정의)에 의하면 성별영향평가란 중앙행정기관의 장 및 지방자치단체의 장이 정책을 수립하거나 시행하는 과정에서 그 정책이 성평등에 미칠 영향을 평가하여 정책이 성평등의 실현에 기여할 수 있도록 하는 것을 말한다고 규정되어 있다.

봄, 의료 등 사회적 서비스부분의 지출감소는 여성의 무급돌봄 부담을 증가시키고 노동시장 참여를 제한하게 될 것이다. 그렇기 때문에 성평등을 직접적인 목표로 하지 않는 사업에 대한 성인지적 예산분석도 필요하다고 판단한다(https://www.kwdi.re.kr/).

실무적으로 국가재정법 제26조(성인지 예산서의 작성)에 의해서 정부는 예산이 여성과 남성에게 미칠 영향을 미리 분석한 보고서(성인지 예산서)를 작성하여야 한다. 그리고 성인지 결산서의 작성에 대해서도 국가재정법 제57조(성인지 결산서의 작성)에 의해 정부는 여성과 남성이 동등하게 예산의 수혜를 받고 예산이 성차별을 개선하는 방향으로 집행되었는지를 평가하는 보고서(성인지 결산서)를 작성한다.

그리고 국가회계법 제15조의2(결산보고서의 부속서류)에서도 결산보고서의 부속서류로서 성인지 결산서와 성인지 기금결산서를 첨부하게 하고 있다(윤영진, 2011: 5).

2022년 회계연도 성인지 예산서를 분석하게 되면 과학기술정보통신부의 이공계전문기술인력양성(R&D) 사업은 산업현장에서 요구하는 실무능력을 갖춘 전문기술인력을 양성하는 사업으로, 전기철도 분야 등 특히 여성비율이 낮은 산업 분야에 대한 여성의 참여기회를 확대하기 위한 사업이다.

이러한 사업은 전문기술인력이 부족한 산업 분야와 미취업 이공계 대졸인력을 연계하여 이공계 인력의 수급불균형 해소에 기여하는 한편, 여성인력 양성을 통해 이공계 분야의 성별격차를 해소할 수 있을 것으로 기대되므로 성인지예산 대상사업으로 적절성을 보이고 있다.

또한, 농림축산식품부의 청년농업인 영농정착 지원사업은 영농초기 소득이 불안정한 청년농업인을 선발하여 영농창업 및 조기 경영안정화를 위한 영농정착지원금을 지급하는 사업이다. 이와 같은 사업은 청년들의 농업·농촌 유입활성화를 통해 농업·농촌의 지속가능한 성장기반을 강화하는 사업인데, 성과지표를 농업인 영농정착 지원사업 여성농업인 선정비율(%)로 설정하여 여성 농업경영인의 농업 분야 진출을 확대하는 사업으로 성인지 대상사업에 포함할 필요가 있는 것으로 보였다(국회예산정책처, 2021b: 18).

그러나 일반적으로 성인지 예산은 그 금액이나 비중에 있어 높지 않다. 정부예산에 있어 성인지 예산이 강조되는 이유는 시대적 변화를 반영하고 있는 것이고, 동시에 기존의 예산체계를 보완하는 역할 정도만을 수행하고 있다.

## 5 조세지출예산제도

조세지출(租稅支出, tax expenditure)이라는 용어는 1970년대 미국에서 처음 도입되었고, 현재 많은 국가에서 활용되고 있지만 세금감면(tax reliefs), 세금지원(tax aids) 및 세금보조금(tax subsidies)이라는 용어로도 사용되고 있다(Schick, 2007: 10).

또한, OECD는 조세지출의 개념을 조세체계상 일반적인 원칙인 기준조세체계(benchmark tax system)를 벗어난 것으로 규정하고 있다.

우리나라에서 조세지출예산제도는 1999년부터 중앙정부에서 조세지출보고서 작성 수준으로 운영되어 오다 2006년 국가재정법 제정을 계기로 2010년부터 조세지출예산서가 작성되기 시작하였다(문광민, 2019: 27-28).

국민이나 기업이 당연히 부담해야 할 각종 조세를 특정산업 및 특정계층에게 면제 또는 감액하여 주는 제도로서, 이를 조세우대조치(preferential tax treatment) 또는 조세의 정상체계에서 벗어난 특례규정에 의하여 납세자의 세부담을 경감시켜 발생하는 세입의 감소이다. 그러나 이를 통해 지출의 효과를 도모하는 것이다.

다시 말해, 조세지출이란 납세자에 대한 재정지원을 목적으로 일반적인 조세체계를 벗어난 조세특례를 부여함으로써 발생하는 국가세입의 감소를 의미하고 있다. 조세특례제한법 제142조의2(조세지출예산서의 작성)에서 조세지출을 조세감면 · 비과세 · 소득공제 · 세액공제 · 우대세율적용 또는 과세이연 등 조세특례에 따른 재정지원이라 하고 있다.

조세감면은 당연히 과세해야 하는 일정한 세금을 경감하거나 면제해주는 것이고, 비과세는 세금을 부과하지 않는 것을 말한다. 소득공제는 소득을 발생시키기 위해서는 비용이 수반되기 때문에, 이를 인지하여 세금부과대상이 되는 소득금액을 감해주는 것이고 세액공제는 세금으로 부과된 금액을 낮추어주는 것을 의미한다.

우대세율적용은 세금에 적용되는 세율을 납세자에게 유리하게 적용해 주는 것이고, 과세이연은 세금납부를 연기해주는 것을 말한다.

우리나라의 국가재정법 및 조세특례제한법은 조세지출 규모를 적정수준으로 유지하기 위한 수단으로 조세지출예산서, 국세감면율 한도제, 조세지출성과관리제를 규정하고 있다. 특히, 조세지출예산서는 현재 운용 중인 조세지출의 직전 연도실적과 해당 연도 및 다음 연도의 추정금액을 기능별・세목별로 분석한 것이다. 조세지출 현황을 파악・관리하기 위한 기본자료로 활용하고 있다.

국세감면율 한도제는 전체 조세지출 규모를 일정한도 이하로 억제하는 제도이고, 총량적 관점에서 조세지출 증가를 억제하기 위한 가이드라인으로 활용하고 있다.

그리고 조세지출성과관리제는 신규도입 또는 이미 운영 중인 조세지출제도를 계량적 방법론에 입각한 분석을 통해서 도입 및 유지의 합리성을 평가하는 것이다. 구체적인 개별 조세지출 항목의 타당성・효과성을 확보하기 위한 수단으로 기능하고 있다(김태민, 2021: 1).

정부가 예산안을 입법부인 국회에 제출하는 시점에서 조세지출예산서는 서류의 하나로 첨부되고 있다. 이를 위해서 기획재정부장관은 조세지출예산서를 작성하기 위하여 필요할 때에는 관계 중앙행정기관의 장 등 대통령령으로 정하는 자에게 자료제출을 요청할 수 있다. 요청을 받은 관계중앙행정기관의 장 등은 특별한 사유가 있는 경우를 제외하고는 이에 따르도록 하고 있다. 그리고 기획재정부장관은 주요 조세특례에 대한 평가를 실시할 수 있다.

표 13-4 조세지출 관리체계

| 구분 | | | 작성·관리주체 | 법적 근거 |
|---|---|---|---|---|
| 조세지출예산서 | | | 기획재정부 | 조세특례제한법 제142조의2 |
| 국세감면율 한도제 | | | 기획재정부 | 국가재정법 제88조 |
| 조세지출 성과관리제 | 사전 관리 | 감면건의서 | 중앙행정기관의 장 | 조세특례제한법 제142조 |
| | | 예비타당성평가 | 기획재정부(전문연구기관) | |
| | 사후 관리 | 평가의견서 | 중앙행정기관의 장 | |
| | | 심층평가 | 기획재정부(전문연구기관) | |

자료: 김태민(2021: 1).

## 6 국민참여예산제도

일반적으로 국민참여예산제도는 국민이 정부의 예산과정에 참여하여 바람직한 예산결정에 일조하는 것을 의미한다. 그동안 예산과정에서 배제되었던 국민이 예산과정에 직접적으로 참여한다는 것이 직접민주주의에 해당되고 있다.

우리나라에서는 예산과정에의 국민참여를 제고하기 위하여 관련제도를 2017년 시범적으로 운영한 후 2018년부터 본격적으로 도입하고 있다. 그리고 국민참여예산홈페이지(www.mybudget.go.kr)를 통해 제안을 받고 있다.

국가재정법 제16조(예산의 원칙)에 의해 정부는 예산과정의 투명성과 예산과정에의 국민참여를 제고하기 위하여 노력하여야 한다고 규정하고 있다. 그리고 국가재정법 시행령 제7조의2(예산과정에의 국민참여)에서 정부는 국가재정법 제16조 4에 따라 예산과정의 투명성과 국민참여를 제고하기 위하여 필요한 시책을 시행하여야 하고, 예산과정에의 국민참여를 통하여 수렴된 의견을 검토하여야 하며 그 결과를 예산편성 시에 반영할 수 있다.

현재, 국민참여예산은 제안형과 토론형 두 가지 형태로 운영하고 있는데, 전자는 국민의 직접제안 중 적격제안을 사업으로 만들어 예산에 반영하고 있으며, 후자는 주요 재정관련 사회현안 등에 대한 논의 및 국민의견 수렴 등을 통해 사업으로 만들어 예산에 반영하고 있다.

**표 13-5** 국민참여예산의 건수 및 금액

| 연도 | 구분 | 제안현황(건) | | 참여예산 반영규모 | |
|---|---|---|---|---|---|
| | | 전체 | 적격 | 건수(개) | 금액(억 원) |
| 2019 | 계 | | | 38 | 928 |
| | 제안형 | 1,206 | 160 | 38 | 928 |
| | 토론형 | – | – | | |
| 2020 | 계 | | | 38 | 1,057 |
| | 제안형 | 1,399 | 109 | 30 | 489 |
| | 토론형 | 3개 주제(소주제 18개) | | 8 | 568 |
| 2021 | 계 | | | 63 | 1,168 |
| | 제안형 | 1,164 | 145 | 43 | 891 |
| | 토론형 | 5개 주제(소주제 37개) | | | |
| 2022 | 계 | | | 71 | 1,429 |
| | 제안형 | 1,589 | 190 | 48 | 548 |
| | 토론형 | 공모형 3개 주제(소주제 28개),<br>부처참여형 45개 주제 | | 23 | 880 |

자료: https://www.mybudget.go.kr/systemIntrcn/systemIntrcnMain

그러나 현실적으로 중앙정부 예산은 미시적 행정과목에 주로 지역시민참여가 이루어지는 지방자치단체 예산과는 달리 예산규모가 크고 포괄범위가 넓고 복잡하기 때문에 국민이 직접적으로 의사결정에 참여하기가 어렵다는 데 있다.

또한, 국가 예산과정상의 국민참여는 중앙정부 재정 중 의무지출을 제외하고 재량적으로 결정되는 예산비중이 작고, 그 중에서 상당부분은 국회 심의과정에서 수정되기 때문에 국민이 참여할 수 있는 여지가 적고 국회예산심의와 중복될 수 있다는 어려움이 존재하고 있다(오영민, 2017: 23).

## 7 예비타당성조사제도

일반적으로 예비타당성조사는 대규모 재정사업의 경제성과에 대한 정책적 타당성을 판단하고 사업의 효율적 추진방안을 제시하는 제도이다. OECD 국가 중에서 우리나라는 유일하게 중앙예산기관에서 일정규모 이상의 공공투자사업을 일괄적으로 관리하고 있다(김태윤・조예진, 2018: 280).

이와 같은 예비타당성조사는 예산운영에 있어 경제적 분석을 통해 예산절감을 도모할 수 있는 제도로 많은 국가에서 활용되고 있다. 우리나라에 있어 예비타당성조사는 1999년부터 도입되었고, 현재는 국가재정법 제38조(예비타당성조사)에 관련된 조항이 존재하고 있다.

즉, 기획재정부장관은 총사업비가 500억 원 이상이고 국가의 재정지원 규모가 300억 원 이상인 신규사업으로서, 다음 사업 중에서 어느 하나에 해당하는 대규모사업에 대한 예산을 편성하기 위하여 미리 예비타당성조사를 실시하고, 그 결과를 요약하여 국회 소관 상임위원회와 예산결산특별위원회에 제출하여야 한다고 규정되어 있다.

첫째, 건설공사가 포함된 사업, 둘째, 지능정보화 사업, 셋째, 국가연구개발사업, 넷째, 그 밖에 사회복지, 보건, 교육, 노동, 문화 및 관광, 환경보호, 농림해양수산, 산업・중소기업 분야의 사업이다.

그러나 다음과 같은 사업은 대통령령으로 정하는 절차에 따라 예비타당성조사 대상에서 제외하고 있다.

첫째, 공공청사, 교정시설, 초・중등 교육시설의 신・증축 사업, 둘째, 문화재 복원

사업, 셋째, 국가안보와 관계되거나 보안이 필요한 국방관련 사업, 넷째, 남북교류협력과 관계되거나 국가 간 협약·조약에 따라 추진하는 사업, 다섯째, 도로 유지보수, 노후 상수도 개량 등 기존 시설의 효용증진을 위한 단순개량 및 유지보수사업, 여섯째, 재난 및 안전관리 기본법 제3조(정의) 제1호에 따른 재난복구지원, 시설안전성 확보, 보건·식품 안전문제 등으로 시급한 추진이 필요한 사업, 일곱째, 재난예방을 위하여 시급한 추진이 필요한 사업으로서 국회 소관 상임위원회의 동의를 받은 사업, 여덟째, 법령에 따라 추진하여야 하는 사업, 아홉째, 출연·보조기관의 인건비 및 경상비 지원, 융자사업 등과 같이 예비타당성조사의 실익이 없는 사업, 열 번째, 지역균형발전, 긴급한 경제·사회적 상황 대응 등을 위하여 국가 정책적으로 추진이 필요한 사업(종전에 경제성 부족 등을 이유로 예비타당성조사를 통과하지 못한 사업은 연계사업의 시행, 주변지역의 개발 등으로 해당 사업과 관련한 경제·사회 여건이 변동하였거나, 예비타당성조사 결과 등을 반영하여 사업을 재기획한 경우에 한정)이다.

예비타당성조사제도가 도입된 1999년부터 2021년 12월 말까지 실시된 총 조사건수는 960건, 총사업비는 470조 원 7,000억 원으로 나타나고 있다. 이 중에서 614건인 약 287조 7,000억 원의 경우 타당성이 있는 것으로 분석되었다. 그러나 346개 사업에 해당하는 약 183조 원은 중·장기적 검토가 필요한 것으로 평가되었다. 2021년의 경우, 전체 조사대상 28건 중 78.6%인 22건이 타당성이 있는 것으로 분석되었다(국회예산정책처, 2022a: 146).

## 8 온실가스감축인지예산제도

전 세계적인 기후변화로 자연생태계의 불균형이 심화되고, 이로 인한 자연재해가 증가하면서 문제를 해소하기 위한 논의가 활발해지고 있다. 특히, 많은 국가에서 온실가스를 감축하기 위한 정책적 노력 등이 진행되고 있다.

우리나라에서도 2020년 12월 20일 탄소중립 추진전략[2]을 통해 탄소인지예산제도

2) 탄소중립 추진전략의 비전으로 적응적(adaptive) 감축에서 능동적(proactive) 대응으로: 탄소중립·경제성장·삶의 질 향상 동시달성을 제시하고 있다. 3+1전략추진으로 3대 정책방향과 10대 과제로 구성되어 있다. 3대 정책방향은 경제구조의 저탄소화, 신(新)유망 저탄소산업 생태계 조성, 탄소중립 사회로의 공정전환, 10대 과제는 에너지 전환 가속화, 고탄소 산업구조 혁신, 미래

도입에 관한 논의가 공식적으로 제기되었으며, 2021년 5월 온실가스감축인지 예·결산 제도의 도입을 목적으로 하는 국가재정법 일부 개정법률안 및 국가회계법 일부 개정법률안이 국회 본회의를 통과하면서 온실가스감축인지 예산제도의 도입 및 시행이 명문화되었다.

위의 개정된 법률이 2022년 1월 1일 시행됨에 따라 정부는 2023년 예산안부터 예산에 대해서는 온실가스감축인지 예산서를, 기금에 대해서는 온실가스감축인지 기금운용계획서를 작성하여 예산안 및 기금운용계획안의 첨부서류로 국회에 제출(회계연도 개시 120일 전까지)하여야 했다. 여기에는 예산 및 기금이 온실가스 감축에 미칠 영향을 미리 분석하여 온실가스 감축에 대한 기대효과, 성과목표, 감축효과 분석 등의 내용이 포함되고 있다(국회예산정책처, 2022a: 191).

구체적으로 분석하면 국가재정법 제27조(온실가스감축인지 예산서의 작성)에서 정부는 예산이 온실가스 감축에 미칠 영향을 미리 분석한 보고서(온실가스감축인지 예산서)를 작성하도록 하고 있다. 그리고 국가재정법 제34조(예산안의 첨부서류)에 의하면 온실가스감축인지 예산서를 서류의 하나로 첨부하도록 하고 있다.

그리고 국가재정법 제57조의2(온실가스감축인지 결산서의 작성)에서 정부는 예산이 온실가스를 감축하는 방향으로 집행되었는지를 평가하는 보고서(온실가스감축인지 결산서)를 작성하도록 하고 있다. 또한, 온실가스감축인지 결산서에는 집행실적, 온실가스 감축 효과분석 및 평가 등을 포함도록 한다.

온실가스감축인지 예산제도의 운영체계를 살펴보면, 기획재정부, 환경부, 각 부처의 노력 등이 수반되어야 한다. 우선, 기획재정부는 제도의 총괄부처로 환경부와 협의하여 온실가스감축인지 예산제도의 운영계획을 수립하고, 온실가스감축인지 예·결산서 작성기준을 마련하여 각 부처로 예·결산서 작성지침과 양식을 배포한다.

환경부 산하기관인 한국환경공단은 온실가스감축인지 예·결산서 작성교육과 실무지원, 사업별 온실가스 감축기여도 및 목표달성여부에 대한 분석을 담당한다.

온실가스감축인지 예산제도는 성인지 예산제도와 동일한 방식으로 정부의 예산·기금 편성 및 결산절차에 포함하여 이루어진다. 먼저, 온실가스감축인지 예산서의 경우, 기획재정부가 예산서 작성지침 및 양식을 통보하면 각 부처는 온실가스 감축목표 달

---

모빌리티로 전환, 도시·국토 저탄소, 신(新)유망 산업육성, 혁신생태계 저변구축, 순환경제 활성화, 취약 산업·계층 보호, 지역중심의 탄소중립 실현, 탄소중립 사회에 대한 국민인식 제고이다.

성에 대한 기여도 등을 고려하여 대상사업을 발굴·작성하여 기획재정부에 제출한다.

기획재정부는 제출된 예산서를 바탕으로 대상사업을 협의·조정한 뒤, 정부예산안의 첨부서류로 온실가스감축인지 예산서를 국회에 제출한다. 이어서 온실가스감축인지 결산서의 경우, 각 부처가 해당 회계연도의 온실가스감축인지 대상사업에 대해 온실가스 감축효과 및 감축목표 달성결과 등을 고려하여 결산서를 작성하고 기획재정부가 취합·검토하고 있다.

이후 기획재정부에서 결산서를 감사원에 제출하면 감사원이 결산검사를 수행하며, 기획재정부는 감사원 검사결과를 바탕으로 국회에 결산보고서의 부속서류로 온실가스감축인지 결산서를 제출하게 된다.

일단, 온실가스감축인지 예산제도의 적용대상 사업은 첫째, 사업의 목적과 효과를 기준으로 감축사업의 정의에 부합하는지, 둘째, 제2차 기후변화대응 기본계획, 2050 탄소중립추진전략 등 국가의 주요 정책과 연계하여 개별사업이 전환, 산업, 건물, 수송 등 감축사업 유형에 해당하는지의 여부를 기준으로 각 부처가 자체적으로 선정하며 최종적으로 기획재정부와의 협의를 거쳐 확정된다(국회예산정책처, 2022a: 193).

## 제3절 국가채무의 의의 및 추이변화

### 1 국가채무와 국가부채의 구분

우리의 일상생활이나 기업활동을 하는 데 있어 채무라는 빚이 없으면 가계나 기업의 재정은 건전하다 할 수 있다. 그러나 사회활동 및 기업활동을 하다 보면 어쩔 수 없이 또는 투자를 위해 빚을 지는 경우가 발생하고 있다. 채무와 관련해서는 부정적인 측면이 존재하지만 긍정적인 측면도 존재하고 있다.

전자는 가계나 기업이 채무를 감당하지 못하다면 문제가 되어 향후 상당한 재정적 부담으로 연계되지만 후자의 경우처럼 채무를 통해 투자가 성공적으로 이루어져 그에 상응하는 결과나 성과를 도모한다면 자신 및 기업은 물론 사회·경제적 발전에 이바지할 수 있다.

이와 같은 측면에서 각 국가에서도 국가채무(國家債務, debt)가 존재하고 있다. 즉, 국가채무는 정부가 민간이나 해외에 원리금의 상환의무를 지고 있는 채무를 의미하고, 국가(중앙정부+지방자치단체)가 차입의 주체로서 원리금의 상환의무를 직접적으로 부담하는 확정채무로 정의되고 있다.

다만, 여기서 국가부채(國家負債, liability)와의 구별이 필요한데, 국가부채는 발생주의에 기초하여 지출가능성이 높고 신뢰성 있는 금액측정이 가능한 모든 경제적 부담을 포함하고 있다. 반면에 국가채무는 현금주의에 기초하여 정부가 직접적인 상환의무를 부담하는 확정채무만을 의미한다고 본다(임진, 2011: 84).[3)]

우리나라에 있어 국가재정법 제91조(국가채무의 관리) 및 동법 시행령 제43조(국가채무의 관리)는 국가채무에 국가의 회계 또는 기금의 발행채권, 차입금, 국고채무부담행위와 정부의 대지급(代支給) 이행이 확정된 국가보증채무를 포함하도록 규정하고 있다.

그러나 중앙관서의 장이 관리·운용하지 않는 회계 또는 기금의 금전채무는 국가채무에서 제외하고 있으며, 재정증권 또는 한국은행으로부터의 일시차입금과 발행채권 중에서 국가의 회계 또는 기금이 인수 또는 매입하여 보유하고 있는 채권, 그리고 차입금 중에서 국가의 다른 회계 또는 기금으로부터의 차입금도 국가채무에서 제외하고 있는 실정이다.

국가채무는 향후에 정부가 채무자로서 상환해야 하는 금액을 의미하고 있으며, 중장기 재정건전성을 보여주는 핵심지표이다. 따라서 국가채무 통계를 통해 우리나라 국가채무의 규모, 추세, 증가속도 등에 대한 분석이 가능하고, 국가 간 비교를 통해 우리나라 재정상태에 대한 모니터링이 가능하며 국가재정의 운용방향에 중요한 참고자료로

3) 우리나라에서는 국제통화기금(IMF)기준에 따라 정부가 직접적인 상환의무를 부담하는 확정채무를 국가채무로 보고 있기에, 보증채무는 원채무자가 원리금 상환의무를 다하지 못할 경우에 한하여 국가채무로 전환되는 미확정채무로 확정채무인 국가채무에 해당되지 않는다고 본다. 4대연금의 잠재부채(책임준비금 부족분)는 연금개혁 등 정책환경 변화에 따라 가변적 미확정채무로서 확정채무인 국가채무에 해당하지 않는다. 또한, 공기업부채는 시장성을 갖추고 있는 공기업이 정부와 독립적 경영활동을 하는 과정에서 발생한 부채로서 국가채무에 포함되지 않고 있으며, 통화안정증권은 통화정책 수행과정에서 발행하는 한국은행 부채로서 국가채무에 포함되지 않는다(https://www.index.go.kr/potal/main/).

활용된다.

국가채무는 유형에 따른 구분과 성질에 따라 구분해볼 수 있다. 첫 번째 범주에는 유형별로 크게 중앙정부 채무와 지방자치단체 순채무로 구성되며, 이 가운데 중앙정부 채무는 국채, 차입금, 국고채무부담행위이다.

국채는 국가의 재정수지상의 세입부족액을 보전하고 수지균형을 도모하기 위해 국가가 발행하는 채권이다. 국채법 제4조(국채의 종류 등)에 따라 국채는 공공자금관리기금의 부담으로 기획재정부장관이 발행하는 국고채권과 다른 법률에 특별한 규정이 있는 경우, 그 법률에 따라 다른 회계·기금 또는 특별계정의 부담으로 기획재정부장관이 발행하는 국채로 구분된다.

현재 발행되고 있는 국채는 국고채권, 국민주택채권(제1종), 외국환평형기금채권(외화표시), 재정증권[4]이 있으며, 제2종 국민주택채권과 원화표시 외국환평형기금채권은 더 이상 발행되지 않고 있다.

차입금은 정부가 한국은행, 민간기금 또는 국제기구 등으로부터 법정 유가증권의 발행 없이 직접 차입한 금액이다. 차입대상에 따라 정부가 한국은행 등 국내 금융기관, 민간기금 등으로부터 차입하는 국내차입금과 국제부흥개발은행(IBRD), 아시아개발은행(ADB) 등 국제기구와 외국정부 등으로부터 차입하는 해외차입금으로 구분되며, 해외차입금은 2016년에 전액 상환한 이후 잔액은 없는 상황이다.

국고채무부담행위는 국가재정법 제25조(국고채무부담행위)에 따라 국가가 법률에 따른 것과 세출예산 금액 또는 계속비 총액의 범위 안의 것 외에 채무를 부담하는 행위로서 사전에 국회의 의결을 받은 범위 내에서 이루어진다.

즉, 일반적인 예산사업은 예산확보 후에 사업을 집행하는 데 반해, 국고채무부담행위는 예산확보 전에 국회의 승인을 얻은 범위 내에서 미리 지출원인행위(계약)를 하고 실제지출은 이후 수년에 걸쳐 이루어지게 된다.

국고채무부담행위는 해당 연도 세출예산에 계상하지 못하는 필수 불가결한 사업을 수행하기 위한 예외적 제도로서 해양경찰청의 함정건조사업이나 외교부의 재외공관 건축사업 등이 국고채무부담행위로 집행된 바 있다. 이와 같은 사업들은 세출예산(계속비 등)으로 편성되고 있다.

---

4) 재정증권은 세입·세출간 일시적 자금 불일치로 발생하는 국고부족금을 충당하기 위해 발행하는 유가증권으로 발행한 연도 내에 전액을 상환하기 때문에 국가채무에는 포함되지 않는다.

지방자치단체의 순채무는 지방자치단체의 지방채 및 지방교육채 잔액에서 중앙정부에 대한 채무잔액을 차감한 것으로 정의된다. 국가재정법에 따른 국가채무의 범위에 속하지는 않지만, 국제비교 등을 위해 국가채무관리계획에서 1997년 이후 매년 지방자치단체 순채무를 국가채무에 포함하고 있다.

두 번째 범주에는 성질에 따른 구분이다. 국가채무는 성질에 따라 적자성 채무와 금융성 채무로 구분하고, 금융성 채무는 융자금·외화자산 등 대응자산이 있어 별도의 재원조성 없이 자체상환이 가능한 반면, 적자성 채무는 대응자산이 없어 상환 시에 조세 등으로 별도의 재원을 마련하여야 한다는 점에서 차이가 있다.

적자성 채무는 목적에 따라 다시 일반회계 적자보전 채무, 공적자금 상환용 채무, 기타 적자성 채무(양곡증권 정리 및 국고채무부담행위 등)로 구분된다(국회예산정책처, 2022a: 93-94).

다만, 한동안 예산통제가 약화되었다는 증거를 보이고 있는데, 이는 정부가 습관적으로 재정적자를 억제하고 국민총생산(GNP) 성장에 대한 지출증가를 억제하겠다고 발표하는 것이다. 역으로 그동안 정부는 경제·정치적인 이유로 지출을 많이 증가시켰다는 것을 의미한다(Schick, 2007: 2). 정부지출의 증가는 곧 국가채무의 증가로 연계될 수 있기 때문이다.

## 2 국가채무의 구성 및 추이변화

우리나라의 국가채무와 관련된 구성요소들에는 중앙정부 하에는 국채, 차입금, 국고채무부담행위가 존재하며, 지방자치단체 차원에서는 순채무만이 계상된다. 이는 다시 적자성 채무와 금융성채무로 구분되고 있는데, 중앙정부 차원의 채무와 지방자치단체 차원의 순채무와의 합이 같다.

전반적으로 우리나라의 지출은 다른 국가에 비해 매우 빠른 속도로 증가하고 있는 것으로 나타나고 있다. 특히, OECD 국가의 연평균 증가율보다 더 높은 것으로 수치가 제시되고 있다. 이는 자칫 일반정부의 역할이 지속적으로 확대될 수 있는 여지를 보이는 것으로 분석되고 있다(윤광재, 2008: 115-118). 지속적인 지출증가에 따른 적절한 수입이 보장되지 못하면 국가채무도 증가할 수밖에 없다.

국가채무의 빠른 증가율로 인해 전체적인 규모도 지속적으로 증가하고 있어 2022년 1,000조 원의 규모를 초과하고 있다. 특히, 코로나바이러스가 국내경기에 많은 영향을 미치고 있던 2020년과 2021년에 100조 원 이상씩 증가하고 있다.

**표 13-6 국가채무의 규모와 추이**

(단위: 조 원)

| 구분 | 구성 | 2012년 | 2013년 | 2014년 | 2015년 | 2016년 |
|---|---|---|---|---|---|---|
| 국가채무(1+2) | | 443.1 | 489.8 | 533.2 | 591.5 | 626.9 |
| 중앙정부 | 계(1) | 425.1 | 464.0 | 503.0 | 556.5 | 591.9 |
| | 국채 | 420.0 | 459.5 | 498.1 | 551.5 | 587.5 |
| | 차입금 | 2.3 | 1.9 | 2.6 | 3.3 | 3.9 |
| | 국고채무부담행위 | 2.8 | 2.7 | 2.4 | 1.7 | 0.5 |
| 지방단체 순채무 | 계(2) | 18.0 | 25.7 | 30.1 | 34.9 | 35.0 |
| 적자성 채무 | 계(1) | 220.0 | 253.1 | 286.4 | 330.8 | 359.9 |
| | 일반회계 적자보전 | 148.6 | 172.9 | 200.6 | 240.1 | 271.3 |
| | 공적자금 국채전환 등 | 71.4 | 80.2 | 85.9 | 90.7 | 88.6 |
| 금융성 채무 | 계(2) | 223.1 | 236.7 | 246.7 | 260.6 | 267.0 |
| | 외환시장 안정용 | 153.0 | 171.0 | 185.2 | 198.3 | 209.8 |
| | 서민주거 안정용 등 | 70.1 | 65.7 | 61.6 | 62.3 | 57.2 |
| 구분 | 구성 | 2017년 | 2018년 | 2019년 | 2020년 | 2021년 |
| 국가채무(1+2) | | 660.2 | 680.5 | 723.2 | 846.6 | 970.7 |
| 중앙정부 | 계(1) | 627.4 | 651.8 | 699.0 | 819.2 | 939.1 |
| | 국채 | 623.3 | 648.4 | 696.3 | 815.2 | 937.0 |
| | 차입금 | 3.8 | 3.2 | 2.6 | 3.3 | 2.0 |
| | 국고채무부담행위 | 0.2 | 0.2 | 0.1 | 0.7 | 0.1 |
| 지방단체 순채무 | 계(2) | 32.8 | 28.7 | 24.2 | 27.5 | 31.5 |
| 적자성 채무 | 계(1) | 374.8 | 379.2 | 407.6 | 512.7 | 597.5 |
| | 일반회계 적자보전 | 289.6 | 300.4 | 334.7 | 437.5 | 523.1 |
| | 공적자금 국채전환 등 | 85.1 | 78.8 | 72.9 | 75.2 | 74.4 |
| 금융성 채무 | 계(2) | 285.4 | 301.3 | 315.6 | 333.9 | 373.2 |
| | 외환시장 안정용 | 222.3 | 234.9 | 247.2 | 256.4 | 263.8 |
| | 서민주거 안정용 등 | 63.1 | 66.4 | 68.5 | 77.5 | 109.3 |

| 구분 | 구성 | 2022년 | 2023년 | 2024년 | 2025년 | 2026년 |
|---|---|---|---|---|---|---|
| 국가채무(1+2) | | 1,068.8 | 1,134.8 | 1,201.2 | 1,271.9 | 1,343.9 |
| 중앙정부 | 계(1) | 1,037.7 | 1,102.1 | 1,168.1 | 1,374.3 | 1,315.9 |
| | 국채 | 1,035.8 | 1,100.7 | 1,256.8 | 1,373.2 | 1,314.6 |
| | 차입금 | 1.9 | 1.2 | 1.2 | 1.1 | 1.1 |
| | 국고채무부담행위 | 0.1 | 0.2 | 0.2 | 0.1 | 0.2 |
| 지방단체 순채무 | 계(2) | 31.1 | 32.6 | 31.7 | 30.3 | 28.0 |
| 적자성 채무 | 계(1) | 678.2 | 721.5 | 768.5 | 816.5 | 866.1 |
| | 일반회계 적자보전 | 610.8 | 656.8 | 709.9 | 766.8 | 826.1 |
| | 공적자금 국채전환 등 | 67.4 | 64.7 | 58.6 | 49.8 | 40.1 |
| 금융성 채무 | 계(2) | 390.6 | 413.3 | 432.7 | 455.4 | 477.7 |
| | 외환시장 안정용 | 271.0 | 279.0 | 284.2 | 289.5 | 295.4 |
| | 서민주거 안정용 등 | 119.7 | 134.2 | 148.5 | 165.8 | 182.4 |

* 2021년은 결산기준이고, 2022년은 2차 추가경정예산 기준임.
** 2023년 이후는 2022~2026년 국가채무관리계획의 전망에 의함.
자료: https://www.index.go.kr/potal/main/

## 3 GDP 대비 국가채무 및 부채의 추이변화

한 국가에 있어 국가채무를 절대적인 수치 및 규모로 파악하는 것도 중요하지만 다른 국가와의 비교분석을 위해 각 국가의 국내총생산(國內總生産, Gross Domestic Product: GDP)[5)]을 기준으로 그 비율을 측정하는 것이 많이 활용되고 있다.

각 국가마다 경제규모의 차이로 인한 국가재정의 규모가 상이하기 때문에 국가채무의 규모는 자국 내에서만 유용할 수 있고, 국제적인 분석을 위한 국내총생산(GDP) 대비 채무나 부채비율이 의미가 있다.

5) 한 국가의 전반적인 경제활동을 나타내는데, 가장 널리 사용되는 지표가 국내총생산이다. 국내총생산은 한 국가에서 일정기간 동안 생산된 최종적인 모든 재화와 서비스의 시장가치를 말한다. 예를 들어, 한 국가에서 단지 세 가지 재화만을 생산하는 아주 작은 경제를 생각해보자. 이 경제에서 한 해 동안 자동차 10대, TV 50대, 휴대폰 100대를 생산한다. 그리고 자동차 가격은 2,000만 원, TV가격은 200만 원, 휴대폰 가격은 100만 원이라고 하자. 그러면 이 국가경제의 국내총생산은 각 재화의 가격과 수량을 곱해서 합하면 도출된다(안재욱 · 김영신, 2022: 231).

국가채무비율은 국내총생산을 기준으로 한 국가채무의 비율이고, 여기서 국가채무는 다양한 방식으로 정의할 수 있으나 국제비교의 표준이 되는 국제통화기금 기준에서는 정부가 직접적인 상환의무를 부담하는 순확정채무, 다시 말해 상환기간이 확정되어 있고 이자가 발생하는 정부의 빚을 지칭한다.

이와 같은 기준에 따르면 정부가 보증한 공기업의 부채, 장래정부가 부담하게 될 수도 있는 연금충당금 등은 국가채무에 포함되지 않고 있다. 구체적으로는 국채 및 중앙정부차입금의 잔고, 지출이 수반되는 계약이 체결되었으나 지출은 차년도 예산에 계상되는 이른바 국고채부담행위 및 지방자치단체의 채무를 더한 합에서 지방자치단체의 대중앙정부 채무를 차감하는 것은 이중합산을 막기 위해서이다.

국가채무의 전체적인 규모는 지속적으로 증가하고 있고, 동시에 GDP 대비 채무비중도 지속적으로 높아지고 있으며, 2012년 약 31%에 이르던 것이 2025년에는 약 50%로 예상되고 있다.

한 연구에 의하면 GDP 대비 국가채무의 비율이 특정한 임계점인 90%를 초과하는 경우에 국가채무가 성장을 저해할 수도 있다 한다(Reinhart & Rogoff, 2010). 그러나 이와 같은 비중보다는 국가채무가 성장을 저해하지 않는 선에서 관리되는 것이 바람직하다는 것이 일반적인 논의이다.

또한, 지속적인 확장적 재정정책의 효과는 GDP 대비 국가채무비율에 따라 강한 비선형(non-linear)을 나타내고 있다고 한다. 즉, 국가채무가 적정수준일 경우 확장적 재정정책이 경제성장률에 미치는 누적 효과는 양(+)이었지만 GDP 대비 국가채무비율이 높아짐에 따라 점차 음(−)으로 반전하였다(Nickel & Tudyka, 2013; 이상헌, 2016: 69).

우리나라에 있어 GDP 대비 국가채무의 비율은 시간이 지나면서 점차적으로 높아지고 있으며, 2024년 50%를 초과한 이후 2026년에는 약 52%의 비중이 예상되고 있다.

**표 13-7 GDP 대비 국가채무의 비율**

(단위: 조 원)

| 구분 | 구성 | 2012년 | 2013년 | 2014년 | 2015년 | 2016년 |
|---|---|---|---|---|---|---|
| 국가채무 | | 443.1 | 489.8 | 533.2 | 591.5 | 626.9 |
| (GDP 대비 비율) | | 30.8% | 32.6% | 34.1% | 35.7% | 36.0% |

| 구분 | 구성 | 2017년 | 2018년 | 2019년 | 2020년 | 2021년 |
|---|---|---|---|---|---|---|
| 국가채무 | | 660.2 | 680.5 | 723.2 | 846.6 | 970.7 |
| (GDP 대비 비율) | | 36.0% | 35.9% | 37.6% | 43.6% | 46.9% |
| 구분 | 구성 | 2022년 | 2023년 | 2024년 | 2025년 | 2026년 |
| 국가채무 | | 1,068.8 | 1,134.8 | 1,201.2 | 1,271.9 | 1,343.9 |
| (GDP 대비 비율) | | 49.7% | 49.8% | 50.6% | 50.1% | 52.2% |

자료: https://www.index.go.kr/potal/main/

반면, 국내총생산 대비 일반정부나 공공부문의 부채는 국가단위보다는 그 범위가 넓기 때문에 관련한 비율도 더 높을 수밖에 없다. 일반정부부채에는 중앙 및 지방자치단체의 회계·기금과 비영리공공기관 부채를 포함하고 있으며, 공공부문부채에는 국가채무, 비영리공공기관부채, 비금융공기업부채를 포함하고 있다.

그러므로 국가채무비율에 비해서 일반정부부채비율이나 공공부문부채비율이 더 높고, 일반정부부채비율보다는 공공부문부채비율이 더 크다. 2020년을 기준으로 일반정부부채비율과 공공부문부채비율은 약 49%와 66%로 나타나고 있다. 공공부문전체의 부채비율은 2021년을 기준으로는 약 69%로 나타나고 있어, 공공부문전체의 부채에 대해 지속적인 관심을 가져야 한다.

결국, 한 국가에 있어 국가채무 규모가 증가하면 이와 같은 상황에 따라서 거시경제와 금융시장의 불안정성이 높아질 수밖에 없기 때문이다(Canzoneri et al., 2002). 여기에 한 국가의 지속적인 성장과 발전을 위해서는 국가채무나 부채가 합리적으로 관리되어야 하는 타당성이 존재하고 있다.

표 13-8 GDP 대비 일반정부부채의 비율

| 연도 | 2011년 | 2012년 | 2013년 | 2014년 | 2015년 |
|---|---|---|---|---|---|
| 비율 | 33.1% | 35.0% | 37.7% | 39.7% | 40.8% |
| 연도 | 2016년 | 2017년 | 2018년 | 2019년 | 2020년 |
| 비율 | 41.2% | 40.1% | 40.0% | 42.1% | 48.7% |

* 일반정부부채는 중앙 및 지방정부의 회계·기금과 비영리공공기관 부채를 포함함.

자료: https://www.index.go.kr/unify/

표 13-9 GDP 대비 공공부문부채의 비율

| 연도 | 2011년 | 2012년 | 2013년 | 2014년 | 2015년 |
|---|---|---|---|---|---|
| 비율 | 54.2% | 57.0% | 59.9% | 61.3% | 60.5% |
| 연도 | 2016년 | 2017년 | 2018년 | 2019년 | 2020년 |
| 비율 | 59.5% | 56.9% | 56.8% | 58.9% | 66.0% |

* GDP 대비 공공부문부채 비율={(국가채무+비영리공공기관부채+비금융공기업부채)÷GDP}×100.
자료: https://www.index.go.kr/unify/

## 4 국가채무의 관리

일반적으로 우리나라에서도 국가재정법을 통해 국가채무관리에 대한 제도적 노력을 기울이고 있다. 이를 위해 국가재정법 제7조(국가재정운용계획의 수립 등)에 따라 국가재정운용계획에는 제91조(국가채무의 관리)에 따른 국가채무관리계획을 첨부하도록 하고 있다.

또한, 제86조(재정건전화를 위한 노력)에 의하여 정부는 건전재정을 유지하고 국가채권을 효율적으로 관리하며 국가채무를 적정수준으로 유지하도록 노력하고 있다. 제91조(국가채무의 관리)에 의해서 기획재정부장관은 국가의 회계 또는 기금이 부담하는 금전채무에 대하여 국가채무관리계획을 수립하여야 하며, 계획에는 다음의 사항을 포함해야 한다.

첫째, 전전년도 및 전년도 국채 또는 차입금의 차입 및 상환실적, 둘째, 해당 회계연도의 국채발행 또는 차입금 등에 대한 추정액, 셋째, 해당 회계연도부터 5회계연도 이상의 기간에 대한 국채발행계획 또는 차입계획과 그에 따른 국채 또는 차입금의 상환계획, 넷째, 해당 회계연도부터 5회계연도 이상의 기간에 대한 채무의 증감 전망과 근거 및 관리계획, 다섯째, 그 밖에 대통령령으로 정하는 사항이다(기획재정부, 2022b: 1).

그러나 중앙정부뿐만 아니라 지방재정의 문제도 국가 차원에서 재정의 지속가능성을 위협하는 요인이 되고 있다. 현행, 지방재정법에서는 지방채무를 지방채증권, 차입 및 증서 차입금, 채무부담행위, 보증채무부담행위로 한정하고 있어 그 규모가 확대되고 있는 민간투자사업에 대한 정부지급금 등은 고려되지 못하는 문제점이 제기된다.

그리고 공공기관의 부채문제도 심각하다. 우리나라의 공공기관이 국가경제에서 차지하는 비중이 상대적으로 큰 상황 하에서 공공기관의 부채규모(2019년 525.1조 원)가 2000년대 들어 빠른 속도로 증가하고 있다. 특히, 최근 들어 공공기관에 대한 공익서비스의무(Public Service Obligation: PSO) 증대 및 사회적 가치추구, 일자리 창출 등의 요인으로 인하여 재무건전성이 악화되고 있으며, 공공요금 인상 역시 적절한 시기에 인상을 못하고 있는 상황이다.

실제로 일부 공공기관에서는 영업이익으로 부채에 대한 이자비용조차 충당하지 못하는 경우가 발생하고 있다. 국가채무에 직접 포함되지 않음에도 불구하고 공공기관의 부채를 우려하는 이유는 공공기관의 채무불이행이 정부의 직접적인 재정부담으로 이어질 수밖에 없기 때문이다(김준기, 2020: 4-5).

이를 위해 재정준칙(財政準則, fiscal rules)의 역할이 중요해지고 있다. 재정준칙은 국가채무, 재정적자 등 국가 재정건전성 지표에 구체적인 목표수치를 부여하고, 이를 초과하지 않도록 관리하는 규범을 말하며 정부의 재정정책에 대한 제약요인이다.

기본적으로 민주주의 사회에서 정부예산은 지속적으로 규모가 증대하는 경향을 나타내기 때문에 재정준칙은 바로 재정건전성을 유지시키는 역할을 한다(Hagemann, 2011).

# 제14장

# 통합재정의 도입 및 중요성



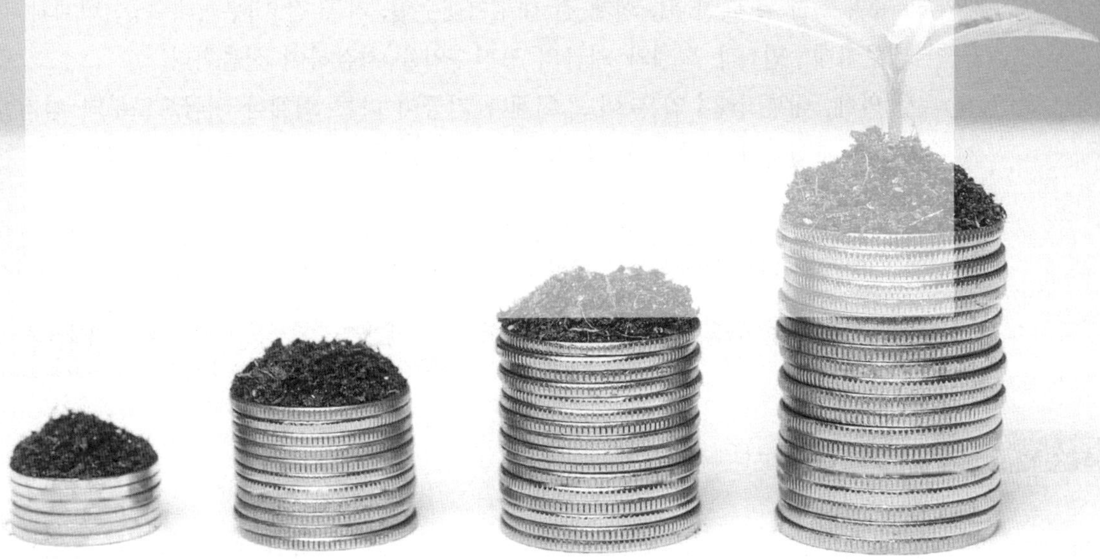

## 제1절 총수입·총지출과 통합재정의 개념

### 1 총수입과 총지출의 개념

한 국가의 재정규모를 나타내는 지표로서 여러 가지가 존재하고 있는데, 이와 같은 이유는 한 가지 지표보다는 더 다양하고 의미 있는 정보를 제공해줄 수 있기 때문이다. 더 나아가 국제적인 비교가 가능하게끔 하기 위한 것이다.

재정규모와 관련하여 가장 많이 활용되고 있는 지표 중의 하나가 총계개념에 입각한 산정방식이다. 총계는 일반회계, 특별회계, 기금 각각의 세입 및 세출(기금의 경우 수입 및 지출)을 모두 합한 것으로 표시하고 있다.

총계에는 국민경제에 직접적으로 영향을 미치는 수입과 지출 외에도 회계나 기금 간의 내부거래와 정부의 수입과 지출의 차를 보전하는 차입거래와 같은 보전거래가 모두 포함하고 있는데, 이는 실제적인 정부재정 규모를 크게 나타낼 수밖에 없다. 즉, 재정규모의 제시에 있어 총계라고 표시된 것은 실질적인 규모보다 더 크게 나타나기 때문에 허수가 존재하고 있다.

그러므로 국민경제에 미치는 정부의 실질적인 재정활동을 파악하기 위하여 총계와 함께 총수입과 총지출이라는 개념과 산정방식이 함께 활용되고 있다.

총수입이란 당연히 수입측면의 중앙정부 재정규모를 나타내는 지표로서 일반회계의 총계, 특별회계의 총계, 기금(8개 금융성기금[1]과 계정성기금[2] 중 외국환평형기금 제외)의 총계를 모두 더한 뒤, 회계 간 내부거래수입, 기금 간 내부거래수입, 회계와 기금 간 내부거래수입, 각 회계와 기금의 보전수입을 차감하여 산출한다.

다시 말해, 내부거래수입은 어느 회계나 기금이 다른 회계나 기금으로부터 넘겨받은 수입으로 차입이나 예수와 같이 빌리는 경우와 전입과 같이 무상으로 얻는 경우가

---

1) 여기서 8개의 금융성기금은 기술보증기금, 신용보증기금, 산업기반신용보증기금, 주택금융신용보증기금, 농림수산업자신용보증기금, 무역보험기금, 예금보험기금채권상환기금, 농어가목돈마련저축장려기금이다.

2) 계정성기금은 특정자금을 모아 실제사업을 수행하는 주체에게 전달하는 역할을 하는 기금으로 공공자금관리기금, 공적자금상환기금, 복권기금, 양곡증권정리기금, 외국환평형기금의 5개가 있다.

있다. 일반회계, 특별회계, 기금수입을 단순 합계하는 경우 정부의 내부거래를 중복적으로 계상하여 실제수입을 과다하게 계상하기에, 총수입 산출 시에는 내부거래를 제외하게 된다.

보전수입은 어느 회계나 기금입장에서 자체수입이나 내부거래수입으로 조달하지 못해 민간으로부터 빌리거나(차입 또는 국채발행) 남는 돈을 민간에 빌려주었다가 회수(여유자금 회수)하는 경우를 의미한다. 이는 정부의 수입과 지출의 차(재정수지)를 보전해주는 역할을 하는 것으로 실질적인 정부수입으로 보기 힘들기 때문에 총수입 산출 시에 제외된다.

**총수입의 공식**

총수입 = 수입총계(일반회계 + 특별회계 + 기금) − 내부거래수입 − 보전수입

총지출은 총수입에 대응하는 개념으로서 국민경제에 미치는 정부의 실질적인 재정활동을 파악하기 위하여 활용되며, 2005년부터 재정운용계획수립 시 우리나라 정부의 재정규모 통계로 활용되고 있다.

총지출은 일반회계, 특별회계 및 기금(8개 금융성기금과 계정성기금 중 외국환평형기금 제외)의 총계기준 지출을 모두 더한 뒤, 내부거래지출 및 보전지출을 차감하여 산출한다(국회예산처, 2022a: 51).

내부거래지출은 한 회계와 다른 회계, 또는 한 기금에서 다른 기금으로 지출이 이루어지는 것과 한 회계에서 다른 기금으로 지출이 수반되는 것을 포함한다. 반면에 보전지출은 회계와 기금의 재원운영에 있어 재원이 부족할 경우에 다른 기관에서 빌려오는 것을 상환하는 지출을 의미한다.

**총지출의 공식**

총지출 = 지출총계(일반회계 + 특별회계 + 기금) − 내부거래지출 − 보전지출

총수입・총지출은 국민경제에 미치는 정부의 실질적인 재정활동을 파악하기 위한

개념이므로, 정부의 금융성 활동을 수행하는 금융성기금 및 외국환평형기금은 포함하고 있지 않는 것이 일반적이다.

## 2 통합재정의 도입배경 및 개념

현대국가의 국민경제에서 정부의 재정활동이 차지하는 비중이 지속적으로 증가하고 있으며 매우 다양한 형태로 운영되고 있다. 효율적인 재정정책의 수립을 위해서 이와 같은 재정활동이 국민경제에 어떠한 효과를 미치는지에 대한 정확한 분석이 필요하다.

매년 작성되는 정부예산 외에도 이를 위한 전제조건으로 실질적인 재정활동을 파악하여 일정한 기준에 따라 체계적으로 분류한 통계자료가 필요하다. 이는 다양한 측면에서 정부재정의 규모 및 영향력 등을 검토하기 위한 목적을 두고 있다.

이와 같은 배경 하에 설치된 재정통계 작성기준이 IMF의 정부재정통계편람(政府財政統計便覽, Government Finance Statistics Manuel: GFSM)이다. 정부재정통계편람은 한 국가의 재정분석에 초점을 맞춘 전문적 거시경제 통계구조와 정부의 재정통계구조를 설명하고 있다. 주된 목적은 일반정부와 공공부문의 수입과 지출에 대한 수준과 구성의 활용에 있다(IMF, 2014: 1).

각 국가는 IMF의 권고에 따라 매년 재정통계를 작성하여 제출함으로써 각 국가 간 재정운용에 대한 국제적인 비교가 가능하다. 이와 같은 통계가 통합재정이며 통합재정은 한 국가에 있어 일반회계, 특별회계, 기금을 포함한 정부전체의 재정활동을 의미한다. 그러나 통합재정의 특징으로 학자나 전문가마다 다르게 제시하고 있다.

첫째, 국가재정을 총체적으로 파악하기 위한 개념으로 법정예산인 일반회계와 특별회계 외에 기금 및 세입세출 외 자금을 포함해 좀 더 넓은 재정의 범위를 파악한다. 그리하여 한 번에 한 국가의 재정에 대한 규모와 내용파악이 가능하다.

둘째, 통합재정 규모는 중앙재정과 지방재정, 그리고 지방교육재정(교육비특별회계)을 포함한다.

셋째, 세입·세출을 순계개념으로 파악한다. 통합재정에서 회계 및 기금 간의 내부거래와 국채발행이나 채무상환 등 수지차 보전을 위한 보전거래를 제외한다.

통합재정수지(收支)는 이와 같은 순계개념의 세입과 세출의 차이를 의미하며 통합재정수지를 통해 재정의 건전성 판단이 가능하다. 총계개념보다는 순계개념에 입각한 재정산식이 한 국가의 재정살림살이에 대한 정확한 파악이 더 가능하다고 본다(윤영진, 2021: 66).

## 3 우리나라에서의 활용

우리나라는 1979년 이후 IMF의 정부재정통계편람에 따라 통합재정수지를 산출하여 오늘날에 이르고 있다. 처음에는 연도별로 작성하여 왔으나 1994년부터 분기별로 1999년 7월부터는 다시 월별로 통합재정수지를 작성하고 있다.

그러나 1986년, 정부재정통계편람 기준에 따른 재정통계는 금융활동을 제외하고 재정기능과 관련된 거래만 포함하여 작성하고 있다. 이 시기에는 현금주의 회계기준에 따라 중앙재정(금융성, 외국환평형기금 제외) 및 지방재정을 포함한 정부부문의 통합재정수지를 작성하였다.

그러나 2001년에는 정부재정통계편람 기준에 따른 재정통계는 제도단위를 기초로 일반정부부문이 수행하는 모든 활동(금융활동 포함)을 포함하고 있다. 회계기준을 발생주의로 전환하고 제도단위의 시장성여부에 따라 정부 포괄범위를 설정(비영리 공공기관 포함)하여 작성하고 있다.

그러나 정부의 재정상태를 정확히 파악하기 위해서는 발생주의 재정수지 지표를 주로 활용하고, 현금주의 재정수지 지표를 보완적으로 활용할 필요가 있다. 이는 두 기준의 재정수지 지표를 동시에 활용할 때 현시점과 일정시간이 지난 시점의 정부 재정상태를 보다 명확하게 모니터링할 수 있다는 것이다. 이른바 Dual system적 접근이 되고 있다.

보다 구체적으로 IMF의 정부재정통계편람 2014에 의하면 거의 대부분 발생주의 기준을 근간으로 하고 있지만, 정부의 유동성 제약을 평가할 경우에는 현금흐름(cash-flow) 기준을 활용할 것을 권고하고 있다.

다시 말해, 중・장기적 관점(지속가능 재정운영)에서는 순융자와 순차입 지표 등을 활용하고, 단기적 관점(유동성관리 차원)에서는 현금흑자 및 적자의 지표를 동시에 활용할 필요가 있다(정성호, 2015: 2-3).

통합재정은 재정규모 및 재정수지를 파악하여 국가재정 운영의 건전성을 판단하고, 재정정책의 기본방향을 수립하는 자료로 활용되고 있다. 다만, 국가재정의 건전성에 대해서는 관리재정수지도 고려되고 있으며 경우에 따라서 후자가 더 적합하다.

## 4 공공부문의 범위

통합재정은 중앙정부와 지방자치단체를 대상으로 하고 있으며, 이는 공공부문 내에서도 일반정부(general government) 범주에 포함되고 있다. 반면에 공공부문의 범주에는 일반정부와 공기업이 포함되어 있어 그 범위가 훨씬 더 넓다.

그림 14-1 공공부문과 일반정부의 범위

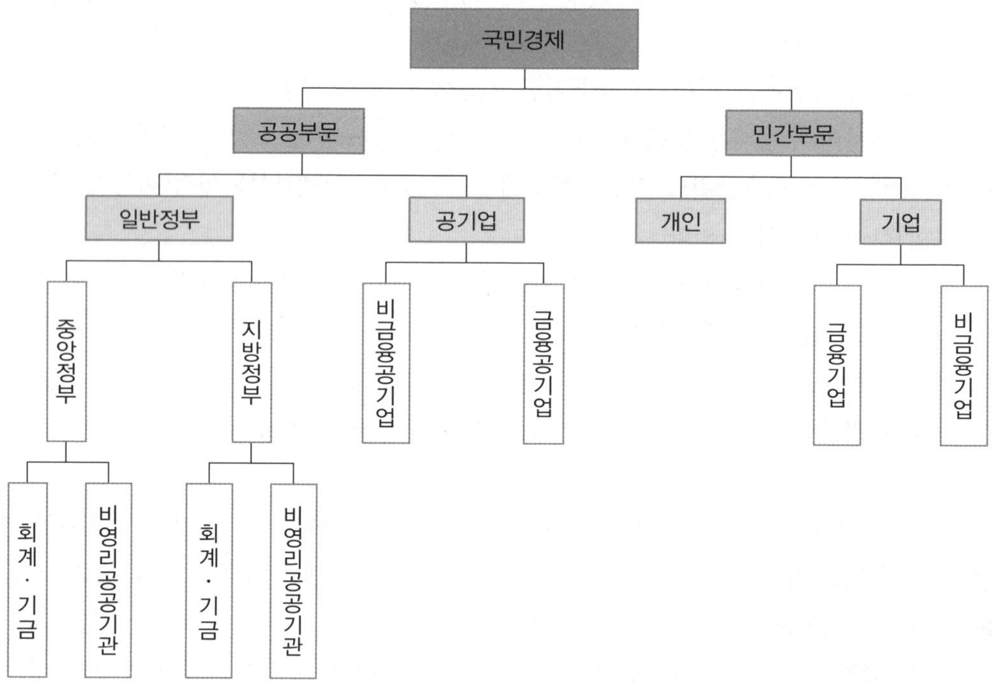


자료: 원구환(2019: 54).

## 제2절 통합재정의 포괄범위와 작성기준

### 1 통합재정의 포괄범위 및 작성기준

우리나라에서 한 동안 통합재정에는 지방자치단체의 예산편성 및 결산작성의 시차, 회계과목 간의 상이성 등의 문제로 중앙재정만을 포함하였다. 그러나 정부재정의 투명성 향상 및 정부재정 전체의 포괄적 이해를 위해 통합재정에 지방재정을 포함시켜야 할 필요성이 있었다. 2001년부터 지방예산과목 구조개편과 회계별 전산시스템을 구축하였다.

그리고 2005년에 지방재정법 개정을 통해 통합재정 도입의 근거를 마련하였다. 이와 같은 조치에 따라 2005년 회계연도부터 지방재정과 지방교육재정까지를 포괄하는 통합재정 통계를 작성하고 있다(원구환, 2019: 55).

다만, 통합재정의 포괄범위는 실질적인 국가재정 활동의 범위와 관련된 문제로서 각 국가마다 역사적 배경, 국가 경제구조 및 재정운영 체계 등이 상이함에 따라 그 범위도 차이가 발생하고 있다.

우리나라에 있어 2020년 기준으로 중앙정부 부문에는 일반회계, 15개의 기타 특별회계, 5개의 기업특별회계, 58개의 기금(금융성 및 외국환평형기금 제외) 및 세입세출외 등을 포함하고 있다(기획재정부, 2022c: 5).

통합재정은 1986년의 정부재정통계편람에 의해 발생주의가 아닌 현금주의에 기초하고 있으며, 국고 수납 단계와 현금 지급 단계에서 작성되고 있다. 통합재정은 회계연도를 기준으로 1년 단위로 작성하고 있으며, 동시에 우리나라에서는 매월 작성하여 월간 재정동향에 게재하고 있다.

통합재정은 순계치통합(consolidation)으로 통합재정의 포괄범위 내에 있는 각종 회계 및 기금 간의 내부거래를 제거한 후 수지를 합산한다. 통합재정은 공공목적을 수행하기 위해 조세 등을 통해 재원을 조달하여 공공재 등을 생산하는 비금융재정활동을 포괄하고 있다.

## 2 통합재정수지의 개념

우리나라에서는 1970년대 중반에 들어 비로소 재정수지 개념이 정립되기 시작하였다. 한 국가의 재정수지는 당해 연도의 재정수입에서 재정지출을 차감한 수치로서 당해 연도 재정활동의 건전성을 파악할 수 있는 지표가 되고 있다. 재정지출이 재정수입보다 더 크게 나타나서 재정수지 적자가 발생하면 차입이나 국채발행, 자산매각 등을 통한 보전이 필요하게 되므로, 국가채무의 증가 또는 국가자산의 감소로 이어지게 된다.

반대로 재정수입이 재정지출보다 더 크게 나타나서 재정수지 흑자가 발생하면 국채상환이나 예치금 등에 사용하게 되므로, 국가채무가 감소하거나 국가자산이 증가하게 된다.

1979년부터는 정부재정통계편람에 근거하여 통합재정통계(consolidated public finance) 개념이 적용되었다. 통합재정통계는 일반회계, 특별회계, 공공기금이라 불리는 기금의 일부를 통합한 것으로, 1995년 이후부터 통합재정수지로 변경되었다(정성호, 2015: 3).

즉, 통합재정수지는 당해 회계연도의 순수한 수입에서 순수한 지출을 차감한 수지이다. 다시 말해, 일반회계, 특별회계, 기금을 모두 포괄하고 있지만 순수한 재정활동 파악을 위해 회계, 기금 간 내부거래 및 차입, 채무상환 등 보전거래는 제외하고 있다.

일반적으로 국가의 재정총계는 중앙정부의 재정거래 전체 금액을 나타내는 지표로 재정순계뿐만 아니라 보전거래 및 내부거래를 포함하고 있다. 여기서 내부거래는 중앙정부에 포함되는 회계 및 기금 간 거래(전출금, 전입금 등)이고, 보전거래는 수지차 보전을 위한 거래(국채발행, 차입금, 여유자금 운용 등)이다.

재정총계는 통상적인 정부회계 예산 및 결산 통계상의 세입 및 세출을 의미하고 있다. 그러나 다시 한번, 재정순계는 재정총계에서 보전거래와 내부거래의 합을 제외한 것을 의미한다.

**그림 14-2** 통합재정수지의 계산

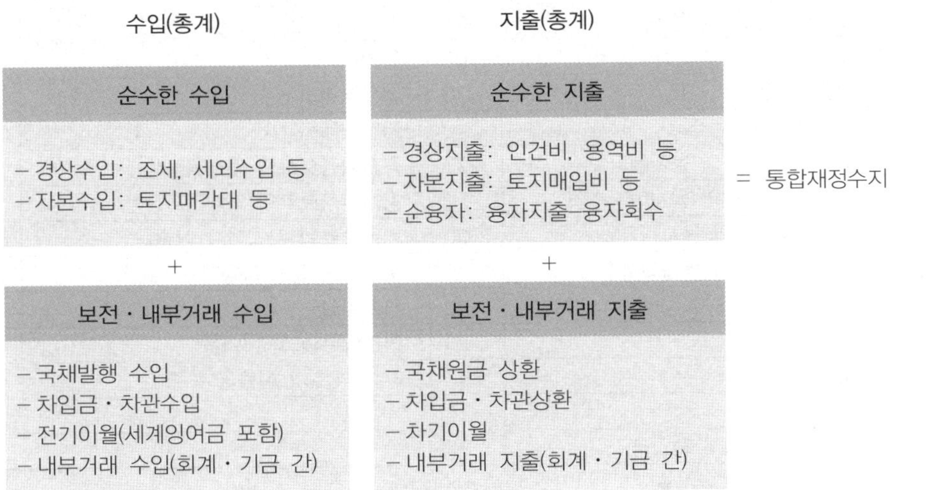


자료: 기획재정부(2022c: 6).

여기서 경상수입에는 조세수입, 세외수입, 사회보장 기여금 등, 자본수입은 자산매각 수입 등이 해당된다. 경상지출은 인건비, 물건비, 경상이전 지출 등이고, 자본지출에는 시설비, 자산취득비, 자본이전 지출 등이 포함된다. 융자지출에 해당하는 것은 민간에 대한 융자 출자이고, 융자회수는 민간으로부터의 융자 회수금 및 출자 회수금이다.

보전수입에는 국 · 공채 발행수입, 금융기관 및 민간기금 등으로부터의 차입금, 차관도입, 전년도 이월금 등, 보전지출은 국 · 공채 원금상환(이자상환은 경상지출), 금융기관 및 민간기금 등으로의 차입금 상환, 차관원금 상환, 차기이월, 기금의 여유자금 운용 등이다.

내부거래수입은 타 회계 · 기금으로부터의 전입금, 예수금, 예수원리금 회수 등이고, 내부거래지출은 타 회계 · 기금으로의 전출금, 예탁금, 예수원리금 상환 등이다.

## 그림 14-3 통합재정수지의 산출방법

| 구분 | 수입 | 435 | 지출 | 435 |
|---|---|---|---|---|
| 정부회계상 수입·지출 | – 조세수입 | 100 | – 인건비 | 100 |
| | – 부담금수입 | 70 | – 업무추진비 | 80 |
| | – 자산매각대금 | 10 | – 자산취득비 | 70 |
| | – 타 회계로부터의 융자원금회수 | 25 | – 공자기금으로의 국채원금상환 | 25 |
| | – 타 회계로부터의 융자이자수입 | 20 | – 공자기금으로의 국채이자상환 | 20 |
| | – 민간으로부터의 융자원금회수 | 30 | – 한은으로의 차입이자 상환 | 25 |
| | – 민간으로부터의 융자이자수입 | 15 | – 여유자금 운용(금융기관 예치) | 60 |
| | – 민간에 대한 출자 자산의 매각수입 | 40 | – 차기이월 | 15 |
| | – 전년도 이월금 | 20 | – 민간으로의 융자지출 | 5 |
| | – 국채발행 | 55 | – 타 회계로의 전출금 | 35 |
| | – 한은차입 | 15 | | |
| | – 타 회계로부터의 전입금 | 35 | | |

〈분류체계 전환〉

| 구분 | 〈경상수입〉 | 185 | 〈경상지출〉 | 205 |
|---|---|---|---|---|
| 통합재정체계상 수입·지출 | – 조세수입 | 100 | – 인건비 | 100 |
| | – 부담금수입 | 70 | – 업무추진비 | 80 |
| | – 민간으로부터의 융자이자 수입 | 15 | – 한은으로의 차입이자 상환 | 25 |
| | 〈자본수입〉 | 10 | 〈자본지출〉 | 70 |
| | – 자산매각 대금 | 10 | – 자산취득비 | 70 |
| | | | 〈순융자〉 | △65 |
| | | | – 민간으로의 융자지출 | 5 |
| | | | – 융자회수, 출자자산 매각 | △70 |
| | 소계 | 195 | 소계 | 210 |
| | ◇ 재정수지(195–210) | △15 | | |
| | 〈보전수입〉 | 90 | 〈보전지출〉 | 75 |
| | – 국채발행 | 55 | – 여유자금 운용(금융기관 예치) | 60 |
| | – 한은차입 | 15 | – 차기이월 | 15 |
| | – 전년도 이월금 | 20 | | |
| | 〈내부거래 수입〉 | 80 | 〈내부거래 지출〉 | 80 |
| | – 타 회계로부터의 전입금 | 35 | – 타 회계로부터의 전입금 | 35 |
| | – 타 회계로부터의 융자원금회수 | 25 | – 공자기금으로의 국채원금상환 | 25 |
| | – 타 회계로부터의 융자이자수입 | 20 | – 공자기금으로의 국채이자상환 | 20 |
| | 소계 | 170 | 소계 | 155 |
| | ◇ 보전재원(170–155) | 15 | | |

자료: 기획재정부(2022c: 8).

우선, 일반적인 정부예산서상에서 수입과 지출은 총계개념에 입각하고 있어 정확한 정부의 재정규모를 파악하기가 어렵다. 그러므로 순계개념에 입각한 통합재정상의 수입과 지출을 파악하여 그 수지에 대한 차이를 분석하는 것이 보다 명확한 재정상태를 이해시켜주게 된다.

예를 들어, 조세수입과 인건비는 수입과 지출로 나타낼 수 있지만, 이를 통합재정상에서는 각각 경상수입과 경상지출로 재분류된다. 반면에 자산매각 대금과 자산취득비는 자본상의 수입과 지출로 분류된다. 여기에다 보전 및 내부거래관련 수입과 지출을 배제하고 순융자를 지출상에 기재함으로써, 통합재정에 대한 수지차를 계산할 수 있게 된다.

## 3 통합재정의 유용성과 한계

통합재정은 한편으로는 충분한 유용성을 가지고 있으며, 다른 한편으로는 일정한 한계를 가지고 있는데, 우선 유용성 측면에서 분석하면 다음과 같다.

첫째, 통합재정은 재정건전성을 파악하는 데 유용한 지표로 활용되고 있다. 통합재정은 정부부문의 총 재정규모에 대한 파악이 가능하고, 내부거래와 보전거래를 제외함으로써 순수한 재정활동에 대한 규모파악이 가능하다.

둘째, 정부의 수입과 지출이 경상 및 자본거래로 구분되므로 통합재정을 통해 정부소비, 저축, 총고정자본 형성 등의 추정이 가능하며, 정부재정 활동의 국민경제적 효과에 대한 분석을 가능하게 된다.

셋째, 재정운용에 따른 금융거래를 금융기관, 기타 민간, 해외 등 경제부문별로 구분 파악함으로써, 재정부문이 통화효과에 미치는 영향을 분석할 수 있다.

그러나 통합재정에서는 융자지출도 재정수지의 적자요인으로 파악한다는 한계를 가지고 있다(원구환, 2019: 56-57). 즉, 정부의 입장에서 융자지출은 다시 회수할 수 있는 재원임에도 불구하고, 그 규모에 따라 지출이 증가하면 할수록 적자의 규모도 점차적으로 증가할 수밖에 없다.

## 제3절 통합재정수지와 관리재정수지 간의 비교

관리재정수지는 통합재정수지에서 사회보장성기금 수지는 차감하고 공적 자금손실분의 국채전환에 따라 악화된 수지는 상쇄하도록 보정하는 것이다. 사회보장성기금에 해당되는 4대 연 · 기금은 국민연금, 사립학교교직원연금기금, 고용보험기금, 산업재해보상보험 및 예방기금이다.

정부가 고용주인 공무원연금과 군인연금도 제외하고 있다. 또한, 공적 자금손실분은 2003년부터 2006까지만 적용된 것이다.

**관리재정수지의 공식**

관리재정수지 = 통합재정수지 − 사회보장성기금수지

다른 국가에서는 찾아볼 수 없는 관리재정수지는 우리나라의 특수성을 감안하여 도입된 별도의 지표로 실질적인 재정운용 결과를 판단하기 위한 척도로 활용되고 있다. 현재, 우리나라에서는 사회보장성기금의 역사가 상대적으로 짧아 항상 지출보다는 수입이 많아 흑자상태를 유지하고 있다.

그러므로 미래에 지급(소진)이 예정되어 있는 사회보장성기금수지 흑자를 제외하여 통합재정수지에 비해 보다 명확하게 재정건전성을 판단할 수 있기 때문이다.

현재, 관리재정수지는 지속적인 적자를 보여주고 있는데, 설령 통합재정수지가 흑자를 기록하고 있어도 사회보장성기금의 수지흑자규모가 더 크기 때문이다. 이는 아직까지는 사회보장성기금의 수입이 많아 관리대상수지상의 적자를 보여주고 있다.

2021년 본예산기준으로 국민연금의 총수입은 69조 7,207억 원, 총지출은 30조 25억 원, 사립학교교직원연금기금의 총수입은 5조 7,022억 원, 총지출은 5조 3,908억 원, 고용보험기금의 총수입은 14조 5,497억 원, 총지출은 18조 8,443억, 산업재해보상보험 및 예방기금의 총수입은 9조 4,907억 원, 총지출은 8조 990억 원이다(한국재정정보원, 2021).

그러므로 이와 같은 흑자추세가 2010년대에 계속적으로 나타나고 있어 관리재정수지는 적자를 기록하고 있는 것으로 제시되고 있다.

**표 14-1 관리재정수지의 추이**

(단위: 조 원)

| 연도 | 2011년 | 2012년 | 2013년 | 2014년 | 2015년 |
|---|---|---|---|---|---|
| 통합재정수지 | 18.6 | 18.5 | 14.2 | 8.4 | △0.2 |
| 사회보장성기금수지 | 32.1 | 35.9 | 35.3 | 38.0 | 37.8 |
| 관리재정수지 | △13.5 | △17.4 | △21.1 | △29.5 | △38.0 |
| **연도** | **2016년** | **2017년** | **2018년** | **2019년** | **2020년** |
| 통합재정수지 | 16.9 | 24.0 | 31.2 | △12.0 | △71.2 |
| 사회보장성기금수지 | 39.6 | 42.5 | 41.7 | 42.4 | 40.8 |
| 관리재정수지 | △22.7 | △18.5 | △10.6 | △54.4 | △112.0 |

자료: 기획재정부(2022c: 18).

# 제15장

# 공기업과 예산회계

## 제1절 공기업의 의의와 특성

### 1 공기업의 의의 및 개념

각 국가에는 공기업(公企業, public enterprise)이라는 형태의 기업이 설치되어 운영되고 있으며 우리나라에서도 예외는 아니다. 이는 다른 측면에서 행정·사회적 환경이 상이하지만 정부가 국민에게 제공해야 하는 공공서비스를 민간시장이 제공할 수 없을 때 또는 정부부처와 달리 운영하였을 때 상대적으로 효율과 성과를 도모할 수 있다는 인식에 기인하고 있다.

공기업의 개념, 분류, 인력종류에 대해서는 통일성을 가지고 있지 못하지만 그 개념을 분석하게 되면 국가·지방자치단체와 같은 공공단체에 의하여 소유되는 기업, 국가·지방자치단체에 의하여 소유·경영되는 기업, 국가 및 공공단체가 소유하며 경영하는 기업 등으로 정의되고 있다(유훈 외, 2010: 3).

또는 국가나 지방자치단체가 수행하는 사업 중에서 기업적 성격을 지닌 기능을 수행하는 기업이라 할 수 있다. 구체적으로 정부가 자본을 투입하여 설립하고 법률에 근거하여 경영권을 직접 또는 간접적으로 행사하는 기업, 정부가 예산을 지원하는 기업으로 정의한다.

최근에는 공기업의 정의가 공기업 소유·지배구조의 변화에 따라 공기업에 대한 직접적인 소유를 강조하는 공공적 소유(public ownership)보다는 소유를 기반으로 지배를 강조하는 공공적 지배(public control)가 강조되는 경향을 보이고 있다(윤태범·곽채기, 2017: 2-3).

공기업분류 방법에 있어서는 조직형태로 정부기업과 공공기관으로 구분할 수 있으며, 사업 분야 분류를 하게 되면 공익사업, 금융·보험업, 기간산업, 다목적 개발사업, 문화사업과 신산업으로 구분할 수 있다. 투자방법 분류로는 직접투자기관과 간접투자기관으로 구분이 가능하고 출자자별 분류로는 국가공기업과 지방공기업으로 구분된다(박영희 외, 2018: 23).

우리나라의 공공기관의 운영에 관한 법률 제5조(공공기관의 구분)에 의하면 공기업을 시장형 공기업과 준시장형 공기업으로 구분하고 있다. 시장형 공기업은 자산규모와 총수입액 중 자체수입액이 대통령령으로 정하는 기준 이상인 공기업이고, 준시장형 공기업은 시장형 공기업이 아닌 공기업이다.

일부국가에서 공기업 인력을 중앙 및 지방공무원 인력으로 산정하는 경우도 있으나 민간인으로 구분하여 충원할 수도 있다. 우리나라에서도 공기업에 근무하는 인력은 공무원이 아닌 민간인이며 공무원의 수 산정에 있어서도 제외시키고 있다.

결국, 공기업은 정부가 출자나 출연을 통해 설립한 기업을 의미하며 초기의 자본금은 정부예산으로부터 조성되는 경우가 대부분이다. 공기업은 국가재정이나 정부예산과 이무런 관련이 없는 것이 아니라 밀접한 관련을 맺고 있으며 재정적 지원을 받고 있다. 구체적으로 주관부처의 세출예산의 전출금과 밀접한 연관성을 가지고 있다.

## 2 공기업의 특성

공기업은 그 자체가 관련분야에서 단독적으로 운영되는 형태를 보이는 것 같지만 국가전체의 틀 하에서 보면 그 운영과 재정은 중앙부처, 국가재정이나 정부예산과 밀접하게 연관되어 있다.

우선, 하나의 주무기관은 그 소속 하에 있는 공기업들에 대한 관리・감독을 하게 되는데, 하나의 공기업은 반드시 관리・감독을 담당하는 하나의 중앙부처에 소속되어 있으며 관리・감독 기관의 장은 곧 소속 중앙부처의 장관이 된다.

예를 들어, 한국전력공사(Kepco)나 한국가스공사(Kogas)의 주무기관은 산업통상자원부가 되고, 국토교통부는 인천국제공항공사(Incheon Airport), 한국철도공사(Korail), 환경부는 한국수자원공사(K-water) 등을 관리・감독하고 있다. 결국, 공기업은 그 특성상 공공성과 기업성을 동시에 추구하게 되는데, 전자를 중시하든 후자를 중시하든 중앙부처의 감독 하에 존재한다.

공기업들은 상대적으로 공공성을 추구하다 보면 수익이 감소하고 기업성을 추구하다 보면 공공성을 충분히 달성하지 못할 수도 있다. 그러므로 공공성과 기업성의 적절한 조화가 중요한데, 현실적인 다양한 여건으로 이와 같은 균형을 맞추기가 쉽지 않다.

이와 같은 상황 하에서 정부는 공기업의 정상적인 운영을 위해 예산을 통한 재정적

지원을 할 수밖에 없다. 다시 말해, 정부는 공기업이 운영상의 손실을 발생시킨다 하더라도 그대로 방치할 수는 없다. 정부는 예산을 지원함으로써 공기업의 정상적인 운영을 도모하게 되며, 여기서 국가재정이나 정부예산과 공기업 간의 연계가 긴밀하게 형성되고 있다.

공기업은 초기의 정부예산의 출자나 출연에 기초해서 독자적인 생존을 모색하는 것이 바람직하지만 현실적으로 불가능하다. 그렇기 때문에 공기업을 관리·감독하고 있는 주관부처의 예산을 통해 필요한 재원이 지원되고 있으며, 공기업의 입장에서도 정부의 재정 및 예산적 지원을 바라게 된다.

예를 들어, 산업통상자원부가 한국전력공사나 한국가스공사가 재정적으로 어려울 때, 이들을 지원해주게 된다. 국토교통부는 인천국제공항공사, 한국철도공사, 환경부는 한국수자원공사 등에 대해 필요한 경우, 재정적 지원을 해준다.

중앙정부 차원 하에서 중앙예산기관인 기획재정부는 정부재정으로 운영되고 있는 공기업이 그 성과를 적절하게 도출하고 있는지에 대한 경영실적을 매년 평가·실시하여 그 결과를 공표하고 있다.

이러한 경영실적 평가는 공공기관의 운영에 관한 법률 제48조(경영실적 평가)에 의하고 있다. 즉, 기획재정부장관은 연차별 보고서, 계약의 이행에 관한 보고서, 경영목표와 경영실적보고서를 기초로 하여 준정부기관뿐만 아니라 공기업의 경영실적을 평가한다고 규정되어 있다.

또한, 감사원은 감사원법 제43조(결산서의 제출)의 제3항과 제4항에 따라 기획재정부장관과 주무기관의 장이 제출한 공기업의 당해 회계연도 결산서 등을 검사하고 있다. 그리고 그 결과를 기획재정부와 국회에 보고하고 있다.

## 3 유사개념과의 구별

공기업은 그 기원, 활동이나 범위 등이 사회적으로 지속적 변화를 함으로써 동질적이지 않았기에 유사개념이 많이 존재하고 있다. 이를 체계적으로 분석하면 다음과 같다.

첫째, 공익사업(public utilities)은 전기, 수도, 가스, 전신전화, 철도 등과 같이 그 서비스가 국민생활에 필수 불가결한 것일 뿐만 아니라 독점적 성격이 짙은 사업에 종사하는 기업을 공익사업이라 한다. 많은 나라에서 공익사업을 공기업으로 운영하고 있는데 공익사업이, 즉 공기업은 아니라는 것이다.

예를 들어, 미국과 같은 국가에서는 민간기업이 운영하는 공익사업이 얼마든지 존재하고 있다. 즉, 공익사업은 사업종류의 하나로 공기업과는 전혀 다른 평면의 개념인 것이고, 따라서 공익사업은 공기업의 공익사업과 민영기업의 공익사업으로 구분할 수 있다.

둘째, 공사이다. 공사와 공기업을 동일시하는 경우가 있는데, 공사는 공기업의 한 형태이며 공기업은 공사보다 넓은 개념이다. 우리나라에서는 공기업을 정부부처의 형태를 지닌 공기업, 주식회사의 형태를 지닌 공기업, 공사의 형태를 지닌 공기업으로 분류한다.

셋째, 정부기업은 다의적으로 사용될 수 있는 단어이며, 영어로 government enterprise로서 공기업과 동의어가 될 수 있다. 그러나 우리나라의 실정법상으로 기업형태로 운영하는 정부사업, 즉 정부부처의 형태를 지닌 공기업을 정부기업이라고 한다.

넷째, 공공기관이란 공공기관 운영에 관한 법률의 적용을 받는 기관이다. 우리나라에서 공공기관은 공기업, 준정부기관, 기타 공공기관으로 분류되므로 공공기관은 공기업보다 넓은 개념이라 할 수 있다. 공공기관 중에서 준정부기관은 공기업과 거의 동일한 정부통제를 받으나 기타 공공기관에 대한 통제는 전혀 상이하다고 할 수 있다.

다섯째, 준정부기관은 공공기관의 운영에 관한 법률의 적용을 받는 기관 중에서 공기업과 유사한 통제를 받는 기관이다. 준정부기관은 직원이 50인 이상이라는 점에서는 공기업과 동일하나 자체수입이 총수입액의 2분의 1에 미달하는 기관이라는 측면에서 공기업과 다르게 분류되고 있다.

여섯째, 정부투자기관이다. 과거의 정부투자기관예산회계법이나 정부투자기관관리기본법에서 사용하던 개념으로서, 그 자본금의 일부나 전액을 정부가 출자한 기업을 지칭하였다. 다시 말해, 공사나 주식회사형태의 공기업을 말한다. 그러나 정부투자기관관리기본법은 정부가 납입자본금의 5할 이상을 출자한 기업체로 한다고 독자적인 정의를 내렸다. 즉, 정부투자기관은 공공기관의 운영에 관한 법률에서 규정하고 있는 공기업과 유사한 개념이다.

일곱째, 공기업이란 용어대신에 공영기업이라는 용어를 사용하는 경우도 있는데, 이는 공적으로 경영되는 기업을 의미하는 것으로 현재는 많이 활용되고 있지 않다. 지

**표 15-1 공공기관 내 공기업의 위치**

<table>
<tr><th colspan="2">구분유형</th><th>공통요건</th><th>지정요인(원칙)</th></tr>
<tr><td rowspan="2">공기업</td><td>시장형 공기업</td><td rowspan="2">직원정원 ≥ 50인<br>총수입액 ≥ 30억 원<br>자산 ≥ 10억 원<br>자체수입비율 ≥ 50%</td><td>자체수입비율 ≥ 85%인 기관<br>(자산 2조 원 이상)</td></tr>
<tr><td>준시장형 공기업</td><td>자체수입비율 50~85%</td></tr>
<tr><td rowspan="2">준정부기관</td><td>기금관리형 준정부기관</td><td rowspan="2">직원정원 ≥ 50인<br>총수입액 ≥ 30억 원<br>자산 ≥ 10억 원<br>자체수입비율 < 50%</td><td>중앙정부 기금을 관리하는 기관</td></tr>
<tr><td>위탁집행형 준정부기관</td><td>기금관리형 아닌 준정부기관</td></tr>
<tr><td colspan="2">기타 공공기관</td><td colspan="2">공기업·준정부기관을 제외한 공공기관</td></tr>
</table>

자료: https://alio.go.kr/information.do

방공기업을 지방공영기업이라고 하는 사례가 있으나 지방공기업으로 통일하는 것이 바람직하다(유훈 외, 2010: 5-8).

## 4 공기업의 설립동기와 분야

공기업의 설립은 당시의 경제·사회적 환경을 반영하여 신설하거나 기존의 기관을 지정할 수 있다. 예를 들어, 정부가 기존의 민간업자가 수행할 수 없는 또는 수행하기를 원치 않는 제품을 생산하고 서비스를 제공하기 원한다면 새로운 공기업을 설립할 수 있다. 아니면 기존에 유사한 공공기관에 이와 같은 역할을 맡길 수도 있다.

공기업의 설립은 이처럼 시대적 요구와 당시의 제반여건이 갖추어져야 가능하고, 반드시 공기업을 통한 시설이나 제품공급에 대한 사회적 기대가 일치해야 훨씬 더 수월하다. 그러나 공기업의 설립은 법률에 근거하고 있는 경우가 많아 입법부에서 법이 통과되어야 운영될 수 있어 정치권 및 여론의 동향도 중요하다.

그리고 법이 통과되면 정부가 재정이나 예산을 통해 출자하거나 공기업이 운영될 수 있는 건물을 출연해야 한다. 그리고 당분간 공기업이 성장·발전할 수 있도록 지속적 투자가 이루어져 하며, 인력채용에 대해 인건비 등도 지원해야 하는 후속작업 등이 존재한다.

공공기관의 운영에 관한 법률 제4조(공공기관)에 의하면 기획재정부장관이 공기업을 포함하고 있는 공공기관으로 지정하기 위해서 다음에 해당하는 기관이어야 함을 제시하고 있다.

첫째, 다른 법률에 따라 직접 설립되고 정부가 출연한 기관이다.

둘째, 정부지원액(법령에 따라 직접 정부의 업무를 위탁받거나 독점적 사업권을 부여받은 기관의 경우에는 그 위탁업무나 독점적 사업으로 인한 수입액을 포함)이 총수입액의 2분의 1을 초과하는 기관이다.

셋째, 정부가 100분의 50 이상의 지분을 가지고 있거나 100분의 30 이상의 지분을 가지고, 임원에 대한 임명권한 행사 등을 통하여 해당 기관의 정책결정에 사실상 지배력을 확보하고 있는 기관이다.

넷째, 정부와 위의 세 기관 중에서 어느 하나에 해당하는 기관이 합하여 100분의 50 이상의 지분을 가지고 있거나 100분의 30이상의 지분을 가지고, 임원에 대한 임명권한 행사 등을 통하여 해당 기관의 정책결정에 사실상 지배력을 확보하고 있는 기관이다.

다섯째, 위의 네 기관 중에서 어느 하나에 해당하는 기관이 단독으로 또는 두 개 이상의 기관이 합하여 100분의 50 이상의 지분을 가지고 있거나 100분의 30 이상의 지분을 가지고, 임원에 대한 임명권한 행사 등을 통하여 해당 기관의 정책결정에 사실상 지배력을 확보하고 있는 기관이다.

여섯째, 첫 번째에서부터 네 번째 기관의 어느 하나에 해당하는 기관이 설립하고, 정부 또는 설립기관이 출연한 기관이다.

각 국가에 따라 상이하기는 하지만 공기업은 각 분야에서 필요시 설립되어 관련기능을 수행하고 있다. 국가별로 공기업이 설립되는 분야도 동일하지 않지만 우리나라의 경우에는 시장형 공기업과 준시장형 공기업은 주로 전력・발전, 항만, 공항, 가스, 수력원자력, 석유, 지역난방, 폐광지역진흥, 석탄, 도로, 철도, 주택, 광해광업, 수자원, 토지주택, 주택도시보증, 자유도시, 해양환경, 방송광고, 부동산, 마사, 레저 등에서 관련 기능을 수행하고 있다.

공기업은 설립목적에 따라 관련기능도 다르지만 일반적으로 공익을 증진시키고자 하는 목적을 가지고 있다. 이를 통해 관련산업의 발전, 국민의 복리증진 등에 이바지하고자 한다. 이를 위해 경영전략을 수립하여 지속적으로 운영하게 되며 당시의 사회적 가치를 실현하기 위한 다양한 활동도 수행하게 된다.

공기업의 관련분야나 기능과 관련해서는 고정적인 것이라기보다는 정치・행정적 상황에 따라 유동적일 수 있으며, 특히 시대적 요구에 따라 기관간의 통합이나 구조조정과 같은 조치 등이 취해질 수 있다. 이와 같은 배경에는 공기업을 둘러싼 내・외부환경이 항상 변화되고 있으며, 경제적 효율성에 따라 공기업을 평가하기 때문이다.

## 제2절 공기업의 예산회계 및 결산검사

### 1 공기업예산의 성격

미국의 행정학자 윌로비(W. F. Willoughby)에 의하면 공기업은 사기업과 동일하게 재화와 서비스를 생산하고 판매하는 하나의 기업이기 때문에, 그 예산회계 역시 기본적으로는 사기업의 예산회계와 동일해야 한다고 하였다.

그러나 공기업이라는 명칭이 의미하듯이 공기업의 공익성 때문에, 예산회계에 있어서 사기업과는 분명 다른 사항이 존재할 수밖에 없다. 또한, 적정한 수준에서 자율성과 신축성을 발휘하여 기업경영상의 이익을 추구한다는 측면에서 정부 일반예산과도 다른 특징을 가지고 있다.

다시 말해, 공기업의 예산은 이익추구, 예산운영의 탄력성, 예산편성의 기준 등의 측면에서 정부예산과 구별되고, 요금결정의 원칙, 회계상의 규제 정도, 회계의 원칙 등에 있어서는 사기업의 예산과도 구분될 수밖에 없다(박영희 외, 2018: 191).

정부의 예산원칙이나 예산기능이 시대에 따라 변화될 수밖에 없는 이유 중의 하나도 이와 같이 공기업이나 공공기관이 존재하고 있기 때문이다. 이들의 역할이나 활동이 다양하기 때문에 기존의 정부를 대상으로 하는 예산형태로는 포괄할 수 없고, 공기업의 효율적 운영을 위해서라도 정부예산과는 다른 형태의 예산이 필요하다.

### 2 예산회계의 운영

공기업은 정부와 마찬가지로 예산을 가지고 있으며 회계연도는 정부의 회계연도와 동일하게 운영되고 있는데, 이는 회계연도를 일치시킴으로써 국가재정 및 정부예산과의 동일성을 유지하기 위한 것이다.

공기업의 예산은 정부예산의 형식과는 달리 예산총칙, 추정손익계산서, 추정대차대조표와 자금계획서로 구분하여 편성하여야 한다. 이를 위해 기관장은 경영목표와 경영지침에 따라 다음 회계연도의 예산안을 편성하고, 다음 회계연도 개시 전까지 이사회에 제출하고 있다. 그리고 기관장은 신규 투자사업 및 자본출자에 대한 예산을 편성하기 위하여 대통령령으로 정하는 바에 따라 미리 예비타당성조사를 실시하여 반영해야 한다.

공기업이 편성・제출한 예산안은 이사회의 의결로 확정된다. 그러나 기관장은 공기업의 예산이 확정된 후 경영목표가 변경되거나 그 밖의 불가피한 사유로 인하여 예산을 변경하는 경우에는 변경된 예산안을 작성하여 이사회에 제출한다.

공기업은 예산이 확정되거나 변경된 경우 지체 없이 기획재정부장관, 주무기관의 장 및 감사원장에게 그 내용을 보고한다. 또한, 공기업은 예산이 확정되거나 변경된 경우 지체 없이 국회의 소관 상임위원회에 그 내용(해당 연도 수입・지출 계획서 포함)을 제출하여야 한다.

공기업의 회계원칙으로는 경영성과와 재산의 증감 및 변동상태를 명백히 표시하기 위하여 그 발생사실에 따라 처리하도록 함으로써 발생주의회계를 준수하고 있으며, 특히 기업성이 강조되는 곳에서는 더욱 더 활용가치가 높다.

공기업은 정부가 국가재정운용계획을 수립하듯이 중장기재무관리계획을 수립하여야 한다. 중장기재무관리계획은 5회계연도 이상에 기반하고 있으며, 이사회의 의결을 거쳐 확정한 후 매년 6월 30일까지 기획재정부장관과 주무기관의 장에게 제출하고 있다. 그리고 중장기재무관리계획에는 다음의 사항을 포함하고 있어야 한다.

첫째, 경영목표, 둘째, 사업계획 및 투자방향, 셋째, 재무전망과 근거 및 관리계획, 넷째, 부채의 증감에 대한 전망과 근거 및 관리계획 등이 포함된 부채관리계획, 다섯째, 전년도 중장기재무관리계획 대비 변동사항, 변동요인 및 관리계획 등에 대한 평가・분석 등이다.

이와 같은 사항 중에서 국가부채가 증가하고 공기업의 부채에 대해서도 많은 사람들이 관심을 가지게 되면서 보다 체계적인 관리계획을 구축할 필요가 있으며, 중장기적 시각 하에서 효율적으로 부채관리계획을 마련해야 한다.

기획재정부장관은 공기업인 대상기관의 장에게, 주무기관의 장은 준정부기관인 대상기관의 장에게 중장기재무관리계획을 수립하는 기관의 경영환경·경제여건 및 국가 정책방향 등을 고려하여 각각 중장기재무관리계획의 변경을 요구할 수 있다.

공기업은 예비타당성조사의 결과에 관한 자료를 공공기관의 정보공개에 관한 법률 제7조(행정정보의 공표 등)에 따라 공개하여야 하며, 총사업비가 일정규모 이상 증가하는 등 대통령령으로 정하는 요건에 해당하는 사업에 대해서는 사업의 타당성을 재조사하여야 한다. 그리고 타당성 재조사 결과에 관한 자료 또한 공공기관의 정보공개에 관한 법률 제7조에 따라 공개하여야 한다.

공기업은 천재지변 그 밖의 부득이한 사유로 회계연도 개시 전까지 그 공기업의 예산이 확정되지 아니한 경우에 전 회계연도의 예산에 준하여 예산, 즉 준예산을 편성하여 운용할 수 있다.

정부예산과 동일하게 준예산은 그 회계연도의 예산이 확정된 경우에는 그 효력을 잃게 되며, 준예산에 따라 집행된 예산은 이를 그 회계연도의 예산에 따라 집행된 것으로 보고 있다.

공기업은 예산이 확정되는 경우 지체 없이 이사회의 의결을 거쳐 그 회계연도의 예산에 따른 운영계획을 수립하여야 하고, 공기업이 확정된 예산을 변경한 경우에는 지체 없이 이사회의 의결을 거쳐 운영계획을 변경한다. 그리고 공기업은 수립한 그 회계연도의 운영계획을 기획재정부장관과 주무기관의 장에게 예산이 확정된 후 2개월 이내에 제출하도록 규정되어 있다.

## 3 경영평가의 실시

공공기관의 운영에 관한 법률 제48조(경영실적 평가)는 정부예산의 지원을 받는 공기업 등에 대한 경영평가를 실시하도록 규정하고 있다. 경영실적 평가제도는 공기업 및 준정부기관의 자율 책임경영체계 확립을 위해 매년도 경영노력과 성과를 공정하고 객관적으로 평가하는 제도이다.

경영실적 평가제도는 공기업 및 준정부기관의 공공성, 경영효율성을 제고하고, 경영개선이 필요한 사항에 대해 전문적인 컨설팅을 제공함으로써 궁극적으로 대국민서비스 개선을 목적으로 하고 있다.

기획재정부장관은 공정하고 객관적인 평가를 위해 법률 제48조 및 동법 시행령 제27조(경영실적 평가)에 따라 매 회계연도 개시 전까지 평가기준과 방법을 정한 평가편람을 작성하여야 한다. 그리고 기획재정부장관은 공기업·준정부기관경영평가단(경영평가단)을 수시로 구성·운영할 수 있다.

공기업 등은 법률 제47조(경영실적 등의 보고)에 따라 매년 3월 20일까지 전년도의 경영실적에 대한 보고서를 작성하여 기획재정부장관과 주무기관의 장에게 제출하고 있다. 기획재정부장관은 보고서의 작성양식, 제출방법 등을 별도로 정할 수 있도록 규정되어 있다.

각 기관은 경영실적보고서 중 계량지표 관련실적에 대해서는 해당 계량실적에 대해 법률 제43조(결산서의 제출)에 따라 선정된 회계법인 또는 감사(감사위원회)로 하여금 그 정확성에 대한 확인을 받아 기획재정부에 제출한다.

기획재정부장관은 경영실적 평가의 효율성과 객관성을 제고하기 위해 대학교수, 공인회계사 등으로 평가단을 구성하여 경영실적 평가를 위탁할 수 있다. 그리고 경영실적 평가과정 및 평가결과에 대한 검증 및 관리를 위해 평가단에 회계사 등으로 평가검증단을 구성하고, 평가검증단·기획재정부·한국조세재정연구원 공공기관연구센터 등이 참여하는 평가검증위원회를 구성할 수 있다. 이들 공기업 평가단, 준정부기관 평가단, 감사 평가단은 정기적으로 평가단 간 협의를 실시하여야 한다.

기획재정부장관 또는 경영평가단장은 경영실적 평가를 위하여 필요한 경우, 공기업 등에 관련자료의 제출을 요청할 수 있으며, 이들 기관은 관련자료의 제출요구에 성실히 응하여야 한다.

기획재정부장관 또는 경영평가단장은 공기업 등이 제출한 실적 보고서 및 관련자료를 기초로 하여 공기업, 준정부기관의 경영실적을 평가하고 필요한 경우 현장방문, 공기업 준정부기관 임직원의 인터뷰 등을 할 수 있다.

또한, 평가과정에서 경영전략, 리더십, 조직, 인사, 일반 등 기관장 역량과 관련된 지표에 대한 평가를 토대로 기관장 평가보고서를 별도로 작성할 수 있도록 하여 경영철학 및 리더십 등에 대해서도 평가한다.

기획재정부장관은 매년 6월 20일까지 공기업 및 준정부기관의 경영실적 평가를 마치고 공공기관운영위원회의 심의·의결을 거쳐 그 결과를 확정하고 있다(기획재정부, 2022d: 5-6).

**표 15-2 경영실적의 평가기준**

| 구분 | 평가기준 |
|---|---|
| 내용 | 경영목표의 합리성 및 달성 정도 |
| | 주요 사업의 공익성 및 효율성 |
| | 직원의 고용형태 등 조직·인력 운영의 적정성 |
| | 중장기재무관리계획의 이행 등 재무운용의 건전성 및 예산절감 노력 |
| | 고객만족도 조사결과 |
| | 합리적인 성과급 지급제도 운영 |
| | 그 밖에 공기업·준정부기관의 경영에 관련된 사항 등 |

경영실적의 평가기준과 방법은 공공기관운영위원회의 심의·의결을 거쳐 기획재정부장관이 정하고 있다. 특히, 평가기준과 관련해서 〈표 15-2〉의 사항들이 반영될 수 있도록 정하고 있다.

기획재정부장관은 경영실적 평가결과 후에 경영실적이 부진한 공기업 등에 대하여 운영위원회의 심의·의결을 거쳐 공기업 임원의 임면에 따른 규정에 의해 기관장·상임이사의 임명권자에게 그 해임을 건의하거나 요구할 수 있다.

또한, 기획재정부장관은 경영실적 평가결과, 인건비 과다편성 및 경영지침 위반으로 경영부실을 초래한 공기업 등에 대해서 공공기관운영위원회의 심의·의결을 거쳐 향후 경영책임성 확보 및 경영개선을 위하여 필요한 인사상 또는 예산상의 조치 등을 취하도록 요청할 수 있도록 규정되어 있다.

## 4 결산검사의 적용

공기업의 경영평가는 한 회계연도의 경영실적 등에 대해 기획재정부 주도로 수행되고 있다면 공기업의 결산검사는 한 회계연도의 예산집행에 대한 결산검사를 감사원이 수행하고 있다. 다시 말해, 공기업 결산검사는 감사원이 공기업 등의 한 회계연도 재정활동에 대해 결산서 계수의 정확성, 적정성 등을 확인하고 기획재정부 등에 그 결과를 제출하기 위한 회계검사의 일환이다(감사원, 2021: 3).

감사원은 공공기관의 운영에 관한 법률 제43조(결산서의 제출)에 공기업 등의 해당 회계연도 결산서 등을 검사하고 있다. 결산검사는 제출된 결산서 등이 공기업 및 준정부기관 회계사무규칙 등 관련법령에서 정한 기준대로 작성되었는지를 확인하는 것이다. 특히, 공기업 등에서 경영성과를 부풀리기 위해서 수익 및 자산을 과다하게 계상하거나 비용·부채를 과소 계상하였는지 등을 중점적으로 점검하고 있다.

우선적으로 공기업은 행정부의 결산과 유사하게 회계연도가 종료된 때에는 지체 없이 그 회계연도의 결산서를 작성한다. 그리고 감사원규칙으로 정하는 바에 따라 선임한 회계감사인의 회계감사를 받는다. 이와 같은 경우 공기업은 매 회계연도 종료 후 감사원규칙으로 정하는 기간 내에 회계감사인에게 결산서를 제출하여야 한다.

공기업은 기획재정부장관에게, 준정부기관은 주무기관의 장에게 다음 연도 2월 말일까지 결산서를 각각 제출하고, 3월 31일까지 승인을 받아 결산을 확정한다. 여기에는 재무제표(회계감사인의 감사의견서를 포함)와 그 부속서류, 그 밖에 결산의 내용을 명확하게 하기 위하여 필요한 서류를 제출한다.

기획재정부장관과 주무기관의 장은 매년 5월 10일까지 공기업 및 준정부기관의 결산서와 그 밖에 필요한 서류(결산서 등)를 감사원에 제출한다. 결산서 등을 제출받은 감사원은 그 공기업 및 준정부기관 중 감사원법 제22조(필요적 검사사항) 제1항 제3호에 따른 법인과 그 밖에 감사원규칙으로 정하는 공기업 및 준정부기관의 결산서 등을 검사하고, 그 결과를 7월 31일까지 기획재정부장관에게 제출한다.

감사원이 기획재정부장관에 감사결과를 제출하는 이유는 우리나라에서 기획재정부가 중앙예산기관이자 동시에 정부부처를 포함한 각 기관의 결산서를 종합화하는 기관이기 때문이다.

마지막으로 기획재정부장관은 결산서 등에 따른 감사원의 검사결과를 첨부하여 국무회의에 보고하고, 8월 20일까지 국회에 제출하여야 한다. 국회는 부처전체의 결산과 함께 공기업 등의 결산에 대해 심의·의결하고 있다.

공기업 및 준정부기관 결산검사 대상기관은 공공기관의 운영에 관한 법률 제43조(결산서의 제출) 제4항에 따라 공기업 및 준정부기관 중에서 감사원법 제22조(필요적 검사사항) 제1항 제3호에서 정한 국가가 자본금의 2분의 1이상을 출자한 법인인 한국조폐공사 등 22개 공공기관과 한국전력공사법[1] 등 특별법에 근거하여 설립되어 주식시

---

1) 한국전력공사법 제19조(다른 법령과의 관계) 제1항에 따르면 정부가 보유하고 있는 공사의 주식과 한국산업은행이 보유하고 있는 주식을 합한 수가 공사의 발행주식 총수의 50퍼센트 이상인

그림 15-1 결산검사 법적 체계

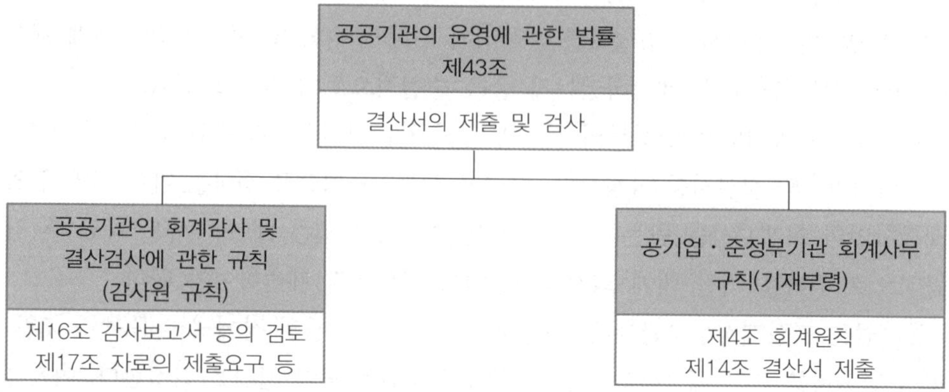


그림 15-2 결산검사 절차

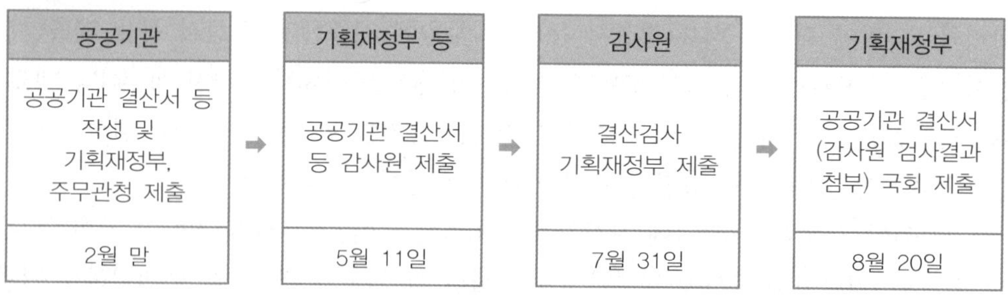


자료: 감사원(2021: 5).

장에 상장된 한국전력공사, 한국지역난방공사, 한국가스공사 등 총 25개 기관이다.

공공기관 결산검사 대상기관 수의 변동을 보게 되면 2007년 1월 19일 제정된 공공기관의 운영에 관한 법률에 따라 2007년 회계연도에는 한국조폐공사 등 20개 기관이었고, 2008년 회계연도에는 한국주택금융공사가 추가되어 21개 기관이 되었다.

그리고 2009년 회계연도에 한국토지공사와 대한주택공사가 한국토지주택공사로 통합되어 결산검사 대상이 감소하였으나, 한국자산관리공사가 정부의 추가출자로 정부지

---

경우에는 다른 법령의 적용에 있어서 정부가 보유하고 있는 공사의 주식이 50퍼센트 이상인 것으로 보게 되어 있다.

분이 2분의 1을 넘게 됨에 따라 결산검사대상에 추가되어 결산검사대상 기관 수는 2008년과 동일하게 21개 기관이었다.

2010년 회계연도에 한국지역난방공사가 주식상장으로 정부 출자지분이 2분의 1미만으로 결산검사대상에서 제외되어 20개 기관이었고, 2011년 회계연도에는 항만공사법에 따라 정부에서 전액출자하여 설립한 여수광양항만공사와 수산자원관리법에 따라 설립되고, 준정부기관으로 지정된 한국수자원관리공단이 추가되어 22개 기관이 되었다.

2012년 회계연도에 한국방송광고진흥공사가 결산검사대상에 새로 포함된 반면, 한국수산자원관리공단은 출연기관으로 전환되면서 결산검사대상에서 제외되어 기관 수는 2011년과 동일한 22개 기관이었다. 2013년 회계연도에는 기타 공공기관이었던 울산항만공사가 준시장형 공기업으로 변경 · 지정되면서 결산검사대상에 포함되어 23개 기관이 되었다.

2020년 회계연도에는 특별법에 근거하여 설립되고, 주식시장에 상장된 한국가스공사, 한국지역난방공사를 신규 검사대상에 추가하면서 결산검사 대상기관 수는 25개 기관이 되었다. 2021년 회계연도에 있어서도 결산검사대상기관 수는 전년도와 동일하게 25개 기관이 되고 있다.

**표 15-3 공기업 및 준정부기관 결산검사의 대상기관 수**

| 구분 | 대상기관 |
|---|---|
| 공기업<br>(19개) | 한국전력공사, 한국지역난방공사, 한국가스공사, 대한석탄공사, 한국석유공사, 한국광물자원공사, 한국토지주택공사, 한국도로공사, 한국수자원공사, 주택도시보증공사, 한국철도공사, 한국공항공사, 인천국제공항공사, 부산항만공사, 인천항만공사, 여수광양항만공사, 울산항만공사, 한국조폐공사, 한국방송광고진흥공사 |
| 준정부기관<br>(6개) | 한국농어촌공사, 한국관광공사, 한국농수산식품유통공사, 대한무역투자진흥공사, 한국주택금융공사, 한국자산관리공사 |

자료: 감사원(2021: 4).

2021년 회계연도 말 감사원의 결산감사 대상이 되는 공기업뿐만이 아니라 나머지 공기업의 수는 총 36개이고, 이들의 자산규모는 658.5조 원으로 전년도 말 616.5조 원보다 42.0조 원 증가하여 6.8% 상승하였다. 한편, 2021년 회계연도 말 36개 공기업의 부채규모는 434.3조 원으로 전년도 말 398.1조 원보다 36.2조 원 상승하여 9.1% 증가하였다.

공기업 유형별 부채규모를 보면, 15개 시장형 공기업의 부채규모는 216.4조 원으로 전년도 말 199.1조 원 대비 17.3조 원으로 8.7% 증가한 반면, 21개 준시장형 공기업의 부채규모는 217.9조 원으로 전년도 말 199.0조 원 대비 18.9조 원으로 9.5% 상승하였다.

이와 같은 결과로 인해 2021년 회계연도 말 36개 공기업의 순자산 규모는 224.2조 원으로 나타나고, 2020년 회계연도 말 218.4조 원보다 5.8조 원 증가하여 2.7%의 상승률을 기록하였다(감사원, 2022b: 3-4).

전반적으로 공기업의 전체적인 자산규모, 부채규모, 순자산규모가 지속적으로 증가하고 있는 것을 알 수 있으며, 특히 부채규모의 증가가 상대적으로 높은 상승률을 보이고 있어 이에 대한 적절한 관리가 필요하다. 공기업의 부채관리에 대한 관리・책임도 중앙예산기관 및 주무기관 역할이 되고 있으며, 공기업의 부채가 증가하면 증가할수록 국가부채도 증가할 수 있는 상황이다. 그러므로 공기업의 부채도 국가재정 및 정부예산의 틀 하에서 체계적인 관리 및 감독을 받을 수밖에 없다.

# 부록

# 국가재정법

[시행 2023.7.10.] [법률 제19430호, 2023.6.9., 타법개정]

## 제1장 총칙

**제1조(목적)** 이 법은 국가의 예산·기금·결산·성과관리 및 국가채무 등 재정에 관한 사항을 정함으로써 효율적이고 성과 지향적이며 투명한 재정운용과 건전재정의 기틀을 확립하고 재정운용의 공공성을 증진하는 것을 목적으로 한다. <개정 2020.3.31.>

**제2조(회계연도)** 국가의 회계연도는 매년 1월 1일에 시작하여 12월 31일에 종료한다.

**제3조(회계연도 독립의 원칙)** 각 회계연도의 경비는 그 연도의 세입 또는 수입으로 충당하여야 한다.

**제4조(회계구분)** ① 국가의 회계는 일반회계와 특별회계로 구분한다.

② 일반회계는 조세수입 등을 주요 세입으로 하여 국가의 일반적인 세출에 충당하기 위하여 설치한다.

③ 특별회계는 국가에서 특정한 사업을 운영하고자 할 때, 특정한 자금을 보유하여 운용하고자 할 때, 특정한 세입으로 특정한 세출에 충당함으로써 일반회계와 구분하여 회계처리할 필요가 있을 때에 법률로써 설치하되, [별표 1]에 규정된 법률에 의하지 아니하고는 이를 설치할 수 없다. <개정 2014.1.1.>

**제5조(기금의 설치)** ① 기금은 국가가 특정한 목적을 위하여 특정한 자금을 신축적으로 운용할 필요가 있을 때에 한정하여 법률로써 설치하되, 정부의 출연금 또는 법률에 따른 민간부담금을 재원으로 하는 기금은 [별표 2]에 규정된 법률에 의하지 아니하고는 이를 설치할 수 없다. <개정 2020.6.9.>

② 제1항의 규정에 따른 기금은 세입세출예산에 의하지 아니하고 운용할 수 있다.

**제6조(독립기관 및 중앙관서)** ① 이 법에서 "독립기관"이라 함은 국회·대법원·헌법재판소 및 중앙선거관리위원회를 말한다.

② 이 법에서 "중앙관서"라 함은 「헌법」 또는 「정부조직법」 그 밖의 법률에 따라 설치된 중앙행정기관을 말한다.

③ 국회의 사무총장, 법원행정처장, 헌법재판소의 사무처장 및 중앙선거관리위원회

의 사무총장은 이 법을 적용할 때 중앙관서의 장으로 본다. <개정 2020.6.9.>

**제7조(국가재정운용계획의 수립 등)** ① 정부는 재정운용의 효율화와 건전화를 위하여 매년 해당 회계연도부터 5회계연도 이상의 기간에 대한 재정운용계획(이하 "국가재정운용계획"이라 한다)을 수립하여 회계연도 개시 120일 전까지 국회에 제출하여야 한다. <개정 2013.5.28., 2020.6.9.>

② 국가재정운용계획에는 다음 각 호의 사항이 포함되어야 한다. <개정 2010.5.17., 2016.12.20., 2020.3.31., 2020.6.9.>

1. 재정운용의 기본방향과 목표
2. 중기 재정전망 및 근거
3. 분야별 재원배분계획 및 투자방향
4. 재정규모증가율 및 그 근거

4의2. 의무지출(재정지출 중 법률에 따라 지출의무가 발생하고 법령에 따라 지출규모가 결정되는 법정지출 및 이자지출을 말하며, 그 구체적인 범위는 대통령령으로 정한다)의 증가율 및 산출내역

4의3. 재량지출(재정지출에서 의무지출을 제외한 지출을 말한다)의 증가율에 대한 분야별 전망과 근거 및 관리계획

4의4. 세입·세외수입·기금수입 등 재정수입의 증가율 및 그 근거

5. 조세부담률 및 국민부담률 전망
6. 통합재정수지[일반회계, 특별회계 및 기금을 통합한 재정통계로서 순(純) 수입에서 순 지출을 뺀 금액을 말한다. 이하 같다] 전망과 관리계획. 다만, 통합재정수지에서 제외되는 기금은 국제기구에서 권고하는 기준에 준하여 대통령령으로 정한다.
7. 삭제 <2010.5.17.>
8. 그 밖에 대통령령으로 정하는 사항

③ 제1항에 따라 국회에 제출하는 국가재정운용계획에는 다음 각 호의 서류를 첨부하여야 한다. <신설 2010.5.17., 2014.1.1., 2020.3.31., 2021.6.15.>

1. 전년도에 수립한 국가재정운용계획 대비 변동사항, 변동요인 및 관리계획 등에 대한 평가·분석보고서
2. 제73조의4에 따른 중장기 기금재정관리계획
3. 제91조에 따른 국가채무관리계획
4. 「국세기본법」 제20조의2에 따른 중장기 조세정책운용계획
5. 제4항에 따른 장기 재정전망 결과

④ 기획재정부장관은 40회계연도 이상의 기간을 대상으로 5년마다 장기 재정전망을 실시하여야 한다. <신설 2020.3.31.>

⑤ 기획재정부장관은 국가재정운용계획을 수립하기 위하여 필요한 때에는 관계 국가기관 또는 공공단체의 장에게 중·장기 대내·외 거시경제전망 및 재정전망 등에 관하여 자료의 제출을 요청하거나, 관계 국가기관 또는 공공단체의 장과 이에 관하여 협의할 수 있다. <개정 2008.2.29., 2010.5.17., 2020.3.31., 2020.6.9.>

⑥ 기획재정부장관은 국가재정운용계획을 수립하는 때에는 관계 중앙관서의 장과 협의하여야 한다. <개정 2008.2.29., 2010.5.17., 2020.3.31.>

⑦ 제1항부터 제6항까지에 규정된 사항 외에 국가재정운용계획의 수립에 관하여 필요한 사항은 대통령령으로 정한다. <개정 2010.5.17., 2020.3.31.>

⑧ 기획재정부장관은 제35조에 따른 수정예산안 및 제89조에 따른 추가경정예산안이 제출될 때에는 재정수지, 국가채무 등 국가재정운용계획의 재정총량에 미치는 효과 및 그 관리방안에 대하여 국회에 보고하여야 한다. <신설 2010.5.17., 2020.3.31.>

⑨ 기획재정부장관은 국가재정운용계획을 국회에 제출하기 30일 전에 재정규모, 재정수지, 재원배분 등 수립 방향을 국회 소관 상임위원회에 보고하여야 한다. <신설 2010.5.17., 2014.12.30., 2020.3.31.>

⑩ 각 중앙관서의 장은 재정지출을 수반하는 중·장기계획을 수립하는 때에는 미리 기획재정부장관과 협의하여야 한다. <개정 2008.2.29., 2010.5.17., 2020.3.31.>

⑪ 지방자치단체의 장은 국가의 재정지원에 따라 수행되는 사업으로서 대통령령으로 정하는 규모 이상인 사업의 계획을 수립하는 때에는 미리 관계 중앙관서의 장과 협의하여야 한다. 이 경우 중앙관서의 장은 기획재정부장관과 협의하여야 한다. <개정 2008.2.29., 2010.5.17., 2020.3.31., 2020.6.9.>

**제8조 삭제** <2021.12.21.>

**제8조의2(전문적인 조사·연구기관의 지정 등)** ① 기획재정부장관은 예비타당성조사 등을 적정하게 수행하기 위하여 「정부출연연구기관 등의 설립·운영 및 육성에 관한 법률」에 따라 설립된 한국개발연구원 및 한국조세재정연구원과 전문 인력 및 조사·연구 능력 등 대통령령으로 정하는 지정기준을 갖춘 기관을 전문기관으로 지정하여 다음 각 호의 업무 중 전부 또는 일부를 수행하게 할 수 있다. <개정 2016.1.28., 2020.3.31., 2021.12.21.>

1. 제38조제1항 및 제3항에 따른 사업의 예비타당성조사 및 그 조사와 관련된 전문적인 조사·연구

2. 제50조제2항 및 제4항에 따른 사업의 타당성 재조사 및 그 조사와 관련된 전문적인 조사·연구
3. 제85조의8제1항에 따른 재정사업에 대한 성과평가 및 그 평가와 관련된 전문적인 조사·연구
4. 제82조제2항에 따른 기금운용평가단의 운영
5. 제85조의5제4항에 따른 재정성과평가단의 운영
6. 「부담금관리 기본법」 제8조제4항에 따른 부담금운용평가단의 운영
7. 「보조금 관리에 관한 법률」 제15조제3항에 따른 보조사업평가단의 운영
8. 「복권 및 복권기금법」 제22조제4항에 따라 구성하는 복권기금사업의 성과에 대한 평가단의 운영

② 기획재정부장관은 제1항에 따라 지정된 전문기관이 그 업무를 수행하는 데에 드는 비용을 지원하기 위하여 해당 전문기관에 출연할 수 있다.

③ 기획재정부장관은 제1항에 따라 지정된 전문기관이 다음 각 호의 어느 하나에 해당하는 경우에는 그 지정을 취소할 수 있다. 다만, 제1호에 해당하면 그 지정을 취소하여야 한다.

1. 거짓이나 그 밖의 부정한 방법으로 지정을 받은 경우
2. 제1항에 따른 지정기준에 적합하지 아니하게 된 경우
3. 제1항에 따른 업무를 적정하게 수행하지 아니하는 등 수행하는 업무가 그 지정의 목적을 벗어난 것으로 인정되는 경우

④ 기획재정부장관은 제3항에 따라 전문기관의 지정을 취소하려는 경우에는 청문을 하여야 한다. <신설 2021.12.21.>

⑤ 제1항에 따른 전문기관의 지정 및 그 운영 등에 필요한 사항은 대통령령으로 정한다. <개정 2021.12.21.>

[본조신설 2014.1.1.]

[제목개정 2021.12.21.]

**제9조(재정정보의 공표)** ① 정부는 예산, 기금, 결산, 국채, 차입금, 국유재산의 현재액, 통합재정수지 및 제2항에 따른 일반정부 및 공공부문 재정통계, 그 밖에 대통령령으로 정하는 국가와 지방자치단체의 재정에 관한 중요한 사항을 매년 1회 이상 정보통신매체·인쇄물 등 적당한 방법으로 알기 쉽고 투명하게 공표하여야 한다. <개정 2020.3.31., 2020.6.9.>

② 기획재정부장관은 회계연도마다 결산을 기준으로 다음 각 호의 재정상황을 종합

적으로 나타내는 통계(이하 “일반정부 및 공공부문 재정통계”라 한다)를 작성하여야 한다. 이 경우 제2호와 제3호에 관하여는 해당 기관 및 관계 중앙관서의 장과 협의하여 작성하여야 한다. <신설 2020.3.31.>

1. 국가 및 지방자치단체의 일반회계, 특별회계 및 기금
2. 다음 각 목의 기관 중 시장성이 없는 기관으로서 대통령령으로 정하는 기관
   가. 「공공기관의 운영에 관한 법률」에 따른 공공기관
   나. 「지방공기업법」에 따른 지방공사 · 공단
   다. 그 밖에 공영방송사 · 국립대학법인 등 공공성이 인정되는 법인
3. 제2호 각 목의 기관 중 시장성이 있는 기관(금융을 다루는 기관은 제외한다)으로서 대통령령으로 정하는 기관

③ 기획재정부장관은 각 중앙관서의 장, 지방자치단체의 장, 관계 기관의 장에게 제1항에 따른 재정정보의 공표 또는 제2항에 따른 일반정부 및 공공부문 재정통계의 작성을 위하여 필요한 자료의 제출을 요구할 수 있다. <개정 2020.3.31.>

④ 각 중앙관서의 장은 해당 중앙관서의 세입 · 세출예산 운용상황을, 각 법률에 따라 기금을 관리 · 운용하는 자(기금의 관리 또는 운용 업무를 위탁받은 자는 제외하며, 이하 “기금관리주체”라 한다)는 해당 기금의 운용상황을 인터넷 홈페이지에 공개하여야 한다. <신설 2014.12.30., 2016.12.20., 2020.3.31., 2021.12.21.>

⑤ 제4항의 세입 · 세출예산 운용상황 및 기금 운용상황 공개에는 각 사업별 사업설명자료가 첨부되어야 한다. 그 밖에 공개에 필요한 사항은 대통령령으로 정한다. <신설 2014.12.30., 2016.12.20., 2020.3.31.>

⑥ 기획재정부장관은 제4항 및 제5항에 관한 지침을 작성하여 각 중앙관서의 장과 기금관리주체에게 각각 통보하여야 하며, 지침과 서로 다를 경우 시정 요구하여야 한다. 이 경우 각 중앙관서의 장과 기금관리주체는 다른 법령에서 별도로 규정하는 경우를 제외하고는 그 요구를 따라야 한다. <신설 2016.12.20., 2020.3.31., 2020.6.9.>

**제9조의2(재정 관련 자료의 제출)** 기획재정부장관은 매년 회계연도 개시 120일 전까지 다음 각 호의 서류를 국회에 제출하여야 한다. <개정 2013.5.28.>

1. 제92조에 따른 국가보증채무관리계획
2. 「공공기관의 운영에 관한 법률」 제39조의2에 따른 중장기 재무관리계획
3. 「사회기반시설에 대한 민간투자법」 제24조의2에 따른 임대형 민자사업 정부지급금추계서

[본조신설 2010.5.17.]

**제10조(재정운용에 대한 의견수렴)** ① 기획재정부장관은 재정운용에 대한 의견수렴을 위하여 각 중앙관서와 지방자치단체의 공무원 및 민간 전문가 등으로 구성된 재정정책자문회의(이하 "자문회의"라 한다)를 운영하여야 한다. <개정 2008.2.29., 2008.12.31.>

② 기획재정부장관은 국가재정운용계획을 수립할 때, 매 회계연도의 예산안을 편성할 때와 기금운용계획안을 마련할 때에는 미리 자문회의의 의견수렴을 거쳐야 한다. <개정 2008.2.29., 2008.12.31.>

③ 자문회의의 구성·기능 및 운영 등에 관하여 필요한 사항은 대통령령으로 정한다. <개정 2008.12.31.>

**제11조(업무의 관장)** ① 예산, 결산 및 기금에 관한 사무는 기획재정부장관이 관장한다. <개정 2008.2.29.>

② 각 중앙관서의 장은 제1항의 규정에 따른 사무에 관한 법령을 제정·개정 또는 폐지하거나 제1항의 규정에 따른 사무와 관련되는 사항을 다른 법령에 규정하고자 하는 때에는 기획재정부장관과 협의하여야 한다. <개정 2008.2.29.>

**제12조(출연금)** 국가는 국가연구개발사업의 수행, 공공목적을 수행하는 기관의 운영 등 특정한 목적을 달성하기 위하여 법률에 근거가 있는 경우에는 해당 기관에 출연할 수 있다.

**제13조(회계·기금 간 여유재원의 전입·전출)** ① 정부는 국가재정의 효율적 운용을 위하여 필요한 경우에는 다른 법률의 규정에도 불구하고 회계 및 기금의 목적 수행에 지장을 초래하지 아니하는 범위 안에서 회계와 기금 간 또는 회계 및 기금 상호간에 여유재원을 전입 또는 전출하여 통합적으로 활용할 수 있다. 다만, 다음 각 호의 특별회계 및 기금은 제외한다. <개정 2008.3.28., 2020.6.9.>

1. 우체국보험특별회계
2. 국민연금기금
3. 공무원연금기금
4. 사립학교교직원연금기금
5. 군인연금기금
6. 고용보험기금
7. 산업재해보상보험및예방기금
8. 임금채권보장기금
9. 방사성폐기물관리기금

10. 그 밖에 차입금이나 「부담금관리기본법」 제2조의 규정에 따른 부담금 등을 주요 재원으로 하는 특별회계와 기금 중 대통령령으로 정하는 특별회계와 기금

② 기획재정부장관은 제1항의 규정에 따라 전입·전출을 하고자 하는 때에는 관계 중앙관서의 장 및 기금관리주체와 협의한 후 그 내용을 예산안 또는 기금운용계획안에 반영하여야 한다. <개정 2008.2.29.>

**제14조(특별회계 및 기금의 신설에 관한 심사)** ① 중앙관서의 장은 소관 사무와 관련하여 특별회계 또는 기금을 신설하고자 하는 때에는 해당 법률안을 입법예고하기 전에 특별회계 또는 기금의 신설에 관한 계획서(이하 이 조에서 "계획서"라 한다)를 기획재정부장관에게 제출하여 그 신설의 타당성에 관한 심사를 요청하여야 한다. <개정 2008.2.29.>

② 기획재정부장관은 제1항의 규정에 따라 심사를 요청받은 경우 기금에 대하여는 제1호부터 제4호까지의 기준에 적합한지 여부를 심사하고, 특별회계에 대하여는 제4호 및 제5호의 기준에 적합한지 여부를 심사하여야 한다. 이 경우 미리 자문회의에 자문하여야 한다. <개정 2008.2.29., 2008.12.31., 2014.1.1.>

1. 부담금 등 기금의 재원이 목적사업과 긴밀하게 연계되어 있을 것
2. 사업의 특성으로 인하여 신축적인 사업추진이 필요할 것
3. 중·장기적으로 안정적인 재원조달과 사업추진이 가능할 것
4. 일반회계나 기존의 특별회계·기금보다 새로운 특별회계나 기금으로 사업을 수행하는 것이 더 효과적일 것
5. 특정한 사업을 운영하거나 특정한 세입으로 특정한 세출에 충당함으로써 일반회계와 구분하여 회계처리할 필요가 있을 것

③ 기획재정부장관은 제2항의 규정에 따른 심사 결과 특별회계 또는 기금의 신설이 제2항의 규정에 따른 심사기준에 부합하지 아니한다고 인정하는 때에는 계획서를 제출한 중앙관서의 장에게 계획서의 재검토 또는 수정을 요청할 수 있다. <개정 2008.2.29.>

**제15조(특별회계 및 기금의 통합·폐지)** 특별회계 및 기금이 다음 각 호의 어느 하나에 해당하는 경우에는 이를 폐지하거나 다른 특별회계 또는 기금과 통합할 수 있다.

1. 설치목적을 달성한 경우
2. 설치목적의 달성이 불가능하다고 판단되는 경우
3. 특별회계와 기금 간 또는 특별회계 및 기금 상호 간에 유사하거나 중복되게 설치된 경우

4. 그 밖에 재정운용의 효율성 및 투명성을 높이기 위하여 일반회계에서 통합 운용하는 것이 바람직하다고 판단되는 경우

## 제2장 예산

### 제1절 총칙

**제16조(예산의 원칙)** 정부는 예산을 편성하거나 집행할 때 다음 각 호의 원칙을 준수하여야 한다. <개정 2010.5.17., 2013.1.1., 2020.6.9., 2021.6.15., 2021.9.24., 2021.12.21.>

1. 정부는 재정건전성의 확보를 위하여 최선을 다하여야 한다.
2. 정부는 국민부담의 최소화를 위하여 최선을 다하여야 한다.
3. 정부는 재정을 운용할 때 재정지출 및 「조세특례제한법」 제142조의2제1항에 따른 조세지출의 성과를 제고하여야 한다.
4. 정부는 예산과정의 투명성과 예산과정에의 국민참여를 제고하기 위하여 노력하여야 한다.
5. 정부는 「성별영향평가법」 제2조제1호에 따른 성별영향평가의 결과를 포함하여 예산이 여성과 남성에게 미치는 효과를 평가하고, 그 결과를 정부의 예산편성에 반영하기 위하여 노력하여야 한다.
6. 정부는 예산이 「기후위기 대응을 위한 탄소중립・녹색성장 기본법」 제2조제5호에 따른 온실가스(이하 "온실가스"라 한다) 감축에 미치는 효과를 평가하고, 그 결과를 정부의 예산편성에 반영하기 위하여 노력하여야 한다.

**제17조(예산총계주의)** ① 한 회계연도의 모든 수입을 세입으로 하고, 모든 지출을 세출로 한다.

② 제53조에 규정된 사항을 제외하고는 세입과 세출은 모두 예산에 계상하여야 한다.

**제18조(국가의 세출재원)** 국가의 세출은 국채・차입금(외국정부・국제협력기구 및 외국법인으로부터 도입되는 차입자금을 포함한다. 이하 같다) 외의 세입을 그 재원으로 한다. 다만, 부득이한 경우에는 국회의 의결을 얻은 금액의 범위 안에서 국채 또는 차입금으로써 충당할 수 있다.

**제19조(예산의 구성)** 예산은 예산총칙・세입세출예산・계속비・명시이월비 및 국고채무부담행위를 총칭한다.

**제20조(예산총칙)** ① 예산총칙에는 세입세출예산・계속비・명시이월비 및 국고채무부담행위에 관한 총괄적 규정을 두는 외에 다음 각 호의 사항을 규정하여야 한다. <개

정 2008.12.31.>

1. 제18조 단서의 규정에 따른 국채와 차입금의 한도액(중앙관서의 장이 관리하는 기금의 기금운용계획안에 계상된 국채발행 및 차입금의 한도액을 포함한다)
2. 「국고금관리법」 제32조의 규정에 따른 재정증권의 발행과 일시차입금의 최고액
3. 그 밖에 예산집행에 관하여 필요한 사항

② 정부는 기존 국채를 새로운 국채로 대체하기 위하여 필요한 경우에는 제1항제1호의 한도액을 초과하여 국채를 발행할 수 있다. 이 경우 미리 국회에 이를 보고하여야 한다. <신설 2008.12.31.>

**제21조(세입세출예산의 구분)** ① 세입세출예산은 필요한 때에는 계정으로 구분할 수 있다.

② 세입세출예산은 독립기관 및 중앙관서의 소관별로 구분한 후 소관 내에서 일반회계·특별회계로 구분한다.

③ 세입예산은 제2항의 규정에 따른 구분에 따라 그 내용을 성질별로 관·항으로 구분하고, 세출예산은 제2항의 규정에 따른 구분에 따라 그 내용을 기능별·성질별 또는 기관별로 장·관·항으로 구분한다.

④ 예산의 구체적인 분류기준 및 세항과 각 경비의 성질에 따른 목의 구분은 기획재정부장관이 정한다. <개정 2008.2.29.>

**제22조(예비비)** ① 정부는 예측할 수 없는 예산 외의 지출 또는 예산초과지출에 충당하기 위하여 일반회계 예산총액의 100분의 1 이내의 금액을 예비비로 세입세출예산에 계상할 수 있다. 다만, 예산총칙 등에 따라 미리 사용목적을 지정해 놓은 예비비는 본문에도 불구하고 별도로 세입세출예산에 계상할 수 있다. <개정 2020.6.9.>

② 제1항 단서에도 불구하고 공무원의 보수 인상을 위한 인건비 충당을 위하여는 예비비의 사용목적을 지정할 수 없다. <개정 2020.6.9.>

**제23조(계속비)** ① 완성에 수년이 필요한 공사나 제조 및 연구개발사업은 그 경비의 총액과 연부액(年賦額)을 정하여 미리 국회의 의결을 얻은 범위 안에서 수년도에 걸쳐서 지출할 수 있다. <개정 2020.6.9.>

② 제1항의 규정에 따라 국가가 지출할 수 있는 연한은 그 회계연도부터 5년 이내로 한다. 다만, 사업규모 및 국가재원 여건을 고려하여 필요한 경우에는 예외적으로 10년 이내로 할 수 있다. <개정 2012.3.21., 2020.6.9.>

③ 기획재정부장관은 필요하다고 인정하는 때에는 국회의 의결을 거쳐 제2항의 지출연한을 연장할 수 있다. <신설 2012.3.21.>

第24条(명시이월비) ① 세출예산 중 경비의 성질상 연도 내에 지출을 끝내지 못할 것이 예측되는 때에는 그 취지를 세입세출예산에 명시하여 미리 국회의 승인을 얻은 후 다음 연도에 이월하여 사용할 수 있다.

② 각 중앙관서의 장은 제1항의 규정에 따른 명시이월비에 대하여 예산집행상 부득이한 사유가 있는 때에는 사항마다 사유와 금액을 명백히 하여 기획재정부장관의 승인을 얻은 범위 안에서 다음 연도에 걸쳐서 지출하여야 할 지출원인행위를 할 수 있다. <개정 2008.2.29.>

③ 기획재정부장관은 제2항의 규정에 따라 다음 연도에 걸쳐서 지출하여야 할 지출원인행위를 승인한 때에는 감사원에 통지하여야 한다. <개정 2008.2.29.>

第25条(국고채무부담행위) ① 국가는 법률에 따른 것과 세출예산금액 또는 계속비의 총액의 범위 안의 것 외에 채무를 부담하는 행위를 하는 때에는 미리 예산으로써 국회의 의결을 얻어야 한다.

② 국가는 제1항에 규정된 것 외에 재해복구를 위하여 필요한 때에는 회계연도마다 국회의 의결을 얻은 범위 안에서 채무를 부담하는 행위를 할 수 있다. 이 경우 그 행위는 일반회계 예비비의 사용절차에 준하여 집행한다.

③ 국고채무부담행위는 사항마다 그 필요한 이유를 명백히 하고 그 행위를 할 연도 및 상환연도와 채무부담의 금액을 표시하여야 한다.

第26条(성인지 예산서의 작성) ① 정부는 예산이 여성과 남성에게 미칠 영향을 미리 분석한 보고서[이하 "성인지(性認知)예산서"라 한다]를 작성하여야 한다.

② 성인지 예산서에는 성평등 기대효과, 성과목표, 성별 수혜분석 등을 포함하여야 한다. <신설 2010.5.17.>

③성인지 예산서의 작성에 관한 구체적인 사항은 대통령령으로 정한다. <개정 2010.5.17.>

第27条(온실가스감축인지 예산서의 작성) ① 정부는 예산이 온실가스 감축에 미칠 영향을 미리 분석한 보고서(이하 "온실가스감축인지 예산서"라 한다)를 작성하여야 한다.

② 온실가스감축인지 예산서에는 온실가스 감축에 대한 기대효과, 성과목표, 효과분석 등을 포함하여야 한다.

③ 온실가스감축인지 예산서의 작성에 관한 구체적인 사항은 대통령령으로 정한다.

[본조신설 2021.6.15.]

## 제2절 예산안의 편성

**제28조(중기사업계획서의 제출)** 각 중앙관서의 장은 매년 1월 31일까지 해당 회계연도부터 5회계연도 이상의 기간 동안의 신규사업 및 기획재정부장관이 정하는 주요 계속사업에 대한 중기사업계획서를 기획재정부장관에게 제출하여야 한다. <개정 2008.2.29., 2020.6.9.>

**제29조(예산안편성지침의 통보)** ① 기획재정부장관은 국무회의의 심의를 거쳐 대통령의 승인을 얻은 다음 연도의 예산안편성지침을 매년 3월 31일까지 각 중앙관서의 장에게 통보하여야 한다. <개정 2008.2.29., 2014.1.1.>

② 기획재정부장관은 제7조의 규정에 따른 국가재정운용계획과 예산편성을 연계하기 위하여 제1항의 규정에 따른 예산안편성지침에 중앙관서별 지출한도를 포함하여 통보할 수 있다. <개정 2008.2.29.>

**제30조(예산안편성지침의 국회보고)** 기획재정부장관은 제29조제1항의 규정에 따라 각 중앙관서의 장에게 통보한 예산안편성지침을 국회 예산결산특별위원회에 보고하여야 한다. <개정 2008.2.29.>

**제31조(예산요구서의 제출)** ① 각 중앙관서의 장은 제29조의 규정에 따른 예산안편성지침에 따라 그 소관에 속하는 다음 연도의 세입세출예산·계속비·명시이월비 및 국고채무부담행위 요구서(이하 "예산요구서"라 한다)를 작성하여 매년 5월 31일까지 기획재정부장관에게 제출하여야 한다. <개정 2008.2.29., 2014.1.1.>

② 예산요구서에는 대통령령으로 정하는 바에 따라 예산의 편성 및 예산관리기법의 적용에 필요한 서류를 첨부하여야 한다. <개정 2020.6.9.>

③ 기획재정부장관은 제1항의 규정에 따라 제출된 예산요구서가 제29조의 규정에 따른 예산안편성지침에 부합하지 아니하는 때에는 기한을 정하여 이를 수정 또는 보완하도록 요구할 수 있다. <개정 2008.2.29.>

**제32조(예산안의 편성)** 기획재정부장관은 제31조제1항의 규정에 따른 예산요구서에 따라 예산안을 편성하여 국무회의의 심의를 거친 후 대통령의 승인을 얻어야 한다. <개정 2008.2.29.>

**제33조(예산안의 국회제출)** 정부는 제32조의 규정에 따라 대통령의 승인을 얻은 예산안을 회계연도 개시 120일 전까지 국회에 제출하여야 한다. <개정 2013.5.28.>

**제34조(예산안의 첨부서류)** 제33조의 규정에 따라 국회에 제출하는 예산안에는 다음 각 호의 서류를 첨부하여야 한다. <개정 2011.3.30., 2012.3.21., 2013.1.1., 2014.1.1., 2017.12.

26., 2019.4.23., 2020.6.9., 2021.6.15., 2021.12.21.>

1. 세입세출예산 총계표 및 순계표
2. 세입세출예산사업별 설명서

2의2. 세입예산 추계분석보고서(세입추계 방법 및 근거, 전년도 세입예산과 세입결산 간 총액 및 세목별 차이에 대한 평가 및 원인 분석, 세입추계 개선사항을 포함한다)

3. 계속비에 관한 전년도말까지의 지출액 또는 지출추정액, 해당 연도 이후의 지출예정액과 사업전체의 계획 및 그 진행상황에 관한 명세서

3의2. 제50조에 따른 총사업비 관리대상 사업의 사업별 개요, 전년도 대비 총사업비 증감 내역과 증감 사유, 해당 연도까지의 연부액 및 해당 연도 이후의 지출예정액

4. 국고채무부담행위 설명서
5. 국고채무부담행위로서 다음 연도 이후에 걸치는 것인 경우 전년도말까지의 지출액 또는 지출추정액과 해당 연도 이후의 지출예정액에 관한 명세서

5의2. 완성에 2년 이상이 소요되는 사업으로서 대통령령으로 정하는 대규모 사업의 국고채무부담행위 총규모

6. 예산정원표와 예산안편성기준단가
7. 국유재산의 전전년도 말 기준 현재액과 전년도말과 해당 연도 말 기준 현재액 추정에 관한 명세서
8. 제85조의7에 따른 성과계획서
9. 성인지 예산서

9의2. 온실가스감축인지 예산서

10. 「조세특례제한법」 제142조의2에 따른 조세지출예산서
11. 제40조제2항 및 제41조의 규정에 따라 독립기관의 세출예산요구액을 감액하거나 감사원의 세출예산요구액을 감액한 때에는 그 규모 및 이유와 감액에 대한 해당 기관의 장의 의견
12. 삭제 <2010.5.17.>
13. 회계와 기금 간 또는 회계 상호 간 여유재원의 전입・전출 명세서 그 밖에 재정의 상황과 예산안의 내용을 명백히 할 수 있는 서류
14. 「국유재산특례제한법」 제10조제1항에 따른 국유재산특례지출예산서
15. 제38조제2항에 따라 예비타당성조사를 실시하지 아니한 사업의 내역 및 사유
16. 지방자치단체 국고보조사업 예산안에 따른 분야별 총 대응지방비 소요 추계서

**제35조(국회제출 중인 예산안의 수정)** 정부는 예산안을 국회에 제출한 후 부득이한 사

유로 인하여 그 내용의 일부를 수정하고자 하는 때에는 국무회의의 심의를 거쳐 대통령의 승인을 얻은 수정예산안을 국회에 제출할 수 있다.

**제36조(예산안 첨부서류의 생략)** 정부는 제35조에 따른 수정예산안 또는 제89조에 따른 추가경정예산안을 편성하여 국회에 제출하는 때에는 제34조 각 호에 규정된 첨부서류의 일부를 생략할 수 있다. 다만, 제85조의7에 따른 성과계획서의 제출을 생략하는 때에는 사후에 이를 제출하여야 한다. <개정 2009.5.27., 2021.12.21.>

**제37조(총액계상)** ① 기획재정부장관은 대통령령으로 정하는 사업으로서 세부내용을 미리 확정하기 곤란한 사업의 경우에는 이를 총액으로 예산에 계상할 수 있다. <개정 2008.2.29., 2020.6.9.>

② 제1항의 규정에 따른 총액계상사업의 총 규모는 매 회계연도 예산의 순계를 기준으로 대통령령으로 정하는 비율을 초과할 수 없다. <개정 2020.6.9.>

③ 각 중앙관서의 장은 제1항의 규정에 따른 총액계상사업에 대하여는 예산배정 전에 예산배분에 관한 세부사업시행계획을 수립하여 기획재정부장관과 협의하여야 하며, 그 세부집행실적을 회계연도 종료 후 3개월 이내에 기획재정부장관에게 제출하여야 한다. <개정 2008.2.29.>

④ 각 중앙관서의 장은 제3항의 규정에 따른 총액계상사업의 세부사업시행계획과 세부집행실적을 국회 예산결산특별위원회에 제출하여야 한다.

**제38조(예비타당성조사)** ① 기획재정부장관은 총사업비가 500억원 이상이고 국가의 재정지원 규모가 300억원 이상인 신규 사업으로서 다음 각 호의 어느 하나에 해당하는 대규모사업에 대한 예산을 편성하기 위하여 미리 예비타당성조사를 실시하고, 그 결과를 요약하여 국회 소관 상임위원회와 예산결산특별위원회에 제출하여야 한다. 다만, 제4호의 사업은 제28조에 따라 제출된 중기사업계획서에 의한 재정지출이 500억원 이상 수반되는 신규 사업으로 한다. <개정 2008.2.29., 2010.5.17., 2014.1.1., 2020.6.9.>

1. 건설공사가 포함된 사업
2. 「지능정보화 기본법」 제14조제1항에 따른 지능정보화 사업
3. 「과학기술기본법」 제11조에 따른 국가연구개발사업
4. 그 밖에 사회복지, 보건, 교육, 노동, 문화 및 관광, 환경 보호, 농림해양수산, 산업·중소기업 분야의 사업

② 제1항에도 불구하고 다음 각 호의 어느 하나에 해당하는 사업은 대통령령으로 정하는 절차에 따라 예비타당성조사 대상에서 제외한다. <신설 2014.1.1., 2020.3.31., 2020.6.9.>

1. 공공청사, 교정시설, 초·중등 교육시설의 신·증축 사업
2. 문화재 복원사업
3. 국가안보와 관계되거나 보안이 필요한 국방 관련 사업
4. 남북교류협력과 관계되거나 국가 간 협약·조약에 따라 추진하는 사업
5. 도로 유지보수, 노후 상수도 개량 등 기존 시설의 효용 증진을 위한 단순개량 및 유지보수사업
6. 「재난 및 안전관리 기본법」 제3조제1호에 따른 재난(이하 "재난"이라 한다)복구 지원, 시설 안전성 확보, 보건·식품 안전 문제 등으로 시급한 추진이 필요한 사업
7. 재난예방을 위하여 시급한 추진이 필요한 사업으로서 국회 소관 상임위원회의 동의를 받은 사업
8. 법령에 따라 추진하여야 하는 사업
9. 출연·보조기관의 인건비 및 경상비 지원, 융자 사업 등과 같이 예비타당성조사의 실익이 없는 사업
10. 지역 균형발전, 긴급한 경제·사회적 상황 대응 등을 위하여 국가 정책적으로 추진이 필요한 사업(종전에 경제성 부족 등을 이유로 예비타당성조사를 통과하지 못한 사업은 연계사업의 시행, 주변지역의 개발 등으로 해당 사업과 관련한 경제·사회 여건이 변동하였거나, 예비타당성조사 결과 등을 반영하여 사업을 재기획한 경우에 한정한다)으로서 다음 각 목의 요건을 모두 갖춘 사업. 이 경우, 예비타당성조사 면제 사업의 내역 및 사유를 지체 없이 국회 소관 상임위원회에 보고하여야 한다.
    가. 사업목적 및 규모, 추진방안 등 구체적인 사업계획이 수립된 사업
    나. 국가 정책적으로 추진이 필요하여 국무회의를 거쳐 확정된 사업

③ 제1항의 규정에 따라 실시하는 예비타당성조사 대상사업은 기획재정부장관이 중앙관서의 장의 신청에 따라 또는 직권으로 선정할 수 있다. <개정 2008.2.29., 2014.1.1.>

④ 기획재정부장관은 국회가 그 의결로 요구하는 사업에 대하여는 예비타당성조사를 실시하여야 한다. <개정 2008.2.29., 2014.1.1.>

⑤ 기획재정부장관은 제2항제10호에 따라 예비타당성조사를 면제한 사업에 대하여 예비타당성조사 방식에 준하여 사업의 중장기 재정소요, 재원조달방안, 비용과 편익 등을 고려한 효율적 대안 등의 분석을 통하여 사업계획의 적정성을 검토하고, 그 결

과를 예산편성에 반영하여야 한다. <신설 2020.3.31.>

⑥ 기획재정부장관은 제1항의 규정에 따른 예비타당성조사 대상사업의 선정기준·조사수행기관·조사방법 및 절차 등에 관한 지침을 마련하여 중앙관서의 장에게 통보하여야 한다. <개정 2008.2.29., 2014.1.1., 2020.3.31.>

제38조(예비타당성조사) ① 기획재정부장관은 총사업비가 500억원 이상이고 국가의 재정지원 규모가 300억원 이상인 신규 사업으로서 다음 각 호의 어느 하나에 해당하는 대규모사업에 대한 예산을 편성하기 위하여 미리 예비타당성조사를 실시하고, 그 결과를 요약하여 국회 소관 상임위원회와 예산결산특별위원회에 제출하여야 한다. 다만, 제4호의 사업은 제28조에 따라 제출된 중기사업계획서에 의한 재정지출이 500억원 이상 수반되는 신규 사업으로 한다. <개정 2008.2.29., 2010.5.17., 2014.1.1., 2020.6.9.>

1. 건설공사가 포함된 사업
2. 「지능정보화 기본법」 제14조제1항에 따른 지능정보화 사업
3. 「과학기술기본법」 제11조에 따른 국가연구개발사업
4. 그 밖에 사회복지, 보건, 교육, 노동, 문화 및 관광, 환경 보호, 농림해양수산, 산업·중소기업 분야의 사업

② 제1항에도 불구하고 다음 각 호의 어느 하나에 해당하는 사업은 대통령령으로 정하는 절차에 따라 예비타당성조사 대상에서 제외한다. <신설 2014.1.1., 2020.3.31., 2020.6.9., 2023.5.16.>

1. 공공청사, 교정시설, 초·중등 교육시설의 신·증축 사업
2. 「국가유산기본법」 제3조에 따른 국가유산 복원사업
3. 국가안보와 관계되거나 보안이 필요한 국방 관련 사업
4. 남북교류협력과 관계되거나 국가 간 협약·조약에 따라 추진하는 사업
5. 도로 유지보수, 노후 상수도 개량 등 기존 시설의 효용 증진을 위한 단순개량 및 유지보수사업
6. 「재난 및 안전관리 기본법」 제3조제1호에 따른 재난(이하 "재난"이라 한다)복구지원, 시설 안전성 확보, 보건·식품 안전 문제 등으로 시급한 추진이 필요한 사업
7. 재난예방을 위하여 시급한 추진이 필요한 사업으로서 국회 소관 상임위원회의 동의를 받은 사업
8. 법령에 따라 추진하여야 하는 사업
9. 출연·보조기관의 인건비 및 경상비 지원, 융자 사업 등과 같이 예비타당성조사의 실익이 없는 사업

10. 지역 균형발전, 긴급한 경제·사회적 상황 대응 등을 위하여 국가 정책적으로 추진이 필요한 사업(종전에 경제성 부족 등을 이유로 예비타당성조사를 통과하지 못한 사업은 연계사업의 시행, 주변지역의 개발 등으로 해당 사업과 관련한 경제·사회 여건이 변동하였거나, 예비타당성조사 결과 등을 반영하여 사업을 재기획한 경우에 한정한다)으로서 다음 각 목의 요건을 모두 갖춘 사업. 이 경우, 예비타당성조사 면제 사업의 내역 및 사유를 지체 없이 국회 소관 상임위원회에 보고하여야 한다.

가. 사업목적 및 규모, 추진방안 등 구체적인 사업계획이 수립된 사업

나. 국가 정책적으로 추진이 필요하여 국무회의를 거쳐 확정된 사업

③ 제1항의 규정에 따라 실시하는 예비타당성조사 대상사업은 기획재정부장관이 중앙관서의 장의 신청에 따라 또는 직권으로 선정할 수 있다. <개정 2008.2.29., 2014.1.1.>

④ 기획재정부장관은 국회가 그 의결로 요구하는 사업에 대하여는 예비타당성조사를 실시하여야 한다. <개정 2008.2.29., 2014.1.1.>

⑤ 기획재정부장관은 제2항제10호에 따라 예비타당성조사를 면제한 사업에 대하여 예비타당성조사 방식에 준하여 사업의 중장기 재정소요, 재원조달방안, 비용과 편익 등을 고려한 효율적 대안 등의 분석을 통하여 사업계획의 적정성을 검토하고, 그 결과를 예산편성에 반영하여야 한다. <신설 2020.3.31.>

⑥ 기획재정부장관은 제1항의 규정에 따른 예비타당성조사 대상사업의 선정기준·조사수행기관·조사방법 및 절차 등에 관한 지침을 마련하여 중앙관서의 장에게 통보하여야 한다. <개정 2008.2.29., 2014.1.1., 2020.3.31.>

[시행일: 2024.5.17.] 제38조

**제38조의2(예비타당성조사 결과 관련 자료의 공개)** 기획재정부장관은 제38조제1항에 따른 예비타당성조사를 제8조의2제1항제1호의 업무를 수행하는 전문기관에 의뢰하여 실시할 수 있으며, 예비타당성조사를 의뢰 받은 전문기관의 장은 수요예측자료 등 예비타당성조사 결과에 관한 자료를 「공공기관의 정보공개에 관한 법률」 제7조에 따라 공개하여야 한다. <개정 2021.12.21.>

[본조신설 2014.1.1.]

**제38조의3(국가연구개발사업 예비타당성조사의 특례)** ① 기획재정부장관은 제8조의2, 제38조 및 제38조의2에 규정된 사항 중 「과학기술기본법」 제11조에 따른 국가연구개발사업에 대한 예비타당성조사에 관해서는 대통령령으로 정하는 바에 따라 과학기술

정보통신부장관에게 위탁할 수 있다.

② 제1항에 따라 예비타당성조사에 관하여 위탁받은 과학기술정보통신부장관은 제38조제2항 및 제6항과 관련한 사항의 경우 사전에 기획재정부장관과 협의하여야 한다. <개정 2020.3.31.>

③ 기획재정부장관은 제1항에 따라 위탁한 예비타당성조사가 적절하게 운영되는지 등을 대통령령으로 정하는 바에 따라 평가할 수 있다.

[본조신설 2018.1.16.]

**제39조(대규모 개발사업예산의 편성)** ① 각 중앙관서의 장은 대통령령으로 정하는 대규모 개발사업에 대하여는 타당성조사 및 기본설계비 · 실시설계비 · 보상비(댐수몰지역에 대하여 보상하는 경우와 공사완료 후 존속하는 어업권 또는 양식업권의 피해에 대하여 보상하는 경우는 제외한다)와 공사비의 순서에 따라 그 중 하나의 단계에 소요되는 경비의 전부 또는 일부를 해당 연도의 예산으로 요구하여야 한다. 다만, 부분완공 후 사용이 가능한 경우 등 사업의 효율적인 추진을 위하여 기획재정부장관이 불가피하다고 인정하는 사업에 대하여는 2단계 이상의 예산을 동시에 요구할 수 있다. <개정 2008.2.29., 2019.8.27., 2020.6.9.>

② 기획재정부장관은 제1항에 따른 대규모 개발사업에 대하여는 같은 항에 따른 요구에 따라 단계별로 해당 연도에 필요한 예산안을 편성하여야 한다. 이 경우 다음 각 호의 어느 하나에 해당하는 사업으로서 전체공정에 대한 실시설계가 완료되고 총사업비가 확정된 경우에는 그 사업이 지연되지 아니하도록 계속비로 예산안을 편성하여야 한다. <개정 2008.2.29., 2012.3.21.>

1. 국가기간 교통망 구축을 위하여 필수적인 사업
2. 재해복구를 위하여 시급히 추진하여야 하는 사업
3. 공사가 지연될 경우 추가 재정부담이 큰 사업
4. 그 밖에 국민편익, 사업성격 및 효과 등을 고려하여 시급히 추진할 필요가 있는 사업

③ 기획재정부장관은 제2항 후단에도 불구하고 재정여건, 사업성격, 사업기간 및 규모 등을 고려하여 필요하다고 인정하는 대규모 개발사업은 계속비로 예산안을 편성하지 아니할 수 있으며 이에 대한 기준, 절차 등 구체적 사항은 대통령령으로 정한다. <신설 2012.3.21.>

[제목개정 2012.3.21.]

**제40조(독립기관의 예산)** ① 정부는 독립기관의 예산을 편성할 때 해당 독립기관의 장

의 의견을 최대한 존중하여야 하며, 국가재정상황 등에 따라 조정이 필요한 때에는 해당 독립기관의 장과 미리 협의하여야 한다. <개정 2020.6.9.>

② 정부는 제1항의 규정에 따른 협의에도 불구하고 독립기관의 세출예산요구액을 감액하고자 할 때에는 국무회의에서 해당 독립기관의 장의 의견을 들어야 하며, 정부가 독립기관의 세출예산요구액을 감액한 때에는 그 규모 및 이유, 감액에 대한 독립기관의 장의 의견을 국회에 제출하여야 한다. <개정 2020.6.9.>

**제41조(감사원의 예산)** 정부는 감사원의 세출예산요구액을 감액하고자 할 때에는 국무회의에서 감사원장의 의견을 들어야 한다. <개정 2020.6.9.>

### 제3절 예산의 집행

**제42조(예산배정요구서의 제출)** 각 중앙관서의 장은 예산이 확정된 후 사업운영계획 및 이에 따른 세입세출예산·계속비와 국고채무부담행위를 포함한 예산배정요구서를 기획재정부장관에게 제출하여야 한다. <개정 2008.2.29.>

**제43조(예산의 배정)** ① 기획재정부장관은 제42조의 규정에 따른 예산배정요구서에 따라 분기별 예산배정계획을 작성하여 국무회의의 심의를 거친 후 대통령의 승인을 얻어야 한다. <개정 2008.2.29.>

② 기획재정부장관은 각 중앙관서의 장에게 예산을 배정한 때에는 감사원에 통지하여야 한다. <개정 2008.2.29.>

③ 기획재정부장관은 필요한 때에는 대통령령으로 정하는 바에 따라 회계연도 개시 전에 예산을 배정할 수 있다. <개정 2008.2.29., 2020.6.9.>

④ 기획재정부장관은 예산의 효율적인 집행관리를 위하여 필요한 때에는 제1항의 규정에 따른 분기별 예산배정계획에도 불구하고 개별사업계획을 검토하여 그 결과에 따라 예산을 배정할 수 있다. <개정 2008.2.29., 2020.6.9.>

⑤ 기획재정부장관은 재정수지의 적정한 관리 및 예산사업의 효율적인 집행관리 등을 위하여 필요한 때에는 제1항의 규정에 따른 분기별 예산배정계획을 조정하거나 예산배정을 유보할 수 있으며, 배정된 예산의 집행을 보류하도록 조치를 취할 수 있다. <개정 2008.2.29.>

**제43조의2(예산의 재배정)** ① 각 중앙관서의 장은 「국고금 관리법」 제22조제1항에 따른 재무관으로 하여금 지출원인행위를 하게 할 때에는 제43조에 따라 배정된 세출예산의 범위 안에서 재무관별로 세출예산재배정계획서를 작성하고 이에 따라 세출예산

을 재배정(기획재정부장관이 각 중앙관서의 장에게 배정한 예산을 각 중앙관서의 장이 재무관별로 다시 배정하는 것을 말한다. 이하 같다)하여야 한다.

② 각 중앙관서의 장은 예산집행에 필요하다고 인정할 때에는 제1항에 따라 작성한 세출예산재배정계획서를 변경할 수 있고 이에 따라 세출예산을 재배정하여야 한다.

③ 각 중앙관서의 장은 제1항 및 제2항에 따라 세출예산을 재배정한 때에는 이를 「국고금 관리법」 제22조제1항에 따른 지출관과 기획재정부장관에게 통지하여야 한다.

④ 각 중앙관서의 장은 제1항 및 제2항에 따라 세출예산을 재배정하려는 경우 대통령령으로 정하는 바에 따라 이를 「한국재정정보원법」에 따른 한국재정정보원으로 하여금 대행하게 할 수 있다.

[본조신설 2021.12.21.]

**제44조(예산집행지침의 통보)** 기획재정부장관은 예산집행의 효율성을 높이기 위하여 매년 예산집행에 관한 지침을 작성하여 각 중앙관서의 장에게 통보하여야 한다. <개정 2008.2.29.>

**제45조(예산의 목적 외 사용금지)** 각 중앙관서의 장은 세출예산이 정한 목적 외에 경비를 사용할 수 없다.

**제46조(예산의 전용)** ① 각 중앙관서의 장은 예산의 목적범위 안에서 재원의 효율적 활용을 위하여 대통령령으로 정하는 바에 따라 기획재정부장관의 승인을 얻어 각 세항 또는 목의 금액을 전용할 수 있다. 이 경우 사업 간의 유사성이 있는지, 재해대책 재원 등으로 사용할 시급한 필요가 있는지, 기관운영을 위한 필수적 경비의 충당을 위한 것인지 여부 등을 종합적으로 고려하여야 한다. <개정 2008.2.29., 2014.12.30., 2020.6.9.>

② 각 중앙관서의 장은 제1항에도 불구하고 회계연도마다 기획재정부장관이 위임하는 범위 안에서 각 세항 또는 목의 금액을 자체적으로 전용할 수 있다. <개정 2008.2.29., 2020.6.9.>

③ 제1항 및 제2항에도 불구하고 각 중앙관서의 장은 다음 각 호의 어느 하나에 해당하는 경우에는 전용할 수 없다. <신설 2014.12.30.>

1. 당초 예산에 계상되지 아니한 사업을 추진하는 경우
2. 국회가 의결한 취지와 다르게 사업 예산을 집행하는 경우

④ 기획재정부장관은 제1항의 규정에 따라 전용의 승인을 한 때에는 그 전용명세서를 그 중앙관서의 장 및 감사원에 각각 송부하여야 하며, 각 중앙관서의 장은 제2항의 규정에 따라 전용을 한 때에는 전용을 한 과목별 금액 및 이유를 명시한 명세서를 기획재정부장관 및 감사원에 각각 송부하여야 한다. <개정 2008.2.29., 2014.12.30.>

⑤ 각 중앙관서의 장이 제1항 또는 제2항에 따라 전용을 한 경우에는 분기별로 분기만료일이 속하는 달의 다음 달 말일까지 그 전용 내역을 국회 소관 상임위원회와 예산결산특별위원회에 제출하여야 한다. <신설 2009.3.18., 2014.12.30.>

⑥ 제1항 또는 제2항의 규정에 따라 전용한 경비의 금액은 세입세출결산보고서에 이를 명백히 하고 이유를 기재하여야 한다. <개정 2009.3.18., 2014.12.30.>

**제47조(예산의 이용·이체)** ① 각 중앙관서의 장은 예산이 정한 각 기관 간 또는 각 장·관·항 간에 상호 이용(移用)할 수 없다. 다만, 다음 각 호의 어느 하나에 해당하는 경우에 한정하여 미리 예산으로써 국회의 의결을 얻은 때에는 기획재정부장관의 승인을 얻어 이용하거나 기획재정부장관이 위임하는 범위 안에서 자체적으로 이용할 수 있다. <개정 2008.2.29., 2014.12.30.>

1. 법령상 지출의무의 이행을 위한 경비 및 기관운영을 위한 필수적 경비의 부족액이 발생하는 경우
2. 환율변동·유가변동 등 사전에 예측하기 어려운 불가피한 사정이 발생하는 경우
3. 재해대책 재원 등으로 사용할 시급한 필요가 있는 경우
4. 그 밖에 대통령령으로 정하는 경우

② 기획재정부장관은 정부조직 등에 관한 법령의 제정·개정 또는 폐지로 인하여 중앙관서의 직무와 권한에 변동이 있는 때에는 그 중앙관서의 장의 요구에 따라 그 예산을 상호 이용하거나 이체(移替)할 수 있다. <개정 2008.2.29.>

③ 각 중앙관서의 장은 제1항 단서의 규정에 따라 예산을 자체적으로 이용한 때에는 기획재정부장관 및 감사원에 각각 통지하여야 하며, 기획재정부장관은 제1항 단서의 규정에 따라 이용의 승인을 하거나 제2항의 규정에 따라 예산을 이용 또는 이체한 때에는 그 중앙관서의 장 및 감사원에 각각 통지하여야 한다. <개정 2008.2.29.>

④ 각 중앙관서의 장이 제1항 또는 제2항에 따라 이용 또는 이체를 한 경우에는 분기별로 분기만료일이 속하는 달의 다음 달 말일까지 그 이용 또는 이체 내역을 국회 소관 상임위원회와 예산결산특별위원회에 제출하여야 한다. <신설 2009.3.18.>

**제48조(세출예산의 이월)** ① 매 회계연도의 세출예산은 다음 연도에 이월하여 사용할 수 없다.

② 제1항에도 불구하고 다음 각 호의 어느 하나에 해당하는 경비의 금액은 다음 회계연도에 이월하여 사용할 수 있다. 이 경우 이월액은 다른 용도로 사용할 수 없으며, 제2호에 해당하는 경비의 금액은 재이월할 수 없다. <개정 2020.6.9.>

1. 명시이월비

2. 연도 내에 지출원인행위를 하고 불가피한 사유로 인하여 연도 내에 지출하지 못한 경비와 지출원인행위를 하지 아니한 그 부대경비
3. 지출원인행위를 위하여 입찰공고를 한 경비 중 입찰공고 후 지출원인행위까지 장기간이 소요되는 경우로서 대통령령으로 정하는 경비
4. 공익사업의 시행에 필요한 손실보상비로서 대통령령으로 정하는 경비
5. 경상적 성격의 경비로서 대통령령으로 정하는 경비

③ 제1항에도 불구하고 계속비의 연도별 연부액 중 해당 연도에 지출하지 못한 금액은 계속비사업의 완성연도까지 계속 이월하여 사용할 수 있다. <개정 2020.6.9.>

④ 각 중앙관서의 장은 제2항 및 제3항의 규정에 따라 예산을 이월하는 때에는 대통령령으로 정하는 바에 따라 이월명세서를 작성하여 다음 연도 1월 31일까지 기획재정부장관 및 감사원에 각각 송부하여야 한다. <개정 2008.2.29., 2020.6.9.>

⑤ 각 중앙관서의 장이 제2항 및 제3항의 규정에 따라 예산을 이월한 경우 이월하는 과목별 금액은 다음 연도의 이월예산으로 배정된 것으로 본다.

⑥ 매 회계연도 세입세출의 결산상 잉여금이 발생하는 경우에는 제2항 및 제3항의 규정에 따른 세출예산 이월액에 상당하는 금액을 다음 연도의 세입에 우선적으로 이입하여야 한다.

⑦ 기획재정부장관은 세입징수상황 등을 고려하여 필요하다고 인정하는 때에는 미리 제2항 및 제3항의 규정에 따른 세출예산의 이월사용을 제한하기 위한 조치를 취할 수 있다. <개정 2008.2.29., 2020.6.9.>

**제49조(예산성과금의 지급 등)** ①각 중앙관서의 장은 예산의 집행방법 또는 제도의 개선 등으로 인하여 수입이 증대되거나 지출이 절약된 때에는 이에 기여한 자에게 성과금을 지급할 수 있으며, 절약된 예산을 다른 사업에 사용할 수 있다.

② 각 중앙관서의 장은 제1항의 규정에 따라 성과금을 지급하거나 절약된 예산을 다른 사업에 사용하고자 하는 때에는 예산성과금심사위원회의 심사를 거쳐야 한다.

③ 제1항 및 제2항의 규정에 따른 성과금 지급, 절약된 예산의 다른 사업에의 사용 및 예산성과금심사위원회의 구성・운영 등에 관하여 필요한 사항은 대통령령으로 정한다.

**제50조(총사업비의 관리)** ① 각 중앙관서의 장은 완성에 2년 이상이 소요되는 사업으로서 대통령령으로 정하는 대규모사업에 대하여는 그 사업규모・총사업비 및 사업기간을 정하여 미리 기획재정부장관과 협의하여야 한다. 협의를 거친 사업규모・총사업비 또는 사업기간을 변경하고자 하는 때에도 또한 같다. <개정 2008.2.29., 2020.6.9.>

② 기획재정부장관은 제1항의 규정에 따른 사업 중 다음 각 호의 어느 하나에 해당하는 사업 및 감사원의 감사결과에 따라 감사원이 요청하는 사업에 대하여는 사업의 타당성을 재조사(이하 "타당성재조사"라 한다)하고, 그 결과를 국회에 보고하여야 한다. <개정 2008.2.29., 2009.3.18., 2014.1.1., 2020.3.31.>

1. 총사업비 또는 국가의 재정지원 규모가 예비타당성조사 대상 규모에 미달하여 예비타당성조사를 실시하지 않았으나 사업추진 과정에서 총사업비와 국가의 재정지원 규모가 예비타당성조사 대상 규모로 증가한 사업
2. 예비타당성조사 대상사업 중 예비타당성조사를 거치지 않고 예산에 반영되어 추진 중인 사업
3. 총사업비가 대통령령으로 정하는 규모 이상 증가한 사업
4. 사업여건의 변동 등으로 해당 사업의 수요예측치가 대통령령으로 정하는 규모 이상 감소한 사업
5. 그 밖에 예산낭비 우려가 있는 등 타당성을 재조사할 필요가 있는 사업

③ 제2항에도 불구하고 다음 각 호의 어느 하나에 해당하는 경우에는 타당성재조사를 실시하지 아니할 수 있다. <신설 2020.3.31.>

1. 사업의 상당부분이 이미 시공되어 매몰비용이 차지하는 비중이 큰 경우
2. 총사업비 증가의 주요 원인이 법정경비 반영 및 상위계획의 변경 등과 같이 타당성재조사의 실익이 없는 경우
3. 지역 균형발전, 긴급한 경제·사회적 상황에 대응할 목적으로 추진되는 사업의 경우
4. 재해예방·복구 지원 또는 안전 문제 등으로 시급한 추진이 필요한 사업의 경우

④ 기획재정부장관은 국회가 그 의결로 요구하는 사업에 대하여는 타당성재조사를 하고, 그 결과를 국회에 보고하여야 한다. <개정 2008.2.29., 2009.3.18., 2014.1.1., 2020.3.31.>

⑤ 기획재정부장관은 총사업비 관리에 관한 지침을 마련하여 각 중앙관서의 장에게 통보하여야 한다. <개정 2008.2.29., 2020.3.31.>

**제50조의2(타당성재조사 결과 관련 자료의 공개)** 기획재정부장관은 제50조에 따른 타당성재조사를 제8조의2제1항제2호의 업무를 수행하는 전문기관에 의뢰하여 실시할 수 있으며, 타당성재조사를 의뢰 받은 전문기관의 장은 수요예측자료 등 타당성재조사 결과에 관한 자료를 「공공기관의 정보공개에 관한 법률」 제7조에 따라 공개하여야 한다. <개정 2021.12.21.>

[본조신설 2014.1.1.]

제51조(예비비의 관리와 사용) ① 예비비는 기획재정부장관이 관리한다. <개정 2008.2.29.>

② 각 중앙관서의 장은 예비비의 사용이 필요한 때에는 그 이유 및 금액과 추산의 기초를 명백히 한 명세서를 작성하여 기획재정부장관에게 제출하여야 한다. 다만, 대규모 재난에 따른 피해의 신속한 복구를 위하여 필요한 때에는 「재난 및 안전관리기본법」 제20조의 규정에 따른 피해상황보고를 기초로 긴급구호, 긴급구조 및 복구에 소요되는 금액을 개산(槪算)하여 예비비를 신청할 수 있다. <개정 2008.2.29., 2014.12.30.>

③ 기획재정부장관은 제2항의 규정에 따른 예비비 신청을 심사한 후 필요하다고 인정하는 때에는 이를 조정하고 예비비사용계획명세서를 작성한 후 국무회의의 심의를 거쳐 대통령의 승인을 얻어야 한다. <개정 2008.2.29.>

④ 일반회계로부터 전입받은 특별회계는 필요한 경우에는 일반회계 예비비를 전입받아 그 특별회계의 세출로 사용할 수 있다.

제52조(예비비사용명세서의 작성 및 국회제출) ① 각 중앙관서의 장은 예비비로 사용한 금액의 명세서를 작성하여 다음 연도 2월말까지 기획재정부장관에게 제출하여야 한다. <개정 2008.2.29.>

② 기획재정부장관은 제1항의 규정에 따라 제출된 명세서에 따라 예비비로 사용한 금액의 총괄명세서를 작성한 후 국무회의의 심의를 거쳐 대통령의 승인을 얻어야 한다. <개정 2008.2.29.>

③ 기획재정부장관은 제2항의 규정에 따라 대통령의 승인을 얻은 총괄명세서를 감사원에 제출하여야 한다. <개정 2008.2.29.>

④ 정부는 예비비로 사용한 금액의 총괄명세서를 다음 연도 5월 31일까지 국회에 제출하여 그 승인을 얻어야 한다.

제53조(예산총계주의 원칙의 예외) ① 각 중앙관서의 장은 용역 또는 시설을 제공하여 발생하는 수입과 관련되는 경비로서 대통령령으로 정하는 경비(이하 "수입대체경비"라 한다)의 경우 수입이 예산을 초과하거나 초과할 것이 예상되는 때에는 그 초과수입을 대통령령으로 정하는 바에 따라 그 초과수입에 직접 관련되는 경비 및 이에 수반되는 경비에 초과지출할 수 있다. <개정 2020.6.9.>

② 국가가 현물로 출자하는 경우와 외국차관을 도입하여 전대(轉貸)하는 경우에는 이를 세입세출예산 외로 처리할 수 있다.

③ 차관물자대(借款物資貸)의 경우 전년도 인출예정분의 부득이한 이월 또는 환율 및 금리의 변동으로 인하여 세입이 그 세입예산을 초과하게 되는 때에는 그 세출예산을 초과하여 지출할 수 있다.

④ 전대차관을 상환하는 경우 환율 및 금리의 변동, 기한 전 상환으로 인하여 원리금 상환액이 그 세출예산을 초과하게 되는 때에는 초과한 범위 안에서 그 세출예산을 초과하여 지출할 수 있다.

⑤ 삭제 <2014.1.1.>

⑥ 수입대체경비 등 예산총계주의 원칙의 예외에 관하여 필요한 사항은 대통령령으로 정한다.

**제54조(보조금의 관리)** 각 중앙관서의 장은 지방자치단체 및 민간에 지원한 국고보조금의 교부실적과 해당 보조사업자의 보조금 집행실적을 기획재정부장관, 국회 소관 상임위원회 및 예산결산특별위원회에 각각 제출하여야 한다.

[전문개정 2010.5.17.]

**제55조(예산불확정 시의 예산집행)** ① 정부는 국회에서 부득이한 사유로 회계연도 개시 전까지 예산안이 의결되지 못한 때에는 「헌법」 제54조제3항의 규정에 따라 예산을 집행하여야 한다.

② 제1항의 규정에 따라 집행된 예산은 해당 연도의 예산이 확정된 때에는 그 확정된 예산에 따라 집행된 것으로 본다. <개정 2020.6.9.>

## 제3장 결산

**제56조(결산의 원칙)** 정부는 결산이 「국가회계법」에 따라 재정에 관한 유용하고 적정한 정보를 제공할 수 있도록 객관적인 자료와 증거에 따라 공정하게 이루어지게 하여야 한다. <개정 2008.12.31.>

**제57조(성인지 결산서의 작성)** ① 정부는 여성과 남성이 동등하게 예산의 수혜를 받고 예산이 성차별을 개선하는 방향으로 집행되었는지를 평가하는 보고서(이하 "성인지 결산서"라 한다)를 작성하여야 한다.

② 성인지 결산서에는 집행실적, 성평등 효과분석 및 평가 등을 포함하여야 한다. <신설 2010.5.17.>

**제57조의2(온실가스감축인지 결산서의 작성)** ① 정부는 예산이 온실가스를 감축하는 방향으로 집행되었는지를 평가하는 보고서(이하 "온실가스감축인지 결산서"라 한다)

를 작성하여야 한다.

② 온실가스감축인지 결산서에는 집행실적, 온실가스 감축 효과분석 및 평가 등을 포함하여야 한다.

[본조신설 2021.6.15.]

**제58조(중앙관서결산보고서의 작성 및 제출)** ① 각 중앙관서의 장은 「국가회계법」에서 정하는 바에 따라 회계연도마다 작성한 결산보고서(이하 "중앙관서결산보고서"라 한다)를 다음 연도 2월 말일까지 기획재정부장관에게 제출하여야 한다. <개정 2008.12.31.>

② 국회의 사무총장, 법원행정처장, 헌법재판소의 사무처장 및 중앙선거관리위원회의 사무총장은 회계연도마다 예비금사용명세서를 작성하여 다음 연도 2월말까지 기획재정부장관에게 제출하여야 한다. <개정 2008.2.29.>

③ 삭제 <2008.12.31.>

④ 삭제 <2008.12.31.>

[제목개정 2008.12.31.]

**제59조(국가결산보고서의 작성 및 제출)** 기획재정부장관은 「국가회계법」에서 정하는 바에 따라 회계연도마다 작성하여 대통령의 승인을 받은 국가결산보고서를 다음 연도 4월 10일까지 감사원에 제출하여야 한다.

[전문개정 2008.12.31.]

**제60조(결산검사)** 감사원은 제59조에 따라 제출된 국가결산보고서를 검사하고 그 보고서를 다음 연도 5월 20일까지 기획재정부장관에게 송부하여야 한다. <개정 2008.2.29., 2008.12.31.>

**제61조(국가결산보고서의 국회제출)** 정부는 제60조에 따라 감사원의 검사를 거친 국가결산보고서를 다음 연도 5월 31일까지 국회에 제출하여야 한다. <개정 2008.12.31.>

[제목개정 2008.12.31.]

## 제4장 기금

**제62조(기금관리·운용의 원칙)** ① 기금관리주체는 그 기금의 설치목적과 공익에 맞게 기금을 관리·운용하여야 한다.

② 삭제 <2008.12.31.>

**제63조(기금자산운용의 원칙)** ① 기금관리주체는 안정성·유동성·수익성 및 공공성

을 고려하여 기금자산을 투명하고 효율적으로 운용하여야 한다.

② 기금관리주체는 제79조의 규정에 따라 작성된 자산운용지침에 따라 자산을 운용하여야 한다.

③ 기금관리주체는 「자본시장과 금융투자업에 관한 법률」에 따른 기관전용 사모집합기구의 무한책임사원이 될 수 없다. <개정 2008.12.31., 2015.7.24., 2021.4.20.>

제64조(의결권 행사의 원칙) 기금관리주체는 기금이 보유하고 있는 주식의 의결권을 기금의 이익을 위하여 신의에 따라 성실하게 행사하고, 그 행사내용을 공시하여야 한다.

제65조(다른 법률과의 관계) 기금운용계획안의 작성 및 제출 등에 관하여는 다른 법률에 다른 규정이 있는 경우에도 제66조부터 제68조까지, 제68조의2, 제68조의3, 제69조부터 제72조까지의 규정을 적용한다. 다만, 기금신설로 인하여 연도 중 기금운용계획안을 수립할 때에는 제66조제5항, 제68조제1항 전단의 규정 중 제출시기에 관한 사항은 적용하지 아니한다. <개정 2008.12.31., 2010.5.17., 2021.6.15.>

제66조(기금운용계획안의 수립) ① 기금관리주체는 매년 1월 31일까지 해당 회계연도부터 5회계연도 이상의 기간 동안의 신규사업 및 기획재정부장관이 정하는 주요 계속사업에 대한 중기사업계획서를 기획재정부장관에게 제출하여야 한다. <개정 2008.2.29., 2020.6.9.>

② 기획재정부장관은 자문회의의 자문과 국무회의의 심의를 거쳐 대통령의 승인을 얻은 다음 연도의 기금운용계획안 작성지침을 매년 3월 31일까지 기금관리주체에게 통보하여야 한다. <개정 2008.2.29., 2008.12.31., 2014.1.1.>

③ 기획재정부장관은 제7조의 규정에 따른 국가재정운용계획과 기금운용계획 수립을 연계하기 위하여 제2항의 규정에 따른 기금운용계획안 작성지침에 기금별 지출한도를 포함하여 통보할 수 있다. <개정 2008.2.29.>

④ 기획재정부장관은 제2항의 규정에 따라 기금관리주체에게 통보한 기금운용계획안 작성지침을 국회 예산결산특별위원회에 보고하여야 한다. <개정 2008.2.29.>

⑤ 기금관리주체는 제2항의 규정에 따른 기금운용계획안 작성지침에 따라 다음 연도의 기금운용계획안을 작성하여 매년 5월 31일까지 기획재정부장관에게 제출하여야 한다. <개정 2008.2.29., 2014.1.1.>

⑥ 기획재정부장관은 제5항의 규정에 따라 제출된 기금운용계획안에 대하여 기금관리주체와 협의·조정하여 기금운용계획안을 마련한 후 국무회의의 심의를 거쳐 대통령의 승인을 얻어야 한다. <개정 2008.2.29.>

⑦ 기획재정부장관은 제6항의 규정에 따라 기금운용계획안을 조정하는 경우 과도한 여유재원이 운용되고 있는 기금(구조적인 요인을 지닌 연금성 기금은 제외한다)에 대하여는 예산상의 지원을 중단하거나 해당 기금수입의 원천이 되는 부담금 등의 감소를 위한 조치를 취할 것을 기금관리주체에게 요구할 수 있다. 이 경우 기금관리주체가 중앙관서의 장이 아닌 경우에는 그 소관 중앙관서의 장을 거쳐야 한다. <개정 2008.2.29., 2020.6.9.>

⑧ 제1항・제5항 및 제6항에 규정된 기금관리주체 중 중앙관서의 장이 아닌 기금관리주체는 각각 같은 항에 규정된 제출・협의 등을 하는 경우 소관 중앙관서의 장을 거쳐야 한다. <개정 2020.6.9.>

**제67조(기금운용계획안의 내용)** ①기금운용계획안은 운용총칙과 자금운용계획으로 구성된다.

② 운용총칙에는 기금의 사업목표, 자금의 조달과 운용(주식 및 부동산 취득한도를 포함한다) 및 자산취득에 관한 총괄적 사항을 규정한다.

③ 자금운용계획은 수입계획과 지출계획으로 구분하되, 수입계획은 성질별로 구분하고 지출계획은 성질별 또는 사업별로 주요항목 및 세부항목으로 구분한다. 이 경우 주요항목의 단위는 장・관・항으로, 세부항목의 단위는 세항・목으로 각각 구분한다.

④ 기금운용계획안의 작성에 관하여 필요한 사항은 대통령령으로 정한다.

**제68조(기금운용계획안의 국회제출 등)** ①정부는 제67조제3항의 규정에 따른 주요항목 단위로 마련된 기금운용계획안을 회계연도 개시 120일 전까지 국회에 제출하여야 한다. 이 경우 중앙관서의 장이 관리하는 기금의 기금운용계획안에 계상된 국채발행 및 차입금의 한도액은 제20조의 규정에 따른 예산총칙에 규정하여야 한다. <개정 2013.5.28.>

② 기금관리주체는 기금운용계획이 확정된 때에는 기금의 월별 수입 및 지출계획서를 작성하여 회계연도 개시 전까지 기획재정부장관에게 제출하여야 한다. <개정 2008.2.29.>

**제68조의2(성인지 기금운용계획서의 작성)** ① 정부는 기금이 여성과 남성에게 미칠 영향을 미리 분석한 보고서(이하 "성인지 기금운용계획서"라 한다)를 작성하여야 한다.

② 성인지 기금운용계획서에는 성평등 기대효과, 성과목표, 성별 수혜분석 등을 포함하여야 한다.

③ 성인지 기금운용계획서의 작성에 관한 구체적인 사항은 대통령령으로 정한다.

[본조신설 2010.5.17.]

제68조의3(온실가스감축인지 기금운용계획서의 작성) ① 정부는 기금이 온실가스 감축에 미칠 영향을 미리 분석한 보고서(이하 "온실가스감축인지 기금운용계획서"라 한다)를 작성하여야 한다.

② 온실가스감축인지 기금운용계획서에는 온실가스 감축에 대한 기대효과, 성과목표, 효과분석 등을 포함하여야 한다.

③ 온실가스감축인지 기금운용계획서의 작성에 관한 구체적인 사항은 대통령령으로 정한다.

[본조신설 2021.6.15.]

제69조(증액 동의) 국회는 정부가 제출한 기금운용계획안의 주요항목 지출금액을 증액하거나 새로운 과목을 설치하고자 하는 때에는 미리 정부의 동의를 얻어야 한다.

제70조(기금운용계획의 변경) ① 기금관리주체는 지출계획의 주요항목 지출금액의 범위 안에서 대통령령으로 정하는 바에 따라 세부항목 지출금액을 변경할 수 있다. <개정 2020.6.9.>

② 기금관리주체(기금관리주체가 중앙관서의 장이 아닌 경우에는 소관 중앙관서의 장을 말한다)는 기금운용계획 중 주요항목 지출금액을 변경하고자 하는 때에는 기획재정부장관과 협의·조정하여 마련한 기금운용계획변경안을 국무회의의 심의를 거쳐 대통령의 승인을 얻은 후 국회에 제출하여야 한다. <개정 2008.2.29.>

③ 제2항에도 불구하고 주요항목 지출금액이 다음 각 호의 어느 하나에 해당하는 경우에는 기금운용계획변경안을 국회에 제출하지 아니하고 대통령령으로 정하는 바에 따라 변경할 수 있다. <개정 2008.12.31., 2020.6.9.>

1. [별표 3]에 규정된 금융성 기금 외의 기금은 주요항목 지출금액의 변경범위가 10분의 2 이하
2. [별표 3]에 규정된 금융성 기금은 주요항목 지출금액의 변경범위가 10분의 3 이하. 다만, 기금의 관리 및 운용에 소요되는 경상비에 해당하는 주요항목 지출금액에 대하여는 10분의 2 이하로 한다.
3. 다른 법률의 규정에 따른 의무적 지출금액
4. 다음 각 목의 어느 하나에 해당하는 지출금액
   가. 기금운용계획상 여유자금 운용으로 계상된 지출금액
   나. 수입이 기금운용계획상의 수입계획을 초과하거나 초과할 것이 예상되는 경우 그 초과수입과 직접 관련되는 지출금액

다. 환율 및 금리의 변동, 기한 전 상환으로 인한 차입금 원리금 상환 지출금액

5. 기존 국채를 새로운 국채로 대체하기 위한 국채 원리금 상환

6. 일반회계 예산의 세입 부족을 보전하기 위한 목적으로 해당 연도에 이미 발행한 국채의 금액 범위에서 해당 연도에 예상되는 초과 조세수입을 이용한 국채 원리금 상환

④ 기금관리주체는 제1항부터 제3항까지의 규정에 따라 세부항목 또는 주요항목의 지출금액을 변경한 때에는 변경명세서를 기획재정부장관과 감사원에 각각 제출하여야 하며, 정부는 제61조에 따라 국회에 제출하는 국가결산보고서에 그 내용과 사유를 명시하여야 한다. <개정 2008.2.29., 2008.12.31.>

⑤ 기금관리주체는 제3항제4호다목, 같은 항 제5호 및 제6호에 따라 지출금액을 변경한 때(주요항목 지출금액의 변경범위가 10분의 2를 초과한 경우에 한정한다)에는 변경명세서를 국회 소관 상임위원회 및 예산결산특별위원회에 제출하여야 한다. 이 경우 변경명세서에는 국채 발행 및 상환 실적을 포함하여야 한다. <신설 2008.12.31.>

⑥ 각 기금관리주체가 제1항부터 제3항까지의 규정에 따라 세부항목 또는 주요항목의 지출금액을 변경한 경우에는 분기별로 분기만료일이 속하는 달의 다음 달 말일까지 그 변경 내역을 국회 소관 상임위원회와 예산결산특별위원회에 제출하여야 한다. <신설 2009.3.18.>

⑦ 제2항부터 제6항까지의 경우 경유기관에 관하여는 제66조제8항의 규정을 준용한다. <개정 2008.12.31., 2009.3.18.>

**제71조(기금운용계획안 등의 첨부서류)** 정부 또는 기금관리주체는 제68조제1항 및 제70조제2항에 따라 기금운용계획안과 기금운용계획변경안(이하 "기금운용계획안등"이라 한다)을 국회에 제출하는 경우에는 다음 각 호의 서류를 첨부하여야 한다. 다만, 기금운용계획변경안을 제출하는 경우로서 첨부서류가 이미 제출된 서류와 중복되는 때에는 이를 생략할 수 있다. <개정 2008.12.31., 2010.5.17., 2014.1.1., 2021.6.15., 2021.12.21.>

1. 기금조성계획
2. 추정재정상태표 및 추정재정운영표
3. 수입지출계획의 총계표·순계표 및 주요항목별 내역서
4. 제85조의7에 따른 성과계획서
5. 기금과 회계 간 또는 기금 상호 간 여유재원의 전입·전출 명세서 그 밖에 기금운

용계획안등의 내용을 명백히 할 수 있는 서류

6. 성인지 기금운용계획서

6의2. 온실가스감축인지 기금운용계획서

7. 제38조제2항(제85조에 따라 준용하는 경우를 말한다)에 따라 예비타당성조사를 실시하지 아니한 사업의 내역 및 사유

[제목개정 2008.12.31.]

제72조(지출사업의 이월) ① 기금관리주체는 매 회계연도의 지출금액을 다음 연도에 이월하여 사용할 수 없다. 다만, 연도 내에 지출원인행위를 하고 불가피한 사유로 연도 내에 지출하지 못한 금액은 다음 연도에 이월하여 사용할 수 있다.

② 기금관리주체는 제1항 단서의 규정에 따라 지출금액을 이월하는 때에는 대통령령으로 정하는 바에 따라 이월명세서를 작성하여 다음 연도 1월 31일까지 기획재정부장관과 감사원에 각각 송부하여야 한다. 이 경우 경유기관에 관하여는 제66조제8항의 규정을 준용한다. <개정 2008.2.29., 2020.6.9.>

제73조(기금결산) 각 중앙관서의 장은 「국가회계법」에서 정하는 바에 따라 회계연도마다 소관 기금의 결산보고서를 중앙관서결산보고서에 통합하여 작성한 후 제58조제1항에 따라 기획재정부장관에게 제출하여야 한다.

[전문개정 2008.12.31.]

제73조의2(성인지 기금결산서의 작성) ① 정부는 여성과 남성이 동등하게 기금의 수혜를 받고 기금이 성차별을 개선하는 방향으로 집행되었는지를 평가하는 보고서(이하 "성인지 기금결산서"라 한다)를 작성하여야 한다.

② 성인지 기금결산서에는 집행실적, 성평등 효과분석 및 평가 등을 포함하여야 한다.

[본조신설 2010.5.17.]

제73조의3(온실가스감축인지 기금결산서의 작성) ① 정부는 기금이 온실가스를 감축하는 방향으로 집행되었는지를 평가하는 보고서(이하 "온실가스감축인지 기금결산서"라 한다)를 작성하여야 한다.

② 온실가스감축인지 기금결산서에는 집행실적, 온실가스 감축 효과분석 및 평가 등을 포함하여야 한다.

[본조신설 2021.6.15.]

[종전 제73조의3은 제73조의4로 이동 <2021.6.15.>]

제73조의4(중장기 기금재정관리계획 등) ① 연금급여 및 보험사업 수행을 목적으로 하는 기금 또는 채권을 발행하는 기금 중 대통령령으로 정하는 기금의 관리주체는 소

관 기금에 관하여 매년 해당 회계연도부터 5회계연도 이상의 기간에 대한 중장기 기금재정관리계획(이하 "중장기 기금재정관리계획"이라 한다)을 수립하고 이를 기획재정부장관에게 제출하여야 한다. 이 경우 기금관리주체가 중앙관서의 장이 아닌 경우에는 소관 중앙관서의 장을 거쳐야 한다.

② 중장기 기금재정관리계획에는 다음 각 호의 사항이 포함되어야 한다.

1. 재정 수지 등의 전망과 근거 및 관리계획
2. 부채의 증감에 대한 전망과 근거 및 관리계획
3. 전년도 중장기 기금재정관리계획 대비 변동사항, 변동요인 및 관리계획 등에 대한 평가・분석
4. 그 밖에 대통령령으로 정하는 사항

③ 기획재정부장관은 제1항 및 제2항에 따라 수립된 중장기 기금재정관리계획을 제7조에 따른 국가재정운용계획 수립 시 반영하여야 한다.

④ 중장기 기금재정관리계획의 수립 절차 등에 관한 사항은 대통령령으로 정한다.

[본조신설 2010.5.17.]

[제73조의3에서 이동 <2021.6.15.>]

**제74조(기금운용심의회)** ① 기금관리주체는 기금의 관리・운용에 관한 중요한 사항을 심의하기 위하여 기금별로 기금운용심의회(이하 "심의회"라 한다)를 설치하여야 한다. 다만, 심의회를 설치할 필요가 없다고 인정되는 기금의 경우에는 기획재정부장관과 협의하여 설치하지 아니할 수 있다. <개정 2008.2.29.>

② 다음 각 호의 사항은 심의회의 심의를 거쳐야 한다. <개정 2008.12.31., 2020.6.9.>

1. 제66조제5항의 규정에 따른 기금운용계획안의 작성
2. 제70조제2항 및 제3항의 규정에 따른 주요항목 지출금액의 변경
3. 제73조에 따른 기금결산보고서의 작성
4. 제79조의 규정에 따른 자산운용지침의 제정 및 개정
5. 기금의 관리・운용에 관한 중요사항으로서 대통령령으로 정하는 사항과 기금관리주체가 필요하다고 인정하여 회의에 부치는 사항

③ 심의회의 위원장은 기금관리주체의 장이 되며, 위원은 위원장이 위촉하되, 학식과 경험이 풍부한 사람으로서 공무원이 아닌 사람을 2분의 1 이상 위촉하여야 한다. <개정 2020.6.9.>

④ 그 밖에 심의회의 구성과 운영에 관하여 필요한 사항은 대통령령으로 정한다.

⑤ 기금의 관리・운용에 관한 사항을 심의하기 위하여 다른 법률에 따라 설치된 위

원회 등은 이를 심의회로 보며, 그 위원회 등이 다른 법률에 따라 심의하여야 하는 사항은 제2항 각 호의 심의사항에 해당하는 것으로 본다.

제75조 삭제 <2008.12.31.>

제76조(자산운용위원회) ① 기금관리주체는 자산운용에 관한 중요한 사항을 심의하기 위하여 다른 법률에서 따로 정하는 경우를 제외하고는 심의회에 자산운용위원회(이하 "자산운용위원회"라 한다)를 설치하여야 한다. 다만, 「외국환거래법」 제13조에 따른 외국환평형기금이나 기획재정부장관과 협의하여 자산운용위원회를 설치할 필요가 없다고 인정되는 기금의 경우에는 자산운용위원회를 설치하지 아니할 수 있다. <개정 2016.12.20.>

② 다음 각 호의 사항은 자산운용위원회의 심의를 거쳐야 한다.

1. 제77조의 규정에 따른 자산운용 전담부서의 설치 등에 관한 사항
2. 제79조의 규정에 따른 자산운용지침의 제정 및 개정에 관한 사항
3. 자산운용 전략에 관한 사항
4. 자산운용 평가 및 위험관리에 관한 사항
5. 그 밖에 자산운용과 관련된 중요한 사항

③ 자산운용위원회의 위원장은 기금관리주체의 장이 기금의 여건 등을 고려하여 해당 기금관리주체 및 수탁기관의 임·직원 또는 공무원 중에서 선임한다. <개정 2020.6.9.>

④ 자산운용위원회의 위원은 다음 각 호의 어느 하나에 해당하는 사람 중에서 기금관리주체의 장이 선임 또는 위촉한다. 이 경우 제2호에 해당하는 위원의 정수는 전체 위원 정수의 과반수가 되어야 한다. <개정 2020.6.9.>

1. 해당 기금관리주체 및 수탁기관의 임·직원 또는 공무원
2. 자산운용에 관한 학식과 경험이 풍부한 사람으로서 대통령령으로 정하는 자격을 갖춘 사람

⑤ 그 밖에 자산운용위원회의 구성 및 운영 등에 관하여 필요한 사항은 대통령령으로 정한다.

제77조(자산운용 전담부서의 설치 등) ① 기금관리주체는 자산운용위원회의 심의를 거쳐 자산운용을 전담하는 부서를 두어야 한다.

② 기금관리주체는 자산운용위원회의 심의를 거쳐 자산운용평가 및 위험관리를 전담하는 부서를 두거나 그 업무를 외부 전문기관에 위탁하여야 한다.

제78조(국민연금기금의 자산운용에 관한 특례) ① 제77조에도 불구하고 국민연금기금

은 자산운용을 전문으로 하는 법인을 설립하여 여유자금을 운용하여야 한다. <개정 2020.6.9.>

② 제1항의 규정에 따른 법인의 조직·운영 및 감독에 관하여 필요한 사항은 「국민연금법」에서 따로 정한다.

**제79조(자산운용지침의 제정 등)** ①기금관리주체는 기금의 자산운용이 투명하고 효율적으로 이루어지도록 하기 위하여 자산운용업무를 수행할 때에 준수하여야 할 지침(이하 "자산운용지침"이라 한다)을 심의회의 심의를 거쳐 정하고, 이를 14일 이내에 국회 소관 상임위원회에 제출하여야 한다. 이 경우 자산운용위원회가 설치되어 있는 기금은 심의회의 심의 전에 자산운용위원회의 심의를 거쳐야 한다. <개정 2020.6.9.>

② 제1항에도 불구하고 제74조제1항 단서의 규정에 따라 심의회를 설치하지 아니한 기금의 경우에는 기금관리주체가 직접 자산운용지침을 정하여야 한다. <개정 2020.6.9.>

③ 자산운용지침에는 다음 각 호의 사항이 포함되어야 한다.

1. 투자결정 및 위험관리 등에 관련된 기준과 절차에 관한 사항
2. 투자자산별 배분에 관한 사항
3. 자산운용 실적의 평가 및 공시에 관한 사항
4. 보유주식의 의결권 행사에 대한 기준과 절차에 관한 사항
5. 자산운용과 관련된 부정행위 등을 방지하기 위하여 자산운용업무를 수행하는 자가 지켜야 할 사항
6. 그 밖에 자산운용과 관련하여 기금관리주체가 필요하다고 인정하는 사항

**제80조(기금운용계획의 집행지침)** 기획재정부장관은 기금운용계획 집행의 효율성 및 공공성을 높이기 위하여 기금운용계획의 집행에 관한 지침을 정할 수 있다. <개정 2008.2.29., 2008.12.31.>

**제81조(여유자금의 통합운용)** 기획재정부장관은 기금 여유자금의 효율적인 관리·운용을 위하여 각 기금관리주체가 예탁하는 여유자금을 대통령령으로 정하는 기준과 절차에 따라 선정된 금융기관으로 하여금 통합하여 운용하게 할 수 있다. <개정 2008.2.29., 2020.6.9.>

**제82조(기금운용의 평가)** ① 기획재정부장관은 회계연도마다 전체 기금 중 3분의 1 이상의 기금에 대하여 대통령령으로 정하는 바에 따라 그 운용실태를 조사·평가하여야 하며, 3년마다 전체 재정체계를 고려하여 기금의 존치 여부를 평가하여야 한다. <개정 2008.2.29., 2020.6.9.>

② 기획재정부장관은 제1항의 규정에 따른 기금운용실태의 조사·평가와 기금제도에 관한 전문적·기술적인 연구 또는 자문을 위하여 기금운용평가단을 운영할 수 있다. <개정 2008.2.29.>

③ 기획재정부장관은 제1항 또는 제2항에 따른 평가결과를 국무회의에 보고한 후 제61조에 따라 국회에 제출하는 국가결산보고서와 함께 국회에 제출하여야 한다. <개정 2008.2.29., 2008.12.31.>

④ 제2항의 규정에 따른 기금운용평가단의 구성 및 운영에 관하여 필요한 사항은 대통령령으로 정한다.

제83조(국정감사) 이 법의 적용을 받는 기금을 운용하는 기금관리주체는 「국정감사 및 조사에 관한 법률」 제7조의 규정에 따른 감사의 대상기관으로 한다.

제84조(기금자산운용담당자의 손해배상 책임) ① 기금의 자산운용을 담당하는 자는 고의 또는 중대한 과실로 법령을 위반하여 기금에 손해를 끼친 경우 그 손해를 배상할 책임이 있다.

② 공무원이 기금의 자산운용에 영향을 줄 목적으로 직권을 남용하여 기금관리주체 그 밖에 기금의 자산운용을 담당하는 자에게 부당한 영향력을 행사하여 기금에 손해를 끼친 경우 해당 공무원은 제1항의 규정에 따른 책임이 있는 자와 연대하여 손해를 배상하여야 한다. <개정 2020.6.9.>

제85조(준용규정) 제31조제3항·제35조·제38조·제38조의2·제38조의3·제39조·제45조·제49조·제50조·제54조 및 제55조의 규정은 기금에 관하여 이를 준용한다. <개정 2018.1.16., 2020.3.31.>

## 제4장의2 성과관리 〈신설 2021.12.21.〉

제85조의2(재정사업의 성과관리) ① 정부는 성과중심의 재정운용을 위하여 다음 각 호의 성과목표관리 및 성과평가를 내용으로 하는 재정사업의 성과관리(이하 "재정사업 성과관리"라 한다)를 시행한다.

1. 성과목표관리: 재정사업에 대한 성과목표, 성과지표 등의 설정 및 그 달성을 위한 집행과정·결과의 관리
2. 성과평가: 재정사업의 계획 수립, 집행과정 및 결과 등에 대한 점검·분석·평가

② 재정사업 성과관리의 대상이 되는 재정사업의 기준은 성과관리의 비용 및 효과를 고려하여 기획재정부장관이 정한다. 다만, 개별 법령에 따라 실시되는 평가의 대상은

관계 중앙관서의 장이 별도로 정한다.

[본조신설 2021.12.21.]

제85조의3(재정사업 성과관리의 원칙) ① 정부는 재정사업 성과관리를 통하여 재정운용에 대한 효율성과 책임성을 높이도록 노력하여야 한다.

② 정부는 재정사업 성과관리를 실시할 때 전문성과 공정성을 확보하여 평가결과에 대한 신뢰도를 높이도록 노력하여야 한다.

③ 정부는 재정사업 성과관리의 결과를 공개하여 재정운용에 대한 투명성을 확보하도록 노력하여야 한다.

[본조신설 2021.12.21.]

제85조의4(재정사업 성과관리 기본계획의 수립 등) ① 기획재정부장관은 재정사업 성과관리를 효율적으로 실시하기 위하여 5년마다 다음 각 호의 사항을 포함하여 재정사업 성과관리 기본계획을 수립하여야 한다.

1. 재정사업 성과관리 추진의 기본방향
2. 재정사업 성과관리의 대상 및 방법에 관한 사항
3. 재정사업 성과관리 관련 연구 · 개발에 관한 사항
4. 재정사업 성과관리 결과의 활용 및 공개에 관한 사항
5. 재정사업 성과관리 관련 인력 및 조직의 전문성 · 독립성 확보에 관한 사항
6. 그 밖에 대통령령으로 정하는 재정사업 성과관리 업무의 발전에 관한 사항

② 기획재정부장관은 제1항에 따른 재정사업 성과관리 기본계획에 기초하여 매년 재정사업 성과관리 추진계획을 수립하여야 한다.

③ 기획재정부장관은 제1항 및 제2항에 따른 재정사업 성과관리 기본계획 및 재정사업 성과관리 추진계획을 수립한 때에는 국무회의에 보고하여야 한다.

④ 제1항부터 제3항까지에서 규정한 사항 외에 재정사업 성과관리 기본계획 및 재정사업 성과관리 추진계획의 수립에 필요한 사항은 대통령령으로 정한다.

[본조신설 2021.12.21.]

제85조의5(재정사업 성과관리의 추진체계) ① 각 중앙관서의 장과 기금관리주체는 재정사업 성과관리를 위한 추진체계를 구축하여야 한다.

② 각 중앙관서의 장은 재정사업 성과관리 중 성과목표관리를 책임지고 담당할 공무원(이하 "재정성과책임관"이라 한다), 재정성과책임관을 보좌할 담당 공무원(이하 "재정성과운영관"이라 한다) 및 개별 재정사업이나 사업군에 대한 성과목표관리를 담당할 공무원(이하 "성과목표담당관"이라 한다)을 지정하여 재정사업 성과목표관리

업무를 효율적으로 수행하도록 하여야 한다.

③ 재정성과책임관, 재정성과운영관 및 성과목표담당관의 역할 등에 관한 구체적인 사항은 제85조의6제5항에 따라 기획재정부장관이 정하는 지침으로 정한다.

④ 기획재정부장관은 재정사업 성과목표관리 등을 위하여 대통령령으로 정하는 바에 따라 재정성과평가단을 구성·운영할 수 있다.

[본조신설 2021.12.21.]

**제85조의6(성과목표관리를 위한 성과계획서 및 성과보고서의 작성)** ① 각 중앙관서의 장 및 기금관리주체는 재정사업 성과목표관리를 위하여 매년 예산 및 기금에 관한 성과목표·성과지표가 포함된 성과계획서 및 성과보고서(「국가회계법」 제14조제4호에 따른 성과보고서를 말한다. 이하 같다)를 작성하여야 한다.

② 성과목표는 기관의 임무 및 상위·하위 목표와 연계되어야 하며, 성과지표를 통하여 성과목표의 달성 여부를 측정할 수 있도록 구체적이고 결과지향적으로 설정되어야 한다.

③ 성과지표는 명확하고 구체적으로 설정되어야 하며, 성과목표의 달성을 객관적으로 제때에 측정할 수 있어야 한다.

④ 각 중앙관서의 장 및 기금관리주체는 제33조에 따른 예산안, 제35조에 따른 수정예산안, 제68조제1항에 따른 기금운용계획안, 제70조제2항에 따른 기금운용계획변경안 및 제89조제1항에 따른 추가경정예산안과 그에 따라 작성된 성과계획서의 사업내용 및 사업비 등이 각각 일치되도록 노력하여야 한다.

⑤ 기획재정부장관은 제1항에 따른 성과계획서 및 성과보고서의 작성에 관한 지침을 정하여 각 중앙관서의 장 및 기금관리주체에게 통보하여야 한다.

⑥ 기획재정부장관은 재정사업 성과목표관리의 원활한 운영을 위하여 성과지표의 개발·보급 등 필요한 조치와 지원을 하여야 한다.

[본조신설 2021.12.21.]

**제85조의7(성과계획서 및 성과보고서의 제출)** 각 중앙관서의 장은 제31조제1항에 따라 예산요구서를 제출할 때 다음 연도 예산의 성과계획서 및 전년도 예산의 성과보고서를 함께 제출하여야 하며, 기금관리주체는 제66조제5항에 따라 기금운용계획안을 제출할 때 다음 연도 기금의 성과계획서 및 전년도 기금의 성과보고서를 함께 제출하여야 한다.

[본조신설 2021.12.21.]

**제85조의8(재정사업 성과평가)** ① 기획재정부장관은 대통령령으로 정하는 바에 따라

재정사업에 대한 성과평가를 실시할 수 있다.

② 기획재정부장관 및 관계 중앙관서의 장 등은 제1항에 따라 실시되는 재정사업 성과평가와 개별 법령에 따라 실시되는 평가의 대상 간 중복이 최소화되도록 노력하여야 한다.

[본조신설 2021.12.21.]

**제85조의9(자료제출 등의 요구)** 기획재정부장관은 재정사업 성과관리를 할 때 필요하다고 인정하는 경우에는 관계 행정기관의 장 등에게 재정사업 성과관리에 관한 의견 또는 자료의 제출을 요구할 수 있다. 이 경우 관계 행정기관의 장 등은 특별한 사유가 없으면 이에 따라야 한다.

[본조신설 2021.12.21.]

**제85조의10(재정사업 성과관리 결과의 반영 등)** ① 기획재정부장관은 매년 재정사업의 성과목표관리 결과를 종합하여 국무회의에 보고하여야 한다.

② 기획재정부장관은 재정사업의 성과평과 결과를 재정운용에 반영할 수 있다.

③ 중앙관서의 장은 재정사업 성과관리의 결과를 조직・예산・인사 및 보수체계에 연계・반영할 수 있다.

④ 정부는 재정사업 성과관리 결과 등이 우수한 중앙관서 또는 공무원에게 표창・포상 등을 할 수 있다.

[본조신설 2021.12.21.]

**제85조의11(재정사업 성과관리의 역량강화)** 각 중앙관서의 장은 재정사업 성과관리 담당 공무원의 전문성 및 역량이 제고될 수 있도록 교육프로그램의 개발・운영 등에 노력하여야 하며, 기획재정부장관은 이를 위하여 필요한 지원을 할 수 있다.

[본조신설 2021.12.21.]

**제85조의12(성과정보의 관리 및 공개)** ① 기획재정부장관은 재정사업 성과목표관리 및 성과평가 결과 등 성과정보(이하 이 조에서 "성과정보"라 한다)가 체계적으로 관리될 수 있도록 재정사업 성과정보관리시스템을 구축・운영하여야 하며, 성과정보가 공개될 수 있도록 필요한 조치를 마련하여야 한다.

② 기획재정부장관은 제1항에 따른 성과정보의 체계적 관리를 위하여 각 중앙관서의 장에게 소관 재정사업의 성과정보를 생산・관리하도록 요구할 수 있다. 이 경우 각 중앙관서의 장은 특별한 사유가 없으면 이에 따라야 한다.

[본조신설 2021.12.21.]

## 제5장 재정건전화

제86조(재정건전화를 위한 노력) 정부는 건전재정을 유지하고 국가채권을 효율적으로 관리하며 국가채무를 적정수준으로 유지하도록 노력하여야 한다.

제87조(재정부담을 수반하는 법령의 제정 및 개정) ① 정부는 재정지출 또는 조세감면을 수반하는 법률안을 제출하고자 하는 때에는 법률이 시행되는 연도부터 5회계연도의 재정수입·지출의 증감액에 관한 추계자료와 이에 상응하는 재원조달방안을 그 법률안에 첨부하여야 한다.

② 각 중앙관서의 장은 입안하는 법령이 재정지출을 수반하는 때에는 대통령령으로 정하는 바에 따라 제1항의 규정에 따른 추계자료와 재원조달방안을 작성하여 그 법령안에 대한 입법예고 전에 기획재정부장관과 협의하여야 한다. <개정 2008.2.29., 2020.6.9.>

③ 각 중앙관서의 장은 제2항에 따른 협의를 한 후 법령안의 변경으로 대통령령으로 정하는 사항이 변경되는 경우에는 그 법령안에 대하여 추계자료와 재원조달방안을 작성하여 기획재정부장관과 재협의하여야 한다. <신설 2010.5.17.>

제88조(국세감면의 제한) ① 기획재정부장관은 대통령령으로 정하는 해당 연도 국세수입총액과 국세감면액 총액을 합한 금액에서 국세감면액 총액이 차지하는 비율(이하 "국세감면율"이라 한다)이 대통령령으로 정하는 비율 이하가 되도록 노력하여야 한다. <개정 2008.2.29., 2020.6.9.>

② 각 중앙관서의 장은 새로운 국세감면을 요청하는 때에는 대통령령으로 정하는 바에 따라 감면액을 보충하기 위한 기존 국세감면의 축소 또는 폐지방안이나 재정지출의 축소방안과 그 밖의 필요한 사항을 작성하여 기획재정부장관에게 제출하여야 한다. <개정 2008.2.29., 2010.5.17., 2020.6.9.>

제89조(추가경정예산안의 편성) ① 정부는 다음 각 호의 어느 하나에 해당하게 되어 이미 확정된 예산에 변경을 가할 필요가 있는 경우에는 추가경정예산안을 편성할 수 있다. <개정 2009.2.6., 2015.12.15.>

1. 전쟁이나 대규모 재해(「재난 및 안전관리 기본법」 제3조에서 정의한 자연재난과 사회재난의 발생에 따른 피해를 말한다)가 발생한 경우
2. 경기침체, 대량실업, 남북관계의 변화, 경제협력과 같은 대내·외 여건에 중대한 변화가 발생하였거나 발생할 우려가 있는 경우
3. 법령에 따라 국가가 지급하여야 하는 지출이 발생하거나 증가하는 경우

② 정부는 국회에서 추가경정예산안이 확정되기 전에 이를 미리 배정하거나 집행할 수 없다.

[제목개정 2009.2.6.]

**제90조(세계잉여금 등의 처리 및 사용계획)** ① 일반회계 예산의 세입 부족을 보전(補塡)하기 위한 목적으로 해당 연도에 이미 발행한 국채의 금액 범위에서는 해당 연도에 예상되는 초과 조세수입을 이용하여 국채를 우선 상환할 수 있다. 이 경우 세입·세출 외로 처리할 수 있다. <신설 2008.12.31.>

② 매 회계연도 세입세출의 결산상 잉여금 중 다른 법률에 따른 것과 제48조의 규정에 따른 이월액을 공제한 금액(이하 "세계잉여금"이라 한다)은 「지방교부세법」 제5조제2항의 규정에 따른 교부세의 정산 및 「지방교육재정교부금법」 제9조제3항의 규정에 따른 교부금의 정산에 사용할 수 있다. <개정 2008.12.31.>

③ 제2항의 규정에 따라 사용한 금액을 제외한 세계잉여금은 100분의 30 이상을 「공적자금상환기금법」에 따른 공적자금상환기금에 우선적으로 출연하여야 한다. <개정 2008.12.31.>

④ 제2항 및 제3항의 규정에 따라 사용하거나 출연한 금액을 제외한 세계잉여금은 100분의 30 이상을 다음 각 호의 채무를 상환하는데 사용하여야 한다. <개정 2006.12.30., 2008.12.31., 2020.6.9.>

1. 국채 또는 차입금의 원리금
2. 「국가배상법」에 따라 확정된 국가배상금
3. 「공공자금관리기금법」에 따른 공공자금관리기금의 융자계정의 차입금(예수금을 포함한다)의 원리금. 다만, 2006년 12월 31일 이전의 차입금(예수금을 포함한다)에 한정한다.
4. 그 밖에 다른 법률에 따라 정부가 부담하는 채무

⑤ 제2항부터 제4항까지의 규정에 따라 사용하거나 출연한 금액을 제외한 세계잉여금은 추가경정예산안의 편성에 사용할 수 있다. <개정 2008.12.31.>

⑥ 제2항부터 제4항까지의 규정에 따른 세계잉여금의 사용 또는 출연은 그 세계잉여금이 발생한 다음 연도까지 그 회계의 세출예산과 관계없이 이를 하되, 국무회의의 심의를 거쳐 대통령의 승인을 얻어야 한다. <개정 2008.12.31., 2020.6.9.>

⑦ 제2항부터 제5항까지의 규정에 따른 세계잉여금의 사용 또는 출연은 다른 법률의 규정에도 불구하고 「국가회계법」 제13조제3항에 따라 국가결산보고서에 대한 대통령의 승인을 얻은 때부터 이를 할 수 있다. <개정 2008.12.31., 2020.6.9.>

⑧ 세계잉여금 중 제2항부터 제5항까지의 규정에 따라 사용하거나 출연한 금액을 공제한 잔액은 다음 연도의 세입에 이입하여야 한다. <개정 2008.12.31.>

⑨ 정부는 매년 제61조에 따른 국가결산보고서의 국회제출 전까지 직전 회계연도에 발생한 세계잉여금의 내역을 산출하고 그 사용계획을 수립하여야 한다. <신설 2021.6.15.>

[제목개정 2008.12.31., 2021.6.15.]

제91조(국가채무의 관리) ① 기획재정부장관은 국가의 회계 또는 기금이 부담하는 금전채무에 대하여 매년 다음 각 호의 사항이 포함된 국가채무관리계획을 수립하여야 한다. <개정 2008.2.29., 2010.5.17., 2020.6.9.>

1. 전전년도 및 전년도 국채 또는 차입금의 차입 및 상환실적
2. 해당 회계연도의 국채 발행 또는 차입금 등에 대한 추정액
3. 해당 회계연도부터 5회계연도 이상의 기간에 대한 국채 발행 계획 또는 차입 계획과 그에 따른 국채 또는 차입금의 상환 계획
4. 해당 회계연도부터 5회계연도 이상의 기간에 대한 채무의 증감 전망과 근거 및 관리계획
5. 그 밖에 대통령령으로 정하는 사항

② 제1항의 규정에 따른 금전채무는 다음 각 호의 어느 하나에 해당하는 채무를 말한다. <개정 2020.6.9.>

1. 국가의 회계 또는 기금(재원의 조성 및 운용방식 등에 따라 실질적으로 국가의 회계 또는 기금으로 보기 어려운 회계 또는 기금으로서 대통령령으로 정하는 회계 또는 기금은 제외한다. 이하 이 항에서 같다)이 발행한 채권
2. 국가의 회계 또는 기금의 차입금
3. 국가의 회계 또는 기금의 국고채무부담행위
4. 그 밖에 제1호 및 제2호에 준하는 채무로서 대통령령으로 정하는 채무

③ 제2항에도 불구하고 다음 각 호의 어느 하나에 해당하는 채무는 국가채무에 포함하지 아니한다. <개정 2020.6.9.>

1. 「국고금관리법」 제32조제1항의 규정에 따른 재정증권 또는 한국은행으로부터의 일시차입금
2. 제2항제1호에 해당하는 채권 중 국가의 회계 또는 기금이 인수 또는 매입하여 보유하고 있는 채권
3. 제2항제2호에 해당하는 차입금 중 국가의 다른 회계 또는 기금으로부터의 차입금

④ 기획재정부장관은 제1항의 규정에 따른 국가채무관리계획을 수립하기 위하여 필요한 때에는 관계 중앙관서의 장에게 자료제출을 요청할 수 있다. <개정 2008.2.29.>

**제92조(국가보증채무의 부담 및 관리)** ① 국가가 보증채무를 부담하고자 하는 때에는 미리 국회의 동의를 얻어야 한다.

② 기획재정부장관은 매년 제1항에 따른 국가보증채무의 부담 및 관리에 관한 국가보증채무관리계획을 작성하여야 한다. <신설 2010.5.17.>

③ 제1항에 따른 보증채무의 관리 및 제2항에 따른 국가보증채무관리계획의 작성 등에 관한 사항은 대통령령으로 정한다. <개정 2010.5.17.>

## 제6장 보칙

**제93조(유가증권의 보관)** ① 중앙관서의 장은 법령의 규정에 따르지 아니하고는 유가증권을 보관할 수 없다.

② 중앙관서의 장은 법령의 규정에 따라 유가증권을 보관하게 되는 때에는 한국은행 또는 대통령령으로 정하는 금융기관에 보관업무를 위탁하여야 한다. <개정 2020.6.9.>

③ 제2항의 규정에 따라 한국은행 또는 대통령령으로 정하는 금융기관이 유가증권을 위탁 관리하는 때에는 「국유재산법」 제15조제2항부터 제5항까지의 규정을 준용한다. <개정 2009.1.30., 2020.6.9.>

**제94조(장부의 기록과 비치)** 기획재정부장관, 중앙관서의 장, 제93조제2항의 규정에 따라 유가증권 보관업무를 위탁받은 한국은행 및 금융기관은 대통령령으로 정하는 바에 따라 장부를 비치하고 필요한 사항을 기록하여야 한다. <개정 2008.2.29., 2020.6.9.>

**제95조(자금의 보유)** 국가는 법률로 정하는 경우에만 특별한 자금을 보유할 수 있다. <개정 2020.6.9.>

**제96조(금전채권 · 채무의 소멸시효)** ① 금전의 급부를 목적으로 하는 국가의 권리로서 시효에 관하여 다른 법률에 규정이 없는 것은 5년 동안 행사하지 아니하면 시효로 인하여 소멸한다.

② 국가에 대한 권리로서 금전의 급부를 목적으로 하는 것도 또한 제1항과 같다.

③ 금전의 급부를 목적으로 하는 국가의 권리의 경우 소멸시효의 중단 · 정지 그 밖의 사항에 관하여 다른 법률의 규정이 없는 때에는 「민법」의 규정을 적용한다. 국가에 대한 권리로서 금전의 급부를 목적으로 하는 것도 또한 같다. <개정 2020.6.9.>

④ 법령의 규정에 따라 국가가 행하는 납입의 고지는 시효중단의 효력이 있다.

제97조(재정집행의 관리) ① 각 중앙관서의 장과 기금관리주체는 대통령령으로 정하는 바에 따라 사업집행보고서와 예산 및 기금운용계획에 관한 집행보고서를 기획재정부장관에게 제출하여야 한다. <개정 2008.2.29., 2020.6.9.>

② 기획재정부장관은 예산 및 기금의 효율적인 운용을 위하여 제1항의 규정에 따른 보고서의 내용을 분석하고 예산 및 기금의 집행상황과 낭비 실태를 확인·점검한 후 필요한 때에는 집행 애로요인의 해소와 낭비 방지를 위하여 필요한 조치를 각 중앙관서의 장과 기금관리주체에게 요구할 수 있다. <개정 2008.2.29.>

제97조의2(재정업무의 정보화) ① 기획재정부장관은 재정에 관한 업무를 원활하게 수행하기 위하여 정보통신매체 및 프로그램 등을 개발하여 중앙관서의 장이 사용하게 할 수 있다. 이 경우 국가회계업무에 관한 정보통신매체 및 프로그램 등의 개발에 대하여는 감사원과 미리 협의를 하여야 한다.

② 중앙관서의 장은 제1항에도 불구하고 재정에 관한 업무를 처리하는 정보통신매체 및 프로그램 등을 직접 개발하여 사용할 수 있다. 이 경우 기획재정부장관 및 감사원(국가회계업무에 관한 정보통신매체 및 프로그램 등의 개발인 경우에 한정한다)과 미리 협의를 하여야 한다.

③ 기획재정부장관은 제1항에 따른 정보통신매체 및 프로그램 등을 통한 재정에 관한 업무를 수행하기 위하여 필요한 경우에는 관계 중앙관서의 장, 지방자치단체의 장, 제9조제2항제2호 및 제3호에 해당하는 기관 등 관계 기관에 전자적 시스템의 연계를 요청할 수 있다. 이 경우 관계 중앙관서의 장 등은 특별한 사유가 없으면 이에 따라야 한다. <신설 2021.12.21.>

④ 기획재정부장관 및 중앙관서의 장은 제1항 및 제2항에 따른 정보통신매체 및 프로그램 등을 통하여 산출되는 재정정보에 대하여 국회의 정보 제공 요구가 있는 경우에는 정당한 사유가 없으면 해당 재정정보를 제공하여야 한다. <신설 2014.12.30., 2021.12.21.>

⑤ 제4항에 따른 재정정보 제공의 범위, 절차 및 방법 등에 필요한 사항은 대통령령으로 정한다. <신설 2014.12.30., 2021.12.21.>

[본조신설 2008.12.31.]

제98조(내부통제) 각 중앙관서의 장은 재정관리·재원사용의 적정성과 집행과정에서 보고된 자료의 신빙성을 분석·평가하기 위하여 소속 공무원으로 하여금 필요한 사항에 관하여 내부통제를 하게 하여야 한다. <개정 2020.6.9.>

제99조(예산 및 기금운용계획의 집행 및 결산의 감독) 기획재정부장관은 예산 및 기금

운용계획의 집행 또는 결산의 적정을 도모하기 위하여 소속 공무원으로 하여금 확인·점검하게 하여야 하며, 필요한 때에는 각 중앙관서의 장에게 관련 제도의 개선을 요구하거나 국무회의 심의를 거친 후 대통령의 승인을 얻어 예산 및 기금운용계획의 집행과 결산에 관한 지시를 할 수 있다. <개정 2008.2.29., 2020.6.9.>

**제100조(예산 · 기금의 불법지출에 대한 국민감시)** ① 국가의 예산 또는 기금을 집행하는 자, 재정지원을 받는 자, 각 중앙관서의 장(그 소속기관의 장을 포함한다) 또는 기금관리주체와 계약 그 밖의 거래를 하는 자가 법령을 위반함으로써 국가에 손해를 가하였음이 명백한 때에는 누구든지 집행에 책임 있는 중앙관서의 장 또는 기금관리주체에게 불법지출에 대한 증거를 제출하고 시정을 요구할 수 있다.

② 제1항의 규정에 따라 시정요구를 받은 중앙관서의 장 또는 기금관리주체는 대통령령으로 정하는 바에 따라 그 처리결과를 시정요구를 한 자에게 통지하여야 한다. <개정 2020.6.9.>

③ 중앙관서의 장 또는 기금관리주체는 제2항의 규정에 따른 처리결과에 따라 수입이 증대되거나 지출이 절약된 때에는 시정요구를 한 자에게 제49조의 규정에 따른 예산성과금을 지급할 수 있다.

**제101조(재정 관련 공무원의 교육)** 기획재정부장관은 재정업무를 담당하는 공무원의 업무전문성 향상을 위하여 대통령령으로 정하는 바에 따라 교육을 실시할 수 있다. <개정 2008.2.29., 2020.6.9.>

## 제7장 벌칙

**제102조(벌칙)** 공무원이 기금의 자산운용에 영향을 줄 목적으로 직권을 남용하여 기금관리주체 그 밖에 기금의 자산운용을 담당하는 자에게 부당한 영향력을 행사한 때에는 5년 이하의 징역, 10년 이하의 자격정지 또는 1천만원 이하의 벌금에 처한다.

**부칙** <제19430호, 2023.6.9.> (지방자치분권 및 지역균형발전에 관한 특별법)

**제1조**(시행일) 이 법은 공포 후 1개월이 경과한 날부터 시행한다. <단서 생략>

**제2조**부터 제20조까지 생략

**제21조**(다른 법률의 개정) ①부터 ⑱까지 생략

⑲ 국가재정법 일부를 다음과 같이 개정한다.

[별표 1]의 제2호를 다음과 같이 한다.

2. 지방자치분권 및 지역균형발전에 관한 특별법

⑩부터 <54>까지 생략

제22조 생략

# 참고문헌

강순심(2015). 정부회계의 이해. 서울: 경영과 회계.
김렬 외(2007). OECD 국가비교를 통한 정부규모 진단. 대구: 한국정부학회.
김상헌(1998). 예산편성상 정보의 비대칭성에 대한 미시경제적 분석. 한국행정학보, 32(1): 65-79.
김성철 · 윤진훈(2004). 우리나라 중앙관서의 예산편성에 대한 예산담당관의 인식조사. 한국행정학보, 38(6): 93-110.
김시영 외(2005). 행정학의 이해. 경북: 영남대학교출판부.
김준기(2020). 국가재무. 서울: 박영사.
김진수 외(2017). 현대 재무관리론. 대전: 대경.
김태민(2021). 우리나라 조세지출 관리체계 현황과 과제. 서울: 국회예산정책처.
김태일(2000). 우리나라와 OECD 국가의 공무원 규모 비교분석. 한국행정연구, 15(4): 3-26.
김태윤 · 조예진(2018). 예비타당성조사제도의 타당성에 대한 연구: 예비타당성조사의 지침을 둘러싼 쟁점. 행정논총, 56(2): 279-311.
나성린 외(2022). 공공경제학. 서울: 박영사.
나중식(2015). 신재무행정론. 서울: 형설출판사.
문광민(2019). 조세지출예산제도의 도입과 토착화에 관한 연구. 한국사회와 행정연구, 30(1): 27-54.
박성동 · 박성원(2020). 회계투명성이 경제적 성과에 미치는 영향. 정부회계연구, 18(1): 57-106.
박성환 외(2016). 정부회계: 실무자와 수험생을 위한 실제적인 지침서. 서울: 샘앤북스.
박영희 외(2018). 공기업론. 서울: 다산출판사.
박영희 · 김종희(2017). 신재무행정론. 서울: 다산출판사.
박원규 · 이상규(역)(2022). Case, Fair, Oster의 경제학원론. 서울: 한빛아카데미.
배득종 · 유승원(2014). (新)재무행정. 서울 박영사.
신무섭(2008). 성과 지향 예산제도: 개념과 역사적 배경. 사회과학연구, 32(2): 1-19.
신무섭 · 주상현(2019). 재무행정학. 경기: 대영문화사.
심재권 · 주영종(2021). 재무행정 강의. 서울: 윤성사.
심재영 외(2019). 알기 쉬운 정부회계. 경기: 대영문화사.
심정근(역)(1982). 예산과정의 정치론(A. Wildavsky). 서울: 조세정보사.
안재욱 · 김영신(2022). 경제학: 시장경제의 원리. 서울: 박영사.
오영민(2017). 예산과정의 국민참여에 대한 소고. 재정포럼, 253: 22-43.
원구환(2019). 재무행정론. 경기: 대영문화사.

유금록(1996). 예산이론과 예산개혁. 지역개발연구, 8: 179-196.
유민봉・임도빈(2019). 인사행정론: 정부경쟁력의 관점에서. 서울: 박영사.
유훈・신종렬(2018). 재무행정론. 서울: 한국방송통신대학교출판문화원.
유훈 외(2010). 공기업론. 경기: 법문사.
유훈 외(2012). 재무행정론. 서울: 박영사.
윤광재(2004). 프랑스의 국가재정운용과 재정개혁에 관한 연구. 한국행정연구, 13(1): 274-299.
윤광재(2008). 정부재정규모에 대한 국가간 비교분석 연구: OECD 국가를 중심으로. 정책분석평가학회보, 18(4): 93-118.
윤광재(2014). 90년대 이후의 성과주의예산의 도입과 운영에 대한 비교연구: 미국의 GPRA, PART와 프랑스의 LOLF를 중심으로. 한국거버넌스학회보, 21(1): 75-97.
윤광재(2015). 지방자치단체장의 정치적 성향과 세출예산과의 연계성에 대한 연구: 서울시 예산을 중심으로. 한국거버넌스학회보, 22(3): 217-235.
윤영진(2011). 성인지 예산제도 개관. 지방재정과 지방세, 46: 3-29.
윤영진(2021). 새재무행정학. 경기: 대영문화사.
윤지경 외(2017). 정부회계에 대한 미국의 감사제도와 한국의 검사 및 검토제도 비교. 한국정책과학학회보, 21(1): 79-100.
윤태범・곽채기(2017). 공기업론. 서울: KNOU Press.
이동진(2016). 행정학개론. 서울: 대영문화사.
이동진・한인규(2014). 행정학개론. 서울: 대영문화사.
이상헌(2016). 국가채무 증가가 경제성장률 및 금융시장에 미치는 영향. 재정정책논집, 18(4): 63-92.
이영균(2019). 조직론. 서울: 박영사.
이영조・문인수(2015). 재무행정론. 서울: 대명출판사.
이원희 외(2019). 알기 쉬운 재무행정. 경기: 대영문화사.
이준구・조명환(2021). 재정학. 경기: 문우사.
임진(2011). 국가채무의 최적수준에 대한 연구. 경제학연구, 59(3): 81-111.
재무행정연구회(2007). 현대재무행정이론. 서울: 대영문화사.
정성호(2015). 지속가능한 재정운영을 위한 재정수지지표에 관한 논의: GFS 2014에 근거한 Dual system적 접근. 한국행정연구, 24(3): 1-29.
조수현(2008). 합리성, 제도 그리고 예산개혁: 정책영역별 재원배분의 메커니즘을 중심으로. 정부학연구, 14(2): 187-213.
주기완・윤성식(2020). 재무행정학. 경기: 법문사.
최순영(2016). 프로그램 예산제도에 대한 평가. 한국사회와 행정연구, 27(1): 135-169.

최종하・양다승(2015). 총액배분자율편성제도 도입 이후 부처자율성 제고에 대한 실증적 분석. 예산정책연구, 4(2): 176-210.
하연섭(2018). 정부예산과 재무행정. 서울: 다산출판사.
허경선 외(2012). 공공기관 프로그램 예산제도 도입연구. 서울: 한국조세연구원.
허웅・윤성식(2018). 정부회계학: 국가회계와 지방회계. 경기: 법문사.
홍순규(2011). 지방재정에 대한 정치적 영향을 중심으로. 공공행정연구, 12(2): 77-100.
홍순만(2021). 조세와 재정의 미래. 경기: 문우사.
홍윤표・은종환(2020). 국회 예산심의에 관한 인식유형 분석. 한국정책학회보, 29(1): 233-266.

Baltaci, Mustafa & Yilmaz, S.(2006). *Keeping an Eye on Subnational Governments: Internal Control and Audit at Local Levels*. Washington, D.C.: World Bank Institute.
Biddle, Gary & Hilary, Gilles(2006). Accounting Quality and Firm-Level Capital Investment. *The Accounting Review*, 81(5): 963-982.
Burkhead, J.(1956). *Government Budgeting*. N.Y.: John Wiley and Sons, Inc.
Canzoneri, Matthew et al.(2002). Should the European Central Bank and the Federal Reserve be concerned about fiscal policy? Proceedings-Economic Policy Symposium-Jackson Hole, Federal Reserve Bank of Kansas City: 333-389.
Collet, Martin(2020). *Finances Publiques*. Paris: L. G. D. J.
Douat, Etienne & Badin, Xavier(2006). *Finances Publiques*. Paris: Presses Universitaires de France.
Foillard, Philippe(2017). *Finances Publiques*. Bruxelles: Editions Bruylant.
Frisch, Scott A.(1998). *The Politics of Pork: A Study of Congressional Appropriation Earmarks*. N.Y.: Garland.
Golden, Miriam A. & Picci, Lucio(2008). Pork-Barrel Politics in Postwar Italy, 1953-94. *American Journal of Political Science*, 52(2): 268-289.
Grossman, P. J.(1994). A Political Theory of Intergovernmental Grants. *Public Choice*, 78(3/4): 295-303.
Hagemann, Robert(2011). How can Fiscal Councils Strengthen Fiscal Performance? *OECD Journal: Economics Studies*, 2011(1): 75-98.
Joyce, G. Philip(1999). Performance-Based Budgeting. in *Handbook of Government Budgeting*(ed by Meyers R.). San Francisco: Jossey-Bass Publishers: 597-619.
Kettl, Donald F.(1992). *Deficit politics: Public Budgeting in Its Institutional and Historical Context*. N.Y.: Macmilan.

Khan, Abdul & Mayes, Stephen(2009). *Transition to Accrual Accounting*. Washington, D.C.: IMF.

Lindquist, Evert & Paquet, Gilles(2000). Government Restructuring and the Federal Public Service. in *Government Restructuring and Career Public Services in Canada*(ed by Lindquist, Evert A.): 71-110. Toronto: Institute of Public Administration of Canada.

Nickel, C. & Tudyka, A.(2013). Fiscal Stimulus in Times of High Debt-Reconsidering Multipliers and Twin Deficits. ECB working paper. No. 1513.

Nigro, Felix A. & Nigro, Lloyd G.(1984). *Modern Public Administration*. N.Y.: Harpe & Row Publishers.

Niskanen, William A.(1991). A reflection on Bureaucracy and Representative Government. in *The Budget Maximizing Bureaucrat*(eds by Blais, A. & Dion, S.): 13-32. Pittsburgh: The University of Pittsburgh.

Peters, B. Guy & Pierre, John(1998). Governance Without Government? Rethinking Public Administration. *Journal of Public Administration*, 8(2): 223-243.

Reinhart, Carmen M. & Rogoff, Kenneth S.(2010). Growth in a Time of Debt. *American Economic Review*, 100(2): 573-578.

Rubin, Irene S.(1990). Budget Theory and Budget Practice: How Good the Fit? *Public Administration Review*, 50(2): 179-189.

Rubin, Irene S.(2013). The Politics of Public Budgeting: Getting and Spending, Borrowing and Balancing. L.A.: CQ Press.

Rubin, M. M. & Bartle, J. R.(2005). Integrating Gender into Government Budgets: A New Perspective. *Public Administration Review*, 65(3): 259-272.

Schick, Allen(1992). The Road to PPB: The Stages of Budget Reform in *Government Budgeting: Theory, Process, and Politics*(eds by Hyde, Albert C. & Shafritz, Jay M.): 40-60. Pacific Grove: Brooks/Cole Publishing Company.

Schick, Allen(2007). Off-budget Expenditure: An Economic and Political Framework. *OECD Journal on Budgeting*, 7(3): 1-32.

Stark, Andrew(2002). What's the New Public Management? *Journal of Public Sector Management*, 12(1): 137-151.

Thirlwall, A. P.(1977). *Growth and Development*. N.Y.: John and Wiley and Sons.

Trotabas, Louis & Cotteret, Jean-Maris(1995). *Droit Budgétaire et Comptabilité Publique*. Paris: Dalloz.

Wang, Tiankai & Biedermann, Sue(2012). PART: An Attempt in Federal Performance Based Budgeting. *Innovation Journal*, 17(2): 1-16.

Wildavsky, Aaron(1979). *The Politics of the Budgetary Process*. Boston: Little Brown.
Willoughby, W. F.(1992). The Movement for Budgetary Reform in States. in *Government Budgeting: Theory, Process, and Politics*(eds by Hyde, Albert C. & Shafritz, Jay M.): 18-21. Pacific Grove: Brooks/Cole Publishing Company.

## 정부 · 연구기관 보고서 및 백서

감사원(2021). 2020 회계연도 공공기관 결산검사서. 서울: 감사원.
감사원(2022a). 2021 회계연도 국가결산검사보고 II. 서울: 감사원.
감사원(2022b). 감사보고서: 2021회계연도 공공기관 결산검사. 서울: 감사원.
국회예산정책처(2015). 주요국의 예산제도. 서울: 국회예산정책처.
국회예산정책처(2018). 대한민국 재정 2018. 서울: 국회예산정책처.
국회예산정책처(2019). 2019 대한민국 재정. 서울: 국회예산정책처.
국회예산정책처(2021a). 2021 대한민국 재정. 서울: 국회예산정책처.
국회예산정책처(2021b). 2022년도 성인지 예산서 분석. 서울: 국회예산정책처.
국회예산정책처(2022a). 2022 대한민국 재정. 서울: 국회예산정책처.
국회예산정책처(2022b). Nabo Focus 제55호.
기획재정부(2022a). 2022~2026년 국가재정운용계획 주요 내용.
기획재정부(2022b). 2021~2025년 국가채무관리계획. 세종: 기획재정부.
기획재정부(2022c). 2020 회계연도 한국통합재정수지. 세종: 기획재정부.
기획재정부(2022d). 2022년도 공공기관 경영평가편람(수정). 세종: 기획재정부.
대한민국정부(2020). 2020~2024년 국가재정운용계획.
한국개발연구원 공공투자관리센터(2015). 국가재정관리 가치제고를 위한 디지털예산회계시스템 전면개편사업. 세종: 한국개발연구원.
한국재정정보원(2021). 2021 회계 · 기금 운용 구조. 서울: 한국재정정보원.

## 인터넷사이트

https://terms.naver.com/entry.nhn?docId=
https://www.index.go.kr/potal/main/
https://www.index.go.kr/unify/
https://www.kwdi.re.kr/center/gb/intro.do
https://www.mybudget.go.kr/systemIntrcn/systemIntrcnMain

# 찾아보기

ㅈ



ㅊ

## 저자 소개

### 윤광재

- 한국외국어대학교 행정학과 학사
- 파리2대학교 공법학 석사
- 파리2대학교 공법학 박사(재무행정 전공)
- 현, 영남대학교 행정학과 교수

- 전 한국행정연구원 부연구위원 및 기획부장
- 전 행정자치부 행정서비스헌장위원회 위원
- 전 기획예산처 정부산하기관 공동경영평가단 위원
- 전 싸우스플로리다대학교(University of South Florida) 초빙학자
- 전 한국행정학회 교육취업위원장
- 전 한국정책과학학회 회장
- 전 한국정부학회 회장
- 전 파리제2대학교(Université Paris-Panthéon-Assas) 초빙연구자

알기 쉬운

# 재무행정론


펴낸날 제1판 제1쇄

지은이 윤광재

펴낸이 임춘환

펴낸곳 도서출판 **대영문화사**

주소 (본사) 사무실: 경기도 고양시 일산서구 주화로 70 우신프라자 307호 (㉾ 10387)

(본사) 물류센터: 경기도 고양시 일산서구 덕산로 107번길 68-50 (㉾ 10205)

등록 1975년 12월 26일 제3-16호

전화 (031) 913-3062, (031) 914-3884~5

팩스 (031) 913-3839

홈페이지 http://www.dymbook.co.kr





ISBN 978-89-7644-917-7

**값 27,000원**